Peter März

Der Erste Weltkrieg
Deutschland zwischen dem langen 19. Jahrhundert und dem kurzen 20. Jahrhundert

Berlin & München
Studien zu Politik und Geschichte

Herausgeber
Peter März
Klaus Schroeder

Band 1

Peter März

Der Erste Weltkrieg

Deutschland zwischen dem langen 19. Jahrhundert und dem kurzen 20. Jahrhundert

Verlag Ernst Vögel, Stamsried

Peter März

Der Erste Weltkrieg

Deutschland zwischen dem langen 19. Jahrhundert und dem kurzen 20. Jahrhundert

München 2008 – zweite, erweiterte Auflage

Verlag Ernst Vögel, Stamsried

ISBN 978-3-89650-280-3

Kalvarienbergstr. 22 · D-93491 Stamsried
voegel@voegel.com · www.verlag-voegel.de

Redaktion:
Peter März
Klaus Schroeder

Gesamtherstellung:
Druck+Verlag Ernst Vögel, Stamsried

Meiner Nichte Antonia März

gewidmet

Inhaltsverzeichnis

Warum eine neue Buchreihe?

Das Selbstverständnis einer Gesellschaft und einer Nation sollte sich gleichermaßen auf Vergangenheit und Zukunft gründen. Die Gegenwart kann ohne den wertenden Bezug auf die Vergangenheit und Vorstellungen von der Zukunft nicht gestaltet werden. Was eine Gesellschaft im Inneren zusammenhält, erschließt sich nicht aus der oberflächlichen Betrachtung, sondern erfordert analytische Tiefenbohrungen, die Verbindungen zwischen scheinbar getrennten Dimensionen herstellen und längs- wie querschnittartige Blicke auf historische Prozesse voraussetzen.

In Zeiten der Globalisierung und Beschleunigung mangelt es vielen Menschen an Orientierung. Die weitgehend säkularisierte Gesellschaft überlässt den Einzelnen einer Identifikationssuche, die ihn schnell überfordern kann. Um so wichtiger erscheinen Analysen, die sich nicht in der Deskription erschöpfen, sondern Widerhaken zum Nachdenken liefern und gleichzeitig Horizonte des Denkens erschließen und Perspektiven eröffnen.

Die mit diesem Buch zum Ersten Weltkrieg beginnende Reihe „Berlin & München – Studien zu Politik und Geschichte“ will den Lesern Untersuchungen und Fallstudien anbieten, die sowohl in eine mehr allgemein bilanzierende als auch in eine sich stärker dem Einzelproblem zuwendende Richtung gehen, gleichwohl aber auf einen gemeinsamen Nenner zurückgeführt werden können: die Auseinandersetzung mit Zeitläuften, mit historischen, politischen und strukturellen Bedingungen unserer Existenz. Der vorgegebene Rahmen unseres Lebens als „zoon politikón“ im 20. und 21. Jahrhundert wird dabei im Fokus dieser Buchreihe stehen. Einen Schwerpunkt werden die spezifischen deutschen Entwicklungen und Erfahrungen bilden. Zur Überwindung der traditionell deutschen Eigenheit einer mitunter geradezu autistischen Binnensicht wollen wir darüber hinaus angesichts von Internationalisierung und Globalisierung den Blick auf Entwicklungen richten, die die Weltgesellschaft des 21. Jahrhunderts prägen. Die Entwicklung im vereinten Deutschland lässt sich nicht ohne Einbettung in den europäischen und internationalen Rahmen begreifen.

So ist etwa schon die „Urkatastrophe“ des 20. Jahrhunderts, der Erste Weltkrieg, gewiss nicht nur ein nationales Ereignis. Dieser Konflikt, Thema des ersten Bandes der Reihe, relativiert in seinem Resultat die globale Stellung Europas, markiert in gewisser Weise den Beginn seines Weges in zweitrangige Bedeutung. Gleichzeitig beginnt mit dem Staatsstreich der Bolschewiki in Russland die Ära ideologischer Konfrontation im globalen Maßstab. In ihrer Hochphase stehen einander drei Kontrahenten gegenüber: der auf Freiheit und Demokratie gründende Westen, der linkstotalitäre Sozialismus/Kommunismus (beide zeitweise im Zweckbündnis der Anti-Hitler-Koalition) und der rechtstotalitäre Faschismus/Nationalsozialismus. Letzterer verlässt nach dem von ihm entfesselten Weltkrieg mit seinen eliminatorischen Intentionen und seiner vollständigen Niederlage wie Kompromittierung wieder die Weltbühne. Sie wird fortan für knapp fünf Jahrzehnte vom Kalten Krieg dominiert.

Auch wenn die deutsche Zeitgeschichte nach wie vor und mit gutem Grund einen besonderen Fokus auf den Nationalsozialismus richtet, kann dieser nicht der alleinige Ausgangspunkt zum Verständnis der Gegenwart sein. Damit wird freilich keineswegs einer Relativierung deutscher Schuld durch die nationalsozialistischen Verbrechen das Wort geredet.

Die deutsche Teilungsgeschichte muss zwar zunächst primär im Spannungsfeld der polaren Konstellation beider Supermächte USA und Sowjetunion interpretiert werden, gleichwohl vermittelt sich die Systemauseinandersetzung auf spezifische Weise auch auf deutschem Boden. Durch Deutschland verläuft die Grenze der beiden Blöcke und bestimmt bis zu einem gewissen Grad innerdeutsche Konfrontation und Entspannung. Die Systemauseinandersetzung steht insoweit stellvertretend für den Konflikt zweier ideologisch-antagonistischer Gesellschaftssysteme mit jeweiligem Anspruch auf Weltherrschaft, hat gleichwohl darüber hinaus besondere deutsche Dimensionen, die Folgen für die jeweilige Innenpolitik, vornehmlich die Wirtschafts- und Sozialpolitik, zeitigen.

Inzwischen existieren unzählige Studien zu Struktur und Entwicklung der Bundesrepublik und der DDR, dagegen mangelt es an übergreifenden Ansätzen, die deutsche Teilungsgeschichte als gemeinsame Vergangenheit zu begreifen und zu beschreiben. Die demnächst in dieser Reihe erscheinende Fallstudie zur Berlin-Politik der SED versucht, diesem Verständnis auf dem Feld der am heftigsten umkämpften Stadt in den Zeiten des Kalten Krieges gerecht zu werden.

Auch 14 Jahre nach der Vereinigung wirkt die Teilung nach: Die in fundamental verschiedenen Systemen sozialisierten Menschen sind einander immer noch vielfach fremd und die Gesellschaft nicht im erhofften Maße zusammengewachsen. Auf die Euphorie des Mauersturzes und der Vereinigung folgte rasch ein Katzenjammer und dies, obschon zumindest auf der materiellen Ebene der Angleichungsprozess weit vorangeschritten ist. Diese Gemengelage in der Verbindung von historischer und aktueller Dimension zu entschlüsseln, wird ein weiterer Schwerpunkt der Buchreihe sein. Die Schwierigkeiten der Teilung dürfen jedoch nicht darüber hinwegtäuschen, dass die meisten Probleme, vor denen Deutschland im Jahr 2004 steht, schon vor 1989 virulent waren. Durch die Vereinigung wurde ihre Bewältigung nur aufgeschoben, ohne dass sich an den Grundproblemen substanziell etwas geändert hätte.

Das vereinte Deutschland ist gewiss nicht Weimar. Die freiheitliche Demokratie gründet weiterhin auf stabilen Fundamenten. Gleichwohl sind Anzeichen von unzureichender Identifikation mit dem Gesellschaftssystem zumindest in Ostdeutschland nicht zu übersehen. Ohne die gemeinsame Anstrengung zur Überwindung des mitunter lähmenden Status quo, die für die jeweils regierenden Parteien zumeist mit Wählereinbußen verbunden ist, lässt sich keine Zukunftsfähigkeit erlangen. Die Einbettung von Reformen in den gesellschaftlichen Rahmen und ihre Auswirkungen auf die verschiedenen Dimensionen des gesellschaftlichen Ganzen sollen ebenfalls Gegenstand dieser Buchreihe werden.

Zwar wird inzwischen viel über Globalisierung geredet, vor allem über ihre vermeintlichen Gefahren, gleichwohl besteht immer noch die Neigung, das Land mit einer Art Limes zu umgeben, um es vermeintlich gegen Herausforderungen und Anfeindungen abzudichten. Solche Strategien aber sind als bestenfalls mittelalterlich zu bezeichnen. Kurzum: Die Bücher dieser Reihe behandeln zwar vornehmlich Politik und Geschichte Deutschlands, vernachlässigen jedoch nicht den Blick auf die Einbettung unseres Landes in die Welt und damit auf Staaten und Regionen, deren Entwicklung gerade auch für Deutschland zentrale Bedeutung hat. Dabei geht es um schonungslose Aufklärung über die Dinge, wie sie sind und wie sie künftig sein könnten und sollten.

Die mit diesem Band beginnende neue Buchreihe „Berlin & München – Studien zu Politik und Geschichte“ will zum Dialog und selbstverständlich auch zur Kontroverse einladen. Unser Land braucht nichts mehr als eine freimütige Auseinandersetzung mit den Erfahrungen, die aus seiner wechselvollen Vergangenheit rühren, und mit den Projektionen, die die Zukunft erhellen können.

Berlin, München im Oktober 2004

Die Herausgeber

Klaus Schroeder *Peter März*

Vorwort der Herausgeber zur 2. Auflage

Rund vier Jahre nach der ersten erscheint die zweite Auflage dieses Buches. Damit ergibt sich zugleich eine Analogie zum chronologischen Bogen des Konfliktes selbst, der hier beschrieben wird: Die erste Auflage dieses Buches war im Spätherbst 2004 fertiggestellt worden, zu einem Zeitpunkt, als 90 Jahre zuvor die Erstarrung der Fronten des Ersten Weltkrieges in den Schützengräben eingesetzt hatte und als wenige Wochen später, an den Weihnachtstagen des Jahres 1914, deutsche, französische und britische Soldaten wagten, miteinander für kurze Zeit zu fraternisieren.

Die zweite Auflage gelangt 90 Jahre nach dem militärischen Ende des Krieges in die Hände der Leser, in den Monaten zwischen – auf Deutschland bezogen – dem Waffenstillstand vom 11. November 1918 und dem Friedensschluss in Versailles am 28. Juni 1919.

Erweitert wurden insbesondere die Ausführungen zur Julikrise 1914, zu den Kämpfen an der Ostfront 1914/15 und zur Entwicklung des Antisemitismus während der Kriegsjahre.. Hinsichtlich neuer Forschungen sei u. a. auf den dritten Band der monumentalen Biografie von John C. G. Röhl über Wilhelm II. verwiesen. Geradezu paradigmatisch begegnen uns hier Möglichkeiten wie Grenzen dieses biografischen Genres für den Aufschluss komplexer Konstellationen: Einmal eine minuziöse Rekonstruktion von Abläufen nicht nur im Takt der Tage, sondern vielfach der Stunden, zum anderen aber auch die Neigung, andere Akteure als den eigenen ‚Helden' nicht hinreichend zu berücksichtigen und Prozesse wie Ereignisse weitestgehend auszublenden, die sich mit dem eigenen Deutungsschema nicht recht vereinbaren lassen, im konkreten Fall etwa die britisch-russischen Geheimverhandlungen über eine Marinekonvention vom Frühjahr 1914.

Es gilt der Gesamtbefund, dass der Erste Weltkrieg zwar vor den totalitären Dekaden des 20. Jahrhunderts in Europa liegt, zugleich aber mit seinen kulturellen und physischen Verwüstungen determinierende Voraussetzung dieses Abschnitts der europäischen Geschichte ist. Damit bleibt dieser Krieg zugleich, wenn auch in einem erweiterten Sinne – gewissermaßen wie die Exposition zu einem Drama – Teil unserer Zeitgeschichte. Er bleibt damit auch unverzichtbares Thema allen Räsonierens, das sich mit den Voraussetzungen unserer Gegenwart befasst. Und er ist ferner, vor allem im Blick auf den Kriegsausbruch 1914, Lehrbeispiel dafür, wie prekär Imaginationen von Krisen und zwanghafte Annahmen sind. Im Gegenzug ergibt sich die Erkenntnis, wie unabdingbar Kommunikation unter den Gesellschaften wie unter den verantwortlichen Individuen ist.

Unverändert beibehalten wird eine gewisse Ambivalenz, die dieses Buch in seiner Struktur kennzeichnet und die bereits in der Titelgestaltung zum Ausdruck gelangt: Es geht um den Konflikt in seiner Gänze, europäisch und außereuropäisch, wie um die besonderen Situationen in und um Deutschland. Damit wird auf die spezifischen Erwartungen deutscher Leserinnen und Leser eingegangen und zugleich einer ‚germanozentristischen' Blickverengung entgegengewirkt, die zumal in der eigenen deutschen Historiographie ja nicht selten anzutreffen ist. In den abschließenden Reflexionen wird dann auf diese beiden, hier angedeuteten Dimensionen nochmals Bezug genommen – insbesondere durch Überlegungen, was der Erste Weltkrieg für Gesellschaft und geostrategische Lage Deutschlands einerseits wie für die Rolle Europas in der Welt andererseits bedeutete.

Die Herausgeber danken Frau Silke Richter, Universität Mainz, für die Anlage einer Chronologie. Damit wird zugleich der Wunsch nicht weniger Leserinnen und Leser erfüllt, sich mittels einer solchen Zeitachse besser orientieren zu können.

München und Berlin im November 2008

Peter März *Klaus Schroeder*

Vorwort der Herausgeber zur ersten Auflage

Die Bewertung des Ersten Weltkrieges als „Urkatastrophe des 20. Jahrhunderts" ist mittlerweile inflationierter Bestandteil des allgemeinen Sprachgebrauchs. Wie oft bei derart intensiver Beanspruchung büßt die Formel an Verbindlichkeit, aber doch nicht an Gültigkeit ein. Der Erste Weltkrieg ist allerdings nicht nur Durchgangsstation zu etwas Neuem, zum Zeitalter der ideologisch präformierten Diktaturen wie der Demokratieerkämpfung, zu einer neuen Struktur an Nationalstaaten wie an sozialen Konfigurationen. Er ist mit seinen unerhörten Anstrengungen, Verstörungen und Verlusten auch historisches Ereignis per se. Er beendet in bis dahin nicht für möglich gehaltener massenhafter Form – 10 Millionen Tote – menschliche Existenzen und verändert in noch viel größerer Zahl Biografien. Er wirft bis dahin weithin ungeahnte Fragen auf, beginnend mit der nach Legitimation und Führbarkeit von Kriegen im Industriellen Zeitalter, und gibt doch vielfach, wie die weitere Entwicklung zeigen wird, keine gültigen Antworten. Er scheint in Europa ein Zeitalter, das der monarchischen Imperien mit autokratischen oder doch autoritären Strukturen, zu beenden und bringt es gleichwohl, wie allein schon das deutsche Beispiel zeigt, nicht wirklich an ein Ende: Denn selbst die Republik, in Berlin am Ende des schließlich verlorenen Krieges proklamiert, kommt ohne einen „Ersatzkaiser", ohne ein über Gebühr starkes republikanisches Staatsoberhaupt, nicht aus.

Es gibt keine bzw. nahezu keine „Zeitzeugen" mehr, die den Ersten Weltkrieg erlebt, in den Gräben an der Westfront vegetiert haben, die auf dem Atlantik torpediert wurden, die die Kämpfe im alpinen Eis mitgemacht oder die bolschewistische Revolution unmittelbar verfolgt haben. Aber es gibt noch eine indirekte Linie; wir kennen den Ersten Weltkrieg zumindest noch vom unmittelbaren Hörensagen, von den „Großen Gesängen" in den europäischen Familien über zumeist drei Generationen. Bei Theodor Fontane, dem Romancier wie Berichterstatter der zweiten Hälfte des 19. Jahrhunderts, ist vereinzelt noch von Älteren die Rede, die in analoger Weise eine indirekte Beziehung zum 18. Jahrhundert und zur Zeit Friedrichs des Großen besitzen. Ähnlich ist es um unseren heutigen Abstand zum Ersten Weltkrieg bestellt. Freilich reduzieren sich die großen Gesänge vielfach auf wenige Bilder, Begriffe, Schlussfolgerungen und Vorurteile. Dabei dominieren Schlüsselerfahrungen wie der Stellungskrieg an der Westfront von der Nordsee bis zur Schweizer Grenze mit seinen Millionenopfern und Millionen traumatisierten Überlebenden, wie Hunger, Rationierungen und Grippe, wie industrielle Innovationen, so etwa die synthetische Stickstoffgewinnung aus Luft, wie technischer Fortschritt, der in Deutschland bis in die 30er Jahre symbolhaft wurde, darunter der Zeppelin und das U-Boot, ferner überzeichnete Heroismen mit Exotik wie der Untergang der deutschen Auslandskreuzer Ende 1914 im südlichen Atlantik und die Kämpfe in den afrikanischen Kolonien der verfeindeten Großmächte. Es geht vor allem auch um einzelne Begriffe, die für geschichtspolitische Deutung und Manipulation der Kriegs- und Nachkriegszeit stehen wie die Rede von der „Einkreisung" vor 1914 und dem „Diktatfrieden von Versailles".

Die politische Bilanz des Ersten Weltkrieges für Deutschland war mannigfach und in vielen Bereichen auf lange Zeit prägend: Offenkundig ist hier der Verlust der halbhegemonialen, 1871 auf dem europäischen Kontinent gewonnenen Großmachtstellung des Reiches; innenpolitisch sind das Zerbrechen der Arbeiterbewegung in einen ideologisch-antidemokratischen und einen demokratischen Flügel zu bilanzieren, ferner die Formierung eines Bündnisses aus Sozialdemokratie, politischem Katholizismus und Teilen des liberalen Milieus, das, 1917 geschlossen, 1919 als Weimarer Koalition Verantwortung übernehmen und in variierter Form nach 1949 die zweite deutsche Demokratie, die der Bundesrepublik, in Regierung und Opposition tragen sollte. Es geht zugleich um gravierende soziale Prozesse wie die materielle Erosion des Bürgertums in der Folge der Kriegsfinanzierung mit der Konsequenz tiefer Verunsicherung und wenigstens partieller Wendung zu extremen politischen Kräften, um demografischen Wandel, der die Zeit der hohen Geburtenraten beendete, schließlich um ein vielfaches Ende von Lebensformen aus der Zeit des Ancien Régime, für das etwa das Verschwinden des Duells, die geänderte Rolle der Frau in Bildungswesen und Beruf wie der gravierende Wandel des weiblichen Erscheinungsbildes und die Reduzierung persönlicher Dienstleistung in adeligen und großbürgerlichen Haushalten stehen.

Das Ende des Ersten Weltkrieges mündet zwar in vielerlei Konflikte zwischen Siegern und Verlierern, zudem unter den Siegern selbst, aber noch nicht in einen verfestigten Antagonismus wie den des Kalten Krieges nach dem Zweiten Weltkrieg. Gleichwohl werden bereits seit 1917 Voraussetzungen geschaffen, die diese spätere Auseinandersetzung determinieren werden: Die USA nehmen fortan als politisch, ökonomisch und schließlich auch militärisch mit agierende Macht am weltpolitischen Spiel teil; weltpolitische Bedeutung hat zugleich die Schaffung Sowjetrusslands, später dann der UdSSR, als „Vaterland aller Werktätigen“, das sich als Feind der bürgerlichen Systeme und als Nukleus der kommunistischen Weltbewegung sieht. Die immer manifester werdende Gleichschaltung der KPD in Deutschland durch die sowjetische Führung während der 20er und 30er Jahre wie die dann vom Moskauer Exil der KPD-Nomenklatura gegen Ende des Zweiten Weltkrieges ausgehenden Konzepte für Nachkriegsdeutschland zeigen damit auch eine Linie an, welche von den Ausgangsbedingungen des Ersten Weltkrieges in die Zeit der deutschen Teilung nach 1945 führt.

Die zweite, sicher nicht zwingende, aber realhistorisch zweifellos gegebene Verbindung ist die von der Freisetzung ideologischer Atavismen, an erster Stelle des Antisemitismus, zum Machtgewinn durch das barbarische Regime des Nationalsozialismus in Deutschland. Gewiss kennt der Erste Weltkrieg noch nicht die Zivilisationsbrüche des Zweiten; aber er steht für Enthemmungen und Brutalisierungen, für massenhaften, mit den modernsten Mitteln der Technik herbeigeführten Tod in Gas und Flammen, für Aushungerung und stigmatisierende Agitation und schafft so Enthemmungen und Voraussetzungen für die späteren Untaten, welche die nationalsozialistische Diktatur in Deutschland und Europa begehen wird.

Das mit dem Ersten Weltkrieg auf der historischen Makroebene verbundene Geschehen eines Staatenkonflikts in bis dahin nie gekannter Intensität ist ohne die Mikroebene, ohne das Miterleben, Leiden und Sterben von vielen Millionen Europäern, nicht zu denken. Die Familiengeschichten unseres Kontinents stehen auch heute noch in einer Beziehung zu den Einschnitten und Prägungen der Jahre von 1914 bis 1918. Der Autor widmet dieses Buch seiner Nichte Antonia März. Sie ist nach der Wende von 1989/90 geboren und ihr Leben ist doch zugleich noch in Prozesse eingefügt, welche dieser Krieg grundlegend vorgeformt hat: Einer ihrer beiden deutschen Urgroßväter, zugleich Sozialdemokrat, fiel 1917 in Flandern und hinterließ eine Familie mit vier Halbwaisen. Der andere wurde als Kolonialsoldat 1915 in Südwestafrika gefangen genommen, kehrte an Leib und Seele schwer erschüttert 1919 nach Deutschland zurück, litt unter der französischen Besatzung im linksrheinischen Gebiet und eignete sich jene ganz nationalen Betrachtungsweisen an, die unter den Bedingungen der Zwischenkriegszeit so vielfach typisch waren. Die oft flach, stereotyp gewordene historiographische Formel von Kontinuitäten und Diskontinuitäten gewinnt im Blick auf derart konkrete, für den Einzelfall hier nur skizzierbare Generationenfolgen an Dichte und Plastizität.

Das Buch erscheint als Band eins der von Peter März und Klaus Schroeder neu herausgegebenen Reihe „Berlin & München – Studien zu Politik und Geschichte". Darstellung und Analyse des Ersten Weltkrieges sowie seiner Konsequenzen für Deutschland und Europa stehen mit Bedacht am Beginn dieses Projektes. Auch wenn „Zeitgeschichte" heute mitunter nicht mehr als die Vergangenheit seit dem Schlüsseljahr 1917 verstanden wird, da dieser Zeitpunkt sich dem Radius unseres unmittelbaren Erinnerns entzogen hat, konstituiert die Zäsur des Ersten Weltkrieges doch eine neue Bühne der geistigen Auseinandersetzungen, der machtpolitischen Konstellationen, der politischen Ordnungen und der sozialen Lebensformen. Auch die Welt am Beginn des 21. Jahrhunderts wäre gewiss eine sehr viel andere, hätte es den Ersten Weltkrieg nicht gegeben oder wäre er doch zumindest zu einem früheren Zeitpunkt als nach mehr als vier Jahren Kampf und Vernichtung beendet worden. Historisch fundierte politische Urteilsbildung kann und darf daher den Ersten Weltkrieg nicht ausblenden. Darum hat dieses Buch seinen legitimen Platz in unserer neuen Reihe.

Die Herausgeber danken Frau Monika Franz für ihre kundig-sensible Mitwirkung bei der Korrektur des Textes und der Gestaltung des Umbruches.

München und Berlin im Oktober 2004

Peter März *Klaus Schroeder*

1. Die Konstellation in der Entwicklung

Das Neue

Nahezu hundert Jahre liegen zwischen dem Zusammenbruch des napoleonischen Imperiums, das letztlich an überdehnter Machtprojektion gescheitert war, und dem Ausbruch des ersten großen Weltkonfliktes im Industriellen Zeitalter. Zahlensymbolik darf man nicht überstrapazieren, aber unbestreitbar ist zugleich, dass es sich hier jeweils um tiefe Einschnitte in die europäische und schließlich in die Weltgeschichte handelt. Sie betreffen mehr als jeweils ein Land und eine Großmachtauseinandersetzung. Und wenn auch die Unterschiede die Analogien überwiegen mögen, spricht doch vieles zumindest für eine Annahme, für die Vermutung nämlich, dass sich in beiden Fällen, in der europäischen Auseinandersetzung mit dem napoleonischen Frankreich wie im Konflikt der Westmächte und Russlands mit Deutschland und seinen Verbündeten – die hier deutlich zurücktraten – jeweils das klassische europäische Muster bestätigte, dass der Kontinent keinen und schon gar keinen ambitionierten, lautstarken und aggressiven Hegemon verträgt.[1])

Freilich die Unterschiede:

Noch bei Waterloo kämpften 1815 Heere von jeweils gut einhunderttausend Mann in farbigen Uniformen auf Sichtweite miteinander, attackierte Kavallerie mit Säbeln und Lanzen Infanteriehaufen, die kompakt Mann an Mann standen, um sich eini-

Die Reste der Kirche von Maurepas (Schlacht an der Somme, 7. September 1916)

---

[1]) Für diese klassische These Ludwig Dehio: Gleichgewicht oder Hegemonie. Betrachtungen über ein Grundproblem der europäischen Staatengeschichte, Krefeld 1948.

germaßen schützen zu können. Schon im 30-jährigen Krieg hatte es so sehr viel anders nicht ausgesehen. Und noch im Deutsch-Französischen Krieg von 1870/71 gab es ähnliche Szenen, so beim deutschen Kavallerieangriff bei Mars la Tour, den Ferdinand Freiligrath in Lyrik kleidete, und beim vergeblichen Versuch französischer Reiterschwadronen, den deutschen Belagerungsring um Sedan zu sprengen.

Nun, 1914, war alles anders: Die Maschinerie des Industriellen Zeitalters ließ Millionenheere aufeinander losmarschieren, die nach festen, fahrplanartigen Kriegsplänen ihre Feldzüge begannen. Der das Zeitalter dominierende Glaube an das Beherrschbare und Kalkulierbare, mechanistisch und positivistisch, entlud sich in einer völlig neuartigen Kriegsdimension.

Gewiss hatte es für einen derartigen Maschinenkrieg der Millionen bereits ansatzweise Vorläufer gegeben: In der zweiten Hälfte des Deutsch-Französischen Krieges von 1870/71, als Frankreich, das seiner regulären Armeen beraubt war – eine war in Sedan gefangen genommen worden, die andere hatte in der Festung Metz kapituliert – zur Massenmobilisierung überging und Deutschland dagegen notgedrungen die letzten Reserven einzog, so dass beide Seiten etwa eine Million Soldaten gegeneinander einsetzten, mehr noch aber freilich im Amerikanischen Bürgerkrieg von 1861 bis 1865: Hier bestätigte sich schon die Befürchtung mancher preußischer Generalstäbler aus den 80er Jahren des 19. Jahrhunderts, dass Kriege in neuer Größenordnung nicht in kurzen Feldzügen zu Ende zu bringen seien: Bei der neunmonatigen Belagerung der konföderierten Festung Petersburg, die Richmond, die Hauptstadt der Südstaaten deckte, wurden die Schrecken des Stellungskrieges an der Westfront des Ersten Weltkrieges zumindest ansatzweise vorweggenommen. Beim Zug

Der Friedhof im ostfranzösischen Saint Privat bei der Schlacht am 18. August 1870 im Deutsch-Französischen Krieg in einem französischen Gemälde. Das preußische Gardekorps musste die französischen Stellungen über freies Feld in geschlossener Formation angreifen, wobei weder Vernunft noch Menschlichkeit zählten. Binnen weniger Minuten verloren allein die adeligen Offiziersfamilien Preußens hunderte von Angehörigen. Insofern kann man bei diesem Geschehen auch eine Parallele zur Schlacht an der Somme im Ersten Weltkrieg sehen, an deren erstem Tag, am 1. Juli 1916, die Briten beim Sturm auf die deutschen Gräben im Maschinengewehrfeuer 60.000 Ausfälle erlitten.
Gemälde: Alphonse de Neuville

Eroberte Schützengräben der Südstaatenarmee im Amerikanischen Bürgerkrieg Anfang 1865 mit spanischen Reitern und einem gefallenen Soldaten. Militärische Technik und Mondlandschaft nehmen bereits die Bilder des Ersten Weltkrieges vorweg.

der Armee des Nordstaaten-Generals Sherman durch Georgia 1864 fand schon das Konzept Anwendung, die Potenziale des Gegners im Hinterland zu vernichten, welchen wirtschaftlichen und zivilisatorischen Preis dies auch immer verlangen möge.[2]) Zumindest ansatzweise wird man ferner zwischen den Armeen, die im Amerikanischen Bürgerkrieg aufeinander trafen, und der Armee der französischen Dritten Republik, die 1914 gegen Deutschland mobil gemacht wurde, eine gesellschaftspolitische Parallele sehen können: Auch der französische Offizier musste offenkundig wie der amerikanische seine Leute in einem höflichen Ton bitten, Befehle auszuführen, wie es einer bürgerlichen Republik eher entsprach. Bei den französischen Herbstmanövern des Jahres 1910 registrierte ein deutscher Beobachter verwundert den Ton, in dem ein französischer Kompaniechef seinen Soldaten befahl, sich hinzulegen, die wegen der Feuchtigkeit des Bodens keine Neigung dazu verspürten: „Legen Sie sich nieder, ich bitte Sie darum!“[3]) Und der insgesamt „demokratischere“ Charakter der französischen Armee zeigte sich auch an den Rechtsverhältnissen ihrer Reserveoffiziere: In Deutschland genossen die Reserveoffizieranwärter als „Einjährige“ von vornherein einen privilegierten Status, dienten zunächst lediglich

[2]) Zum Amerikanischen Bürgerkrieg James M. McPherson: Für die Freiheit sterben. Die Geschichte des amerikanischen Bürgerkrieges, München, Leipzig 1988.

[3]) Zit. nach Dieter Storz: Kriegsbild und Rüstung von 1914. Europäische Landstreitkräfte vor dem Ersten Weltkrieg, Herford, Berlin, Bonn 1992, S. 124.

ein Jahr, konnten sehr bald außerhalb der Kasernen privat Unterkunft nehmen und galten, wenn sie nach vielen Wehrübungen schließlich den begehrten Status des Leutnants der Reserve erreicht hatten, als gesellschaftliche Schicht von besonderer Reputation: Auf den Visitenkarten zählte der „Leutnant der Reserve“ für den stolzen Träger vielfach mehr als der Doktorgrad oder der Titel des Regierungsrates bzw. des Amtsgerichtsrates. Hingegen mussten die späteren französischen Reserveoffiziere die volle Dauer der Wehrdienstzeit, je nach Festlegung zwei Jahre, ab 1913 drei Jahre, dienen. In vielerlei anderer Hinsicht überwogen freilich die Parallelen zwischen deutscher und französischer Armee: Trotz mancher Bedenken huldigten beide Seiten einem atavistischen Offensivdenken, das die Feuerkraft der neuen Waffensysteme – rückstoßfreie Geschütze, Maschinengewehre, Mehrladegewehre unter Verwendung von rauchlosem Pulver – durch mentale Dispositionen, man kann auch sagen einen blinden Angriffsgeist, zu kompensieren suchte. Die optische Entsprechung für diese Auffassung waren die farbenprächtigen Manöver der Zeit, nicht nur die Kaisermanöver in Deutschland, sondern auch die Vorführungen der französischen Armee wie der russischen Streitkräfte in der Nähe von Sankt Petersburg. All diese Präsentationen dienten zugleich mehr der optischen Befriedigung des eigenen Großmachtsanspruches und der theatralischen Zurschaustellung der militärischen Kaste als professionellen militärischen Übungszwecken. Eher verblüffend ist nur, dass dabei das republikanische Frankreich ähnlich agierte wie das kaiserliche Deutschland. Hier kam freilich noch die ganz persönliche Profilneurose Wilhelms II. hinzu. Bis wenige Jahre vor dem Ersten Weltkrieg pflegte er persönlich eine Partei zu führen, die selbstredend nicht verlieren konnte. Generalstabschefs wie Graf Waldersee, die diesen Stil zu kritisieren wagten, konnte dies die Stellung kosten, selbst wenn besagter Waldersee sich kurz zuvor beim Sturz Bismarcks 1890 in den kaiserlichen Augen große Verdienste erworben hatte.

Wandel in der europäischen Mächtestruktur

Zentrale Frage ist nach wie vor nicht so sehr, warum die europäischen Großmächte 1914 einen Krieg gegeneinander aufnahmen, dessen Regeln und Tragweite, vor allem im ökonomischen Bereich, sie sich überhaupt nicht klar gemacht hatten. Die Kernfrage lautet vielmehr, ob es denn tatsächlich so kommen musste, ob zumindest seit der zweiten Marokkokrise 1911/12, in der Deutschland und Frankreich hart aneinander geraten waren und mehr oder weniger offen Kriegsdrohungen gegeneinander ausgesprochen hatten, die Entwicklung unabweisbar zum Konflikt führte und ob dieser tatsächlich wesentlich von Deutschland herbeigeführt wurde. Sucht man die Konfliktstruktur zu erfassen, die dem Ersten Weltkrieg zu Grunde liegt, so tut man wiederum gut daran, ein Jahrhundert zurückzublicken: An den Wiener Kongress hatte sich die Etablierung der Heiligen Allianz angeschlossen, die christlich-patriarchalisch grundierte Verbindung der drei noch mehr oder weniger absolutistisch regierten Oststaaten Russland, Österreich und Preußen. Mit dem österreichischen Staatskanzler Metternich als Mediator stimmten sie auf Kongressen – 1818 in Aachen, 1820 in Troppau, 1821 in Laibach, 1823 in Verona – ihre konservative, Status quo-orientierte Politik ab. Als erster Partner scherte Österreich aus. Es stellte sich gegen Ende des Krimkrieges (1853–1856) immer deutlicher auf die Seite der gegen Russland kämpfenden Westmächte. Preußen blieb zunächst in enger Verbindung zu Russland, vermeintlich auch noch über die Reichsgründung von 1870/71 hinweg. Aber sehr bald sollten hier die ersten feinen Risse auftreten: Die traditionelle preußisch-russische Allianz hatte von der stillschweigenden Voraussetzung gelebt, dass Russland die Führungsmacht, Preußen der Juniorpartner war. Das neue Deutsche Reich hingegen konnte sich bereits in der Ära Bismarck, ohne doch selbst provozieren zu wollen, nicht mehr in die Rolle eines Juniorpartners fügen. Daraus resultierte schon sehr bald nach der Reichsgründung eine zunächst noch kaum merkliche Rivalität um den ersten Platz auf dem europäischen Kontinent. Russland sah sich zurückgesetzt, dazu trat in seinem eigenen Bild von europäischer Politik neben die herkömmliche zaristische[4]) Staatsräson mehr und mehr eine missionarische, panslawistische Perspektive.[5]) Etwas überspitzt lässt sich dies so beschreiben, dass die Reichsgründung infolge des Quantensprunges, den sie für Preußen unweigerlich bedeutete, ebenso unweigerlich auch jene gefährdete Mittelstellung mit heraufführte, die am Ende in den Bildern von Einkreisung und Auskreisung den krisenhaften Höhepunkt erreichte. Es spricht also viel für die These, dass alle Bemühungen des ersten Reichskanzlers um ein enges Verhältnis zu Russland – Dreikaiserabkommen von 1873, Dreikaiservertrag von 1881, schließlich Rückversicherungsvertrag von 1887 (Neutralitätszusage bei Angriff durch eine dritte Macht) – über Aushilfen nicht hinausgelangen konnten. Zudem war die zentrale, im Resultat antirussische Festlegung, die das Deutsche Reich in der Ära Bismarck traf, das Zweibundabkommen von 1879 mit Österreich-Ungarn, eine Verbindung, die freilich ihrerseits nicht nur nicht der Logik entbehrte. Für sie sprach vielmehr aus innen- und außenpolitischen Gründen sehr viel: Insofern wirkten auch hier nicht einfach diplomatische Rankünen, sondern innen- und außenpolitische Zwänge, die man auch im Rückblick durchaus anerkennen muss: Rein außenpolitisch versprach ein Bündnis mit der Donaumonarchie, dass Berlin mit seinem stärkeren Gewicht eher die Dirigentenfunktion bzw. -kompetenz behalten könne. Zweitens öffnete sich über Wien auch der Weg zu einer mindestens informellen Beziehung zu Großbritannien. Letzteres galt insbesondere im östlichen Mittelmeer als der eigentliche Antipode Russlands. Möglicherweise ebenso wichtig waren für Bismarck aber auch innenpolitische Überlegungen: Zu diesem Zeitpunkt, an dem sich der Kulturkampf mit der katholischen Kirche seinem Ende zuneigte, hingegen die Auseinandersetzung mit der Sozialdemokratie (Sozialistengesetz von 1878) voll entflammte, war es Bismarck zweifellos ein Anliegen, die alten Wunden endgültig zum Vernarben zu bringen,

[4]) Das Adjektiv ‚zaristisch' an Stelle vom im Deutschen eher geläufigen ‚zarisch' ist historisch-philologisch wohl vorzuziehen.

[5]) Zum allmählichen Aufbrechen des deutsch-russischen Gegensatzes schon in den 70er Jahren des 19. Jahrhunderts zuletzt Konrad Canis: Bismarcks Außenpolitik 1870–1890, Paderborn 2004, S. 41.

die die kleindeutsch-preußische Reichsgründung dem großdeutsch-katholischen Gedanken geschlagen hatte. Vor diesem Hintergrund war von deutscher Seite aus das spätere Bündnis von 1879 auch als mehr denn eine reine Sicherheitskonvention konzipiert, nämlich als die Verbriefung eines umfassenden Miteinanders in den Bereichen politische Konsultation und ökonomische Kooperation, demonstrativ durch Ratifikationen in jeweiligen Parlamenten hervorgehoben. Diese Lösung, sie hätte stark an die früheren preußischen Vorstellungen von einem erweiterten Bund mit Österreich aus der Zeit um 1850 erinnert (Erfurter Union von 1850 als kleindeutsche Lösung mit großdeutscher Verbrämung), konnte vor allem deshalb nicht realisiert werden, weil Wien davon eine Art Mediatisierung durch Berlin fürchtete. Aber auch so war das Bündnis von 1879, zunächst als Geheimabkommen geschlossen, sehr bald publik, eine Allianz, der auch eine innerdeutsch-kulturnationale Funktion zugemessen wurde – eine Rolle, die eine deutsch-russische Beziehung naturgemäß nie spielen konnte.[6])

Die Geschichtswissenschaft ist sich heute darin einig, dass trotz des Rückversicherungsvertrages von 1887 und trotz mancherlei paralleler Entwicklungslinien im ostelbischen wie im zaristischen Russland die deutsch-russische Entfremdung bereits voll während der Ära Bismarck einsetzte.

Sucht man hier nach einzelnen Ereignissen, dann spielte der Berliner Kongress von 1878 eine wesentliche Rolle: Bismarcks sprichwörtliche „Maklertätigkeit" wurde von der russischen Seite als Benachteiligung und als Diskriminierung ihrer Politik auf dem Balkan wie gegenüber dem Osmanischen Reich interpretiert. Soziologisch spielte gewiss eine Rolle, dass die deutsch-baltische Aristokratie am Zarenhof an Gewicht verlor. Flankierend kamen ökonomische Auseinandersetzungen, die Bedrohung der deutschen Getreideproduktion durch preisgünstige russische Importe und die von Bismarck verfügte Fernhaltung des Handels mit russischen Staatspapieren von der Berliner Börse hinzu. Am Ende der Ära Bismarck stand schließlich jene Doppelkrise des Jahres 1887, deren Menetekel bereits die drohende Auseinandersetzung des Zweibundes, seit 1882 um Italien zum Dreibund erweitert, mit Frankreich und Russland war. Auslöser war die hier nicht in ihren Einzelheiten zu schildernde Bulgarienkrise. Nach außen wurde in Berlin so taktiert, als drohe, wenn überhaupt, eine militärische Auseinandersetzung mit Frankreich. Dort gab der großsprecherische Kriegsminister General Boulanger derartigen Ablenkungstaktiken willkommene Nahrung. In Wirklichkeit aber planten die Militärs in Berlin (und Wien), gegen

[6]) Vgl. Jürgen Angelow: Kalkül und Prestige. Der Zweibund am Vorabend des Ersten Weltkrieges, Köln, Weimar, Wien 2000, S. 25 ff. Helmut Rumpler, Jan Wiederkorn (Hg.): Der „Zweibund" 1879. Das deutsch-österreichisch-ungarische Bündnis und die europäische Diplomatie, Wien 1996. Vgl. auch das Schreiben Bismarcks an Kaiser Wilhelm I., der ganz die Linie der preußisch-russischen Präferenz vertrat, vom 24. August 1879: „Mit dem Staate Österreich haben wir mehr Momente der Gemeinsamkeit als mit Russland. Die deutsche Stammesverwandtschaft, die geschichtlichen Erinnerungen, die deutsche Sprache, das Interesse der Ungarn für uns, tragen dazu bei, ein österreichisches Bündnis in Deutschland populärer, vielleicht auch haltbarer zu machen als ein russisches." Zit. nach Angelow, S. 40, Fußnote 47.

Gemälde des Malers Alexander Friedrich Werner aus dem Jahr 1892: „Bismarck verlässt den Reichstag". Die Szene zeigt die Ovationen, die dem Reichskanzler am 6. Februar 1888 nach dem Verlassen des Parlaments entgegengebracht wurden. In seiner Rede hatte er die Schlussworte gesprochen: „Wir Deutsche fürchten Gott, aber sonst nichts in der Welt; und die Gottesfurcht ist es schon, die uns den Frieden lieben und pflegen lässt." In den nationalistischen Interpretationen der Zeit wurde das Zitat gerne als Ausdruck deutschtümelnden Selbstbewusstseins verwendet. In Wirklichkeit ging es Bismarck darum, mit einigem national-rhetorischem Aufwand parlamentarisch eine große Heeresvermehrung durchzusetzen, die nicht zuletzt dazu dienen sollte, Präventivkriegsambitionen im deutschen Generalstab gegen Russland und Frankreich den Boden zu entziehen.

den Willen Bismarcks, einen nach ihrem Verständnis schnellen Präventivkrieg gegen Russland. Dabei ähnelten die Argumentationen verblüffend jenen in den letzten Jahren und Monaten vor Ausbruch des Ersten Weltkrieges: Schon in den Überlegungen und Planungen vom Spätherbst 1887 wurde davon ausgegangen, man müsse das Land militärisch niederwerfen, bevor es selbst übermächtig werde.[7]) Und bereits in den Denkschriften von damals findet sich jenes Muster einer fahrlässigen Unterschätzung des russischen Potenzials, einer Verdrängung der geografischen und klimatischen Verhältnisse in Russland und einer grundsätzlichen amoralischen Kriegsneigung, das sich als Kontinuität bis zu den Planungen von 1940/41 für das „Unternehmen Barbarossa" gegen die Sowjetunion fortschreiben lässt. Damals, vor 120 Jahren, wurde ein vermeintlich kurzer Winterfeldzug in Kongresspolen gegen die russische Armee geplant, ohne dass offenkundig ernsthaft Fragen wie die nach

[7]) Vgl. Michael Schmid: Der „Eiserne Kanzler" und die Generäle. Deutsche Rüstungspolitik in der Ära Bismarck (1871–1890), Paderborn u. a. 2003, S. 335 ff.

der Leistungsfähigkeit der Transportwege bei Schnee und Eis in Mittelosteuropa oder dem Vorhandensein von hinreichend warmer Kleidung erörtert wurden. Hier wird im Übrigen eine klassische Schwäche militärischen Denkens in Deutschland bis in die Zeit des Zweiten Weltkrieges erkennbar, sich nämlich ganz auf im unmittelbarsten handwerklichsten Sinne operative Themen zu beschränken und die Fragen nach Infrastruktur und Logistik, nach geografischen Bedingungen und nach Legitimation schlechthin möglichst gar nicht aufzuwerfen. Der Krieg von 1887/88 fand in Europa nicht zuletzt deshalb nicht statt, weil die politische Spitze des Deutschen Reiches in Gestalt Otto von Bismarcks den Militärs in den Arm fiel. Sie führte gewissermaßen als Aushilfe einen Quantensprung der deutschen Rüstung mit herbei. Gerade diese Maßnahme sollte zeigen, dass das Reich nicht bedroht war und sich eben deshalb auf aggressive Abenteuer nicht einlassen musste. Eine solche Dialektik, die Feuer mit Gegenfeuer bekämpfte, war allerdings gefährlich, sie musste nicht zwangsläufig und dauernd deeskalierend wirken.[8])

Die Zeit nach Bismarck

Weder die Verhinderung einer Konfrontation zu diesem Zeitpunkt noch der deutsch-russische Rückversicherungsvertrag vermochten freilich die russisch-französische Annäherung und mit ihr den Ausbruch Frankreichs aus der diplomatischen Quarantäne des Landes, der für Bismarck so hohe Bedeutung zugekommen war, zu verhindern. Dass hier eine republikanische Großmacht mit voll ausgeformtem parlamentarischem Regime und ein absolutistischer, in den Augen vieler europäischer Beobachter despotischer Staat zueinander fanden, erschien nur zunächst vielfach befremdlich.[9]) Und dass die deutsche Außenpolitik in der Nachbismarckzeit einen anderen, auf Imperialismus und Weltpolitik gerichteten Weg einschlug und von hierher die Linien hin zum Ersten Weltkrieg laufen, ist ganz unbestreitbar. Allerdings sollte man, wenn man den Blick auf die sich zusammenfügende Konstellation des Jahres 1914 wirft, stets dreierlei Faktoren mit bedenken:

Zum einen die schon angedeuteten Dispositionen, die bereits aus der Bismarckzeit herrührten, zum zweiten Rolle und Interessen nicht nur der anderen europäischen Großmächte, sondern auch der kleineren Staaten in Europa und zum dritten die immer deutlicher werdende Tatsache, dass es auf dem Kontinent in den letzten Jahren vor Ausbruch des Ersten Weltkrieges parallel zur Eskalation auch eine Entwicklung der Deeskalation, des machtpolitischen wie kulturellen Ausgleichs, teilweise auch

[8]) Schmid, Eiserne Kanzler, S. 419 ff.: „Rüstung gegen den Krieg und Obstruktion gegen die Generäle? Bismarcks Politik während der Winterkrise."

[9]) Zum Ende der preußisch-russischen „special relationship" George F. Kennan: Bismarcks Europäisches System in der Auflösung. Die französisch-russische Annäherung 1875–1890, Frankfurt am Main u. a. 1979. Ders.: Die schicksalhafte Allianz. Frankreich und Russland am Vorabend des Ersten Weltkrieges, Köln 1990. Aus dem Jahr 1892 datiert dann die erste französisch-russische Militärkonvention mit bereits sehr konkreten Abmachungen für eine gemeinsame Kriegführung gegen die Kombination Deutschland und Österreich-Ungarn, 1894 folgte das förmliche französisch-russische Bündnis.

Gemälde Anton von Werners von der Eröffnung des Reichstages am 25. Juni 1888. Zu sehen ist der 29-jährige Monarch Kaiser Wilhelm II. mit Kaiserin und Kronprinz. Reichskanzler Fürst Bismarck, der neun Monate später entlassen werden wird, steht mit Trauerflor am Arm für die verstorbenen Kaiser Wilhelm I. und Friedrich III. bereits etwas im Abseits.

wachsender pazifistischer Neigungen gab. Die Schlussfolgerung, die sich aus einem derartigen Befund auch für spätere Phasen und womöglich auch für unsere Gegenwart und Zukunft ziehen lässt, ist freilich keine durchweg beruhigende: Offenkundig kann es auch und gerade dann zur Konfrontation kommen, wenn die Akteure auf Entspannung hin eingestellt sind, in solchen Lagen aber besonders besorgt und in der Konsequenz aggressiv werden, wenn Signale mit einem Mal anders zu deuten sind bzw. wenn die Akteure sich – zu Recht oder Unrecht – hintergangen sehen.

Die deutsche Außenpolitik stand an der Jahrhundertwende im Zeichen einer immer stärkeren Abwendung von Großbritannien. Mit ihm war eine Allianz weder in der Schlussphase der Bismarckära zustande gekommen, als derartige Initiativen von Deutschland ausgegangen waren, noch in der Zeit danach, als die Signale eher von London (Kolonialminister Chamberlain) aus auf grün gestellt waren.[10]) Man muss

10) Grundsätzlich zur Außenpolitik in dieser Phase Klaus Hildebrand: Das vergangene Reich. Deutsche Außenpolitik von Bismarck bis Hitler 1871–1945, Stuttgart 1995, S. 190 ff. Ferner Konrad Canis: Von Bismarck zur Weltpolitik. Deutsche Außenpolitik 1890 bis 1902, Berlin 1997. Zu den gescheiterten deutsch-englischen Bündnisverhandlungen in den letzten Jahren des 19. Jahrhunderts insbesondere Hermann Freiherr von Eckartstein, 1899–1901 Deutscher Botschaftsrat in London: Lebenserinnerungen und politische Denkwürdigkeiten Bd. 1, Leipzig 1919, insbesondere S. 291 ff. Gerd Fesser: Reichskanzler Fürst von Bülow. Architekt der deutschen Weltpolitik, Leipzig 2003, S. 51 ff.

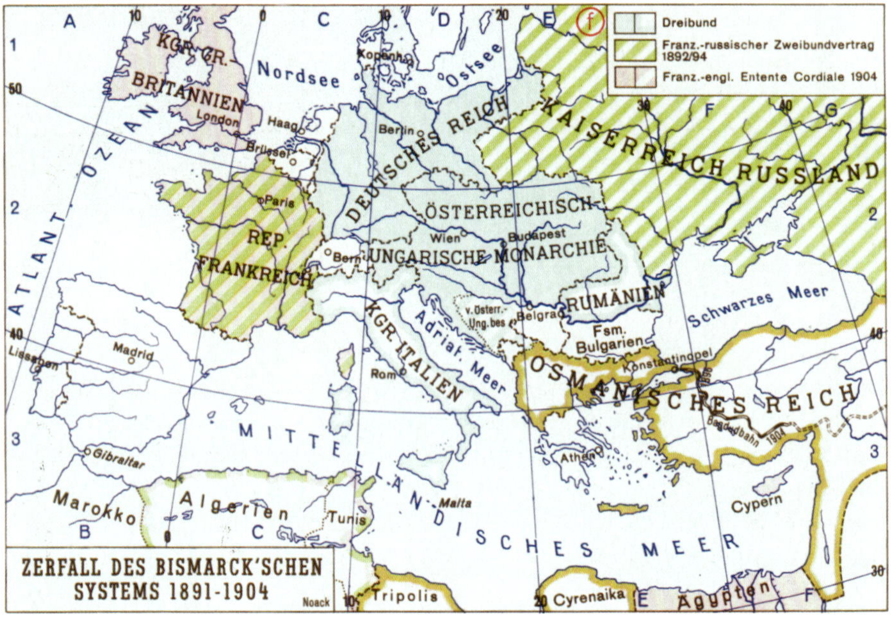

den sich allmählich schürzenden Knoten der deutsch-britischen Konfrontation aus einer Gemengelage von objektiven und subjektiven Faktoren erklären. Zu den objektiven lassen sich wohl die allgemeinen imperialen Tendenzen aller Großmächte zählen – bis hin zu Italien, das sich am Horn von Afrika und gegen die Osmanische Türkei ab 1911 in der Cyreneika und im Dodekanes (Rhodos und seine Nachbarinseln) engagierte. Hinzunehmen muss man ferner die ökonomische Expansion Deutschlands, welche aus starkem Bevölkerungswachstum und forcierter Industrialisierung in modernen Leitsektoren (Elektroindustrie, Optik, Chemie), in denen Deutschland führte, resultierte wie aus dem allmählichen Versiegen des Regulationsventils Auswanderung. In den eineinhalb Dekaden zwischen dem Beginn des 20. Jahrhunderts und dem Ausbruch des Ersten Weltkrieges überholte Deutschland Großbritannien als Industriestandort: Zwischen 1900 und 1913 sank der britische Anteil an der Weltindustrieproduktion von 18,5% auf 13,6%, der deutsche erhöhte sich von 13,2% auf 14,8%. Der Anteil Großbritanniens am weltweiten Maschinenbau lag 1913 bei 11,8%, der deutsche bei 20,7%, der US-amerikanische allerdings bei 50%. Noch eindrucksvoller ist das Bild bei der Elektroindustrie: Hier führte Deutschland 1913 mit 34,9% vor den USA mit 28,9% und Großbritannien mit 16,0%. Bemerkenswert ist im Übrigen, dass die Weltmacht Russland in diesem Sektor der Weltwirtschaft nur auf einen Anteil von 2,2% kam – diese letzteren Hinweise nur als ein Indikator dafür, wie wenig Russland den strukturellen Anforderungen eines Konfliktes von der Dimension des Ersten Weltkrieges gewachsen sein konnte (s. u.). Deutschland war zunehmend existenziell auf eine starke Verflochtenheit in die Weltwirtschaft angewiesen. Der freilich daraus vielfach abgeleitete Schluss, je mehr

Kolonien und je stärkeres politisches Gewicht in strukturell schwachen Ländern wie der Osmanischen Türkei, desto günstiger für die Prosperität im eigenen Land, war ein Trugschluss. Der Wohlstand in Europa profitierte in erster Linie vom engen Austausch im Dreieck Deutschland, Frankreich und Großbritannien, zugleich mit den jeweiligen Nachbarländern. Dabei konnten sich Deutschland und Großbritannien noch insofern vorzüglich ergänzen, als das erstere Land sich wie gezeigt bei der industriellen Produktion in einer überholenden Entwicklung befand, das zweite hingegen den potentesten Kapitalmarkt besaß. Schließlich vermochten alle miteinander und hier gerade Deutschland an erster Stelle Nutzen aus einer Strategie zu ziehen, das zaristische Russland trotz seines gegebenen Rückstands allmählich an den Status eines entwickelten Industrielandes heranzuführen. Vor dem hier nur kurz skizzierten Hintergrund erweist sich das Insistieren in Deutschland, aber auch bei den anderen Großmächten auf das Besetzen von Positionen in Afrika und Asien um den Preis von Konfrontationen in Europa, um Siedlungszonen und Absatzmärkte zu erschließen – entsprechend dem verheerenden Romantitel Hans Grimms aus den 20er Jahren „Volk ohne Raum“ – als grandiose Fehleinschätzung mit welthistorisch furchtbaren Konsequenzen. In diesem Zusammenhang zeigen sich im Übrigen auch die marxistischen Imperialismustheorien, an erster Stelle von Lenin oder Rosa Luxemburg, die den Ersten Weltkrieg in der Konsequenz eines globalen ökonomischen Verdrängungswettbewerbes sahen, als empirisch gänzlich haltlos.

Typische Szene aus einem Kaisermanöver um die Jahrhundertwende. Mit großer Gebärde posiert und dirigiert Kaiser Wilhelm II. in der Mitte. In den letzten Jahren vor dem Ersten Weltkrieg hielt sich der Kaiser dann auf Geheiß des Generalstabes zurück und die Manöver nahmen eher die Form ernsthafter militärischer Übungen in schlichteren Felduniformen und mit offenem Ausgang an. Freilich mag man in dieser Entwicklung auch die Perspektive auf eine realiter kommende militärische Auseinandersetzung sehen.

Die deutsche Außenpolitik auf dem Höhepunkt so genannter Weltpolitik in der Ägide Bernhard von Bülows (1897 bis 1900 Staatssekretär im Auswärtigen Amt, 1900–1909 Reichskanzler) wollte durch eine Vielfalt von Engagements, bei der man auch den Selbstdarstellungsneigungen Wilhelms II. Raum gab, gewissermaßen weltweit Duftmarken setzen. Sie riskierte dabei immer wieder Konflikte mit anderen Großmächten: in Ozeanien mit den USA, in China mit Russland und Japan, vor allem aber im Osmanischen Reich bis hin zum Persischen Golf mit Russland und an erster Stelle Großbritannien. Das deutsche Engagement im Osmanischen Reich – das wichtigste Projekt war die Bagdad-Bahn – konnte zumindest als Ambition interpretiert werden, eine Art deutsches Protektorat im Mittleren Osten zu erreichen.[11])

Erster protokollarischer Höhepunkt dieser deutschen Orientpolitik war die Reise Kaiser Wilhelms II. 1898 ins Osmanische Reich. Sie führte ihn vor allem nach Jerusalem, wo er die evangelische Erlöserkirche einweihte, und auch nach Damaskus. Mit diesem Unternehmen, das von vielerlei Sprach- und Kulturwissenschaftlern begleitet wurde, entsprach der Kaiser im Übrigen auch ganz den Neigungen großer Teile des deutschen Bildungsbürgertums zu exotisch-orientalischen Szenerien. Mehr

Deutsche Orientbegeisterung unter imperialistischen Vorzeichen: Einzug Kaiser Wilhelms II. 1898 in Damaskus in einem zeitgenössischen Gemälde.

---

[11]) Vgl. als Gesamtdarstellung Gregor Schöllgen: Imperialismus und Gleichgewicht. Deutschland, England und die orientalische Frage 1871–1914, München [3]2000.

Die deutsche Schlachtflotte im Kieler Hafen bei einer Flottenparade 1913. Nach dem Übergang Großbritanniens zum Schlachtschiff des „Dreadnought-Typs" 1906 mit vergrößerter Tonnage, stärkerer Panzerung, einheitlicher schwerer Artillerie und erhöhter Geschwindigkeit hatte Deutschland unerwartet schnell nachgezogen, sodass sich der Rüstungswettlauf zur See zunächst noch beschleunigte. Allerdings traten ab 1912 in Europa vor allem Fragen der Heeresrüstungen im Blick auf die Rivalitäten Deutschlands mit Frankreich und Russland in den Vordergrund.

aber als alle diese strategischen Verzettelungen, die teilweise wie in der modernen Mediengesellschaft Politik mehr vorgaukelten als führten, wirkte der deutsche Flottenbau. In den Planungen des Staatssekretärs im Reichsmarineamt, Alfred von Tirpitz, hatte der Flottenbau unbestreitbar auch eine offensive Komponente, die sich nur gegen Großbritannien richten konnte. In den ersten Gesetzen aus den Jahren 1898 und 1900, die den Aufbau der künftigen deutschen Schlachtflotte festlegten, wurde von einer für England bedrohlich werdenden Größenordnung ausgegangen. Die Folgen für das Deutsche Reich selbst waren in mehrfacher Hinsicht höchst nachteilig: Zum einen wurde hier ein militärisches Instrument aufgebaut, das politisch kontraproduktiv wirken, weil Großbritannien zur Aufgabe seiner neutralen Position, zur Parteinahme auf der Seite des Zweibundes und zu eigenen Rüstungsanstrengungen provozieren musste. An der äußerst ungünstigen strategischen Position Deutschlands im nassen Dreieck der flachen Nordsee zwischen Jütland und den Niederlanden konnten im Übrigen noch so viele Schlachtschiffe gar nichts ändern. Aber der Flottenbau wirkte sich nicht nur außenpolitisch und strategisch kontraproduktiv für das Deutsche Reich aus, er belastete durch seine horrenden Kosten in unverantwortlichem Maße auch die Staatsfinanzen und schmälerte die Potenziale für die Rüstung zu Lande, die ja die eigentliche militärische Lebensversicherung Deutschlands blieb. Nimmt man diese Faktoren zusammen, dann erinnert der Rüstungswettlauf in den eineinhalb Jahrzehnten vor Ausbruch des Ersten Weltkrieges in gewisser Weise auch an die strategische Situation in Europa in der Schlussphase des Kalten Krieges: Ähnlich wie die sowjetische Vorrüstung, am Ende mit SS-20-Mittelstreckenraketen gegen Westeuropa, die NATO zu verstärkten und koordinierten Rüstungsanstrengungen auf einem technologischen Niveau herausforderte, auf das die Sowjetunion keine Antwort mehr fand, navigierte die Flotte die Landmacht Deutschland in ein rüstungs- und außenpolitisches Dilemma. Sie trug unweigerlich zur britisch-französischen Verständigung in der „entente cordiale" von 1904 wie zur in Deutschland zuvor für völlig unmöglich gehaltenen britisch-russischen Verständigung 1907 über die Konfliktzonen beider Weltmächte in Persien bei. Letzter Schritt dieser Entwicklung war die durch Spionage von deutscher Seite gelungene Aufdeckung einer bevorstehenden britisch-russischen Marinekonvention im Mai 1914, also bereits im unmittelbaren Vorfeld des Ersten Weltkrieges. Von der deutschen Führung wurde dieser Vorgang naturgemäß als außerordentlich bedrohlich eingeschätzt. In welchem Maße er in der Julikrise acht Wochen später zur Bereitschaft beitrug, Österreich-Ungarn freie Hand gegen Serbien zu lassen und das Risiko der großen militärischen Auseinandersetzung einzugehen, lässt sich allerdings bis heute nicht exakt bestimmen (s. u. S. 53).

Kontraproduktiv wirkte der deutsche Flottenbau konkret insofern, als er zumindest bis 1912 der technischen Modernisierung und der Erweiterung des Landheeres, entsprechend den angesichts des deutschen Bevölkerungswachstums gegebenen quantitativen Möglichkeiten, im Weg stand. So war in Deutschland die allgemeine Wehrpflicht anders als im republikanischen Frankreich keineswegs voll durchgeführt.

Deutschland, respektive Preußen, hatte in der napoleonischen Ära, nach den preußischen Niederlagen von 1806, als erster militärischer Kontrahent von Rang mit Gesetz vom 3. September 1814 die allgemeine Wehrpflicht eingeführt. Hingegen hatten sich die zuvor aus dem Boden gestampften französischen Revolutionsheere – levée en masse – eher als zeitweilige Erscheinung erwiesen. In den Feldzügen gegen das napoleonische Frankreich 1813–1815 konnte Preußen, nach den territorialen Verlusten des Friedens von Tilsit 1807 besaß es weniger als 20% der französischen Einwohnerzahl, nur dann als einigermaßen gleichrangiger Akteur auftreten, wenn es sein Menschen-Potenzial weitestgehend ausnutzte. Der preußische Mobilisierungsgrad in diesen Jahren glich daher bereits etwa dem Deutschlands in den Anfängen des Ersten Weltkrieges (6 Prozent der Bevölkerung bei Linienregimenten und Landwehr) und lag weit über dem Frankreichs, Russlands oder Österreichs. Frankreich stützte sich nach dem Ende des napoleonischen Empire weitgehend auf eine Armee von Berufssoldaten, von seiner Massenmobiliserung aus den ersten Revolutionsjahren blieb nahezu nichts übrig. In Preußen galt hingegen weiterhin das System der allgemeinen Wehrpflicht, wenn auch die Jahrgänge nur zu einem eher geringen Teil tatsächlich Militärdienst leisten mussten. Nach dem deutsch-französischen Krieg von 1870/71 verschob sich dieses Bild deutlich:

Seit seiner Heeresreform von 1875 nutzte Frankreich sein Wehrpflichtigenpotenzial fast vollständig aus; rund 85% eines Jahrganges mussten Uniform tragen. In Deutschland hingegen war dies aus einer Reihe von Gründen weiterhin nur rund die Hälfte eines Jahrganges: Seit den Flottengesetzen von 1898 und 1900 absorbierte die technisch aufwändige Rüstung zur See einen immer größeren Anteil der

Militärausgaben. Hinzu kam, dass das Deutsche Reich nach seiner Finanzverfassung kaum Zugriff auf die direkten Steuern besaß. Sie waren nach der Reichsverfassung von 1871 weitestgehend den Länder verblieben. Dieser Umstand begrenzte die finanziellen Möglichkeiten. Und schließlich fürchteten die aristokratischen Berufsmilitärs in Preußen, insbesondere die preußischen Kriegsminister, eine übermäßige quantitative Aufblähung der Armee werde ihre innere, monarchisch-konservativ ausgerichtete Kohärenz gefährden. Das Offizierkorps könne liberaldemokratisch, die Mannschaften könnten über die Maßen sozialdemokratisch infiziert werden. Überdies komme es mehr auf hohen Ausbildungsstand und Schlagkraft als auf immer mehr Divisionen an. Freilich hatte es im Generalstab stets Stimmen gegeben, die die gegenteilige Position vertraten. Aber die Präferenz für eine vollständige militärische Ausnutzung des deutschen Bevölkerungspotenzials konnte sich erst ab etwa 1910 durchsetzen: Nun wurde deutlich, dass der Rüstungswettlauf zur See gegen Großbritannien aussichtslos blieb. Und gleichzeitig zog die Spirale des Wettrüstens unter den kontinentalen Mächten an. Oberst Ludendorff, der Chef der Aufmarschabteilung im Generalstab, hatte für Generalstabschef Moltke Vorlagen entwickelt, die in eine Denkschrift vom 25. November 1912 mündeten.[12]) Nachdem es bereits 1912 zu einer massiven Erhöhung der Friedenspräsenzstärke des deutschen Gesamtheeres gekommen war, hätte sich aus diesen zusätzlichen Forderungen, die auf die vollständige Ausnutzung des deutschen Bevölkerungspotenzials zielten, eine schlagartige Vergrößerung der deutschen Landstreitkräfte um 300.000 Mann ergeben, damit um nahezu ein Drittel. Das erschien weder finanziell noch politisch-psychologisch machbar. Am Ende stand ein Kompromiss, die Vergrößerung der Armee im Rahmen der sogenannten Großen Wehrvorlage von 1913 um insgesamt 136.000 Mann und damit zugleich ein höchst ambivalenter Schritt der deutschen Politik:

Einerseits wurde mit ihm die Rüstungsspirale auf dem Kontinent deutlich angezogen. Im unmittelbaren Reflex ging Frankreich zur dreijährigen Wehrpflicht über, um quantitativ einigermaßen mithalten zu können. Und auch Russland erhöhte seinen Rüstungsstand beträchtlich. Andererseits gelang es selbst mit dieser kostspieligen Aufrüstungsrunde nicht, die vollständige Durchsetzung der allgemeinen Wehrpflicht in Deutschland zu erreichen. So ergab sich bei Ausbruch des Ersten Weltkrieges das bemerkenswerte Bild, dass die europäischen Großmächte ihre Bevölkerungspotenziale höchst ungleich mobilisieren konnten:

In Deutschland gab es 1914 rund 10 Millionen Männer in der von der Wehrpflicht erfassten Altersgruppe 17–45 Jahre. Aber lediglich die Hälfte davon, 4,9 Millionen, war militärisch ausgebildet. Frankreich, dessen demografische Entwicklung seit der Mitte des 19. Jahrhunderts viel ungünstiger verlaufen war, verfügte in seiner für die Wehrpflicht in Frage kommenden Kategorie der 20–48-jährigen über knapp 6 Millionen Männer, darunter 5 Millionen Ausgebildete. Der Vollständigkeit halber seien in dieses Bild die beiden anderen kontinentalen Großmächte einbezogen: Russland,

[12]) Vgl. Oliver Stein: Die deutsche Heeresrüstungspolitik 1890–1914. Das Militär und der Primat der Politik, Paderborn, München, Wien, Zürich, S. 323 ff.

das während des 19. und frühen 20. Jahrhunderts geradezu einen demografischen Quantensprung erfuhr, verfügte über 17 Millionen Männer in der Altersgruppe 21 bis 43 Lebensjahre, von denen 6 Millionen militärisch ausgebildet waren. Und Österreich-Ungarn besaß 1914 zwar über 10 Millionen Einwohner mehr als Frankreich, darunter gut 6 Millionen in der Altersgruppe der 19–42-jährigen. Aber darunter hatte sogar nur etwas weniger als die Hälfte militärisch gedient.[13]) Freilich wird man zugleich ins Kalkül bringen können, dass eine Reihe von Faktoren für den Fall eines reinen Kontinentalkonfliktes – Deutschland und Österreich-Ungarn gegen Frankreich und Russland – für eine strukturelle Überlegenheit der Mittelmächte sprach: Deutschland allein produzierte 1913 mehr Stahl (17,6 Millionen Tonnen) als Frankreich und Russland zusammen (9,4 Millionen Tonnen). Im Bereich der modernen sogenannten industriellen Leitsektoren (Maschinenbau, Elektrizitätswirtschaft, Chemie und Pharmazie) war das Deutsche Reich Russland um mehr als das Zehnfache überlegen. Und den Millionenheeren der, wie man in Deutschland in einer Mischung aus Angst und Verachtung zu formulieren pflegte, russischen Dampfwalze mangelte es vor allem an den im Industriezeitalter unabdingbaren Bildungsstandards: Die Wehrpflichtigen in Deutschland waren nahezu vollständig alphabetisiert, in Russland nur etwa zur Hälfte. Legt man das Szenario eines reinen Kontinentalkonfliktes zugrunde, dann besaß Deutschland gegenüber Frankreich den Vorteil eines höheren Bevölkerungspotenzials, gegenüber Russland den Vorteil einer um ein Vielfaches leistungsfähigeren Volkswirtschaft. Das hatte aber auch eine politische Konsequenz, die man in Deutschland bis in die Tage des Kriegsausbruches und bis zur Person Kaiser Wilhelms II. gerne verdrängte: Weil die strukturellen Faktoren in Europa so waren, wie sie waren, rechneten die britischen Eliten für diesen Fall mit einem Erfolg Deutschlands (und Österreich-Ungarns) und in der Konsequenz mit einer deutschen Hegemonie auf dem Kontinent, eine Mächtekonstellation, wie es sie für das Inselreich zuletzt auf dem Höhepunkt der Erfolge Kaiser Napoleons gegeben hatte. Das aber konnte

Sir Edward Grey (seit 1916 Viscount Grey of Fallodon) 1905 bis 1916 englischer Minister für auswärtige Angelegenheiten

[13]) Zahlen nach Reichsarchiv: Der Weltkrieg 1914–1918. Erster Band, Berlin 1925, S. 38 f.

London unter keinen Umständen zulassen und ebendies wurde in Deutschland vielfach und gerne verdrängt.

Unzutreffend wäre freilich eine Sichtweise, die Deutschland als alleinigen und langfristigen Wegbereiter des Ersten Weltkrieges sähe. In dieser Betrachtungsweise, die vor allem Fritz Fischer in den 60er Jahren verfochten hat,[14]) fehlen bei aller inneren Logik, die ihr zugestanden sein mag, zwei ganz wesentliche Gesichtspunkte, ohne die sich die damalige europäische Szenerie nicht sinnvoll beschreiben lässt: Zum einen die Frage nach Intentionen und Vorgehensweisen der anderen Großmächte und zum anderen die noch grundsätzlichere Überlegung, ob denn wirklich eine Straße ohne Wiederkehr in die europäische Katastrophe vom August 1914 führte. Hinzu kommt die Frage, ob man für das Deutschland der wilhelminischen Zeit überhaupt von mittel- und langfristig angelegten und auch durchgehaltenen Politiken ausgehen kann oder ob es nicht vielmehr oft um ein scheinbares Eingehen der politischen Führung auf verbale Drohgebärden des Kaisers, um unkoordiniertes Vorgehen von politischer und militärischer Spitze und um ein rein situatives Krisenmanagement ging. Lässt man den letzteren Gesichtspunkt, für den viel spricht, gelten, dann relativiert sich auch die Bedeutung des so genannten „Kriegsrates“ vom 8. Dezember 1912. Zu ihm hatte der Kaiser die militärischen Spitzen vorgeladen, nachdem wenige Tage vorher ein Bericht des deutschen Botschafters in Großbritannien, Fürst Lichnowsky, eingetroffen war, aus dem deutlich hervorging, dass Großbritannien eine deutsche Hegemonie auf dem europäischen Kontinent nicht zulassen könne – ganz entsprechend seiner traditionellen, seit den Zeiten Ludwigs XIV. am Ende des 17. Jahrhunderts geübten Gleichgewichts- und Realpolitik wie in der Konsequenz seiner Wahrnehmung der aktuellen Kräfteverhältnisse auf dem Kontinent (vgl. S. 36). Wie schon die kaiserlichen Randnotizen an diesem Bericht zeigten, reagierte die monarchische Spitze unüberlegt, panisch und hysterisch in einem.[15]) In der Argumentation Fritz Fischers kam diesem Kriegsrat für die nächsten knapp zwei Jahre bis zum Ausbruch des Ersten Weltkrieges eine ganz erhebliche Bedeutung zu. Vor allem habe sich Reichskanzler Bethmann Hollweg, der ja gar nicht teilgenommen hatte, in der Folge mit der Argumentation durchgesetzt, es dürfe nicht gleich zur Konfrontation kommen, sondern diese müsse rüstungs- und bündnispolitisch erst einmal mittelfristig vorbereitet werden.

Eskalation und Deeskalation

Lange hatten die letzten Jahre vor Ausbruch des Ersten Weltkrieges, beginnend mit der zweiten Marokkokrise 1911, die Deutschland und Frankreich in antagonistischen Positionen sah, als determinierte Ausgangsexposition für den Ersten Welt-

[14]) Fritz Fischer: Krieg der Illusionen. Die deutsche Politik von 1911–1914, Düsseldorf [2]1969.

[15]) Vgl. Darstellung des „Kriegsrates“ bei Fischer S. 232 ff. Text des Berichtes Lichnowskys vom 3. Dezember 1912, Faksimile wie kaiserliche Randnotizen, in: Bernhard Fürst von Bülow: Denkwürdigkeiten, Bd. 3 Weltkrieg und Zusammenbruch, Berlin 1931, S. 129 f.

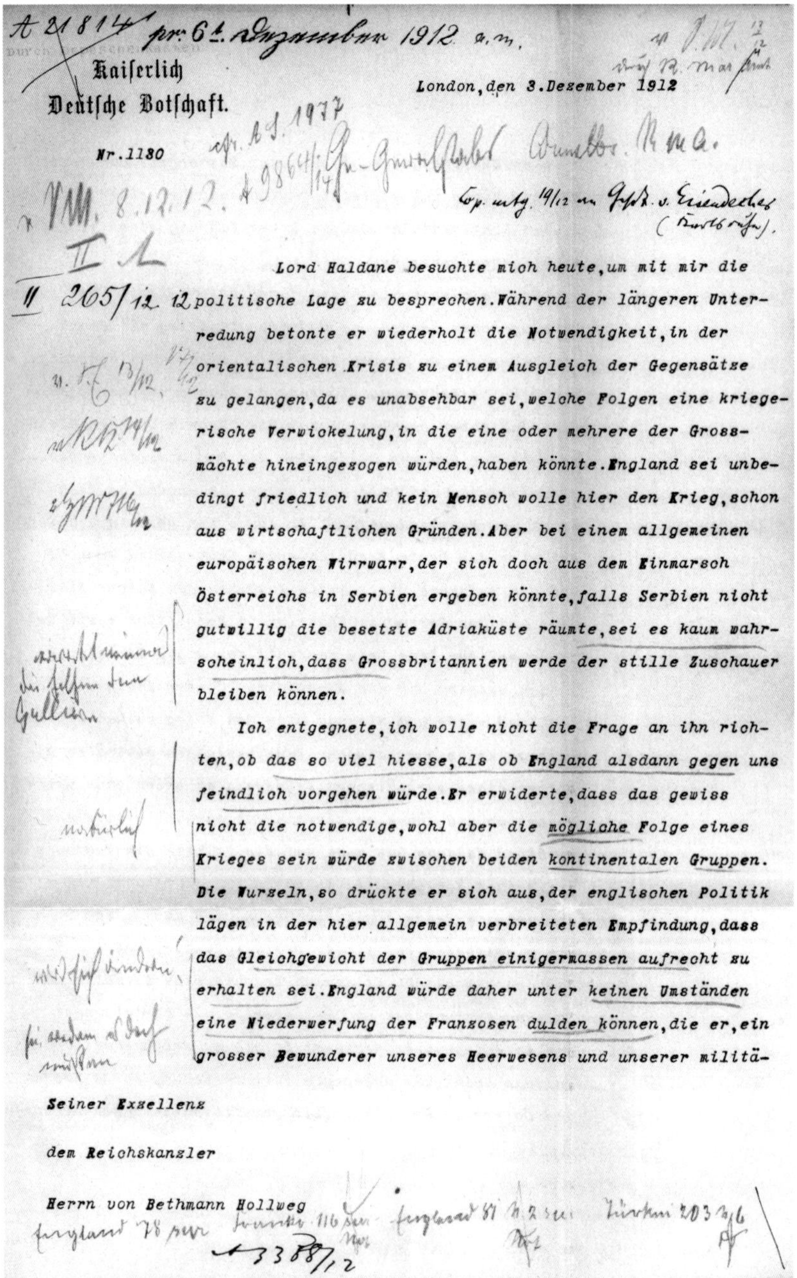

A 21814 pr. 6. Dezember 1912 a.m.

Kaiserlich Deutsche Botschaft.

London, den 3. Dezember 1912

Nr. 1180

Lord Haldane besuchte mich heute, um mit mir die politische Lage zu besprechen. Während der längeren Unterredung betonte er wiederholt die Notwendigkeit, in der orientalischen Krisis zu einem Ausgleich der Gegensätze zu gelangen, da es unabsehbar sei, welche Folgen eine kriegerische Verwickelung, in die eine oder mehrere der Grossmächte hineingezogen würden, haben könnte. England sei unbedingt friedlich und kein Mensch wolle hier den Krieg, schon aus wirtschaftlichen Gründen. Aber bei einem allgemeinen europäischen Wirrwarr, der sich doch aus dem Einmarsch Österreichs in Serbien ergeben könnte, falls Serbien nicht gutwillig die besetzte Adriaküste räumte, sei es kaum wahrscheinlich, dass Grossbritannien werde der stille Zuschauer bleiben können.

Ich entgegnete, ich wolle nicht die Frage an ihn richten, ob das so viel hiesse, als ob England alsdann gegen uns feindlich vorgehen würde. Er erwiderte, dass das gewiss nicht die notwendige, wohl aber die mögliche Folge eines Krieges sein würde zwischen beiden kontinentalen Gruppen. Die Wurzeln, so drückte er sich aus, der englischen Politik lägen in der hier allgemein verbreiteten Empfindung, dass das Gleichgewicht der Gruppen einigermassen aufrecht zu erhalten sei. England würde daher unter keinen Umständen eine Niederwerfung der Franzosen dulden können, die er, ein grosser Bewunderer unseres Heerwesens und unserer militä-

Seiner Exzellenz

dem Reichskanzler

Herrn von Bethmann Hollweg

Faksimile des Berichts des deutschen Botschafters in London, Fürst Lichnowsky, vom 3. Dezember 1912 mit Randbemerkungen Kaiser Wilhelms II. über ein Gespräch mit dem britischen Kriegsminister Lord Haldane. Nach der Lektüre berief der Kaiser dazu einen so genannten „Kriegsrat" mit den Spitzenmilitärs ein (vgl. dazu Ausführungen im Text).

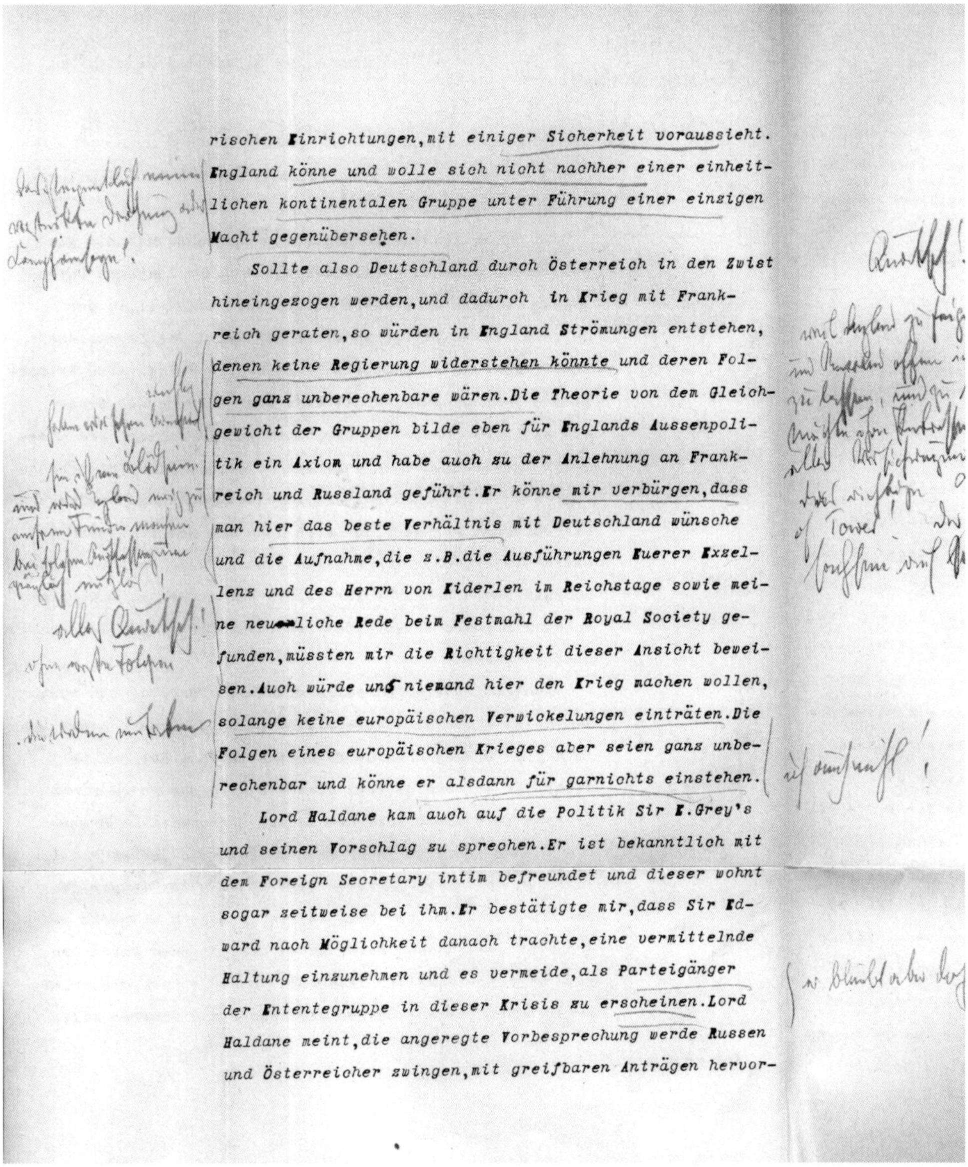

rischen Einrichtungen, mit einiger Sicherheit voraussieht. England könne und wolle sich nicht nachher einer einheitlichen kontinentalen Gruppe unter Führung einer einzigen Macht gegenübersehen.

Sollte also Deutschland durch Österreich in den Zwist hineingezogen werden, und dadurch in Krieg mit Frankreich geraten, so würden in England Strömungen entstehen, denen keine Regierung widerstehen könnte und deren Folgen ganz unberechenbare wären. Die Theorie von dem Gleichgewicht der Gruppen bilde eben für Englands Aussenpolitik ein Axiom und habe auch zu der Anlehnung an Frankreich und Russland geführt. Er könne mir verbürgen, dass man hier das beste Verhältnis mit Deutschland wünsche und die Aufnahme, die z.B. die Ausführungen Euerer Exzellenz und des Herrn von Kiderlen im Reichstage sowie meine neuliche Rede beim Festmahl der Royal Society gefunden, müssten mir die Richtigkeit dieser Ansicht beweisen. Auch würde uns niemand hier den Krieg machen wollen, solange keine europäischen Verwickelungen einträten. Die Folgen eines europäischen Krieges aber seien ganz unberechenbar und könne er alsdann für garnichts einstehen.

Lord Haldane kam auch auf die Politik Sir E. Grey's und seinen Vorschlag zu sprechen. Er ist bekanntlich mit dem Foreign Secretary intim befreundet und dieser wohnt sogar seitweise bei ihm. Er bestätigte mir, dass Sir Edward nach Möglichkeit danach trachte, eine vermittelnde Haltung einzunehmen und es vermeide, als Parteigänger der Ententegruppe in dieser Krisis zu erscheinen. Lord Haldane meint, die angeregte Vorbesprechung werde Russen und Österreicher zwingen, mit greifbaren Anträgen hervor-

zutreten, was bisher nicht geschehen, und befürwortet die Wahl von London als den geeignetsten Ort. Inzwischen müsse aber alles vermieden werden, was zu einer scharfen Sonderung der Gruppen (harden the groups) führen könnte. Dieselben müssten sich vielmehr möglichst in "Gelatine" verwandeln.

Quatsch!

Lichnowsky

[illegible]

Es bleibt aber doch Kategorie der Gallo-Slaven gegen die Germanen!

Auch im Industriezeitalter bestimmten noch lange traditionelle Bilder von aristokratischer Tapferkeit und unmittelbarem physischen Einsatz sowie althergebrachte Ästhetik die militärischen Vorstellungen. Kaisermanöver 1908: Die Bayerische Kavalleriedivision stellt sich zur Attacke bereit. Sofort bei Eröffnung der Feindseligkeiten des Ersten Weltkrieges sollte sich zeigen, dass solche Muster mit der rationalisiert-mörderischen Wirklichkeit nichts mehr zu tun hatten.

krieg gegolten. In diesem Bild wurden vor allem die fehlgeschlagene Mission des britischen Kriegsministers Haldane Anfang 1912 nach Berlin – sie hatte nicht zu der von deutscher Seite gewünschten Verbindung Limitierung des deutschen Flottenbestandes auf zwei Drittel des britischen bei bindender britischer Neutralitätszusage geführt – und schließlich die beiden Balkankriege 1912/13 als Schlüsselfaktoren gesehen. Unterlegen war der deutsche Partner Osmanisches Reich, erfolgreich der russisch-französische Serbien. Darunter litt auch das ‚Prestige' Österreich-Ungarns, damals eine zentrale Kategorie in den internationalen Beziehungen. In dieser Lage hätten sich die deutschen Eliten, seit dem sozialdemokratischen Erfolg bei der Reichstagswahl 1912 auch innenpolitisch unter starken Druck geraten, durch einen kriegerischen Befreiungsakt nach innen und außen Luft verschaffen, einer drohenden Überrüstung durch Russland zuvorkommen und das autoritäre Regime des Kaiserreiches durch auch wirtschaftlich und damit sozialpolitisch vorteilhafte Kriegsgewinne stabilisieren wollen. Dieses Bild ist nicht falsch, es lässt sich auch durch mancherlei Zeugnisse aus den Bereichen von Alldeutschen, Wehrverbänden und Generalstab belegen. Aber es bildet eben auch nicht die damalige politische Wirklichkeit ab. Die heutige Forschung ist zu dem paradoxen Befund gelangt, dass die Zeit von 1911–1914 ebenso durch Momente des Spannungsaufbaus wie der Deeskalierung gekennzeichnet ist.[16]) Dass Deutschland und Großbritannien bei der

[16]) Vgl. Friedrich Kießling: Gegen den „Großen Krieg"? Entspannung in den internationalen Beziehungen 1911–1914, München 2002.

Technische Innovationen im Vorfeld des Ersten Weltkrieges: Französische Feldkanone M. 1897: Das erste Feldgeschütz mit langem Rohrrücklauf revolutionierte den Geschützbau und die Artillerietaktik gleichermaßen. Während Frankreich hier mit einem technischen Vorsprung in den Ersten Weltkrieg ging, dominierte Deutschland zunächst bei der so genannten „Schweren Feldartillerie" mit größeren Kalibern (ab ca. 100 mm Rohrdurchmesser). Das führte bei Franzosen und Russen zu schweren Verlusten.

Entwicklung ihrer bilateralen Beziehungen bis unmittelbar zur Julikrise des Jahres 1914 substanzielle Fortschritte machten, ist bereits seit längerem bekannt: Das betrifft die Vereinbarungen über eine künftige Aufteilung des portugiesischen Kolonialbesitzes in Afrika wie insbesondere über die nun einvernehmliche Fertigstellung der Bagdadbahn bis zum Hafen Basra im heutigen Irak. Hier gelang am 15. Juni 1914 in London, also 13 Tage vor den Schüssen von Sarajewo, die Paraphierung der entsprechenden Vereinbarung. Hintergrund war im Übrigen, dass sich schon damals am ölreichen Persischen Golf die USA als neuer ‚Interessent' bemerkbar machten. Das führte die ‚alten' Großmächte England und Deutschland näher zusammen – eine allerdings noch ganz embryonale Entwicklung, die dann der Erste Weltkrieg wenige Wochen später abrupt unterbrach. Freilich, das wird hier deutlich, hätte alles auch ganz anders kommen können. Auch die Flottenrivalität nahm in dieser Phase, paradoxer Weise auch wegen des ansonsten in Europa neu anhebenden Rüstungswettlaufes zu Lande, ab: Deutschland führte – nahezu zeitgleich zur Einführung der dreijährigen Wehrpflicht in Frankreich – 1912 und insbesondere 1913 (Große Wehrvorlage) erhebliche Erweiterungen seines Landheeres durch (vgl. S. 35), um seine Offensivfähigkeit gegen Frankreich zu sichern und vor allem um der enorm steigenden russischen Rüstung begegnen zu können. Russlands Rüstung selbst stützte sich nicht nur auf quantitative Vermehrungen, sondern auch auf relative technische Fortschritte und insbesondere auf die bis dahin fehlende Fähigkeit, bei Krisenlagen in einem Tempo zu mobilisieren, das dem der anderen europäischen Großmächte, insbesondere Frankreichs und Deutschlands, näher kam. Diese Entwicklung aber wiederum zeitigte Druck auf Deutschland. Die deutschen Militärs sahen ihre Möglichkeiten („Schlieffen-Plan"), Frankreich in einem kurzen Feldzug, über Belgien von Norden offensiv eindringend, besiegen zu können, bevor sich im Osten russischer Druck bemerkbar machte, zusehends gefährdet.[17]) Das alles konnte Krisen verschärfend wirken und hat es ab Frühjahr 1914 zweifellos auch getan. In der Richtung einer sich daraus ergebenden militärischen Scheinratio konferierten damals die deutschen und österreichisch-ungarischen Generalstabschefs Helmuth von Moltke und Conrad von Hötzendorf. In diese Richtung sprach sich Generalstabschef von Moltke auch am 20. Mai 1914 gegenüber dem Staatssekretär des Auswärtigen Amtes (Außenminister) von Jagow aus: „Die Aussichten in die Zukunft bedrückten ihn schwer. In 2 bis 3 (sic!) Jahren werde Russland seine Rüstungen beendet haben. Die militärische Übermacht unserer Feinde werde dann so groß, dass er nicht wüsste, wie wir ihrer Herr werden könnten. Jetzt wären wir ihnen noch einigermaßen gewachsen. Es bleibe seiner Ansicht nach nichts übrig, als einen Präventivkrieg zu führen, um den Gegner zu schlagen, solange wir den Kampf noch einigermaßen bestehen könnten. Der Generalstabschef stellte mir dem gemäß anheim, unsere Politik auf die baldige Herbeiführung eines Krieges einzustellen."[18])

---

[17]) Nach Erscheinen der ersten Auflage dieses Buches ist es zu einer, jedenfalls außerhalb der unmittelbaren Fachhistorie überraschenden Diskussion darüber gekommen, ob es den sogenannten „Schlieffenplan" überhaupt gab. Ausgangspunkt waren die Arbeiten des amerikanischen Autors Terence Zuber, unter anderem: Inventing the Schlieffen Plan. German War Planning 1871–1914, New York, Oxford 2003. Schlieffen, 1891–1906 deutscher Generalstabschef, hatte Ende 1905 die nach traditioneller Interpretation für die künftigen strategischen Planungen Deutschlands entscheidende Studie für den angenommenen Zwei-Fronten-Krieg gegen Frankreich und Russland vorgelegt – mit den Kernelementen: Zunächst absolute Defensive im Osten, im Westen eine sehr schnelle, die vollständige Entscheidung suchende Offensive von Norden, durch Belgien und die südlichen Teile der Niederlande bis zur Umgehung der Hauptstadt Paris von Westen und sodann Einschließung des Gros der französischen Armee in Ostfrankreich. Ein anderes offensives Vorgehen sei nicht möglich, da die durch starke Festungen bewehrte französische Ostgrenze zwischen Mülhausen im Elsass und Luxemburg keine schnelle Entfaltung von Offensivstreitkräften zulasse. Im Resümee der Auseinandersetzung mit Zuber wird man sagen können, dass der Schlieffen-Plan eben doch, abgesehen von der Fortentwicklung militärisch-operativer Details, für die deutsche Sicht auf die strategischen Möglichkeiten im Konfliktfall normprägend wurde und bis zum Ausbruch des Ersten Weltkrieges blieb. Vgl. die einzelnen Beiträge in Hans Ehlert, Michael Epkenhans, Gerhard P. Groß (Hg.): Der Schlieffenplan. Analysen und Dokumente, Paderborn, München, Wien, Zürich 2006. Wichtig ist vor allem, dass Schlieffens Nachfolger als Generalstabschef ab 1906, Helmuth von Moltke, von der Verletzung neben der belgischen auch der niederländischen Neutralität absah – das bedeutete jedenfalls einen Völkerrechtsbruch weniger und erhielt für den Kriegsfall die Niederlande als außenhandelspolitischen Partner des Deutschen Reiches. Und eine zu starke Schwächung des ‚linken' Flügels in den Vogesen und in Lothringen wurde auf diese Weise vermieden. In der deutschen wie in der internationalen Diskussion scheint jedenfalls längst die Zeit vorbei, in der der Schlieffen-Plan als vermeintliches militärisches Patentrezept galt und seine „Verwässerung" durch Moltke als Grund für die Niederlage in der Marne-Schlacht Anfang September 1914 angesehen wurde. Hingegen hat sich fast allgemein die Auffassung durchgesetzt, dass es sich bei dieser Konzeption in ihrem Kern um ein im engeren militärischen wie im weiteren politisch-moralischen Sinne nicht verantwortbares Vabanque-Spiel handelte. Truppenstärken, Verkehrsinfrastruktur, viel zu eng geschnittener Zeitrahmen, Überlegenheit des französischen Verteidigers auf der ‚inneren Linie' – schon unmittelbar militärisch sprach, realistisch gesehen, alles gegen einen Erfolg.

[18]) Zit. nach Fischer, S. 584

Dieses, insbesondere von Fritz Fischer in den Mittelpunkt einer auf Deutschland bezogenen Präventivkriegsdiskussion gestellte Zitat sollte gleichwohl, wie Einzelaussagen aus der gesamten Zeit von 1911–1914, nicht verabsolutiert bzw. überbeansprucht werden. So kennt man heute für die deutsch-französischen Beziehungen dieser Phase eine Fülle an deeskalierenden Momenten nicht nur im intensiven kulturellen und ökonomischen Austausch, sondern auch in der unmittelbar politischen Interaktion. Den martialischen Aussagen Wilhelms II., etwa bei seinem Kriegsrat vom Dezember 1912 (s. o.), steht z. B. sein langes Telegramm von Mitte August 1913 aus Homburg v. d. H. an das Auswärtige Amt entgegen, in dem es hieß, „in der jetzigen Phase (...) könnten die eigenen Interessen wieder bevorzugt verfolgt werden, da die Gefahr für den europäischen Frieden nun fortgefallen sei. Die Balkankrise habe gezeigt, dass die ‚wahren Interessen Europas Schulter an Schulter von den beiden Vormächten der Gruppen, nämlich von Deutschland und England verteidigt werden könnten' und außerdem, dass ‚das Friedenbedürfnis aller Großmächte bedeutender ist, als man vorausgesehen hatte, und dass anderweitige Posen als Bluff bezeichnet werden dürften'."[19])

Die Ambivalenz, ja schlichte Gegensätzlichkeit emotional aufgeladener Einlassungen Wilhelms II. kennzeichnet im Übrigen nicht nur sein schwieriges, ja labiles Persönlichkeitsbild. Sie macht es auch den Interpreten bis heute so schwer, einen roten Faden, eine schlüssige Linie zu finden bzw. zu konstruieren. Daher wohl auch die Neigung, durch Deutung der Quellen entsprechend eines interpretatorischen Vorverständnisses eine zumeist aggressive Konzeption anzunehmen, wo es möglicherweise überhaupt keine Konzeption gab.

Wilhelms II. eher aus Schwäche resultierende Neigung, sich durch militante Sprüche selbst zu beweisen, Eindruck zu machen und wohlfeilen Beifall zu ernten, verführt ersichtlich manchen Historiker dazu, mehr für bare Münze zu nehmen, als tatsächlich da gewesen sein mag. Allerdings: Auch verbale Kraftmeierei entfaltet im kommunikativen Prozess ihre eigenen, schwerwiegenden Wirkungen. Insofern geht es keineswegs um reine Sprücheklopferei.

Ein Zweites: Gerade wenn man die Abläufe des Frühjahrs und Sommers 1914 minutiös rekonstruiert, bleiben Räume, die sich sehr unterschiedlich verstehen und deuten lassen.

Wilhelm II. traf Erzherzog Franz Ferdinand, den österreichisch-ungarischen Thronfolger und zugleich persönlichen Freund, zum letzten Mal vom 11. bis 14. Juni 1914 auf dessen böhmischem Landsitz Konopischt bei Prag – nur zwei Wochen vor den Schüssen von Sarajewo. Nach dem Zeugnis des österreichischen Generalstabschefs Conrad von Hötzendorf habe der deutsche Kaiser dabei einen sehr harten Ton angeschlagen und auf Krieg gedrängt – so jedenfalls John C. G. Röhl in seiner Biographie Wilhelms II.[20])

---

[19]) Indirekte Rede und zit. nach Kießling, S. 300.

[20]) Vgl. John C. G. Röhl: Wilhelm II. Der Weg in den Abgrund 1900–1941, München 2008, S. 1073. Gegensätzlich dazu, Wilhelm II. als friedensgeneigt zeigend, Christopher Clark: Wilhelm II. Die Herrschaft des letzten Deutschen Kaisers, München 2008, S. 262 f.

Es gibt aber offenkundig über diese Begegnung keine tatsächlich authentische Quelle, wohl aber Deutungen, die in eine ganz andere Richtung gehen: Wilhelm habe Franz Ferdinand schon zuvor gut zugeredet, sich den Serben gegenüber konziliant zu zeigen, vor allem nicht herablassend, ferner dazu, ihre Eliten kulturell zu akzeptieren. Und nach der Begegnung in Konopischt sei Franz Ferdinand über Wilhelms II. mangelnden Kriegswillen enttäuscht gewesen.

Entspannung und Spannung, so wird man die heutige historische Forschungslage wohl am adäquatesten umschreiben können, bestanden im Europa jener Jahre unmittelbar nebeneinander. Und Rüstung allein musste und muss keineswegs Krieg bedeuten, sie hätte im Gegenteil wohl auch zu Gleichgewichtszuständen führen können, bei denen sich die jeweiligen Partner scheuten, zu hohe Risiken einzugehen. Vielmehr kamen zwei Momente hinzu, um kriegerische Entladung mit herbeizuführen: einmal die Räson der Bündnisse. In beiden Bündnissystemen wagten die einzelnen Partner nicht, zu eng mit Akteuren der jeweiligen Gegenseite zu kommunizieren und zu kooperieren. Denn dies konnte möglicherweise die eigenen Verbündeten verunsichern, auf Distanz bringen und so im Ergebnis zu völliger Isolierung führen. Aus solchen Gründen nahm Deutschland auf Österreich-Ungarn, Frankreich auf Russland vielerlei Rücksichten. Auch Großbritannien wollte bzw. konnte es sich nicht leisten, das Beziehungsnetz und seine Absprachen mit Paris und Sankt Petersburg zu gefährden. Das zweite Moment war eine Übernervosität in den internationalen Beziehungen. Wie Friedrich Kießling schreibt, belauerten sich die Mächte in ihren jeweiligen Kommunikationen mit Dritten mikroskopisch genau und hatten hypersensible Seismographen entwickelt. Wie viele Minuten welcher Souverän mit welchem Botschafter sprach, galt als aussagekräftig für weltpolitische Optionen. Was somit vor allem fehlte, waren Vertrauensgrundlagen wie eben in der Zeit der Heiligen Allianz nach dem Wiener Kongress, bei allen auch hier zu treffenden Einschränkungen, und die Fähigkeit, effektiv kollektiv zu kommunizieren, also nicht immer nur fixiert zu sein, ob man wie Deutschland bei den Marokkokrisen isoliert dastehen könne.

Das Bild der Zeit unmittelbar vor dem Ersten Weltkrieg vermittelt zugleich einen Eindruck davon, dass es nicht nur Aggression aus Machtprojektion und Überrüstung, sondern auch aus Selbstzweifeln und Zuständen der Schwäche geben kann. Das Muster für einen derartigen Zustand liefert Österreich-Ungarn.[21]) Die Rolle Österreich-Ungarns in der unmittelbaren Vorphase des Ersten Weltkrieges ist von der deutschen, lange ganz auf die Auseinandersetzung mit Fritz Fischer fixierten Forschung vielfach nicht zureichend wahrgenommen worden. Dieser Faktor ist aber für die Beschreibung hin zu der Konstellation der Julikrise 1914 von zentraler Bedeutung. Mit Recht galt Österreich-Ungarn als die innerlich gefährdetste, durch

---

[21]) Vgl. Günther Kronenbitter: „Krieg im Frieden". Die Führung der k. u. k. Armee und die Großmachtpolitik Österreich-Ungarns 1906–1914, München 2003, ders.: „Nur los lassen". Österreich-Ungarn und der Wille zum Krieg, in: Lange und kurze Wege in den Ersten Weltkrieg, hg. von Johannes Burghardt, Josef Becker, Stig Förster, Günther Kronenbitter. Vier Augsburger Beiträge zur Kriegsursachenforschung, München 1996, S. 159–187.

Empfang einer Huldigungsdelegation aus Bosnien-Herzegowina durch Kaiser Franz Joseph von Österreich (und König von Ungarn) 1878. Der Berliner Kongress 1878 hatte beide Territorien, die formal noch Bestandteil des Osmanischen Reiches blieben, unter die Okkupation der Donaumonarchie gestellt. Die endgültige Annexion erfolgte 1908. Sie führte dann zu einer schweren Krise zwischen Österreich-Ungarn und Russland mit einer harten Reaktion Berlins, das den Bündnispartner gegen Petersburg deckte. Russland selbst war noch durch den verlorenen Krieg von 1904/05 gegen Japan mit anschließenden revolutionären Unruhen geschwächt. Mit dieser aus Sicht Wiens politisch und strategisch unabdingbaren Arrondierung des eigenen Territoriums war zugleich der Gegensatz zu Serbien unüberbrückbar geworden und die Entwicklung nahm ihren Lauf hin zu den Schüssen von Sarajewo am 28. Juni 1914.

Nationalitätenkonflikte in ihrer Legitimationsbasis bedrohte Großmacht, dazu als die im Vergleich mit Deutschland, Frankreich und Großbritannien neben Russland am meisten ökonomisch rückständige. Die Armee diente vor allem der inneren Kohärenz der Gesamtmonarchie. Weil Finanzen und politische Entschlusskraft fehlten, rückte die Armee Kaiser Franz Josephs 1914 gegen Serbien und Russland mit einem Artilleriepark ins Feld, der sogar noch Bronzegeschütze umfasste, wie sie 1866 bei Königgrätz gegen Preußen zum Einsatz gelangt waren. Dabei fehlte es nicht an den technologischen Kompetenzen. Insbesondere die böhmischen Skoda-Werke hatten modernste Waffensysteme entwickelt, darunter einen bereits motorisierten 30,5-cm-Mörser. Er musste bei Kriegsausbruch in einigen Exemplaren an Deutschland ausgeliehen werden, um die belgischen Festungen zu beschießen (s. u.).

Die unbestreitbar gegebene militärische und – was zumindest die Projektion eines langen Konfliktes anlangte – ökonomische Schwäche Österreich-Ungarns führte aber zu einer aggressiven, nicht zu einer defensiven Disposition seiner militärischen wie politischen Führung, die dann in der Julikrise des Jahres 1914 kulminierte. Man war seit den Balkankriegen 1912/13 entschlossen, Serbien, das der eigentliche Nutznießer des osmanischen Kollaps auf dem Balkan war und Neigungen zeigte, sich an der Adria zu positionieren, militärisch niederzuwerfen. Serbien galt als Todfeind der Donaumonarchie, weil seine südslawischen Ambitionen die supranationalen Strukturen Österreich-Ungarns im Kern bedrohten bzw. zu bedrohen schienen. Unbestreitbarer Fatalismus herrschte im Hinblick auf die Frage, wie in einem derartigen Konfliktfall der russische Faktor zu kalkulieren sei. Hier vertraute man auf Deutschland und begab sich damit aber letztlich der eigenen Souveränität bzw. stellte überriskante Berechnungen an, wie es denn irgendwie militärisch doch zu schaffen sei. Und geradezu schizophren war in der Wiener und Budapester politischen Klasse die Aversion gegen den dritten Bündnispartner im Dreibund, Italien. Ihm bestritt die in Europa schwächste Großmacht gerne den (partiellen) Großmachtstatus. Italien galt habituell eigentlich immer noch als der überkommene Erbfeind aus dem 19. Jahrhundert, als es gestützt auf Frankreich (1859) und Preußen (1866) Österreich-Ungarn jedenfalls politisch geschlagen hatte. Österreich-Ungarn und Italien, die ja formal seit 1882 Bündnispartner waren, hatten seit langem an der gemeinsamen Grenze in den Südalpen gegeneinander Festungswerke errichtet, strategische Eisenbahnlinien gebaut und Feldzugspläne konzipiert. Über das rein militärische und politische Moment hinaus war Italien ein negativer Integrationsfaktor, auf den sich die unterschiedlichen Ethnien in der Donaumonarchie viel leichter verständigen konnten als auf die Auseinandersetzung mit Russland. Dies sollte sich dann auch sehr konkret zeigen, als nach dem Kriegseintritt Italiens im Mai 1915 die Donaumonarchie im Hochgebirge mit größter Zähigkeit verteidigt wurde, während Desertionen an der Ostfront ab 1915/16 immer häufiger vorkamen.

Man wird, was schließlich die französische Perspektive anlangt, für die letzte Zeit vor der Julikrise 1914 nicht von stringenten aggressiven Absichten gegen Deutschland sprechen können. Dies gilt offenkundig selbst für den im national-bürgerlichen Lager verwurzelten Staatspräsidenten Poincaré, der aus Lothringen stammte und naturgemäß die Annexion des östlichen Landesteils wie des Elsass durch Deutschland 1871 als besonders schmerzlich empfand. Poincaré legte größten Wert auf das Funktionieren des französisch-russischen Bündnisses. Dass ihm prinzipiell eine Korrektur des Frankfurter Friedens von 1871 ein emotionales Anliegen war, steht fest. Aber nichts spricht für eine riskante französische Offensivpolitik vor dem Ersten Weltkrieg. Operativ war die französische Armee zwar eindeutig und riskant auf Angriff eingestellt. Das bedeutete aber keineswegs, dass man sich politisch leichtfertig auf Abenteuer ein-

Wilhelm Freiherr von Schoen 1910–1914, deutscher Botschafter in Paris

gelassen hätte. Schließlich erschien in französischen Bewertungen der Dreibund aus Deutschland, Österreich-Ungarn und Italien als ein militärisch außerordentlich potenter und bedrohlicher Faktor.

2. Ein Krieg entsteht

Sarajewo – die Uhr beginnt zu ticken

Als am 28. Juni 1914 die Schüsse von Sarajewo fielen, die den österreichischen Thronfolger Erzherzog Franz Ferdinand und seine Gattin Sophie von Hohenberg töteten, deutete noch wenig bzw. noch nichts auf die große europäische Katastrophe hin, die vier Wochen später ausbrechen sollte. Bei der Kieler Woche besuchten einander gerade die Besatzungen deutscher und britischer Kriegsschiffe. Der Kontinent hatte seit dem Deutsch-Französischen Krieg von 1870/71 viele Krisen erlebt, die stets wieder hatten moderiert werden können. Wenn dieser in den späteren Erinnerungen vieler Zeitgenossen heiße Frühsommertag immer wieder als Menetekel erscheint, bei dem sie mit Eintreffen der Nachricht aus Bosnien bereits das Kommende geahnt hätten, wird man solchen Projektionen doch nicht allzu viel Glauben schenken dürfen. Eine schwüle Erwartung auf Krieg und Tod beschränkte sich wohl eher auf literarische Kreise, wenn sie nicht vielfach auch Konstrukt im Nachhinein war. In Europa mutete vieles ruhig und friedlich an. Präventivkriegs- und Aggressionsüberlegungen, die es vor allem in Berlin und Wien gab, waren zudem nicht für das Licht der Öffentlichkeit bestimmt, vielmehr galt es umgekehrt, wenn man denn zum Krieg drängte, erst die jeweilige Öffentlichkeit zu gewinnen. Ferner gab es auch nicht jene dominante und strategische Linie, die nun von wirklich langer Hand geplant, die Gelegenheit zur Aggression ergriff. Damit verband sich ein nahezu völliges Fehlen jeder konkreten Erwartung, was es bedeuten würde, wenn in Europa 10 Millionen Soldaten aufeinander träfen, mechanisierte Waffen gegeneinander richteten, die weltwirtschaftlichen Verbindungen gekappt würden und Gesellschaften und Ökonomien ganz auf Konfrontation eingestellt würden. Was es allerdings gerade in den militärischen Führungen Deutschlands und Österreich-Ungarns gab, war ein eigenartiger Fatalismus, der für den Konfliktfall nur Erfolg oder Untergang kannte, die Möglichkeit der politischen und strategischen Defensive, die Perspektive des Hinhaltens und des Remis auch im Krieg gänzlich ausschloss und bereit war, unkalkulierbare Risiken einzugehen, ob die Österreicher gegen die Russen in Galizien oder Deutschland gegen Frankreich. Der österreichische Generalstabschef Conrad von Hötzendorf ließ sich am 3. Juli 1914, also fünf Tage nach den Schüssen von Sarajewo, so ein: „Bei der wahnwitzigen Angst, die (...) ganz Europa vor dem Kriege hat, wird uns allein der Mut, den Krieg erklärt zu haben, ein solches Ansehen geben, dass unser Besitzstand (...) auf Jahrzehnte hinaus gesichert wäre. (...) Mit der Möglichkeit des Misserfolges habe ich nicht gerechnet: 1. (...). Da ich an den Erfolg glaube, 2. da selbst ein partieller (!) Misserfolg kaum schwerere Konsequenzen haben würde, als die weitere Untätigkeit.“[22)]

[22)] Zit. nach Kronenbitter, „Nur los lassen“, S. 168 f. Noch pathologischer der damalige preußische Kriegsminister, späterer Generalstabschef, Erich von Falkenhayn am 4. August 1914: „... wenn wir auch darüber zugrunde gehen, schön wars doch.“ Zit. nach Stig Förster: Der deutsche Generalstab und die Illusion des kurzen Krieges, 1871–1914. Metakritik eines Mythos, in: Lange und kurze Wege, S. 115–158, hier: S. 158.

Zwei Tage nach der Kriegserklärung Österreich-Ungarns an Serbien kam Kaiser Franz Joseph am 30. Juli 1914 von Bad Ischl nach Schönbrunn zurück. Der (neue) Thronfolger Erzherzog Karl, Franz Joseph und der Wiener Bürgermeister Richard Weiskirchner waren zur Begrüßung gestellt. Franz Joseph kehrte nie mehr nach Ischl zurück.

Sarajewo musste nicht zwingend in die europäische Krise führen. Europa verfügte im Prinzip über Formen und Strukturen der Koordination und Abstimmung, um Selbstzerfleischung zu verhindern. Die Entwicklung der auf Sarajewo folgenden vier Wochen sollte freilich zeigen, dass es zuwenig Akteure gab, die sich an solchen Koordinierungsmustern orientierten und zu viele, die die Konfrontation hinnahmen oder beförderten.

Die Ermordung des österreichischen Thronfolgers Erzherzog Franz Ferdinand und seiner Gemahlin bei einem Besuch in der Hauptstadt des 1908 annektierten Bosnien erfolgte am Jahrestag der für die Serben bis heute so dramatischen wie mythisch überhöhten Schlacht auf dem Amselfeld von 1389 gegen die auf dem Balkan vordringenden Osmanen. Die Ausführenden, darunter der Todesschütze Gavrilo Princip, waren bosnische Gymnasiasten, die, aus sehr kleinen Verhältnissen stammend, ins nationalistisch-südslawische Fahrwasser geraten waren. Hinter ihnen stand die vom Chef des serbischen Geheimdienstes Oberst Dragutin Dimitrijević-Apis dirigierte Geheimorganisation „Schwarze Hand“. Die Frage einer darüber hinausgehenden, unmittelbaren Verwicklung der politischen Führung Serbiens unter

Ministerpräsident Pašić ist bis heute nicht vollständig geklärt. Am meisten dürfte für die Annahme sprechen, dass die Staatsspitze zwar vom geplanten Attentat erfahren, es aber nicht initiiert hatte. Informationen von einem bevorstehenden Anschlag erreichten auch den russischen Militärattaché in Belgrad. Allgemeine Warnungen, das bevorstehende Manöver der österreichisch-ungarischen Armee bei Anwesenheit des Thronfolgers in Bosnien werde von der serbischen Seite als Provokation angesehen, gingen auch dem für die Verwaltung dieses Landesteils zuständigen Finanzminister der Donaumonarchie, Ritter von Biliński, zu. Wie auch immer man Schuldfragen bewertet, dürfte jedenfalls kein Zweifel daran bestehen können, dass weder Belgrad noch Sankt Petersburg und Wien alles nur Mögliche zur Verhinderung eines Attentats unternahmen – und das in voller Kenntnis der Tatsache, dass der Balkan seit zwei Generationen jene europäische Region darstellte, von der stetig die Gefahr zur Eskalation von Konflikten ausging. Es hatte auch viel mit den Eigenheiten innerhalb der Habsburger Dynastie wie der Wiener Politik zu tun, dass Österreich-Ungarn nicht sofort nach dem Attentat und im Blick auf die anstehende Beisetzung des Thronfolgers und seiner Ehefrau Sophie von Hohenberg die europäischen Monarchen und Staatsführungen zu Trauerakt und gemeinsamer Solidarität zusammenführte. Zweifellos wäre daraus ein hohes Maß an europäischer Solidarisierung mit dem greisen Kaiser Franz Joseph und mit den Existenzansprüchen Österreich-Ungarns erwachsen. Nicht nur wegen der mangelnden Ebenbürtigkeit der Gemahlin des Thronfolgers unterblieb ein solches, an sich ganz natürliches Vorgehen. Erzherzog Franz Ferdinand hatte einen eigenen politisch-militärischen Apparat (die „Belvedere-Partei“) im vielfachen konzeptionellen Gegensatz zum Umfeld des Kaisers aufgebaut. Er galt als Anwalt slawischer, insbesondere südslawischer Ambitionen, neben Deutschen und Ungarn in der Monarchie einen dritten Schwerpunkt zu formieren. Das brachte ihm vielfache Ablehnung ein – innerhalb Österreich-Ungarns vor allem von der ungarischen Seite, darüber hinaus aber bei allen Parteigängern Serbiens, die den Belgrader Staat auf Kosten der Donaumonarchie erweitern wollten. Die Beisetzung Franz Ferdinands und seiner Ehefrau auf Schloss Artstetten in Niederösterreich ging in derart dunkel-glanzlosen Formen vor sich, dass nicht einmal sein vielleicht engster Freund, Kaiser Wilhelm II., teilnehmen konnte. Zudem hatte sich der Deutsche Kaiser vom Wiener Hof einreden lassen, in der österreichischen Hauptstadt halte sich bis zu einem Dutzend serbischer Attentäter auf, die ihn dort ebenso ermorden könnten, wie es Franz Ferdinand in Sarajewo widerfahren war.

Die Anfänge der Julikrise

Mit dem 28. Juni 1914 setzte jener bis Anfang August reichende rund fünfwöchige Zeitraum ein, der allgemein unter dem Begriff „Julikrise“ firmiert. Aber diese Julikrise, an deren Ende alle europäischen Großmächte mit Ausnahme Italiens im Krieg miteinander standen, war keine Phase sich kontinuierlich steigender Konfrontation. Vielmehr herrschte zuerst eine Art europäischer Windstille. Der Juli des Jahres 1914 war und blieb zumindest für die Oberschichten, die sich so etwas bereits leisten konnten, eine Zeit des Urlaubs bzw. doch der Landpartien. Freilich wurde von Anfang an hinter den Kulissen fieberhaft kalkuliert und militärisch gerechnet. Das galt insbesondere für die Apparate in Wien und Berlin. Im Kalkül der deutschen Führung, namentlich des Reichskanzlers Theobald von Bethmann Hollweg, machten sich Sorgen vor einer „Überrüstung" durch den französisch-russischen Zweibund, insbesondere dessen russischen Teil, ebenso geltend wie die Erwartung, man könne die gegnerische Allianz erschüttern, wenn Wien sich gegenüber Belgrad kriegerische Genugtuung verschaffe und die anderen Großmächte dies akzeptierten. In diesem Fall sei mit einer Erosion der französisch-russischen Solidarität zu rechnen. Nähmen die Dinge freilich einen anderen Verlauf, dann müsse auch der große bewaffnete Konflikt in Europa in Kauf genommen werden.[23]) Ansonsten sei mit dem Angriff der Gegenseite 1916/17 zu rechnen, wenn das russische Rüstungs- und Infrastrukturprogramm abgeschlossen sei. Eine freilich sehr deterministisch-fatalistische Betrachtungsweise, die nun handlungsbestimmend wurde.

Hinzu kommt allerdings ein Moment, das in der mittlerweile fast unübersehbaren Menge an Forschungen zur Julikrise nach wie vor wenig beachtet bzw. ausgeklammert wird und das das Vorgehen der deutschen Seite, ohne es zu exkulpieren, doch um ein gewisses Maß nachvollziehbarer macht: Russland und Großbritannien führten Anfang 1914 streng geheime Verhandlungen über eine gemeinsame Marinekonvention. Dahinter stand vorerst der Wunsch der russischen Seite, zwischen Paris, London und Sankt Petersburg über die vielerlei bestehenden vertraulichen und nicht wirklich verbindlichen Absprachen hinaus zu einem festen offiziellen Bündnis zu gelangen. Es sollte Deutschland zumindest in eine Defensivposition bringen, Berlin signalisieren, dass eine aggressive Politik an Grenzen stoßen musste. Denn die Entente Cordiale zwischen Frankreich und Großbritannien von 1904, die Verständigungen von 1907 zwischen Russland und Großbritannien stellten zwar mehr oder minder wirksame Bindungen auch für den großen Konfliktfall in Europa dar. Sie waren aber eben noch keineswegs politisch-rechtliche und eindeutige Allianzen. Letzter Anstoß für die russischen Initiativen war die Liman von Sanders-Krise des Jahres 1913, die Entsendung des deutschen Generals Liman von Sanders in das Osmanische Reich an der Spitze einer deutschen Militärdelegation. Interpretierte Sankt Petersburg diesen Vorgang als schwerwiegende Bedrohung, als Stärkung des traditionellen Gegners im Süden, so erschrak man in Berlin, als man vom russischen Gegenzug erfuhr: Der baltendeutsche Diplomat an der russischen Botschaft in Berlin Benno von Siebert „versorgte ... die Deutsche Reichsleitung über

---

[23]) Dieser auf ein Risikokalkül mit Präventivkriegsbereitschaft abzielende Befund ergab sich im Wesentlichen aus der Diskussion in Auseinandersetzung mit den Thesen Fritz Fischers ab Mitte der 60er Jahre. Vgl. Erster Weltkrieg. Ursachen, Entstehung und Kriegsziele, hg. von Wolfgang Schieder, Köln, Berlin 1969. Noch dezidierter die Verantwortung der deutschen Führung anlastend John C. G. Röhl: Vorsätzlicher Krieg? Die Ziele der deutschen Politik im Juli 1914, in: Der Erste Weltkrieg. Wirkung Wahrnehmung Analyse, hg. von Wolfgang Michalka, München 1994, S. 193–215. Ferner Peter Graf Kielmannsegg: Deutschland und der Erste Weltkrieg, Stuttgart [2]1980, S. 7 ff.

fünf Jahre hinweg, zwischen 1909 und 1914, ‚regelmäßig' mit Abschriften oder lithografischen Kopien der ein- und ausgehenden Korrespondenzen des Botschafters, die er vermutlich nach Geschäftsschluss, wenn die Kanzlei verlassen war, heimlich anfertigte".[24]) Was nun in den deutschen Imaginationen zu drohen schien, waren feste Absprachen der Gegenseite für den Konfliktfall, etwa amphibische russisch-britische Operationen gegen die deutsche Ostseeküste.

Dieser Vorgang allein hat zwar die politischen und militärischen Stellen auf deutscher Seite im Juli 1914 nicht apodiktisch negativ gestimmt, sie sozusagen auf ein zwangsläufiges Kriegsszenario eingeschworen. Aber ein deutlich verschärfendes Moment brachte er unweigerlich mit sich. Umso auffälliger erscheint, dass er auch in den jüngsten Darstellungen zur Julikrise wenig bzw. keine Beachtung findet: John C. G. Röhl, der Biograf Kaiser Wilhelm II., handelt im dritten und abschließendem Band seiner Gesamtdarstellung des preußisch-deutschen Monarchen die gesamte Zeitstrecke vom Frühjahr 1914 bis in die ersten Augusttage des Jahres auf rund 120 Seiten bemerkenswert minuziös ab, blendet hingegen die englisch-russischen Verhandlungen – sie waren rund sechs Wochen vor den Schüssen von Sarajewo zur Kenntnis der deutschen Seite gelangt – vollständig aus. Röhl bewegt sich bei seiner Darstellung etwa auf der Linie Fritz Fischers aus den 60er Jahren.[25])

Evident ist, dass die deutsche politische Führung dem nach Berlin entsandten engsten Mitarbeiter des österreich-ungarischen Außenministers Graf Berchtold, Graf Hoyos, jenen Blankoscheck ausstellte, der Wien die Bahn für das am 23. Juli an Serbien gerichtete Ultimatum frei machte. Unbestreitbar ist auch, dass die deutsche Seite von ihrer nicht unmittelbaren Betroffenheit profitierte: Da Österreich-Ungarn in

[24]) Stephen Schröder: Die englisch-russische Marinekonvention. Das Deutsche Reich und die Flottenverhandlungen der Tripelentente am Vorabend des Ersten Weltkriegs, Göttingen 2006, S. 330 f.

[25]) Vgl. John C. G. Röhl, Abgrund, S. 1068 ff. Im Anschluss daran sei noch auf zwei weitere, jüngst erschienene Darstellungen zur Julikrise hingewiesen. David Fromkin: Europas letzter Sommer. Die scheinbar friedlichen Wochen vor dem Ersten Weltkrieg, München 2005. Fromkin differenziert in zwei Konflikte, die die Ermordung Erzherzogs Franz Ferdinands ausgelöst habe: Einmal die an sich in der Dimension sehr begrenzte Auseinandersetzung zwischen Österreich-Ungarn und Serbien und zum anderen die kontinentale Auseinandersetzung zwischen Deutschland auf der einen Seite, Frankreich und Russland auf der anderen. Deutschland habe Sarajewo gewissermaßen zum Anlass genommen, um eine zweite, weit größer dimensionierte Konfrontation in die Wege zu leiten, die für die Wiener Politik an sich nicht von Belang, ja eher kontraproduktiv gewesen sei. Dieses Interpretationsschema fügt sich allerdings durchaus in die heute gängigen ein, welche in aller Regel darauf abstellen, dass die deutsche Reichsleitung entweder mittels einer Niederwerfung Serbiens durch Österreich-Ungarn der Entente eine schwere politische und psychologische Niederlage zufügen wollte oder – sollte Russland von einer Solidarisierung mit Serbien nicht abzubringen sein – die große Auseinandersetzung nicht scheuen wollte. Schließlich Lüder Meyer-Arndt: Die Julikrise 1914: Wie Deutschland in den Ersten Weltkrieg stolperte, Köln, Weimar, Wien 2006. Der Autor diagnostiziert vor allem handwerkliche Fehler bei den führenden zivilen Akteuren auf deutscher Seite: Reichskanzler von Bethmann Hollweg, Staatssekretär von Jagow, Wilhelm von Stumm, Leiter der Politischen Abteilung im Auswärtigen Amt. Im Grunde Mangel an Professionalität, menschliches Versagen analog zur Fehlsteuerung einer komplexen technischen Anlage, habe zum GAU des großen Krieges geführt. Eine solche Erklärung greift mit Sicherheit zu kurz, denn sie verkennt, dass Bethmann Hollweg keineswegs ohne ein strategisches Konzept agierte.

der ersten Konfrontationslinie stand, musste es bei Deutschland Rückhalt suchen, das sich selbst nach außen zurücknehmen konnte. Anders hätte es sich etwa im Falle einer unmittelbaren deutsch-französischen Konfrontation wie in den beiden Marokkokrisen zuvor angelassen, bei der Berlin von Wiener Solidarität abhängig gewesen wäre.

In den drei ersten Wochen der Julikrise geschah somit äußerlich nahezu nichts. Am 6. Juli brach Kaiser Wilhelm II. zu seiner traditionellen Nordlandreise auf. Sie war in diesem Jahr bis zum 2. August terminiert. Allerdings: Der Kaiser befand sich keineswegs unerreichbar fern vom Geschehen. Die Hohenzollern machte etwa 100 km nördlich von Bergen halt, viel weiter südlich, als es bei Wilhelms II. Exkursionen in die Welt der Fjorde üblich war. Die Kommunikation mit Berlin blieb eng, täglich wurden zahllose Telegramme gewechselt. Und der Kaiser konnte binnen 22 Stunden wieder deutschen Boden betreten. Der deutschen, vor allem der europäischen Öffentlichkeit wurde somit eine hochsommerlich reduzierte Geschäftstätigkeit vorgespielt, die es tatsächlich überhaupt nicht gab. In dieser Phase scheinbarer Stille musste naturgemäß auch der Rest an internationaler Solidarität mit der vom Attentat getroffenen Donaumonarchie weitgehend verschwinden. Die Wiener Politik mochte zwar objektive Gründe für diese Latenzphase haben; politisch schädlich war sie allemal: Einerseits galt es im komplizierten Geflecht der internen Abstimmung zwischen Wien und Budapest, die ungarische Seite für einen harten Kurs gegen Serbien zu gewinnen. Zum Zweiten war die österreichisch-ungarische Monarchie von ihrer langen Mobilisierungsphase, zumal verglichen mit Deutschland und Frankreich, ganz abgesehen, zunächst gar nicht operationsfähig: Das Gros der Soldaten war zu Erntearbeiten in der Landwirtschaft abgestellt. Hätte man diese jetzt abrupt unterbrochen, dann hätten womöglich jene Lebensmittelvorräte gefehlt, derer man gerade nach einem Kriegsausbruch besonders bedurfte. Schließlich wollte die Armeeführung nach einer bereits beim Ersten Balkankrieg 1912 ohne anschließenden Kriegseinsatz durchgeführten Mobilmachung sicher gehen, dass es diesmal wirklich losgehe.[26]) Hinzu kamen einigermaßen umständliche und zeitaufwändige kriminologische Untersuchungen und schließlich noch ein Umstand, der die deutsche wie die

Leopold Graf Berchtold
1912–1915 österreich-ungarischer Minister des Auswärtigen

26) Zu den einschlägigen Konstellationen in Österreich-Ungarn vgl. Manfred Rauchensteiner: Der Tod des Doppeladlers. Österreich-Ungarn und der Erste Weltkrieg, Graz, Wien, Köln 1993, S. 63 ff.

Staatsbesuch des französischen Staatspräsidenten Poincaré unmittelbar vor Ausbruch des Ersten Weltkrieges beim russischen Verbündeten in St. Petersburg: Auf dem Bild der französische Staatspräsident und die russische Zarin Alexandra, eine geborene Hessen-Darmstädterin, die in Russland immer deutschfreundlicher Neigungen geziehen wurde

österreich-ungarische Verantwortlichkeit für die nun folgende Eskalation deutlich macht: Am 15. Juli reiste die politische Führung Frankreichs mit Staatspräsident Raymond Poincaré und Ministerpräsident René Viviani zu einem seit längerem vereinbarten Staatsbesuch nach Sankt Petersburg[27]; die entscheidende österreichisch-ungarische Note an Serbien wurde Belgrad am 23. Juli 1914 um 17.00 Uhr, kurz nach Abreise der französischen Delegation von der russischen Hauptstadt, überreicht. Sie war auf 48 Stunden befristet und richtete an Serbien außerordentlich weitgehende, die Souveränität des Landes erheblich beeinträchtigende Forderungen. Das Timing war bewusst so gewählt worden, dass russische und französische Führung einander nicht mehr unmittelbar über ihre Reaktion austauschen konnten. Mehr noch: Bei der Rückfahrt der französischen Delegation über Stockholm nach Dünkirchen wurde von deutscher Seite systematisch der Funkverkehr der „France" gestört, mit der Staatspräsident und Ministerpräsident reisten. Man fühlt sich hier an die Situation bei und nach der Kubakrise 1962 erinnert: Nachdem es hier fast zum atomaren Schlagabtausch zwischen den USA und der Sowjetunion gekommen war, beschlossen beide Mächte die Einrichtung zuverlässiger Kommunikationsinstrumente („Rotes Telefon"), damit gerade in ernsten Krisen die Verbindungen aufrecht erhalten

[27]) Zur Schilderung des Staatsbesuches aus französischer Sicht vgl. Raymond Poincaré: Memoiren, Bd. 2. Der Ausbruch der Katastrophe 1913–1914, Dresden 1928, S. 333 ff.

blieben und man nicht sozusagen versehentlich in einen Krieg stolpern könne. Gewiss war 1914 nicht 1962. Gleichwohl liegt hier im damaligen deutschen Verhalten ein schwer wiegendes Indiz für eine grundsätzlich unfriedliche Politik vor. Denn will man die Entladung einer Krise verhindern und sie vielmehr beherrschen, dann wird man nicht einen zentralen Partner oder auch Gegenspieler von Informationsgewinnung und Kommunikation abschneiden.

Krisenbeschleunigung

Als der französische Staatspräsident Poincaré wieder heimatlichen Boden betrat, befanden sich Österreich-Ungarn und Serbien bereits im Kriegszustand miteinander. Serbien hatte, mit russischer Assistenz, die Wiener Note außerordentlich geschickt beantwortet, fast alle Forderungen mit Ausnahme jener, die seine Souveränität betrafen, erfüllt. Selbst Kaiser Wilhelm II., der mittlerweile von seiner Nordlandreise zurückgekehrt war, sah in der serbischen Antwort einen „brillanten Erfolg" für den deutschen Bündnispartner. In Wien aber war längst die Entscheidung für die bewaffnete Auseinandersetzung mit Belgrad gefallen. Der österreichische Historiker Helmut Rumpler bewertet dies in der Rückschau nach über 80 Jahren so: „Es steht außer Streit, dass die Entscheidung zum Balkankrieg in Wien gefällt wurde. Das daraus abgeleitete Urteil, dass es Österreich-Ungarn war, welches im Juli 1914 den Weg der Gewalt eröffnete und Europa in den Krieg stürzte, ist nicht zutreffend. Es stimmt auch nicht, dass die Monarchie den Krieg wählte, weil sie zu einer Lösung der südslawischen Frage nicht fähig oder gewillt war. Österreich-Ungarn führte gegen Serbien nicht Krieg, um einer Lösung der südslawischen Frage aus dem Weg zu gehen. Serbien hatte die Habsburgermonarchie tödlich herausgefordert, um einer Lösung der südslawischen Frage innerhalb der Monarchie zuvor zu kommen. Manche Politiker, die sich in Wien im Juli 1914 für den Krieg entschieden, waren sich dessen bewusst, dass es sich um den von Karl Kraus rückblickend diagnostizierten Entschluss zum Selbstmord aus Angst vor dem Henker handelte. Aber die Entscheidung zum Krieg fiel nicht aus Schwäche, Ratlosigkeit oder Todessehnsucht. Es war die mörderische Antwort auf eine mörderische Provokation."[28]) Diese Bewertung sollte man nicht unkritisiert stehen lassen: Denn selbst wenn Serbien für Österreich-Ungarn eine existenzielle Bedrohung dargestellt haben sollte, was so apodiktisch formuliert zumindest eine durchaus zweifelhafte Position darstellt – das Absolute ist in der Politik immer eine äußerst problematische Kategorie –, musste doch klar sein, dass eine Niederwerfung Serbiens dessen slawische Brudermacht Russland und mit ihr das über den Zweibund verbundene Frankreich auf den Plan rufen würde. Dieses Risiko ging Wien im Vertrauen auf Berlin, aber eben doch gepaart mit nicht wenig

[28]) Helmut Rumpler: Eine Chance für Mitteleuropa. Bürgerliche Emanzipation und Staatsverfall in der Habsburger Monarchie (Österreichische Geschichte 1804–1914), Wien 1997, S. 572 f.

Fatalismus ein. Insofern handelte es sich doch wohl eben auch um „Selbstmord aus Angst vor dem Henker".

Karl Max Fürst von Lichnowsky, 1912–1914 deutscher Botschafter in London

Insbesondere in London hegte man zu diesem Zeitpunkt noch die Hoffnung, nach dem Beispiel der Bereinigung früherer Krisen durch eine Großmächtekonferenz deeskalierend wirken zu können. Wenn überhaupt, hätte in dieser Richtung ein britisch-deutsches Tandem etwas bewirken können. Deutschland aber hatte sich nicht nur bei solchen Konferenzen seit der Jahrhundertwende – Schlüsselfall war die Konferenz von Algeciras zur Beilegung der ersten Marokkokrise 1905 – immer wieder in relativer oder vollständiger Isolierung gesehen. Es wollte auch vermeiden, dass der mit der Niederwerfung Serbiens angestrebte Prestigeerfolg verwässert werden würde. In der nun folgenden letzten Woche der Julikrise ging die fatale Beschleunigung der gesamten Entwicklung freilich zunächst von Russland aus. Sankt Petersburg erklärte am 29. Juli eine Teilmobilmachung für seine südlichen, gegen Österreich-Ungarn zu gelegenen Landesteile, am folgenden Tag die Generalmobilmachung. Zar Nikolaus II. war von seinen führenden Militärs überzeugt, besser bedrängt worden, eine Teilmobilmachung sei weder militärisch noch politisch sinnvoll. Mit der Erklärung der Generalmobilmachung übernahm das kaiserliche Russland seinerseits eine schwere Verantwortung. In Sankt Petersburg wusste man um die Tragweite der Entscheidung. Aber da, so nahm die militärische Führung an, der große Krieg jetzt ohnehin kommen werde, es sei denn, man lasse Serbien im Stich, gebe es keinen Grund, weiter zuzuwarten. Diesem Schritt kommt im Hinblick auf die gesamte Kriegsschuldfrage somit erhebliches Gewicht zu, ohne dass damit freilich Deutschland und Österreich-Ungarn entlastet würden. Wagt man sich hier überhaupt an so etwas wie eine Gesamtbilanz, dann wird man konstatieren müssen, dass die drei großen monarchischen Ostmächte, die Nachfolger der Heiligen Allianz mit ihren teilweise sehr labilen konstitutiven Konstruktionen, nämlich Deutschland, Österreich-Ungarn und Russland, die Hauptpromotoren der Entwicklung hin zum Krieg waren. Dabei vertrat Deutschland freilich ein sehr viel weiter gehendes offensives Konzept als Österreich-Ungarn. Russland hingegen, das sich gleichfalls in hohem Maße von Prestigegesichtspunkten leiten ließ, hielt mit seiner Generalmobilmachung, der ersten einer nicht bereits im Krieg befindlichen Großmacht, voll dagegen. Damit kam er zugleich der innenpolitischen Integrationsstrategie des deutschen Reichskanzlers entgegen: Bethmann Hollweg wusste, dass die bei einem europäischen Krieg notwendige Geschlossenheit nur zu erreichen war, wenn die Sozialdemokraten trotz ihrer internationalistischen und vielfach pazifistischen Ausrichtung diesen Weg mitgingen. Dazu bedurfte es einer plausibel anmutenden Bedrohung, für die sich keine andere europäische Macht so gut eignete wie der „Hort der Reaktion in Europa", das zaristische Russland. Mit der russischen Mobilmachung endete auch schlagartig die Phase von Friedensdemonstrationen bzw. gemeinsamen deutsch-französischen sozialistischen Friedensbekundungen. Freilich endete damit zugleich auch weitgehend die Phase einer politischen Steuerbarkeit der Krise. In den Führungen der Großmächte konnte sich wohl niemand vorstellen, dass man nach erfolgten Mobilmachungen noch militärisch stillhalten, unterstützt auf starke Defensivpositionen verhandeln, wie sich um eine Deeskalation bemühen könne. Unter seinem Generalstabschef Alfred von Schlieffen war Deutschland (vgl. auch Fußnote 17) zu einer Kriegsplanung übergegangen, die bestimmt vom Fall des Zweifrontenkrieges ausging und ein offensives Vorgehen gegen Frankreich mit einem starken rechten (nördlichen) Flügel vorsah, der, unter Verletzung der belgischen Neutralität, die an Maas und Mosel aufmarschierten französischen Streitkräfte um Paris herumschwenkend umzingeln und bis zum 41. Tag nach Verkündung der Generalmobilmachung einen Vernichtungssieg erzielen sollte. Nicht nur entsprach der Mechanismus von Ausmarschieren, Überflügeln, Umzingeln und Vernichten dem Kriegsbild, das sich im preußischen Generalstab seit der Mitte des 19. Jahrhunderts (Königgrätz 1866, Sedan 1870) ausgeprägt hatte. Frankreich hatte seit Ende des 19. Jahrhunderts seine Ostgrenze gegenüber Deutschland derart stark befestigt, dass hier ein schneller militärischer Durchbruch unmöglich schien. Zwar war unter Schlieffens Nachfolger Moltke die ursprüngliche Kriegsplanung modifiziert worden: Der „linke" deutsche Flügel in Lothringen wurde gestärkt, ein offensives Vorgehen auch hier für grundsätzlich möglich gehalten und – in Alternative zum Konzept Schlieffens – die Option einer beiderseitigen Umklammerung der französischen Armee, von Nordwesten wie Südosten, eröffnet. Diese militärisch-technischen Modifikationen, über die die Sandkastenstrategen nach 1918 vielfach stritten, änderten allerdings nichts an der grundsätzlichen Ausgangslage: Deutschland hatte seine Existenz vom Erfolg einer militärischen Planung abhängig gemacht, die nur aufgehen konnte, wenn vom bestimmten Punkt einer Krise an Friedenspolitik nicht mehr verfolgt, sondern nur nach militärischen Imperativen vorgegangen werden würde. Russland, so war dabei die Erwartung, würde wegen seines niedrigeren technischen Profils und seiner großen räumlichen Distanzen erst dann gegen Deutschland wirksam vorgehen können, wenn Deutschland seinerseits seine Hauptkräfte nach erfolgtem Sieg über Frankreich im Osten einzusetzen in der Lage sei. In der Zwischenzeit habe Österreich-Ungarn die Deckungsaufgabe im Osten zu übernehmen.

Dieses Konzept[29]) lief zum einen auf eine Dichotomie Triumph oder Untergang hinaus. Die Möglichkeit einer Defensivdisposition, einer Abschreckung und erfolgreichen Verteidigung, die den Gegner nach Erschöpfung zum Aufgeben zwänge, war gar nicht vorgesehen. Zum anderen musste die Verletzung der belgischen Neutralität unweigerlich Deutschland völkerrechtlich schwer ins Unrecht setzen und forciert England auf den Plan rufen. Es hatte in diesem Fall nicht nur eine allgemeine Gleichgewichtsstörung auf dem Kontinent, sondern unmittelbar ein deutsches Bedrohungspotenzial an der Kanalküste zu gewärtigen. Zum Dritten ließ sich der ganze Plan überhaupt nur in Gang setzen, wenn die deutsche Mobilmachung außerordentlich schnell erfolgte, die französische jedenfalls nicht zuvorkam und der angenommene zeitliche Vorsprung gegenüber Russland erhalten blieb (nahezu zeitgleich erklärten dann auch Berlin und Paris am 1. August 1914 ihre Generalmobilmachung). Daneben gab es noch eine Fülle an militärisch-technischen Imponderabilien (s. u.). In jedem Fall lief jetzt nach Ingangsetzung der russischen Mobilmachung die Sanduhr der europäischen Krise mit immer größerer Beschleunigung ab. Dabei trat Österreich-Ungarn, der ursprüngliche Ausgangspunkt, jetzt ganz in den Hintergrund.

In Berlin selbst, das macht John C. G. Röhl im dritten Band seiner Biografie Kaiser Wilhelms II. durchaus eindrucksvoll deutlich, handelten dreierlei Akteursgruppen, zwar nicht einfach gegeneinander, aber doch einander wechselseitig instrumentalisierend und mit jeweils nicht zu vereinbarenden Erwartungen: Wilhelm II. als verbaler Provokateur, zugleich aber vor allem seit seiner Rückkehr von der Norwegenreise am 26. Juli eher furchtsam, ferner in hybrider Verkennung der tatsächlichen Verantwortlichkeiten in seinen monarchischen Kollegen zentrale Entscheider sehend: So schenkte er einer vermeintlichen Neutralitätszusage König Georgs V. bei einem Blitzbesuch seines Bruders Heinrich am 26. Juni in London Glauben und schlug zugleich die Warnungen des deutschen Botschafters Fürst Lichnowsky in Großbritannien in den Wind, die britische Seite werde eine Niederwerfung Frankreichs nicht tolerieren. Zugleich ließ er sich in einen Telegrammwechsel mit Zar Nikolaus II. hineintreiben, bei dem es ganz darum ging, Russland zum Sündenbock für den ausbrechenden Krieg zu stempeln. Und schließlich sollte nach seinem Verständnis vor allem der Patriarch unter Europas Monarchen, Kaiser Franz Josef, Satisfaktion für die Ermordung des Erzherzogs Franz Ferdinand erfahren, fast wie nach den Regeln eines aristokratischen Duells. Aber eine solche Vorstellung passte schon gar nicht mehr in die Struktur der Internationalen Beziehungen zu Beginn des 20. Jahrhunderts.

Die zweite Akteursgruppe war die zivile Reichsleitung. Ihr ging es um innenpolitische Geschlossenheit für den Konfliktfall, nicht um Konfrontation nach außen und zugleich im Innern, wie von ganz rechts und auch vom deutschen Kronprinzen ge-

---

29) Vgl. Gerhard Ritter: Staatskunst und Kriegshandwerk. Das Problem des „Militarismus" in Deutschland. Bd. 2: Die Hauptmächte Europas und das Wilhelminische Reich (1890–1914), München ²1965, S. 239 ff.

fordert. Für die Reichsleitung stand ganz im Vordergrund, Russland, das sich durch seine Solidarisierung mit Serbien und seine frühzeitigen militärischen Maßnahmen in die Rolle des Provokateurs laviert hatte, in dieser Ecke festzunageln. Die Militärs hingegen, die dritte Gruppe, richteten ihre Aufmerksamkeit stärker auf Frankreich: Sie wollten, wenn es denn schon los ging, den Zwei-Fronten-Krieg. Denn in ihren Projektionen, die die Politik teilweise übernommen hatte, musste der Krieg unter ungünstigeren Bedingungen in zwei oder drei Jahren ohnehin kommen. Also sollte doch lieber gleich jetzt, auch wenn sich die Große Heeresvorlage von 1913 (s. o.) noch nicht voll hatte auswirken können, der Versuch eines umfassenden militärischen Befreiungsschlages unternommen werden. Deutlich wird diese Haltung an der Kommunikation nach Eintreffen einer Depesche des deutschen Botschafters Lichnowsky aus London am 31. Juli 1914. In ihr war der – fälschliche – Eindruck erweckt worden, Großbritannien könne neutral bleiben, wenn Deutschland im Westen nicht zu militärischen Maßnahmen schreite und seinerseits den Krieg auf Russland beschränke. Generalstabschef Moltke verlor daraufhin die Nerven. Man war auf einen derartigen Fall planerisch gar nicht vorbereitet. Man hätte dann zunächst im Westen aufmarschieren und erst danach die gesamte deutsche Armee gewissermaßen nach Osten umdrehen müssen, eine absurde und zudem die Militärs in ihrer fachlichen Qualität kompromittierende, ja lächerlich machende Vorstellung. Und zweitens wäre ihnen die Möglichkeit aus der Hand genommen worden, Frankreich mit Krieg zu überziehen und definitiv als Kontrahenten auszuschalten. Frustriert konstatierte Moltke: „Das habe ich immer gefürchtet, wir hätten den Feldzug nach beiden Fronten gewonnen.[30]) Die ganze Verwirrung löste sich, als am späten Abend dieses Tages ein Telegramm aus London einging, hinter dem der für die Politik tatsächlich verantwortliche britische Außenminister Grey stand. Nun wurde eindeutig klar, dass die deutschen Hoffnungen bloße Wunschprojektionen gewesen waren. Und nun bekamen die Militärs doch, was sie wollten. Um 23:00 Uhr des Tages suchte Moltke nochmals den Monarchen auf: „Der Kaiser empfing mich in seinem Schlafzimmer, er war schon zu Bett gewesen, aber wieder aufgestanden und hatte einen Rock übergeworfen. Er gab mir eine Depesche des Königs von England, in der dieser erklärte, ihm sei von einer Garantie Englands, Frankreich am Kriege zu verhindern, nichts bekannt. Die Depesche des Fürsten Lichnowsky müsse auf einem Irrtum beruhen oder er müsse etwas falsch verstanden haben. – Der Kaiser war sehr erregt und sagte mir: ‚Nun können Sie machen, was Sie wollen.'[31])

Bevor die Phase des unmittelbaren Kriegsbeginns skizziert wird, sei im Rückblick nach jetzt nahezu einem Jahrhundert resümierend hervorgehoben:

All die Determinanten, die die Verantwortlichen auf deutscher Seite annahmen bzw. die sie sich suggerierten, führten in einengender und beklemmender Weise dazu, dass sie für die Wahrnehmung günstiger Faktoren, die es vielfach eben auch gab (s. o.), gar nicht mehr zugänglich waren und auf sie gestützt im Sommer 1914

[30]) Zit. nach Röhl, Abgrund, S. 1160.
[31]) Zit. nach ebd., S. 1164.

die Option eines entschlossenen Antikriegskurses verfolgten oder wenigstens doch ernsthaft erwogen.

Kontrafaktisch gesehen: Man hätte die fast vollständige Akzeptanz des österreichischen Ultimatums an Serbien vom 23. Juli 1914, so man nur gewollt hätte, durchaus als prestigeträchtigen außenpolitischen Erfolg ‚verkaufen' können. Wilhelm II., den zunehmend die Furcht vor einem „Weltbrand" beschlich, dachte jedenfalls auch in diese Richtung, konnte sich damit aber gegenüber ziviler Reichsleitung wie Militärs nicht durchsetzen. Und mittelfristig weiter vorausgesehen galt doch unbestreitbar: Strukturell befand sich das immer noch dynamisch aufstrebende Deutsche Reich in einer derart vorzüglichen Lage, Frankreich demografisch, Russland ökonomisch weit überlegen, dass bei unverkrampfter Sicht ein Desaster für einen 1916/17 durch die Gegenseite provozierten Zwei-Fronten-Krieg keineswegs sicher war, wie es die Militärs eben einfach unterstellten. Und ob die mental besitzbürgerlich-defensiv eingestellten französischen Schichten für einen etwaigen Rückgewinn Elsass-Lothringens eine blutige Aggression gegen Deutschland mitmachen würden, konnte man gewiss auch als sehr zweifelhaft ansehen. Zudem wurden die inneren Fragilitäten des Zarenreiches bei allen Ängsten vor der russischen Dampfwalze geflissentlich ausgeblendet.

So erscheint die deutsche Politik in der Julikrise des Jahres 1914 vor allem auch als Lehrbeispiel dafür, dass Akteure sich in krisenhaften Lagen nicht Blickverengungen, und deterministischen Annahmen, gepaart mit Angstneurosen, unterwerfen dürfen. Diese grundsätzliche Feststellung gilt auch dann, wenn man jene Faktoren mitgewichtet, die die Verantwortlichen in Deutschland im Sommer 1914 als objektiv bedrohlich deuten konnten, an erster Stelle die im Mai des Jahres aufgedeckten Verhandlungen über eine russisch-britische Marinekonvention. Einmal fügt sich auch dieses Projekt in die Aktion-Reaktion-Muster zeitgenössischer Großmacht-Politik. Zum anderen hätte die deutsche Führung eben diese Entdeckung alternativ auch zum Anlass nehmen können, eine auf gelassenes Selbstbewusstsein gestützte noch deutlich kooperativere Politik gegenüber Großbritannien zu entwickeln. Daran hinderten sie offenkundig lineare Zwangsbilder von Aufstieg oder Niedergang. Und ein drittes:

Der Mainstream der heutigen deutschen Forschung, der dem wilhelminischen Kaiserreich die ganz überwiegende ‚Schuld' für den Ausbruch des Krieges zuweist, blendet zugleich, wie am Beispiel John C. G. Röhls gezeigt, die gegenläufigen Faktoren geflissentlich aus, insbesondere die genannten britisch-russischen Geheimverhandlungen mit französischer Assistenz. Darin offenbart sich aber das Gegenteil wissenschaftlicher Souveränität:

Denn an den jeweiligen Bilanzen würde sich schließlich wenig ändern, gestattete man sich ein pluraleres, nicht ganz auf Berlin und Potsdam fixiertes Bild, sondern berücksichtigte man insbesondere auch stärker die Positionen und Entwicklungen in Sankt Petersburg und London und ließe man zugleich auch stärker den zentralen Tatbestand gelten, dass die verantwortlichen Großmachtführungen damals insgesamt kaum zu einer multilateralen, friedensorientierten, Prestigegesichtspunkte zumindest etwas in den Hintergrund drängenden Kommunikation in der Lage waren. Vor allem Berlin fürchtete nach den bisherigen Konferenzerfahrungen, insbesondere 1905 in Algeciras über die Erste Marokko-Krise, bei multilateralen Abstimmungen isoliert zu sein und über den Tisch gezogen zu werden. Konfrontation statt Kommunikation – das war im Kern die Welt des Sommers 1914.

Wenn wir das allerdings heute so konstatieren, dann schließlich auch nach den weiteren Erfahrungen des 20. Jahrhunderts. Diese lagen jedoch für die Akteure des Sommers 1914 noch im Nebel der Zukunft. Die Europäische Union der Gegenwart war für sie so fern wie für uns Heutige vielleicht das mittelalterliche Lehenswesen. Solche Wahrnehmungs- und Erfahrungsdiskrepanzen gilt es bei allem Urteilen mit zu bedenken.

Kriegseröffnung

Deutschland richtete am 31. Juli um 15.30 Uhr ein auf nur 12 Stunden befristetes Ultimatum an Sankt Petersburg zur Rückgängigmachung der russischen Mobilmachung. Gleichzeitig wurde an Frankreich eine auf 18 Stunden befristete Anfrage gerichtet, wie Frankreich sich im Falle einer deutsch-russischen Auseinandersetzung zu verhalten gedenke. Ferner wurde an Paris die Zumutung gerichtet, im – gar nicht zu erwartenden Fall der französischen Neutralität – Deutschland als Sicherheit für die Zeit seines Krieges gegen Russland die Festungen Toul und Verdun zu überlassen.[32]) Trotz vielfachen telegrafischen Hin und Hers zwischen den Hauptstädten war an diesem Punkt der Frieden nicht mehr zu erhalten. Deutschland hatte schon psychologisch durch diese Form der ultimativen Kommunikation seine Kriegserklärungen vorweggenommen. Die deutsche Kriegserklärung an Russland war unter kuriosen Umständen im Auswärtigen Amt formuliert worden und ging in verschiedenen Varianten zur Übergabe an die Botschaft in Sankt Petersburg. Je nach Sachlage sollte der russischen Seite mitgeteilt werden, Russland sei der deutschen Forderung nach Rückgängigmachung der Mobilmachung nicht nachgekommen oder es habe darauf keine Antwort gegeben. Versehentlich erhielt die russische Seite den Text in beiden Fassungen. Die Kriegserklärung wurde vom deutschen Botschafter Pourtalès am 1. August um 19.00 Uhr dem russischen Außenminister Sasonow übergeben. Einen Tag später besetzten deutsche Truppen als ersten feindlichen Akt im Ausland Luxemburg. Gleichzeitig wurde ein Ultimatum an Belgien zur Gewährleistung des Durchmarsches gerichtet. Wiederum einen Tag später folgte die deutsche Kriegserklärung an Frankreich. Tragisch war, dass gerade der deutsche Botschafter in Paris, von Schoen, der sich intensiv um eine Verständigung der beiden Nachbarn bemüht hatte, Ministerpräsident Viviani dieses reichlich groteske Dokument vorlesen musste. Die Kriegserklärung enthielt den Vorwurf, französische

[32]) Alfred von Wegerer: Der Ausbruch des Weltkrieges 1914, Bd. II., Hamburg ²1939, S. 133.

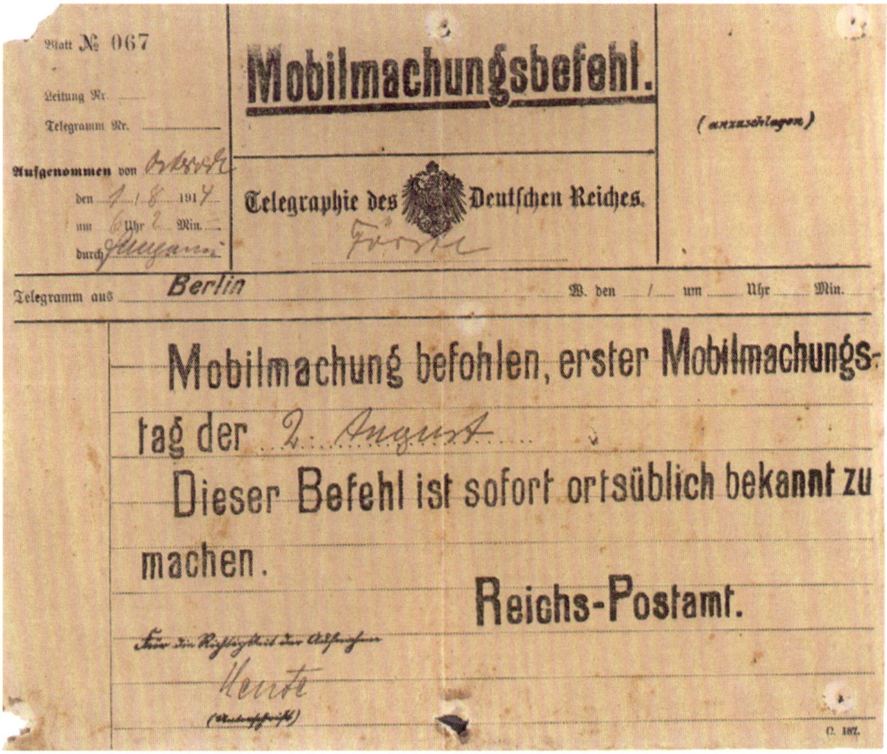

Blatt № 067

Leitung Nr.

Telegramm Nr.

Aufgenommen von

den 1.8. 1914

um 6 Uhr 2 Min.

durch

Mobilmachungsbefehl.

(anzuschlagen)

Telegraphie des Deutschen Reiches.

Telegramm aus Berlin W. den / um Uhr Min.

Mobilmachung befohlen, erster Mobilmachungstag der 2. August

Dieser Befehl ist sofort ortsüblich bekannt zu machen.

Reichs-Postamt.

Telegramm des Deutschen Reichs von Berlin nach Fürth; Berlin, 1. August 1914

Flugzeuge hätten deutsches Territorium bis hin zur Eisenbahnlinie Karlsruhe-Nürnberg bombardiert – allein technisch zu diesem Zeitpunkt kaum vorstellbar. Im letzten Jahrzehnt vor Ausbruch des Ersten Weltkrieges hatten die französischen und britischen Militärs zwar eine Fülle an Abreden und Vereinbarungen getroffen. Die Landung der kleinen, aber hochleistungsfähigen britischen Berufsarmee auf dem Kontinent zur Unterstützung Frankreichs war technisch exakt abgestimmt. Die politische Führung in London hatte sich aber bis zuletzt gescheut, entsprechende Bindungen einzugehen. Und trotz der Bedrohung des europäischen Gleichgewichts durch einen in London erwarteten deutschen Erfolg gab es in der von den Liberalen geführten britischen Regierung Asquith erhebliche Widerstände gegen einen Kriegseintritt. Für den umgehenden britischen Kriegseintritt gab jedenfalls die deutsche Neutralitätsverletzung gegen Belgien den Ausschlag. Am selben Tag, an dem in Berlin der Reichstag zur einstimmigen Bewilligung der Kriegskredite (s. u.) zusammentrat, am 4. August, richtete Großbritannien um 14.00 Uhr ein bis Mitternacht desselben Tages befristetes Ultimatum an Berlin, in dem bis dahin befriedigende Zusagen hinsichtlich der Respektierung der belgischen Neutralität seitens Deutschlands gefordert wurden. Falls Deutschland dem nicht entspreche, werde Großbritannien alle ihm möglichen Schritte zur Wahrung der Neutralität Belgiens unternehmen – das Wort Kriegserklärung wurde hier klugerweise vermieden. Gleichwohl: Der Erste Weltkrieg hatte begonnen.

Der Mythos vom „Augusterlebnis“ in Deutschland wie auch in anderen Ländern hält sich bis heute, wenn er auch nicht mehr als positives Ideal wie in der Zwischenkriegszeit beschrieben wird. Es geht dabei um jene vorgeblich hergestellte nationale Einheit jenseits aller Klassen und Stände, ein positives Aufgehen im Kriegserlebnis, eine neu konstituierte Gemeinschaft vom ostelbischen Junker bis zum sozialdemokratischen Arbeiter in der Großstadt. Heute weiß man freilich zugleich, dass dieses vorgebliche Augusterlebnis weithin Fiktion war. In ganz Europa sahen Bauern, Arbeiter und Kleinbürger dem Kommenden mit eher banger Erwartung entgegen, auch wenn sie sich das eigentlich Furchtbare noch nicht recht vorstellen konnten. Kriegsbegeisterung gab es im Bildungsbürgertum, unter Studenten und Gymnasiasten – bei Letzteren vielfach vor allem wohl auch deshalb, weil sie als Kriegsfreiwillige dem Einerlei des Klassenzimmers in das große Abenteuer zu entrinnen hofften. Angeblich hat sich Anfang August 1914 eine Million Kriegsfreiwillige in Deutschland gemeldet. Grundsätzlich wird man auch sagen können, dass die Kriegsbegeisterung vor allem mehr die großen Städte als das flache Land beherrschte. Patriotische Kundgebungen artikulierten sich vielfach rund um die Cafes, um Zeitungsstände und öffentliche Plätze.

Reichskanzler Bethmann Hollweg war es jedenfalls gelungen, die Parole vom Krieg als Verteidigungskrieg insbesondere gegen Russland so plausibel zu machen, dass das Gros der sozialdemokratischen Funktionäre, mehr aber noch des Gewerkschaftsapparates, den Weg in die nationale Integration mitging. Erster ostentativer Höhepunkt war die einstimmige Billigung der Kriegskredite am 4. August durch den Reichstag, d. h. auch unter einmütiger Zustimmung der SPD-Fraktion. Die wenigen Dissidenten, die es hier gab, fügten sich im Plenum dem konformen Ja. Monate später kam es dann zu Fraktionsaustritten und schließlich zur Bildung der USPD, die die Kriegskredite ablehnte. „Burgfrieden“ wurde in Deutschland zur Parole wie in Frankreich die „Union sacrée“. Typisch war etwa eine Formulierung, die der damalige Gewerkschaftsfunktionär August Winnig in einer Entschließung für Gewerkschaftsmitglieder im Baubereich so traf: „Unsere zu den Fahnen gehenden Mitglieder grüßen wir in

Jules Martin Cambon 1907–1914 französischer Botschafter in Berlin

brüderlicher Liebe. Wir wünschen ihren Waffen den Sieg.“ Und in einer mündlichen Erläuterung hieß es dazu: „Dies ist eine Entscheidung (…). Es ist die wichtigste Entscheidung, die wir jemals getroffen haben. Es ist die endgültige Abkehr von aller Staatsfeindlichkeit. Dies ist die große Wende der Geschichte und der erste deutsche Sieg!“[33]) Gewiss war Winnig nicht typisch. Er entfernte sich bereits während des Krieges immer weiter vom herkömmlichen Milieu der SPD, ging danach weit nach rechts und befand sich beim Kapp-Putsch 1920 als Oberpräsident von Ostpreußen in Königsberg auf der Seite der Republikgegner. Aber zugleich wird hier deutlich, wie gerade viele Exponenten der Arbeiterbewegung, die sich im Kaiserreich immer deklassiert gesehen hatten, in der großen Herausforderung des Krieges die Chance sahen, jenseits aller marxistischen Ideologeme vom Klassenkampf wirkliche Akzeptanz bei Adel und Bürgertum zu finden.

Times
AUGUST 5, 1914
1 D.
BRITAIN
AT
WAR

[33]) Zit. nach August Winnig: Der weite Weg, Hamburg 1932, S. 329.

Die Konstellation bei Ausbruch des Ersten Weltkrieges in einer deutschen Propagandadarstellung
Der Krieg als Kartenspiel: Der Deutsche führt das große Wort – und gewinnt. Die Übrigen schauen enttäuscht. Der Amerikaner beobachtet, ohne einzugreifen. Und die Deutschen sollen beruhigt sein: Der Sieg sei trotz allem sicher.

Auffallend sind zugleich die Parallelen, die es bei der Überwindung der Gräben zwischen den politischen Milieus in Deutschland und Frankreich, die ja nun Kriegsgegner geworden waren, gab.[34]) Auch in Frankreich kam es nicht zur großen Konfrontation zwischen pazifistischen Sozialisten und Bürgertum. Das Land sah sich insgesamt von Deutschland überfallen und in seiner Existenz bedroht. Das Spektrum der nationalen Einheit erstreckte sich von den Sozialisten über die republikanisch-laizistische Linke, die in Frankreich politisch-kulturell tonangebend war, und die bürgerliche Rechte bis hin zur legitimistischen Rechten in monarchischer Tradition. Angehörige der alten französischen Dynastien versicherten der Republik ihre Loyalität und bemühten sich, wenn auch vergeblich, um Eintritt in die Armee. An dieser Einheit änderte auch die Ermordung des sozialistischen Parteiführers Jean Jaurés am 30. Juli 1914 nichts. Frankreich führte zudem sofort eine Regierungsumbildung durch, in deren Ergebnis auch die Sozialisten ins Kabinett aufgenommen wurden. Im kaiserlichen Deutschland hingegen sollte es sozialdemokratische Staatssekretäre erst in der Schlussphase des Ersten Weltkrieges im Oktober 1918 geben, als die Bismarcksche Reichsverfassung ausgehebelt und endlich die Parlamentarisierung durchgesetzt wurde.

[34]) Vgl. Thomas Raithel: Das „Wunder" der inneren Einheit. Studien zur deutschen und französischen Öffentlichkeit bei Beginn des Ersten Weltkrieges, Bonn 1996.

Der Beginn der Kämpfe

So sehr durch Geografie und Technik die Voraussetzungen für einen Weltkrieg gegeben waren, so offenkundig begann der Konflikt zunächst und noch eher in Formen, die an das 19. Jahrhundert erinnerten. Völlig neuartig waren nur die Millionenheere, die nun gegeneinander zu kämpfen hatten. Alles andere, die britische Blockade, die Deutschland von Welthandel und Ernährungszufuhr abschneiden sollte, der deutsche Einsatz von U-Booten, die Ausdehnung des Krieges auf Kolonien oder die Einbeziehung von Kolonialtruppen und Verbänden aus den britischen Dominions in Europa, machte sich erst ganz in Anfängen bemerkbar.

Anders als 1870 hatte Deutschland gegen Frankreich kein quantitatives Übergewicht mehr. Dies lag weniger an den schwachen Kräften (8. deutsche Armee), die in Ostpreußen gegen einen russischen Einfall bereitgehalten wurden, als an der Tatsache, dass Frankreich jetzt gleichfalls (s. o.) eine Wehrpflichtigen-Armee ins Feld stellen konnte. Die deutsche und die französische Truppenstärke waren nahezu gleich. Beide Länder mobilisierten zunächst Gesamtstreitkräfte von rund dreieinhalb Millionen Soldaten und eine Feldarmee von etwa 2,1 Millionen Mann. Schon diese Zahlen zeigen, dass die französische Republik, von deutscher Seite aus vielfach als demokratisch-schwächlich apostrophiert, mit ihren 40 Millionen Einwohnern – Deutschland 68 Millionen – alle nur verfügbaren Energien und Potenziale mobilisierte. Über den Krieg von 1914 bis 1918 hinweg ist hier ein Beispiel für die Leistungsfähigkeit demokratischer Ordnungen bei existenziellen Herausforderungen gegeben – sofern sie nur die notwendige Entschlusskraft aufbringen –, das bis heute Respekt verdient und demokratiepolitisch eben auch zuversichtlich stimmt[35]). Zu den französischen Streitkräften kam der Aufmarsch der britischen Berufsarmee in Stärke von zunächst gut 120.000 Mann. Die Kriegseröffnung im Westen ähnelte dem Betreten einer Drehtür von zwei Seiten: Während Frankreich nach Abschluss der Mobilmachung sofort in Lothringen und gegen das Elsass offensiv vorging, rückten die Deutschen entsprechend dem Schlieffen-Plan (s. o.) von Norden ein. Dabei hatten freilich die deutschen Erwartungen hinsichtlich einer glatten Durchquerung Belgiens getrogen: Das auf einen Krieg gar nicht eingerichtete Land verteidigte sich zäh und seine Festungen mussten mit schwerster Artillerie (30,5-cm-Mörser von Skoda und 42-cm-Mörser – „dicke Berta“ – von Krupp) niedergekämpft werden. Dieser belgische Widerstand drohte nicht nur schon sehr früh den engen zeitlichen Takt des Schlieffen-Planes über den Haufen zu werfen. Er brachte die vordringenden Deutschen auch psychologisch aus dem Gleichgewicht. Bereits jetzt, unmittelbar bei Beginn des Krieges, kam es zu Erschießungen von Zivilisten, die angeblich aus dem Hinterhalt auf deutsche Soldaten geschossen hatten. Die Nervosität beim Einmarsch in Belgien war offenkundig ungeheuer groß: Es herrschte ein Gemisch aus Sorge,

[35]) Das bis heute viel prominentere Beispiel für die Überlebensfähigkeit von Demokratien ist freilich die Selbstbehauptung Großbritanniens gegen das auf dem Kontinent militärisch erfolgreiche NS-Deutschland 1940/41.

Feldlager französischer Soldaten während der Marne-Schlacht Anfang September 1914. Die Soldaten tragen überwiegend noch jene roten Hosen, die viel mit historisch begründetem Stolz, nichts aber mit Praktikabilität zu tun hatten. Noch ist es ein Bewegungskrieg, bei dem man sich eine schnelle Entscheidung erhofft.

der weit gespannte strategische Plan könne scheitern, Erinnerung an französische Übergriffe (Franctireurs) im Krieg von 1870/71, Unfähigkeit, sich nach einer langen Friedensperiode unversehens auf eine kriegerische Auseinandersetzung einzustellen, überreizten Nerven, wohl aber auch moralisch-kulturellen Defiziten. So gab es bereits am 5. August, am zweiten Tag des deutschen Einmarsches in Belgien, „Massenhinrichtungen von Zivilisten". Bis zum 8. August sollen fast 850 Zivilisten getötet und rund 1.200 Gebäude gezielt in Brand gesteckt worden sein."[36]) Insgesamt wird die Zahl der in Belgien und in Ostfrankreich in der ersten Kriegsphase hingerichteten Zivilisten auf der Grundlage amtlicher französischer und belgischer Untersuchungen – also nicht von Propagandaelaboraten – mit 6.000 angegeben. Es führt zwar wohl keine unmittelbare Linie von diesen Übergriffen zu Beginn des Ersten Weltkrieges zu den Massenverbrechen und Repressalien im Zweiten Weltkrieg, insbesondere in der Sowjetunion, auf dem Balkan, in Griechenland und Italien. Gleichwohl spricht manches für die These, dass der Erste Weltkrieg als enthemmende

[36]) John Horne und Alain Kramer: Deutsche Kriegsgräuel 1914. Die umstrittene Wahrheit, Hamburg 2004, S. 25 f. Relativierend zur Untersuchung von Horn und Kramer allerdings der Beitrag von Oswald Überegger: „Verbrannte Erde". Baumelnde Gehängte. Zur europäischen Dimension militärischer Normübertretungen im Ersten Weltkrieg, in: Sönke Neitzel, Daniel Hohrath (Hg.): Kriegsgreuel. Die Entgrenzung der Gewalt in kriegerischen Konflikten vom Mittelalter bis ins 20. Jahrhundert, Paderborn, München, Wien, Zürich 2008, S. 241–278.

Urkatastrophe des 20. Jahrhunderts auch in diesem Bereich Weichen stellte[37]). Dies gilt aber, vom Genozid an den Armeniern 1915 abgesehen, in besonderer Weise für bestimmte Kampfformen, Übergriffe und gewalttätige Exzesse an den Fronten in Ost- und Südosteuropa (vgl. S. 124 f.). Die von deutscher Seite beim Kriegsbeginn im Westen immer wieder behaupteten Übergriffe und Morde an eigenen Soldaten, die der Grund für Vergeltung und Repressalien gewesen seien, sind bis heute weitgehend pure Unterstellungen.

Die französische Armee eröffnete ihre Operationen Mitte August 1914 entsprechend dem für sie geltenden Plan XVII mit ganz außerordentlichem Offensivgeist, musste aber sehr bald die Erfahrung machen, dass herkömmliche Tapferkeit in Maschinengewehrfeuer wie gegenüber der schweren deutschen Artillerie nur zu furchtbaren Verlusten führte. Es gibt ein eigenartiges Bild, dass gerade die Armee jener einzigen republikanischen Großmacht, die es damals gab, nach besonders traditionellen Vorstellungen vorging und operierte, so als wolle sie ihre soldatisch-aristokratische Gleichrangigkeit unter allen Umständen beweisen. Die französischen Soldaten trugen noch ihre aus den Anfängen des 19. Jahrhunderts rührenden roten Hosen, die Kavallerie klärte noch mit Brustpanzern am Oberkörper auf, Offiziere trugen beim Angriff weiße Handschuhe. Gegen Ende August geriet die französische Armee in

Belgische Infanterie mit Hundegespannen auf dem Rückzug, 20. August 1914

[37]) Allerdings hat es an der Westfront nach Beginn des „Stellungskrieges" ca. Anfang November 1914, bei sozusagen konsolidierten Verhältnissen, vergleichbare Untaten wohl nicht mehr gegeben. Stellenweise gab es sogar das Paradox, dass deutsche Besatzungsmacht und französische bzw. belgische Zivilbevölkerung ein durchaus positives Verhältnis zueinander fanden und unterhielten. Das bekannteste und wohl größt dimensionierte Verbrechen während des Ersten Weltkrieges, der 1915 von der osmanischen Türkei an den Armeniern begangene Völkermord, sollte in anderen Zusammenhängen gesehen werden (s. u.). Zugleich gehört er wohl allerdings in besonderem Maße in die Kontinuität jener Genozide, die dann für das 20. Jahrhundert bis hin zum technisierten Massenmord an den europäischen Juden kennzeichnend werden sollten.

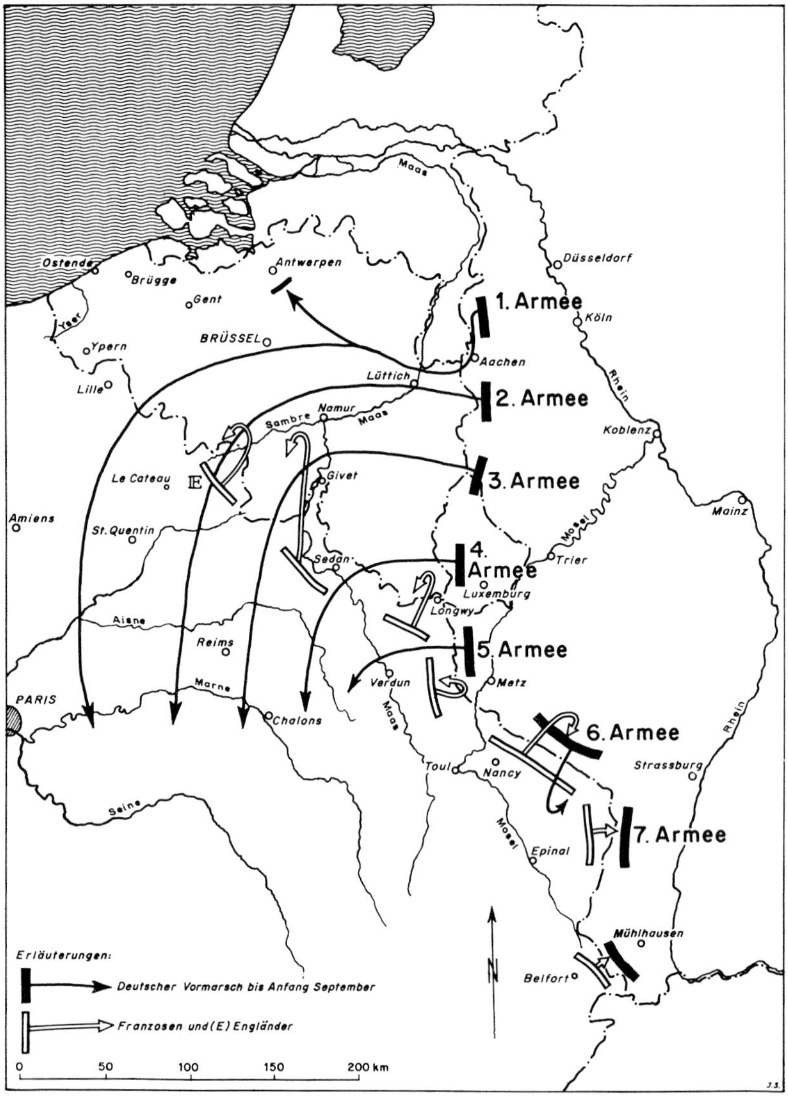

Der deutsche Vormarsch im Westen bis Anfang September 1914

Lothringen zusehends in die Defensive, während der deutsche Vormarsch durch Belgien schließlich erfolgreich vorankam, französischen Boden und allmählich die Höhe der Hauptstadt Paris erreichte. Im Osten hatte das kaiserliche Russland noch vor Abschluss der eigenen Mobilmachung aus dem Stand zwei Armeen gegen das geografisch exponierte Ostpreußen aufmarschieren lassen. Damit wurde dem französischen Wunsch entsprochen, sehr schnell vom deutschen Druck im Westen entlastet zu werden. Ab etwa dem 20. August drohte sich in Ostpreußen für Deutschland eine militärische Katastrophe zu entwickeln: Die Führung der hier stehenden 8. deutschen Armee fürchtete eine Einkreisung und ging daran, sich auf die Weichsellinie zurückzuziehen. Besonders unglücklich operierte das österreichisch-ungarische Oberkommando: Die Donaumonarchie verzettelte ihre Streitkräfte. Aus Prestigegründen wurde sowohl eine Offensive gegen Serbien unternommen als auch ohne Ausnutzung des vollständigen eigenen Potenzials von Galizien aus gegen Russland vorgegangen. Diese tollkühne Strategie konnte nicht gut gehen. Der österreichisch-ungarische Vormarsch gegen Russland lief sich bereits Ende August fest. Schon Anfang September erreichten die Russen das Übergewicht gegen die Österreicher und drängten diese zurück. Bereits in diesen Anfängen des Ersten Weltkrieges erlitt die Donaumonarchie ungeheure Verluste, büßte einen Großteil ihres ursprünglichen militärischen Potenzials ein und geriet so in stete Abhängigkeit von deutscher Hilfe. Gleichzeitig wurde aber die russische Offensive gegen Ostpreußen zum Fiasko: Die Oberste Heeresleitung unter Generalstabschef Moltke ernannte den energischen Generalmajor Erich Ludendorff, der (s. o.) eine Zeit lang die Aufmarschabteilung im Generalstab geführt und sich gerade bei der Eroberung der belgischen Festung Lüttich in Szene gesetzt hatte, zum Stabschef der 8. Armee und gab ihm als Befehlshaber den seit drei Jahren als Pensionär in Hannover lebenden General Hindenburg bei, der reaktiviert wurde. Die weiteren militärischen und politischen Konsequenzen dieser Personalentscheidung bis hin zur Machtübertragung des späteren Reichspräsidenten Hindenburg an Adolf Hitler am 30. Januar 1933, knapp 20 Jahre später, konnte damals naturgemäß noch niemand übersehen. Ludendorff gelang jedenfalls auf der Grundlage von Planungen, die im Oberkommando der 8. Armee bereits angestellt worden waren, die Umzingelung und Vernichtung des größten Teils der

Eine Apotheose Hindenburgs als Retter Ostpreußens, von deutschen wie k. u. k.-Soldaten umjubelt, gleich groß wie die ihn flankierenden Monarchen. Ihm zu Füßen der noch nicht tote, aber heftig aus Wunden blutende russische Bär

Armee Samsonow, die von Süden in Ostpreußen eingedrungen war (Schlacht bei Tannenberg, benannt nach dem Ort der Schlacht bei Tannenberg zwischen Deutschem Orden und Polen wie Litauern 1410). In der Folge wurde die zweite, von Osten kommende russische Armee unter dem Befehl des Generals Rennenkampf schwer angeschlagen und über die Reichsgrenze nach Osten zurückgedrängt. Hindenburg und Ludendorff war damit der Mythos der Befreier deutschen Landes, wie es in der Diktion von damals hieß, zugewachsen. Sie avancierten sehr bald auch zu Figuren, die an Strahlkraft und Charisma selbst Wilhelm II. in den Hintergrund drängten und ohne die damit schon rein psychologisch die Fortsetzung der deutschen Kriegführung gar nicht mehr denkbar erschien. Diese Entwicklung trug nicht unwesentlich dazu bei, die deutsche Führung während des Ersten Weltkrieges stärker zu militarisieren, die Bedeutung der administrativen zivilen Komponente weiter zu reduzieren. Was sich hier anbahnte, war freilich weniger die viel genannte schlichte Militärdiktatur, sondern eine fast bonapartistische Verbindung von Spitzenmilitärs mit dem politisch-medialen Massenmarkt, die eine Legitimation eigener Art mit latent-plebiszitären Komponenten schuf. Wolfram Pyta beschreibt in seiner 2007 erschienenen Biografie Hindenburgs eindrucksvoll, welche Rollen der Feldmarschall (ab 27. November 1914) als Oberbefehlshaber im Osten 1914/15 eigentlich spielte, welche Funktionen er in Anspruch nahm – und welche nicht: Danach begegnet er uns als eine Art aristokratischer Aufsichtsratsvorsitzender in Uniform, noch weiter fernab vom operativen militärischen Geschehen als bislang angenommen, jovial, zugleich medial alles für seine Beliebtheit in Deutschland unternehmend, in seinem Hauptquartier umgeben durchaus nicht nur von den professionellen Generalstäblern, sondern in steter Konversation mit allen möglichen Politikern, Publizisten und Künstlern, dazu ein feudales Leben führend mit vielerlei Jagden auf Hirsche und Elche. Schlägt man den Bogen über ein Jahrzehnt, dann könnte man insgesamt den Eindruck gewinnen, Hindenburg, der 1925 zum zweiten Reichspräsidenten gewählt wurde, habe diese viel spätere Situation gewissermaßen vorweggenommen, während des Ersten Weltkrieges bereits Wahlkampf für sich als künftiges Staatsoberhaupt geführt und dabei den Monarchen deutlich in den Hintergrund gedrängt. Und bei alldem gelang es ihm zugleich, in der deutschen Öffentlichkeit den Eindruck aufrecht zu erhalten, er selbst plane und führe die diversen Umfassungs- und Vernichtungsfeldzüge und Schlachten gegen die Armeen des Zarenreiches.[38])

---

[38]) Vgl. Wolfram Pyta: Hindenburg. Herrschaft zwischen Hohenzollern und Hitler, München 2007, S. 91 ff. Bezeichnend ist etwa die Passage im einschlägigen Artikel zu Hindenburg im Großen Brockhaus, Band 8, Leipzig 1931, S. 512: „Durch die Schlachten bei Tannenberg (...) und an den Masurischen Seen (...) befreite Hindenburg Ostpreußen von den Russen (...). Im November 1914 führte er den kühnen, wenn auch das Vernichtungsziel nicht völlig erreichenden Vorstoß gegen Lodz; durch die Winterschlacht in den Masuren (4.–22. Februar 1915) warf er einen neuen russischen Angriff auf Ostpreußen siegreich zurück; mit dem Durchbruch bei Tarnow und Gorlice (2. Mai) setzte die große Offensive von 1915 ein ...“ Realiter hatte der Feldmarschall mit dieser Operation am wenigsten zu tun – eher schon sein Kontrahent, der damalige Generalstabschef Falkenhayn. Dieser ganz auf Hindenburg als Subjekt abgestellte Text zeigt, wie sehr die Propaganda um seine Person verfangen und die Wirklichkeit verdrängt hatte.

Russland selbst hat in Relation zu seinem gesamten Potenzial durch den Verlust einer und die deutliche Schwächung einer anderen Armee im August/September 1914 eine quantitativ kaum zu Buch schlagende Einbuße erlitten. Rein qualitativ wogen die Verluste freilich viel schwerer. Sie stellten bereits eine Etappe auf jenem langen Weg dar, der schließlich im Frühjahr 1917 zum Zusammenbruch des zaristischen Systems führen sollte: Gegen Ostpreußen waren russische Eliteeinheiten

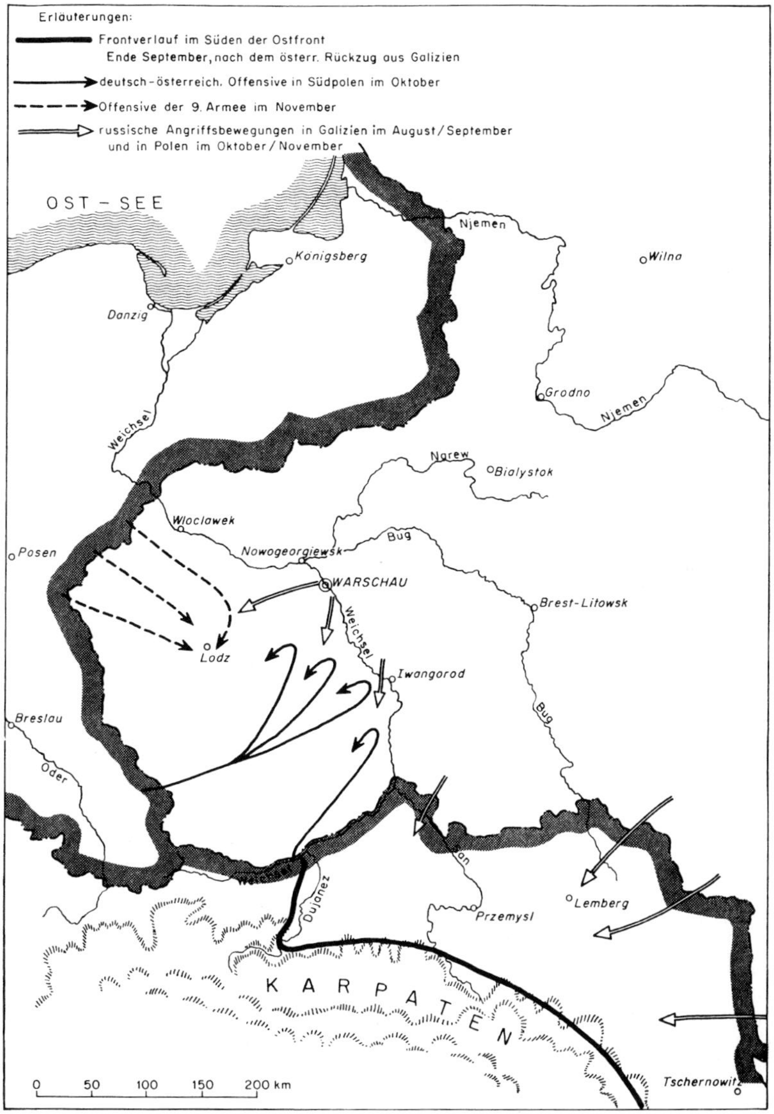

Die Kämpfe in Polen im Herbst 1914

aufmarschiert, die aus jenen Friedensgarnisonen stammten, die an sich auch das Zarentum trugen und absicherten. Insofern hatte Russland durch das Vorpreschen zweier Armeen gegen Deutschland, bevor seine militärischen Vorbereitungen eigentlich abgeschlossen waren, dem Alliierten Frankreich gegenüber einen unschätzbar wertvollen Dienst erwiesen, dessen politische Konsequenzen sich erst im Nachhinein zeigen würden. Nach der Schlacht bei Tannenberg machte der französische Militärattaché Marquis de Laguiche dem russischen Oberkommandierenden Großfürst Nikolai Nikolajewitsch eine Art Beileidsbesuch. „Wir sind glücklich, für unsere Verbündeten solche Opfer gebracht zu haben",[39]) war die lakonische Antwort des russischen Oberkommandierenden.

Zugleich hatte sich aber jetzt bereits gezeigt, dass das russische Militärpotenzial, die so genannte „Dampfwalze", technisch und taktisch gegenüber der deutschen Armee weit zurückhing: Es gab weder Flugzeuge, die zur Aufklärung eingesetzt werden konnten, noch schwere Artillerie. Es fehlte an Munition und für die einfachen Infanteristen sogar an Gewehren. Sie fühlten sich von einer Führung in den Krieg gehetzt, die ihnen keine gleichwertigen Kampfmittel und Überlebenschancen geben konnte.[40]) Der deutsche Sieg bei Tannenberg war auch deswegen möglich geworden, weil in der russischen Armee ohne Verschlüsselung gefunkt wurde, was die deutschen Generalstäbler zunächst gar nicht glauben wollten und für eine Falle hielten. Dieses qualitative Gefälle stand auch in einem gewissen Gegensatz zur bis zu Kriegsbeginn auf deutscher Seite immer wieder apostrophierten russischen Übermacht.

Gegen die russischen Armeen, die ab Oktober 1914 im Raum um Warschau aufmarschiert waren und Österreich-Ungarn wie auch Schlesien bedrohten, operierten Hindenburg und Ludendorff in den Wochen und Monaten des Herbstes 1914 mit vielerlei kunstvollen Rochaden. Im Grunde war die Situation für die Mittelmächte jetzt noch viel prekärer als bei der Bedrohung Ostpreußens durch zwei vorpreschende russische Armeen im August 1914: Mittlerweile hatten die Österreicher schwere Niederlagen erlitten. Das Gros des russischen Potenzials stand jetzt im sogenannten Kongresspolen zur Verfügung. Und zugleich offenbarte sich in seiner vollen Schärfe das strategische Dilemma, das durch den Fehlschlag des – modifi-

---

[39]) Zit. nach Barbara Tuchman: August 1914. TB-Ausgabe, Frankfurt am Main, S. 326.

[40]) Die belletristische Übertragung dieser russischen Erfahrung mit zugleich deutlich dokumentarischen Komponenten begegnet in dem im Übrigen sehr deutschfreundlich gehaltenen Roman von Alexander Solschenizyn: Erster Knoten. August vierzehn (23. August – 3. September), München, Zürich 1987, S. 389: Es „lässt sich behaupten, dass die erste russische Niederlage in Ostpreußen die Serie der unerträglichen Niederlagen im Japanischen Krieg (russisch-japanischer Krieg 1904/05, P.M.) gleichsam fortsetzte und denselben Grundton für den eben erst beginnenden Krieg anschlug: Wie man ins erste Gefecht gezogen war, ehe die Kräfte sinnvoll gesammelt waren, so kam man auch später niemals dazu, sie rechtzeitig zu sammeln; wie man zu Beginn sich daran gewöhnt hatte, ungenügend ausgebildete Soldaten gleich nach dem Ausladen ohne Atempause an die Front zu werfen, so blieb es auch in der Folge, mit ihnen sollten Löcher, in die es hineinregnete, gestopft und Verlorenes wiedergewonnen werden, ohne Sinn und Verstand, ohne vor Opfern zurückzuschrecken; gleich anfangs wurde unser Geist erschüttert und konnte nie das frühere Selbstvertrauen wieder gewinnen ..."

Russisches Propagandaflugblatt vom Herbst 1914, bezogen auf die Kämpfe in „Kongresspolen". Text von Kasimir Malewitsch: „Schaut euch das an, in der Nähe der Weichsel haben wir die Deutschen auflaufen lassen – ihr Pech."

Deutsche Wochenblätter nehmen sich schon lange vor der Zeit der Nationalsozialisten gern der Russen als „Untermenschen" an. Hier eine „Karikatur", die sich auf die Schlacht an den Masurischen Seen (5. bis 15. September 1914) bezieht

zierten – Schlieffen-Planes im Westen (vgl. S. 77 f.) entstanden war: Deutschland war nun in West wie Ost gleichzeitig mit Millionenheeren konfrontiert. Der Oktober und November 1914 sehen General Ludendorff, in seiner Funktion als Stabschef Hindenburgs, auf dem Höhepunkt seiner militärischen Macherqualitäten: Gegen die quantitativ weit überlegenen russischen Offensivkräfte, etwa in der Relation 2,5 zu 1, führte er im Oktober mit einer neuen 9. Armee eine offensive Entlastungsoperation von Süden, aus dem oberschlesischen Raum, gegen Warschau durch, im Folgemonat von Westpreußen aus in Richtung Lodz. In beiden Fällen misslingt am Ende eine Art Übertannenberg, die Umzingelung der russischen Offensivstreitkräfte. Aber ein strategischer Erfolg ist doch gegeben: Die russischen Armeen werden daran gehindert, in Deutschland einzudringen, sieht man einmal vom peripheren Ostpreußen ab, wo sie sich dank der zeitweiligen Entblößung von deutschen Truppen erneut festsetzen. So kann jedenfalls auf der rein militärischen Ebene der Krieg fortgesetzt werden, obwohl Deutschland im Westen unbestreitbar eine strategische Niederlage erlitten hat. Damit wird aber zugleich die Voraussetzung für eines der blutigsten Desaster in der deutschen Militärgeschichte geschaffen, den mit kaum ausgebildeten und unzureichend ausgerüsteten Reserveformationen im Westen ab Ende Oktober unternommenen Versuch, von Norden über Flandern, die alliierten Streitkräfte doch noch zu überflügeln (s. S. 78 f.).[41])

---

[41]) Zu den militärischen Abläufen vom Oktober/November 1915 an der Ostfront Gerhard P. Groß: Im Schatten des Westens. Die deutsche Kriegführung an der Ostfront bis Ende 1915, in: Ders. (Hg.): Die vergessene Front. Der Osten 1914/15. Ereignis, Wirkung, Nachwirkung, Paderborn, München, Wien, Zürich 2006, S. 49–64. Franz Uhle-Wettler: Erich Ludendorff in seiner Zeit. Soldat – Stratege – Revolutionär. Eine Neubewertung, Berg [2]1996, S. 151 ff.

Ambivalenzen offenbarten sich freilich nicht nur im unmittelbaren militärischen Geschehen, in dem Umstand, dass der Erfolg auf der einen Seite erst die Möglichkeit zum Misserfolg auf der anderen schuf. Man muss auch die fatalen kulturellen Wirkungen sehen: Zwar sind die Ludendorff'schen Feldzüge des Herbstes 1914 nie wirklich so ins allgemeine Bewusstsein gedrungen, wie Tannenberg Monate zuvor, und wenn, dann schrieb man den Erfolg Hindenburg zu (vgl. S. 72). Aber fatale langfristige Folgewirkungen dieser zumindest relativen Erfolge gab es eben doch:

Die Deutschen, die während des gesamten Ersten Weltkrieges gegenüber den russischen Streitkräften technisch und taktisch überlegen waren, eigneten sich nun vielfach, entgegen den Vorkriegsannahmen, die hybride Vorstellung an, Russland sei ein Koloss auf tönernen Füßen, den man auch bei zahlenmäßiger Unterlegenheit nicht fürchten müsse. In Verbindung mit der nationalsozialistischen Rassenlehre und antibolschewistischen Ideologemen ergab sich aus diesen (Schein)Erfahrungen ein Vierteljahrhundert später jene Verkennung des sowjetischen Potenzials, die in die Katastrophe des deutschen Überfalls auf die Sowjetunion vom 22. Juni 1941 mündete.

Stagnation ab September 1914

Hybris prägte auch das deutsche Vorgehen im Westen: Ab Anfang September 1914 zeigten sich immer deutlicher die Schwächen des Schlieffen-Planes. Die deutschen Generalstäbler hatten nicht beherzigt, was Carl von Clausewitz in seinem Werk „Vom Kriege", auf das sie angeblich eingeschworen waren, eindrucksvoll dargelegt hatte: Die Tatsache nämlich, dass die Defensive eine sehr starke strategische Position darstellt und dass jeder Angriff einen Kulminationspunkt erreicht, von dem ab er an Stärke einbüßt. Dies galt im Übrigen ganz besonders in dem durch die Dominanz der Feuerkraft – Maschinengewehr und Artillerie – geprägten Ersten Weltkrieg. Je weiter sich die drei im Norden der Westfront operierenden deutschen Armeen von ihren Ausgangspositionen und damit auch Eisenbahnverbindungen entfernten, desto schlechter stand es um den Nachschub, desto mehr griffen Schwäche und Erschöpfung um sich. Verluste konnten nicht mehr ausgeglichen werden; hingegen kämpften die Franzosen auf der inneren Linie in der Nähe des Pariser Beckens, wo sie sich auf eine vorzügliche Infrastruktur zu stützen vermochten. Als der deutsche Angriffsflügel in den ersten Septembertagen bereits östlich von Paris nach Süden einschwenkte, wurde er von der französischen Hauptstadt aus in der Flanke angegriffen. Gleichzeitig tat sich zwischen den beiden deutschen Armeen, die nach Süden auf die Marne zustrebten, eine Lücke auf, in die das englische Expeditionskorps eindrang. Wie zumeist nach verlorenen Kriegen beschäftigten sich auch nach dem Ersten Weltkrieg Dutzende von deutschen Sandkastengeneralstäblern damit, ob die nun anhebende Marneschlacht doch zum Erfolg hätte führen können, wenn nur die deutsche Oberste Heeresleitung, in Koblenz, dann Luxemburg, buchstäblich weitab „vom Schuss", in dieser kritischen Situation nicht den Rückzug befohlen hätte.[42]) Heute hingegen besteht eigentlich kein Zweifel mehr daran, dass der deutsche Angriff grundsätzlich im clausewitzschen Sinne seinen Kulminationspunkt überschritten hatte.[43]) Die deutschen Armeen waren überstrapaziert, physisch und psychisch ausgelaugt; dazu waren zwei Armeekorps nach Ostpreußen zur Verstärkung der Abwehr gegen die russische Offensive abgegeben worden. Es mutet eigenartig an, dass gerade jene Fachleute, die damals als die Besten ihres Metiers galten, die deutschen Generalstäbler, so wenig die axiomatischen Grundlagen großdimensionierter Operationen beachtet hatten. Zugleich sollte ein anderer Umstand gewürdigt werden: Die Französische Republik hatte sich in einer international wenig erwarteten Weise behauptet. Die französischen Wehrpflichtigen, vielfach ältere Jahrgänge als die Deutschen, hatten physisch und psychisch das Letzte aus sich herausgeholt und ihre Einheiten waren trotz teilweise furchtbarer Verluste nicht kollabiert. Schließlich hatte der ganze Schlieffen-Plan letztlich darauf gesetzt, dass Frankreich unter der Bedrohung einer konzentrischen Invasion zusammenbrechen müsse. Gewiss funktionierte auch in Frankreich damals vieles nicht: Regie-

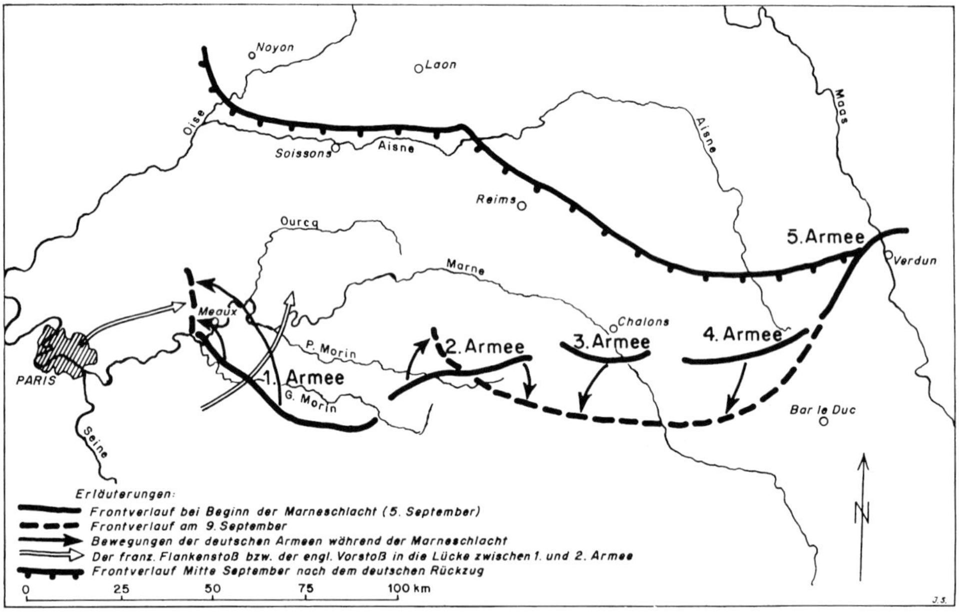

Die Marneschlacht

[42]) Eindrucksvollste Darstellung dieser Entwicklung bei Tuchman, August 1914.

[43]) Carl von Clausewitz: Vom Kriege. TB-Ausgabe, Frankfurt/Main, Berlin, Wien, S. 588 f.: „Der Erfolg im Angriff ist das Resultat einer vorhandenen Überlegenheit, wohlverstanden physische und moralische Kräfte zusammengenommen. (...) Und die meisten (strategischen Angriffe, P. M.) führen nur bis zu einem Punkt, wo die Kräfte noch eben hinreichen, sich in der Verteidigung zu halten (...). Jenseits dieses Punktes liegt der Umschwung, der Rückschlag; die Gewalt eines solchen Rückschlages ist gewöhnlich viel größer, als die Kraft des Stoßes war. Dies nennen wir den Kulminationspunkt des Angriffs."

rung und militärische Führung kommunizierten unzureichend miteinander. Selbst der Staatspräsident erhielt kaum Informationen, wie es an der Front stand. Aber immerhin hatte sich diese Nation von 40 Millionen Individualisten behauptet und in der Folge sollte es der politischen Führung Frankreichs gelingen, ihre Autorität gegenüber der militärischen Führung Stück für Stück wieder zu verstärken – in Deutschland hingegen würde eher das gerade Gegenteil eintreten.

Das Ende des „Bewegungskrieges im Westen“ war der Versuch beider Seiten Ende Oktober/Anfang November, nochmals im Norden der Front eine Überflügelungs- und damit Einkreisungssituation herzustellen. Dabei näherte man sich von beiden Seiten immer mehr dem Meer, bis dieses schließlich erreicht wurde. Die deutsche Führung setzte hier jene zusätzlichen zunächst sechs Reservekorps ein, die aus den Kriegsfreiwilligen vom August 1914 gebildet worden waren. In den Reihen dieser neuen, unzureichend (rund acht Wochen) ausgebildeten und ausgerüsteten Einheiten befanden sich besonders viele Gymnasiasten und Studenten. Sie wurden das Opfer jener kompakten Angriffe im britischen Maschinengewehrfeuer, die binnen Minuten Tausende dahinrafften. Die englischen Berufssoldaten, vor allem durch die Erfahrungen des Burenkrieges im südlichen Afrika eineinhalb Jahrzehnte zuvor mit der Realität des modernen Krieges vertraut, zeigten sich im Infanteriekampf taktisch überlegen. Neben Maschinengewehren führte auch die professionelle Verwendung des britischen Lee Enfield-Repetiergewehrs, des damals leistungsstärksten

Einsatz von Flammenwerfern, eine der grausamsten Innovationen des Ersten Weltkrieges. Die Bildunterschrift der deutschen Veröffentlichung dazu aus den 20er Jahren ist rein technizistisch-positiv gehalten: „Es handelt sich um einen tragbaren zylindrischen Behälter mit langem Schlauchmundstück, aus dem mittels Pressluft brennendes Öl in einer riesigen Stichflamme geschleudert wurde. Die Entzündung erfolgte beim Ausströmen auf chemischem Wege. Die dabei entwickelte Hitze war derart, dass die Getroffenen sofort zu Kohle verbrannten. Hinter der starken Rauchwolke konnten sich die Sturmtruppen leicht entwickeln.“ Die hier bedenkenlos-sachlich beschriebene Perversion scheint bereits auf die extremen Zivilisationsbrüche des 20. Jahrhunderts zu verweisen.

aller Armeen überhaupt, mit hoher Feuergeschwindigkeit aus guter Deckung eingesetzt, zu den furchtbaren Verlusten der über offenes Feld angreifenden deutschen Freiwilligenregimenter. Selbst deutsche Generalstäbler sprachen im Nachhinein, kritisch gegenüber der eigenen Führung, von einem ‚Kindermord'. Gewiss weiß man heute, dass der Mythos des flandrischen Ortes Langemarck, bei dem junge deutsche Kriegsfreiwillige angeblich beim Sturm auf englische Stellungen das Deutschlandlied anstimmten, der Wirklichkeit kaum entspricht. Wenn das Deutschlandlied überhaupt gesungen wurde, dann mit der Funktion einer Erkennungsmelodie in dichtem Nebel. Aber gerade auch dieses Beispiel zeigt, dass Kriegsrealität und Kriegsüberhöhung in immer stärkere Gegensätze zueinander gerieten. In der Nachkriegszeit sollte sich diese Art politisch prekärer Rezeption forciert fortsetzen. Und in der Realität hatte der Erste Weltkrieg, dem zu diesem Zeitpunkt bereits Hunderttausende von Toten zum Opfer gefallen waren, doch zugleich erst begonnen, jene mörderische Auseinandersetzung zu werden, die Generationen, Grundüberzeugungen und Zivilisation verschlingen würde. Noch kamen weder Gas oder Flammenwerfer oder Tanks zum Einsatz. Noch mussten Zivilbevölkerungen nicht hungern. Aber weil die Politik in dieser Phase der militärischen Stagnation des Herbstes 1914 ganz darauf verzichtete, sich um einen Ausgleich zu bemühen, bestimmten nun immer weiter gespannte imperialistische Ziele das Denken und Agieren.

Hatten bei der Kriegsauslösung Österreich-Ungarn und Deutschland in hohem Maße verantwortlich gewirkt, so zeigten sich nach Kriegsbeginn ihre Gegner besonders ambitioniert, was militärisches Durchkämpfen und weit gespannte Kriegsziele anging.[44]) Im Londoner Abkommen vom 5. September 1914 verpflichteten sich Großbritannien, Frankreich und Russland dazu, nur gemeinsam Frieden zu schließen und sich zugleich auf gemeinsame Friedensbedingungen zu verständigen. Damit war auch auf alliierter Seite die Bahn zu apodiktischer Verhärtung und stetig erweiterten Kriegszielprogrammen geöffnet. Was für Deutschland galt, galt mindestens ebenso für seine Gegner: Es sollte ein Siegfrieden errungen und die Feindseite entscheidend geschwächt werden. Und weil bereits nach einem Vierteljahr Krieg die Kunst des Kompromisses verloren gegangen war, mussten die europäischen Völker nun den Weg einer immer hemmungsloseren und bestialischeren Auseinandersetzung gehen.

[44]) Diese Aussage gilt trotz des sogenannten „Septemberprogrammes" von Reichskanzler Bethmann Hollweg Anfang September 1914. Für die Gegenseite schreibt der französische Historiker Georges-Henri Soutou: „Die Alliierten waren von Beginn des Krieges an wesentlich entschlossener, als lange Zeit zugegeben worden ist, die politische, militärische und wirtschaftliche Macht Deutschlands drastisch zu reduzieren." Georges-Henri Soutou: Die Kriegsziele des Deutschen Reiches, Frankreichs, Großbritanniens und der Vereinigten Staaten während des Ersten Weltkrieges: Ein Vergleich, in: Der Erste Weltkrieg, a. a. O., S. 28–53, hier: S. 33.

3. Gesellschaften unter Waffen

Vom hastigen Krieg zum stetigen Krieg

Die Erwartung eines kurzen, eines zeitlich sehr überschaubaren Krieges begleitete die Zeitgenossen wohl mindestens bis 1916. Gleich zu Beginn des Krieges taten sich Militärapparat und Verwaltung in Deutschland schwer, die Wirtschaft für eine umfassende Umstellung ihrer Produktion auf Rüstungsgüter zu gewinnen. Und noch Anfang 1915 meinte man in Deutschland vielfach, spätestens gegen Ende des laufenden Jahres werde man wieder in friedlichen Verhältnissen leben. Mehr noch als Frankreich und Russland zeigte sich hier Großbritannien als der eigentliche Antipode des Deutschen Reiches: Hier wurde der administrativ-ökonomische Bereich von Anfang an deutlich auf eine lange und in jeder Hinsicht kostspielige Auseinandersetzung eingestellt. In Deutschland wurde mit der Verkündung des Zustandes drohender Kriegsgefahr am 31. Juli 1914 das preußische Gesetz über den Belagerungszustand aus dem Jahr 1851 wirksam. Es verfügte die auch formale Unterordnung der zivilen Behörden mit Optionen bis weit in das bürgerliche Leben (Zensur) unter die militärische Infrastruktur. Die Inhaber der vollziehenden Gewalt im Lande wurden die Kommandeure in 15 Korpsbezirken, weitgehend ungeachtet der sonstigen territorialen Struktur des Reiches. Da aber die Kommandeure der Korps als führende Militärs an der Front standen, hatten diese Funktionen die stellvertretenden Generalkommandos inne und da im Kaiserreich ein Korpskommandeur unmittelbar dem Kaiser selbst unterstellt war, dieser aber weder politisch noch militärisch seine Funktionen ausübte (s. u.), bahnte sich hier ein Weg zum Verwaltungschaos an. Eine wenigstens teilweise rühmliche Ausnahme war hier allein Bayern, dessen drei stellvertretende Generalkommandos dem Kriegsministerium in München unterstanden und so wenigstens einigermaßen in die gesamte Regierungsstruktur eingebunden waren. Dass die verwirrenden Abläufe über die stellvertretenden Generalkommandos im übrigen Reich nicht zum vollständigen Chaos führten, lag vor allem daran, dass sich die Militärs im Inneren jedenfalls zunächst nicht allzu interventionistisch zeigten. So wurden die nun gegebenen Zensurmöglichkeiten eher zurückhaltend ausgeschöpft. Mehr noch: Ein durchaus positives Resultat des Anfang August 1914 unter Einschluss der SPD geschaffenen Burgfriedens war, dass der Graben zwischen linkem Spektrum und ‚staatstragenden' Schichten im Reich auch medial ein Stück weit überwunden wurde. So durften Soldaten nun das Zentralorgan der SPD „Vorwärts" lesen.[45]) Der Reichstag hatte sich nach der einstimmigen Zustimmung zu den Kriegskrediten am 4. August 1914 zunächst von der unmittelbar politischen Tätigkeit verabschiedet, so dass Reichsleitung, Militärs,

[45]) Zur inneren Entwicklung in Deutschland mit starker Gewichtung der unmittelbar politischen Vorgänge Peter Graf Kielmannsegg: Deutschland und der Erste Weltkrieg, Stuttgart [2]1980. Roger Chickering: Das Deutsche Reich und der Erste Weltkrieg, München 2002. Ferner für alle einschlägigen Aspekte: Enzyklopädie Erster Weltkrieg, hg. v. Gerhard Hirschfeld, Gerd Krumeich, Irina Renz in Verbindung mit Markus Pöhlmann, Paderborn u. a. 2003.

Verbände, Medien und Hochschullehrer ohne Reflex auf parlamentarische Tätigkeit über längere Zeit intern und extern Überlegungen hin zur weiteren Entwicklung und zu etwaigen Kriegszielen ventilieren konnten. Zu den vielfach ausschweifenden Kriegszielvorstellungen hat dies wohl nicht unwesentlich beigetragen. Nicht wenige Parlamentarier wurden auch selbst Soldat. Als erstes Mitglied des Reichstages fiel am 3. September 1914 in den Vogesen der auf dem rechten Flügel der SPD stehende, aus Baden stammende Abgeordnete Ludwig Frank. Frank war einer der engagiertesten Befürworter der neuen sozialdemokratischen Burgfriedenspolitik und wollte gerade als Jude, der sich sofort bei Kriegsbeginn freiwillig meldete, Integration in das Volksganze demonstrieren.

In der SPD wuchs intern bereits bald die Kritik an der reibungslosen Billigung von Kriegskrediten durch die Parteiführung. Dafür gab es mehrere Gründe: Die wenn auch nur in Konturen greifbaren, über einen Verteidigungskrieg hinausgehenden Kriegszielprogramme in Reichsleitung und Wirtschaft, die mangelnde wirkliche Beteiligung der Partei und ihres Umfeldes an der politischen Verantwortung, bei manchen zunehmende Skrupel hinsichtlich der tatsächlichen Hergänge bei Ausbruch des Krieges und schließlich wohl auch Frustration darüber, dass es mit einem sehr schnellen und daher auch relativ unblutigen Sieg nichts wurde – und dies ungeachtet der Tatsache, dass die so schwerwiegende tatsächliche Niederlage bei der Schlacht an der Marne mit dem am 9. September 1914 wirksam gewordenen

Die bei Beginn des 1. Weltkrieges 1914 am praktischsten ausgerüstete britische Berufsarmee: links: Uniform und Ausrüstung eines englischen Offiziers, rechts: Uniform und Gewehr eines schottischen Soldaten mit Kilt

Rückzugsbefehl vor der deutschen Öffentlichkeit weitgehend erfolgreich verheimlicht worden war. Vor der zweiten Abstimmung im Reichstag über Kriegskredite im Dezember 1914 votierten intern immerhin bereits 17 Angehörige der SPD-Fraktion gegen die Billigung und im Plenum sprach dann Karl Liebknecht als zunächst Einziger ein Nein aus.

Bereits am 14. September 1914 war Generalstabschef von Moltke[46]) de facto entmachtet und durch den preußischen Kriegsminister General von Falkenhayn[47]) ersetzt worden. Über einige Monate ließ man Moltke pro forma noch im Amt. Schließlich war es in jeder Hinsicht schwierig und delikat, den Spitzenmilitär mit einem so prominenten Namen (der Onkel hatte 1866 und 1870/71 die Einigungskriege gewonnen) einfach zu desavouieren. Moltke, der auch physisch nicht sehr stabil war und sich durch anthroposophische Neigungen, zugleich aber militärisches Vernichtungsdenken ausgezeichnet hatte (für sich schon eine schwer nachvollziehbare Persönlichkeitsstruktur), war, das hatten die ersten sechs Kriegswochen gezeigt, dem auf deutscher Seite zunächst gar nicht so sehr ernst genommenen französischen Oberkommandierenden General Joffre vielleicht nicht an strategischer Inspiration, wohl aber an Entschlusskraft, Härte und Konsequenz unterlegen gewesen. Joffre verließ in schwierigen Situationen, etwa zur Koordination mit den britischen Verbündeten, sein Hauptquartier, nahm sich zugleich aber auch die Zeit, intensiv Tage und Nächte über die kommenden Abläufe nachzudenken; Moltke hatte sich hingegen in frontferner Kommunikation aufgerieben, Anfang September bis hin zu

46) Vgl. dazu, wenn auch unter Vorbehalten, die offizielle Darstellung des Reichsarchivs: Der Weltkrieg 1914–1918, Bd. IV, Der Marne-Feldzug, Berlin 1926, mit der Entscheidung Moltkes, zur berühmt gewordenen Inspektion der Situation der deutschen Armeen nicht selbst zu fahren, sondern Oberstleutnant Hentsch zu entsenden, S. 312: „Für den Generalobersten v. Moltke hatte mit der Abfahrt des Oberstleutnants Hentsch am 8. September, 11.00 Uhr vormittags eine Zeit aufreibender Ungewissheit und qualvollen Wartens begonnen. Infolge seines Verbleibens weit hinten im großen Hauptquartier beraubte er sich der Möglichkeit, selbst auf den Gang der Ereignisse bestimmend einzuwirken." Nachdem die hier gar nicht zu bewertende Entscheidung, die deutschen Armeen zurückzunehmen, im Zusammenhang mit der Mission Hentsch gefallen war, suchte Moltke erst am 11. und 12. September die einzelnen Hauptquartiere auf, kam nicht nur seelisch, sondern auch körperlich gebrochen zurück und wurde durch Falkenhayn ersetzt, ohne dass die Öffentlichkeit einstweilen davon erfahren durfte. Den Akt der Selbstaufopferung beschrieb Moltke dann in seinen Erinnerungen, zit. nach Reichsarchiv/Marne-Schlacht, S. 483 f. Dieser Akt verkrüppelter Selbsterniedrigung wird hier bemerkenswert schonungslos berichtet: „Ich sagte dem Kaiser, dass ich glaube, es werde in der Armee und im Ausland keinen guten Eindruck machen, wenn ich unmittelbar nach dem Rückzug der Armee fortgeschickt werde. General von Falkenhayn trat dieser Ansicht bei. Der Kaiser meinte darauf, Falkenhayn solle als Oberquartiermeister fungieren, und ich solle „pro forma" bleiben. Falkenhayn erklärte, er könne die Operationen nur übernehmen, wenn er völlig freie Hand habe. Ich konnte dies nur anerkennen. So blieb ich im großen Hauptquartier, während mir alles aus der Hand genommen wurde, und ich ohne allen Einfluss als Zuschauer dastand. Das wird vielleicht niemand verstehen. Ich habe dies Martyrium auf mich genommen und die weiteren Operationen mit meinem Namen gedeckt, des Landes wegen und um dem Kaiser zu ersparen, dass von ihm gesagt werde, er habe seinen Generalstabschef fortgeschickt, sobald der erste Rückschlag eintrat. Ich wusste, welche unheilvollen Folgen das haben müsste (...). Das Martyrium, das ich getragen habe, war groß. Ich glaubte, es dem Kaiser und dem Lande schuldig zu sein. Wenn ich falsch gehandelt habe, möge Gott mir verzeihen ...".

47) Vgl. Holger Afflerbach: Falkenhayn. Politisches Denken und Handeln im Kaiserreich, München 1996.

Deutsche Uniformen auf dem Stand des Kriegsbeginns 1914
Sie muten zwar praktischer als die französischen zu diesem Zeitpunkt an, mit Pickelhaube und farbigen Aufschlägen für Offiziere wie blinkenden doppelten Knopfreihen enthalten auch sie freilich noch Elemente feudaler Kriegführung.

Gesprächen mit Besuchern aus Wirtschaftskreisen, die ihn bereits mit Annexionsforderungen konfrontierten.

Konstitutiv war das deutsche Kaiserreich neben seinen zivilen Verfassungsorganen – Bundesrat als exekutive und legislative Ländervertretung, Reichstag und Reichskanzler mit Staatssekretären – Militärmonarchie mit dem Kaiser als unmittelbarem Oberbefehlshaber – im Kriegsfall für alle deutschen Kontingente, also auch die bayerische Armee, die im Frieden ihrem König unterstand. Aber der Kaiser war seit Kriegsbeginn als politische wie militärische Führungsfigur kaum mehr präsent. Er hielt sich vielfach von Berlin fern, weil ihn die politischen Abläufe irritierten, um nicht neudeutsch einfach zu formulieren, nervten. Seine Umgebung achtete darauf, dass Besucher aus der Welt der Politik ihm mit ernsthaften Fragen nicht wirklich zusetzen konnten. Im militärischen Hauptquartier stand er sozusagen immer mit herum und dabei neben sich. Dass Deutschland vier Jahre später Republik werden sollte, hat wohl durchaus bereits damit zu tun, dass dieser Monarch als solcher gar nicht mehr agierte, sondern dass an ihm vorbei Spitzenmilitärs, aber auch eine Reihe von namhaften Parlamentariern, wie sehr viel später Matthias Erzberger, zu zentralen Exponenten der politischen Abläufe wurden. Selbst nach dem Empfinden der alten, staatstragenden preußischen Adelsschicht, an sich royalistisch bis in die Knochen, leistete dieser Kaiser eben nicht das, was nach ihren Bildern von wechselseitiger Abhängigkeit, Treue und Einsatz von einem monarchischen Oberbefehlshaber zu erwarten war.[48])

[48]) Vgl. Stephan Malinowski: Vom König zum Führer. Sozialer Niedergang und politische Radikalisierung im deutschen Adel zwischen Kaiserreich und NS-Staat, Berlin 2003, insbesondere S. 170 ff.

Ökonomisch-soziale Umstellung

Keineswegs alle strategischen Überlegungen im Deutschland der Vorkriegszeit waren von einem sehr kurzen Großmächtekrieg ausgegangen, der die ökonomischen Ressourcen schonen und keine Versorgungsprobleme aufwerfen würde. Auch die Frage, was eine britische Blockade der deutschen Zufuhr in Übersee bedeuten mochte, war zumindest theoretisch im Ansatz durchgespielt worden. Aber eine wirklich substanzielle Vorbereitung auf diese Eventualität war ausgeblieben.

Nun musste von Anfang an improvisiert werden und die Anstöße zu diesen Improvisationen, ohne die Deutschland gar nicht vier Jahre lang hätte Krieg führen können, kamen erstaunlicherweise aus jenem gesellschaftlichen Sektor, der heute oft als Zivil- oder Bürgergesellschaft firmiert. Und ohne solche Interventionen wäre das ökonomische Durchstehen des Krieges gar nicht möglich geworden. Dagegen hatte Graf Schlieffen, der militärstrategische Promotor des kurzen Vernichtungsfeldzuges, noch 1909 formuliert: „Solche Kriege (mit langen Abnützungsstrategien, P.M.) sind aber zu einer Zeit unmöglich, wo die Existenz der Nation auf einen ununterbrochenen Fortgang des Handels und der Industrie begründet ist. [...] Eine Ermattungsstrategie lässt sich nicht betreiben, wenn der Unterhalt von Millionen den Aufwand von Milliarden erfordert."[49])

Nun wandte sich der Aufsichtsratsvorsitzende der AEG und Intellektuelle wie homo politicus Walther Rathenau unmittelbar nach Kriegsausbruch mit der Frage an das preußische Kriegsministerium, welche Vorstellungen man dort eigentlich zur Rohstoffbewirtschaftung im Falle einer Abschnürung Deutschlands von überseeischen Zufuhren habe. Zugleich legte Rathenau eine Denkschrift vor, wie diese Aufgabe überhaupt unter erschwerten Bedingungen bewältigt werden könne. Das preußische Kriegsministerium nahm seine Dienste gerne in Anspruch – bis 1915 amtierte der jüdische Intellektuelle und spätere Reichsaußenminister

Walther Rathenau (1867–1922), der Aufsichtsratsvorsitzende der AEG, synchronisierte Deutschlands industrielles Räderwerk.

49) Zit. nach Gerald Feldman: Die Mobilisierung der Volkswirtschaften für den Krieg, in: Der Erste Weltkrieg und das zwanzigste Jahrhundert, hg. v. Jay Winter, Geoffrey Parker und Mary R. Habeck, Hamburg 2000, S. 167–186, hier S. 170.

nunmehr als Leiter der sofort neu eingerichteten Kriegsrohstoffabteilung im Ministerium.[50])

Die zweite wesentliche Hilfestellung für das Krieg führende Kaiserreich aus Kreisen jüdischen Bildungsbürgertums leistete der Direktor des Kaiser-Wilhelm-Instituts für physikalische Chemie und Elektrochemie, Fritz Haber. Haber hatte bereits vor dem Krieg theoretisch die Ammoniakgewinnung durch Stickstoff aus der Luft (später Haber-Bosch-Verfahren) entwickelt. Nun wurde die schnelle, massenhafte Nutzanwendung unabdingbar, sollte es in Deutschland über das Verschießen der vorhandenen Vorräte hinaus überhaupt Sprengstoff, dazu aber auch synthetischen Dünger geben.[51]) Die Zufuhr von natürlichem Salpeter, vor allem aus Chile, war durch die britische Blockade unterbrochen, nun wurde die synthetische Salpeterproduktion in enger Kooperation von Staat und Wirtschaft (so genannter „Organisierter Kapi-

Deutsche Granatenproduktion 1916

[50]) Als Fußnote sei noch hinzugefügt, dass Rathenau nach seiner Militärdienstzeit 1890/91 wegen seiner jüdischen Abstammung nicht zum Offiziersexamen als Reserveoffizier zugelassen worden war. Am 24. Juni 1922 wurde der nunmehrige Reichsaußenminister Rathenau Opfer eines Anschlags von Angehörigen der deutschvölkischen, antisemitischen und nationalistischen Organisation Consul.

[51]) Zu den entsprechenden Anstrengungen vgl. Margit Szöllösi-Janze: Fritz Haber 1886–1934. Eine Biographie, München 1998, S. 256 ff. Gottfried Plumpe: Die IG-Farbenindustrie. Wirtschaft, Technik und Politik 1904 bis 1945, Berlin 1990, S. 40 ff.

talismus") förmlich schlagartig hochgefahren. Die Zahlen geben, unabhängig von der moralischen Bewertung, auch ein Bild von der Leistungsfähigkeit industrieller Systeme unter enormem Druck: Bereits Mitte Dezember 1914 schloss die Ludwigshafener BASF mit dem preußischen Kriegsministerium einen Vertrag über den Bau einer Salpeterfabrik für eine Herstellung von 7.500 Tonnen im Monat (im letzten Vorkriegsjahr 1913 hatte Deutschland fast 800.000 Tonnen Chilesalpeter importiert). Die erste Produktion in den neuen Anlagen lief bereits im Februar 1915 an, Anfang 1916, also noch vor dem so genannten Hindenburg-Programm vom Spätsommer dieses Jahres, erreichten die nun zur Verfügung stehenden zehn Salpeteranlagen eine Monatsleistung von 30.400 Tonnen. Ähnlich nach oben bewegten sich die Zahlen bei der Herstellung von Ammonsulfatdünger, der für die landwirtschaftliche Produktion schon deshalb unverzichtbar war, weil organischer Dünger aus Tierexkrementen (s. u.) immer weniger zur Verfügung stand. Aus strategischen Gründen, insbesondere um im weiteren Verlauf des Krieges der Gefahr französischer Luftangriffe am Oberrhein zu entgehen, wurde im April 1916 zwischen der BASF und dem Deutschen Reich der Vertrag über das gigantische Werk „BASF, Ammoniakwerk Merseburg", später und bis heute als Leuna-Werk bekannt, unterzeichnet. Es nahm schon im Folgejahr seinen Betrieb auf und entwickelte sich zu einem der auch zeitgeschichtlich bedeutsamsten deutschen Industriezentren: Diese Entwicklung reicht von kommunistischen Aufständen zu Beginn der Weimarer Republik an diesem Standort über seine Funktion als Zentrum nationalsozialistischer Autarkiepolitik, seine Rolle als Mittelpunkt des Volksaufstandes vom 17. Juni 1953

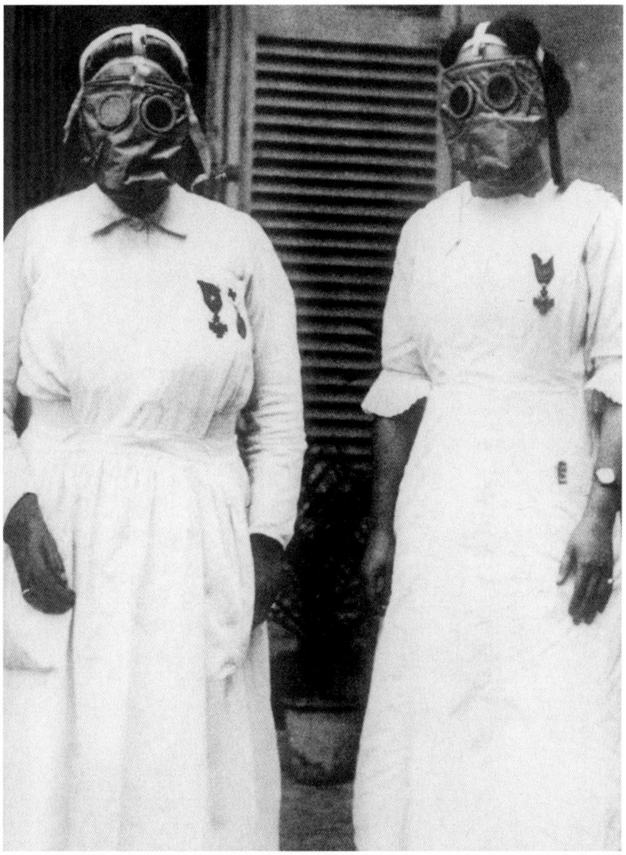

Französische Krankenschwestern mit Gasmasken, 26. August 1916

bis hin zum Abstieg einer ökologisch immer unverantwortlicher werdenden Braunkohlechemie der DDR und zu den Auseinandersetzungen um die Privatisierung nach der Wende 1989/90.

Fritz Habers zweiter großer „Beitrag" zum industrialisierten Ersten Weltkrieg war der Einsatz von Kampfgas. Die Meinungen über die Verwendung einer solchen Waffe waren im deutschen Offizierskorps geteilt: Die Technokraten in der Obersten Heeresleitung unter dem neuen Generalstabschef von Falkenhayn wie dem späteren Oberst Max Bauer plädierten dafür. Militärs, die sich eher vom traditionellen Ehrenkodex, aber auch von klassischen operativen Überlegungen leiten ließen, standen dieser neuen Waffe ablehnend gegenüber. So äußerte sich der Oberbefehlshaber der dritten Armee und frühere preußische Kriegsminister Generaloberst Carl von Einem so: „Aber ich bin wütend über das Gas und seine Verwendung, die mir widerlich gewesen ist von Anfang an. Wir verdanken die Einführung dieses so unritterlichen, nur von Schuften und Verbrechern sonst gebrauchten Mittels in die Kriegsführung natürlich Falkenhayn, dessen Abenteuerlichkeit glaubte, mit diesem Mittel im Handumdrehen den Krieg zu gewinnen. Jetzt haben es unsere Feinde auch."[52]) Die Motive, die hinter dieser kritischen Aussage stehen, lassen sich heute

Französische Soldaten mit Aluminium-Masken, unter denen sich mit Säure getränkte Watte befindet – als Schutz gegen giftige Gase

[52]) Zit. nach Szöllösi-Janze, S. 325.

wohl nicht mehr eindeutig darlegen. Dass für einen preußischen Offizier nach herkömmlicher Sozialisation die Gaswaffe nicht satisfaktionsfähig war, mochte auf der Hand liegen. Ob hier auch antisemitische Phobien gegen Fritz Haber mitgespielt haben, kann man zumindest vermuten: Gas eignete sich durchaus als Chiffre für das Stereotyp vom Einsatz unmännlicher Instrumente statt der Auszeichnung durch persönliche Tapferkeit. Und zugleich galt, dass Professor Haber, als Fachgelehrter eine herausragende Persönlichkeit, über die Maßen auf Ehre und Anerkennung durch die führenden Personen des Kaiserreiches bedacht war und dabei auch mancherlei Diskriminierung in Kauf nahm. So rangierte er bei all seinem militärischen Einsatz nur als Hauptmann der Reserve, was in keiner Weise seinem eigentlichen Status entsprach.

Der deutsche Gaskrieg begann mit dem Abblasen von tödlichem Chlorgas am 22. April 1915 bei Ypern. Von vornherein war auch klar, dass diese Waffe jedenfalls dem Sinn der Haager Landkriegsordnung von 1899/1907 widersprach, wenn auch mancherlei Kautelen dafür zurechtgebogen wurden, dass, rechtspositivistisch nach dem damaligen Stand, eine Übereinstimmung mit dem Völkerrecht jedenfalls propagiert werden mochte. Im strategischen Sinne weitgehend wirkungslos war der Gaskrieg auf Dauer schon deshalb, weil naturgemäß auch die Gegner sich nun bald dieses Verfahrens bedienten und darüber hinaus zumindest an der Westfront die Windverhältnisse im Regelfall ohnehin die Alliierten bevorzugten (Westwinddrift).

Habers erste Ehefrau, die Chemikerin Dr. Clara Immerwahr, erschoss sich mit seiner Dienstpistole in der Nacht vom 1. auf den 2. Mai 1915. Offenkundig war die Tat durch das Entsetzen über den Gaskrieg, aber auch durch sehr private Beweggründe motiviert worden.

Kriegsfinanzierung

Die ungeheueren Aufwendungen und Dimensionen des industriellen Krieges verursachten von Anfang an auch ungeheuere Kosten. Die Gesamtaufwendungen des Krieges sollten sich schließlich auf 155 Milliarden Mark belaufen; hingegen hatte das Reich im letzten Vorkriegsjahr 1913 lediglich 2,6 Milliarden Mark ausgegeben. Auch wenn man hier zumindest teilweise den preußischen Staatshaushalt mit in Anschlag bringt, bleibt eine geradezu nach Quantensprüngen zu messende Diskrepanz. Deutschland als Land nachholender Industrialisierung mit, insbesondere im Vergleich zu Großbritannien und Frankreich, weit überdurchschnittlichem Investitionsniveau verfügte selbst nicht über einen starken Kapitalmarkt und war nunmehr auch von den großen Kapitalmärkten in Paris, London und New York abgeschnitten. Die Bewilligung der ersten Kriegskredite vom 4. August 1914 beinhaltete zunächst eine Kreditaufnahme in Höhe von 5 Milliarden Mark bei der Reichsbank. „Technisch vollzog sich die Kriegsfinanzierung in folgender Weise: Die Reichsregierung ließ sich durch den Reichstag in regelmäßigen Abständen zur Aufnahme von Krediten ermächtigen. Durch Diskontierung von Reichsschatzscheinen bei der

Reichsbank machte sie von dieser Ermächtigung Gebrauch. [...] Die Erträge aus den Anleihen waren dann dazu bestimmt, die kurzfristige Verschuldung der Regierung gegenüber der Reichsbank zu konsolidieren."[53]) Insgesamt wurden bei der deutschen Bevölkerung im Abstand von jeweils sechs Monaten acht Kriegsanleihen aufgelegt. Als im Frühjahr 1918 nach dem Zusammenbruch Russlands und im Zeichen der beginnenden großen deutschen Westoffensive noch einmal Erwartungen auf einen durchschlagenden militärischen Erfolg entstanden waren, zeichneten die deutschen Anleger allein bei dieser Anleihe 14,8 Milliarden Mark. Die Anleihen wurden jeweils mit 5% verzinst und waren auf zehn Jahre angelegt.

Zwei grundlegende Faktoren waren bei dieser Struktur der Kriegsfinanzierung klar: Zum einen erfolgte eine ungeheuere Aufblähung des Geldkreislaufs mit, wenn auch vielfach zunächst zurückgestauten, inflationären Potenzialen. Schon während des Krieges stiegen Preise und Löhne, letztere insbesondere im Bereich der Arbeiterschaft, was hier zu einem teilweise bemerkenswerten ökonomischen Aufschließen gegenüber Angestellten und Beamten führte. Zum anderen musste auch deutlich sein, dass das Reich derartige Kreditvolumina ohne Siegfrieden und Reparationen von der so genannten Feindseite nie würde begleichen können. Patriotischer Konformitätsdruck im Verein mit Siegeserwartungen haben vor allem das deutsche Bürgertum veranlasst, große Teile seines Vermögens in diese Kriegsanleihen zu investieren. Eine Finanzierung durch Steuererhöhungen, insbesondere im Bereich der Kriegsgewinne, hätte zwar nicht die Gesamtkosten des Krieges aufzubringen vermocht, aber doch zumindest zu etwas solideren Verhältnissen geführt. Dies gelang insbesondere Großbritannien, während auch Frankreich sich stark von Kriegsanleihen abhängig machte (London und Paris nahmen ihre Kredite vor

Investieren in den Krieg: deutsches Plakat von 1918

[53]) Kielmannsegg, Erster Weltkrieg, S. 166.

allem in den USA auf, was diese binnen weniger Jahre zum zentralen Gläubiger der Weltwirtschaft werden ließ). Geht man kontrafaktisch von der Hypothese eines Verständigungsfriedens ohne Sieger und Besiegte, insbesondere ohne „Annexionen und Kontributionen", wie in der zweiten Kriegshälfte (s. u.) ja auch von der deutschen Reichstagsmehrheit gefordert wurde, aus, dann musste sich für beide Bündnissysteme unweigerlich die Frage einer internen Begleichung der Kriegslasten aus ihrem jeweils eigenen Potenzial stellen. Die Sorge vor den Legitimationsfragen, die sich mit einer derart bitteren Perspektive verbanden, hat zweifellos die Krieg führenden Mächte mit zur Intensivierung ihrer Anstrengungen und zur Hintanstellung einer Friedensoption veranlasst. Aber hier spielten beide Seiten Vabanque und nur eine Seite konnte am Ende zumindest relativ gewinnen.

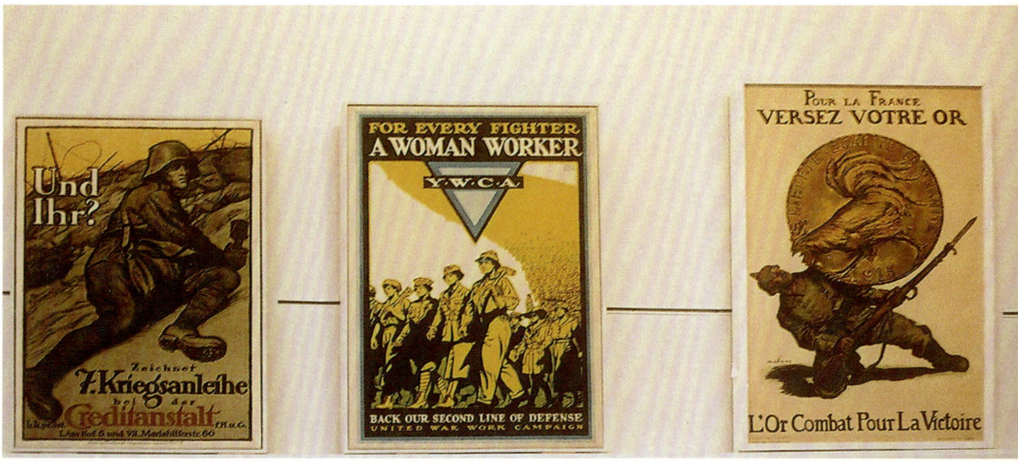

Innere Mobilmachung in Deutschland, Großbritannien und Frankreich
Es geht um die Erschließung von Finanzen und Arbeitskraft

Ernährung

Noch deutlich weniger als Rohstoffengpässe und fiskalische Probleme wurde bei Beginn des Ersten Weltkrieges in Deutschland offenkundig die künftige Notlage bei der Ernährung gesehen. Deutschland war, nimmt man tierische und pflanzliche Lebensmittel zusammen, 1914 zu 90% Eigenversorger. Da die Konsumtion seit der Mitte des 19. Jahrhunderts deutlich angestiegen war, konnte man oberflächlich auch bei neun Zehntel des bisherigen Niveaus von einer durchaus noch erträglichen Ernährungslage ausgehen. Aber in Wirklichkeit lagen die Dinge viel komplizierter:

Die deutsche Landwirtschaft konnte auf dem bisherigen Niveau nur bei hoher Futtermitteleinfuhr und hoher Düngerintensität weiterarbeiten. Hinzu kam, dass die Mobilisierung insbesondere der Landwirtschaft viele Arbeitskräfte entzog, da das Kaiserreich seine Rekruten bevorzugt aus dem ländlichen Milieu genommen hatte. Schließlich wuchs während des Krieges der Abstand zwischen den Vergütungen in

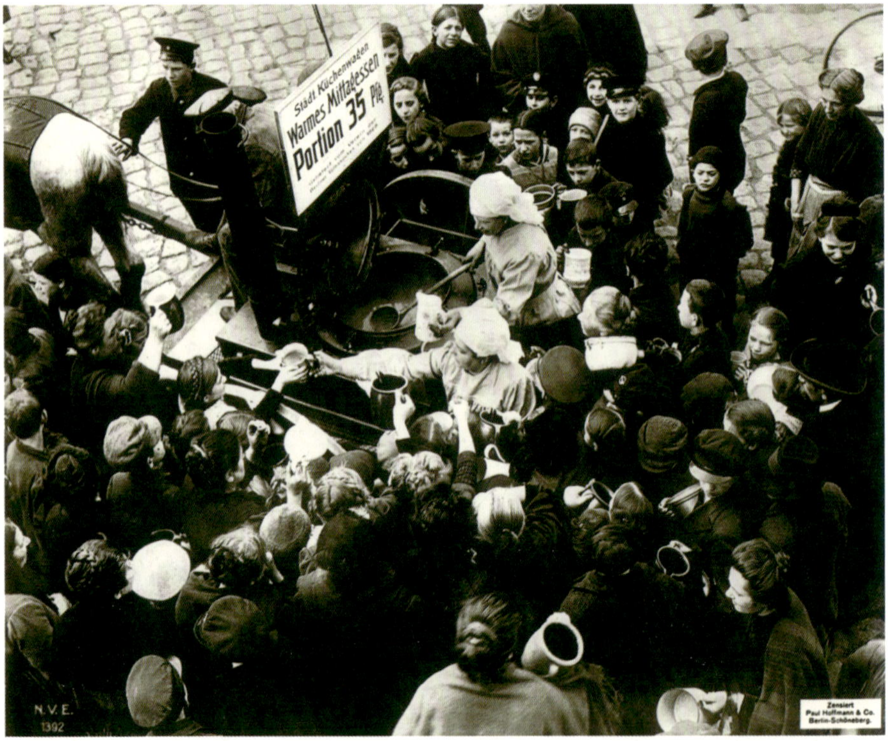

Die Lebensmittelversorgung der Bevölkerung verschlechterte sich im Laufe des Krieges kontinuierlich. Schlechte Ernten und Fehlplanungen führten u. a. zum „Kohlrübenwinter" 1916/1917. Hilfsorganisationen wie der „Verein Berliner Volksküchen" bemühten sich um Abhilfe.

Landwirtschaft und Industrie. Die höhere Attraktivität der Werkbank reduzierte gleichfalls das Arbeitskräftepotenzial in der Landwirtschaft. Schließlich noch ein weiterer Aspekt, der in unserer Zeit der Maschinenlandwirtschaft nicht mehr recht gesehen wird: Ohne Pferde ging es nicht oder zumindest nur sehr schlecht. Große Teile des deutschen Pferdebestandes wurden aber von Anfang an militärisch eingesetzt, noch am wenigsten bei der Kavallerie, sondern insbesondere bei der bespannten Artillerie und zur militärischen Versorgung schlechthin. Sie fielen nunmehr als Zug- und Arbeitstiere im Hinterland aus. Und alle Engpässe mussten sich zyklisch von Jahr zu Jahr verstärken: Je weniger und je schlechteres Saatgut es gab und je weniger man den Boden angemessen zu bearbeiten vermochte, desto mehr sanken auch die Erträge. Verschärfend trat hinzu, dass 1914 zunächst keinerlei Vorsorge getrieben wurde – im Gegenteil: Man wollte offensichtlich, wie auch in einer belagerten mittelalterlichen Stadt, deren Bewohner die letzten Nahrungsmittel über die Mauerzinnen werfen, um den Belagerern die Erfolgserwartung zu nehmen, signalisieren, dass alles zum Besten stand. Wenn man den Zeugnissen glauben darf, gab es in Deutschland nie so viel Kuchen, Stollen und Weihnachtsgebäck wie zum

Christfest 1914. Ostentativ wurden in der Propaganda übergewichtige Landsturmleute als Ausweis buchstäblich fetter Verhältnisse abgebildet. Und als schließlich ab Anfang 1915 immer deutlichere Engpässe erkennbar wurden, wurde vielfach unter dem Diktat von Militärs, die hier wenig Sachverstand bewiesen, punktuell interventionistisch mit auf Dauer falschen Wirkungen agiert: So kam es 1915 in Deutschland zur berühmten Schweineschlachtung, einer rapiden Absenkung des Bestandes an Schweinen im Land um 9 Millionen Tiere, weil man im Schwein vor allem nur noch den Konkurrenten des Menschen bei der Versorgung mit pflanzlichen Nahrungsmitteln sah. Vergessen wurde dabei, welchen Beitrag insbesondere dieses Nutztier zur Düngung von Feldern leistet. Es gibt Berichte aus den Nürnberger Krankenanstalten, dass damals die Patienten während der Wo-

Konsequenz der Blockade Deutschlands

chen dieser Schlachtphase in einem Maße mit Schweinefleisch versorgt, ja traktiert wurden, das zu Überdruss und Ekel führte.

1915 sank die Brotration auf 220 Gramm Mehl pro Tag, dann auf 200 Gramm, rund 60% des durchschnittlichen Friedensverbrauches. Im Frühjahr 1916 kam es zu den ersten großen Straßenprotesten gegen Hunger. Im Mai des Jahres wurde dann reichsweit ein Kriegsernährungsamt eingerichtet, das in diesem Bereich auch den reichsinternen Föderalismus außer Kraft setzte. Die schmalsten Ernährungszeiten sollten freilich erst in der zweiten Kriegshälfte folgen.

Arbeitskräfte, soziale Verhältnisse

Die tief greifenden Veränderungen, die der Erste Weltkrieg in allen Ländern für den Gesamtbereich der Sozial- und Lebensbeziehungen brachte, waren gewiss schwer vorhersehbar gewesen. Hinzu kam, dass in den ersten Monaten zunächst nur die ohnehin zu erwartenden kurzfristigen Änderungen eintraten, insbesondere ein vorübergehender steiler Anstieg von Arbeitslosigkeit: Arbeitslosigkeit stellte sich trotz der Massenmobilisierungen für die Wehrpflichtarmeen ein, weil die normale Friedensproduktion rasch absank. Die vielfach befürchteten Unruhen aus

Mit zunehmender Dauer des Krieges mussten Frauen vormalige Männerberufe übernehmen, sei es als Straßenbahnschaffnerinnen, Briefträgerinnen, als Arbeiterinnen in den Munitionsfabriken oder eben auch als Fensterputzerinnen.

diesem Grund blieben aber aus, denn spätestens ab Anfang 1915 wurde aus einem Arbeitskräfteüberangebot ein Arbeitskräftemangel. Die Armeen verlangten stetig neuen Nachschub an Soldaten und insbesondere sprang die Kriegsproduktion in ungeahnter Weise an. Dies hatte auch zur Folge, dass in der Rüstungswirtschaft die höchsten Löhne gezahlt wurden, sodass etwa viele Landarbeiter ihren Arbeitsplatz von Feldern und Ställen in Werkhallen verlegten. Diese Entwicklung trug dann ihrerseits zum Absinken der Agrarproduktion bei.

In Deutschland ging man erst im Zusammenhang mit dem so genannten „Hindenburgprogramm" in der zweiten Hälfte des Jahres 1916 zur eigentlichen Dienstpflicht über, in Frankreich waren die Arbeitsverhältnisse deutlich stärker als in Deutschland militarisiert: Rüstungsarbeiter, die zu den militärpflichtigen Jahrgängen zählten, blieben, auch wenn sie in den Fabriken und nicht an der Front eingesetzt wurden, im Soldatenstatus und unterstanden weiterhin militärischen Vorgesetzten. In Deutschland hingegen wurden die für die Produktion unverzichtbaren Arbeiter – es handelte sich dabei jeweils um Hunderttausende – vorübergehend oder auf jeweils längere Dauer aus dem Heeresdienst in die Zivilwirtschaft überstellt, freilich zunehmend intensiv überwacht.

Eine Vermehrung des Arbeitskräftepotenzials ergab sich durch die Beschäftigung von Jugendlichen, von Frauen und von Kriegsgefangenen. Dabei gab die Wirtschaft in Deutschland paradoxer Weise vielfach gerade Letzteren den Vorzug, weil hier oft Facharbeiterkompetenzen vorzufinden waren. „Die Beschäftigung von Jugendlichen (14 bis 16 Jahre) stieg in Deutschland um 59 Prozent im Maschinenbau und ungefähr 10 Prozent in allen übrigen Fabriken."[54]) Hinzunehmen muss man schließlich gerade für Deutschland die Einführung von durch Ausländer geleistete „Zwangsarbeit". Wenn sie auch quantitativ und vor allem in ihrer qualitativen, später vielfach mörderischen Form noch keineswegs die Dimensionen des Zweiten Weltkrieges annahm, lässt sich doch zumindest die These vertreten, dass hier vorab eine Entwicklung in diese Richtung stattfand. Die beiden großen Reservoirs, aus denen das Deutsche Reich schöpfen konnte, waren die eroberten Regionen Belgiens und ab 1915 Polens. Zunächst waren bei Kriegsausbruch die in Deutschland beschäftigten 300.000 bis 350.000 polnischen Saisonarbeiter in der Landwirtschaft festgehalten worden. In Belgien hatten bis Oktober 1916 trotz großer sozialer und materieller Nöte nur 30.000 Arbeiter angeworben werden können. Der Druck der Wirtschaft auf die Dritte, ohnehin sehr viel aggressivere Oberste Heeresleitung, mit Generalfeldmarschall von Hindenburg und General Ludendorff an der Spitze, führte schließlich zwischen November 1916 und Februar 1917 zu Zwangsdeportationen nach Deutschland. Kam es hier unter internationalem Druck dann auch sehr bald zu Milderungen und wieder zum Übergang zu Akquisition auf freiwilliger Basis, so wurden die gegenüber Polen praktizierten Verhaltensweisen weitgehend unvermindert fortgesetzt.

[54]) Geary a. a. O., S. 148.

Die Erhöhung des weiblichen Einsatzes stellte teilweise auch eine Umschichtung dar: Die Zahl der bis dahin tätigen „Dienstmädchen" – Ausweis eines höheren, bürgerlichen Lebensstils – fiel rapide. „So sank im deutschen Bereich der Anteil der Dienstboten an den weiblichen Versicherten von 31% auf 17%, in Großbritannien ging er von 28% auf ebenfalls 17% zurück."[55] Trotz großer, ideologisch präformierter Bedenken hinsichtlich der Sozialisation von Frauen in der modernen Industriewelt kam man in Deutschland nicht umhin, Frauen in größerer Zahl in der Industrieproduktion, aber auch in der Infrastruktur, im Verkehrswesen und in Nachrichtenzentralen zu beschäftigen. Ein ähnliches Bild bot sich in Frankreich und Großbritannien. Auch durch diesen Wandel bahnte sich die Änderung des äußeren Erscheinungsbildes der Frau an, die dann zu einem so augenfälligen Kontrast zwischen Vor- und Zwischenkriegszeit führte: Die bis dahin normbildende weibliche

Eheschließungen und Geburten in Deutschland

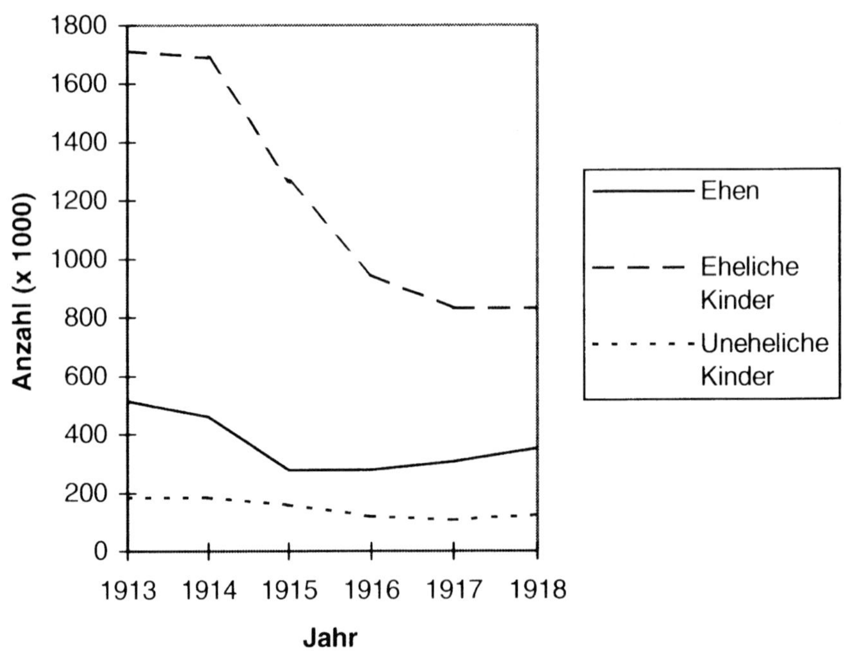

Quelle: Roger Chickering, Das Deutsche Reich und der Erste Weltkrieg, München 2002

[55] Susanne Ruette: Frauenarbeit, Geschlechterverhältnis und staatliche Politik, in: Eine Welt von Feinden. Der Große Krieg 1914 bis 1918, hg. von Wolfgang Kruse, Frankfurt/Main 1997, S. 92–126, hier S. 103.

Kleidung, mit bodenlangem Rock und Korsett, widersprach einfach zu eklatant den technischen Zwängen der Arbeitswelt. Auch die verkrampfte, in Ausläufern noch lebendige wilhelminische Gesellschaft in Deutschland wie die viktorianische in Großbritannien musste nun Frauen in Hosen „ertragen", die Wartungs- und Reinigungsarbeiten durchführten.

Wenig erbaut hatten die Obrigkeiten auch zur Kenntnis zu nehmen, dass der Krieg das Intimleben breiter Schichten tief greifend veränderte. Millionen von Frauen, deren Männer an der Front standen oder bereits gefallen waren, mussten nun allein Haushalte führen. Sexuelle Kontakte und hier insbesondere vorehelicher Verkehr nahmen rapide zu, dagegen sanken in ganz Europa deutlich die Geburtenziffern. Zum durch den Krieg massenhaft veränderten Intimleben gehörte auch eine deutlich verbreitete Kenntnis und Anwendung von Verhütungsmitteln.[56]) Nicht zuletzt aus demografischen Gründen erhielten die französischen Soldaten ab Juli 1915 Heimaturlaub.

Zu den wichtigen sozialpsychologischen Wandlungen, die der Krieg mit sich brachte, gehörte allerdings offensichtlich auch das sehr weitgehende, wenn nicht vollständige Verschwinden des Duells, also jenes postfeudalen Zweikampfes, der die gesamte Gesellschaft in zwei Kategorien schied: Die Satisfaktionsfähigen und die Nichtsatisfaktionsfähigen. Satisfaktionsfähig waren, seit das Duell die unmittelbaren Grenzen des Adels überschritten hatte, auch Akademiker, Reserveoffiziere und sämtliche höhere Angehörige des Staatsdienstes. Wenn auch der Krieg den sozialen Vorrang des Offiziers in einer Weise bestätigte, die sich insbesondere 1917/18 als ungemein belastend erweisen sollte – so war der Aufstieg aus dem Unteroffiziersbereich auch nach den extrem hohen Verlusten des Stellungskrieges kaum möglich –, trat doch jedenfalls die formale Scheidung zwischen duellfähig und nicht duellfähig ein gutes Stück zurück. Folgt man dem Soziologen Norbert Elias[57]), dann war auf der britischen Insel das entlastende Ventil zum kontinentaleuropäischen, vor allem deutschen und österreichisch-ungarischen Duellwesen schon im 19. Jahrhundert der Sport. Er erlaubte freiere Formen des Aggressionsabbaus, des Umgangs von Wettbewerbern und Nebenbuhlern miteinander. Bemerkenswert ist nun, dass nach dem Ersten Weltkrieg der Sport gesamtgesellschaftlich, d. h. konkret von der Arbeiterschaft bis zum Kronprinzen, auch in Deutschland zum Massenphänomen mit enormem Zuspruch wurde. Boxen, Rad fahren, Automobilrennsport, Fußball, all diese Sportarten wurden sehr schnell gesellschaftsfähig. Hier liegt jedenfalls ein Indikator dafür, dass der Krieg als großer Gleichmacher eben doch zumindest in Ansätzen mehr gesellschaftliche Durchlässigkeit und im unmittelbaren Wortsinne Bewegungsfreiheit mit sich brachte.

56) Vgl. Ute Daniel: Frauen, in: Enzyklopädie, S. 116–134.

57) Norbert Elias: Studien über die Deutschen. Machtkämpfe und Habitusentwicklung im 19. und 20. Jahrhundert, Frankfurt/Main 1989, S. 61 ff.

Die mit dem Krieg verbundene innere Mobilisierung führte in Deutschland zu einer deutlich erweiterten Arbeitsgrundlage für die Gewerkschaften. Ihre Integration in das politisch-gesellschaftliche System ging auch ein Stück weiter als die der SPD. Schon in den letzten Tagen vor Kriegsausbruch waren SPD wie Gewerkschaften von der Reichsleitung – selektiv – informiert und konsultiert worden. Die etwas kurios anmutende, in aller Hast begonnene Reise von Friedrich Ebert mit dem späteren preußischen Ministerpräsidenten Otto Braun Ende Juli 1914 in die Schweiz, um dort die Finanzmittel der Partei in Sicherheit zu bringen, erwies sich als gänzlich unbegründet. Gerichtliche Verfahren gegen einzelne Gewerkschaftsführer wurden bei Kriegsbeginn aufgehoben. Gewerkschaftsführer wurden auch nicht rekrutiert. Landarbeiter wie Staatsangestellte konnten jetzt Mitglieder in den Interessenvertretungen der Arbeitnehmer werden. Die schon informell immer bedeutsamer gewordene Mitwirkung der Gewerkschaften wurde schließlich mit dem „Hilfsdienstgesetz" (s. u.) vom Dezember 1916 auf eine neue Grundlage gestellt.

Propaganda

Der Erste Weltkrieg war keineswegs der erste Propagandakrieg.

Und auch schon lange zuvor wusste man, dass es nicht nur auf den Inhalt von Argumenten, sondern mindestens ebenso auf mediale Techniken und kommunikative Instrumente ankommt. Caesars brutale Niederwerfung der gallischen Stämme im 6. Jahrzehnt vor Christi Geburt, aus der Warte imaginierter kultureller Überlegenheit im „Bellum Gallicum" heroisch verbrämt, ist ein frühes Beispiel für die propagandistische Auf- und Umwertung kriegerischer Konflikte. Ein anderes sind die Auseinandersetzungen zwischen Kaiser und Papst, durch Lyrik und Mund-zu-Mund-Propaganda untermauert, in der Zeit des Investiturstreits vom 11. zum 12. Jahrhundert. Mit aller nur denkbaren Heftigkeit prallten Positionen in den Religionskriegen des 16. und 17. Jahrhunderts aufeinander. Hier bescheinigten die Parteien einander auch jeweils diabolische Verkommenheit in denkbar größtem Ausmaß. Nun, nach der Erfindung der Druckkunst, kam eine enorme Verbreitung von Sprachregelungen und Parolen hinzu. Sowohl der Siebenjährige Krieg von 1756–1763 als auch noch sehr viel mehr die Konflikte des napoleonischen Zeitalters, beginnend mit den französischen Revolutionskriegen, konfrontierten Europa mit neuen Agitationskampagnen. Es ging im 18. Jahrhundert um die Auseinandersetzung zwischen einem aufgeklärten norddeutschen Staatswesen in Gestalt Preußens und einem angeblich paralysierten Reichsverband, von außerdeutschen habsburgischen und französischen Interessen beherrscht bzw., im Gegenzug, um die Bekämpfung eines Friedensbrechers (Friedrich II. von Preußen), der unprovoziert Sachsen überfallen und damit das Reichsgefüge aufs Schwerste erschüttert hatte. Die Wende vom 18. zum 19. Jahrhundert schließlich zeitigte zunächst die Konfrontation zwischen reaktionären absolutistischen Staatswesen, vor allem in Gestalt der beiden Großmächte Österreich und Preußen, und dem revolutionären, bürgerlicher Emanzipation verpflichteten Frankreich, dann, im Zeichen napoleonischer Suprematie, den Konflikt zwischen dem gewalttätigen Hegemonialanspruch eben dieses Frankreichs und dem Anspruch seiner Gegner in ganz Europa auf Freiheit und Selbstbestimmung. Mit letzterem Begriff, der damals noch gar nicht recht geläufig war, öffnete sich zugleich der Weg zur propagandistischen Überhöhung des Ersten Weltkrieges.

Zunächst suchten beide Seiten durch die verschiedensten selektiven Aktenveröffentlichungen ihre Unschuld am Kriegsausbruch darzutun. Sodann galt es, die tatsächlichen oder angeblichen Intentionen der jeweiligen Feindesseite bloßzulegen: Auf deutscher Seite die Argumentation mit Neid und Missgunst gegenüber der expansiven ökonomischen Entwicklung des Landes und mit einer raffinierten Einkreisung, wobei vor allem Großbritannien – „dem perfiden Albion" – die Schuld gegeben wurde. Die Alliierten hingegen ziehen Deutschland des Herrschafts- und Hegemonialanspruches, der mittels Angriffskrieg durchgesetzt werden sollte. Schon aus diesen eher nur machtpolitischen Gegensätzen ergab sich für beide Seiten die Motivation, auf Sicherheit vor dem jeweiligen Gegner zu bestehen. Durch Deutschland wehte so etwas wie eine, obwohl der Begriff erst unmittelbar danach in der Zwischenkriegszeit auftrat, „antikapitalistische Sehnsucht". Deutschland sei das Land der heroischen, ehrlichen Menschen, die anständige Arbeit ablieferten und nicht auf schnöde Profite wie ungerechtfertigte Gewinne sähen. Werner Sombart, der die historische Schule der deutschen Volkswirtschaftslehre gegen eher mathematisch berechnende, betriebswirtschaftliche Modelle vertrat, prägte 1915 die hier klassisch gewordene Formel „Händler und Helden". In eine parallele Richtung gingen Thomas Manns „Betrachtungen eines Unpolitischen". Ideologisch wirksam wurde

Eine Bestie wie King Kong: US-Poster zur Freiwilligenwerbung, 1917

in den „Ideen von 1914“ der Gedanke des großen Ganzen, durchaus die spätere Volksgemeinschaft präformierend, dazu ein stark überhöhtes Leitbild vom Staat, das in den Gegensatz zur angeblichen Parteienwirtschaft in Westeuropa gestellt wurde. Zudem beschworen die evangelische und katholische Kirche wie auch die jüdische Seite in Deutschland gleichermaßen das Bild vom gerechten, patriotischen Krieg. Agitatorisch leichter taten sich von Anfang an die Kriegsgegner Deutschlands. Sie hatten nicht nur insofern günstige Rahmenbedingungen, als sie sich auf den französischen und angelsächsischen Sprachraum mit seinen weltweiten Dimensionen stützen konnten. Schon zu Kriegsbeginn wurden die deutschen Überseekabel gekappt, sodass auch die telegrafische Kommunikation aus dem Reich stark eingeschränkt war. Vor allem konnte die alliierte Propaganda auf die deutschen Gräueltaten in Belgien und Nordfrankreich in den ersten Kriegswochen verweisen. Bilder wie die vom Brand der Universitätsbibliothek im belgischen Leiden machten in ganz Europa Eindruck. Schwerer taten sich Großbritannien und Frankreich naturgemäß damit, den monarchisch-autoritären Charakter Deutschlands und Österreich-Ungarns negativ gegen ihre demokratisch-parlamentarischen Ordnungen abzugrenzen. Denn als ideologischen Ballast einerseits und politisch-militärisch unverzichtbaren Verbündeten andererseits hatten sie ja das weithin absolutistische, in manchen Zügen despotische Russland auf ihrer Seite. Diese Konstellation sollte sich erst mit der Februarrevolution 1917 in Petrograd und dem vorübergehenden Übergang Russlands in eine republikanisch-demokratische Verfasstheit ändern. Hinzu kam der Kriegseintritt der Vereinigten Staaten (s. u.) im April 1917. Zumindest auf der Großmächteebene standen nunmehr fast idealtypisch liberale und plurale Ordnungen gegen autoritär-feudale, insbesondere unter Einschluss des Osmanischen Reiches, auf der Seite der Mittelmächte. Ganz dem Gedanken einer demokratischen „Zivilreligion“ verpflichtet gaben die USA dieser Systemauseinandersetzung zwischen Hell und Dunkel, Gut und Böse enorme Schubkraft. So wurde bereits in dieser frühen Stummfilmzeit der Apparat Hollywoods auf die „Produktion antideutscher Filme (umgestellt, P.M.), die in noch stärkerem Maß, als dies in Frankreich oder England bereits der Fall war, den Topos vom ‚deutschen Barbaren‘ sexuell konnotierten und Vergewaltigungs- und Überwältigungsängste, Sadismus und Brutalität aller Art außerordentlich effektiv andeuteten oder ins Bild setzten.“[58]) Trug die propagandistische Auseinandersetzung zwischen Deutschland und den USA einen universalen Charakter, in Gestalt des Antagonismus zwischen menschheitlichen Werten und einem deutschen Wesen, das schwerlich zu fassen war, so gab es in Frankreich und Großbritannien Texte und Plakate vielfacher Art, die deutsche Grausamkeiten mit sadistischem Hintergrund kolportierten. Langfristig gesehen zeitigte diese überschießende Gräuelpropaganda sehr negative Folgen: Da sich in der Zwischenkriegszeit klar ergeben sollte, dass es zwar in den Anfängen des Krieges Erschießungen und Morde, aber keine ungehemmten Vergewaltigungen und Verstümmelungen gegeben hatte, stießen die tatsächlichen massenhaften Verbrechen der Nationalsozialisten rund ein viertel Jahrhundert nach dem Ersten Welt-

[58]) Michael Jeismann: Propaganda, in: Enzyklopädie a. a. O., S. 198–209, hier: S. 204.

krieg lange und vielfach auch bei den nunmehrigen deutschen Kriegsgegnern auf Unglauben. Nicht zuletzt dieses Beispiel zeigt, wie fatal, komplex und unbeherrschbar die Folgen von Agitation und Emotionalisierung sein können. Bei den Soldaten selbst, die einander oft auf wenige Dutzend Meter Entfernung gegenüber lagen und sich so durchaus auch kennen lernten, nicht nur beim berühmten inoffiziellen Weihnachtswaffenstillstand der Westfront 1914, sondern auch bei Gefangennahme und gemeinsamem Überleben im Granattrichter, dürften derartige Kampagnen noch am wenigsten verfangen haben.[59])

---

[59]) Vgl. Erich Maria Remarque: Im Westen nichts Neues, Berlin 1928, S. 168 f. Ausgangspunkt ist ein Gespräch im Soldatenkreis, bei dem die These vertreten wird, Kriege entstünden durch wechselseitige „Beleidigungen" von Ländern. „Doch Tjaden stellt sich dickfellig. Ein Land? Das verstehe ich nicht. Ein Berg in Deutschland kann doch einen Berg in Frankreich nicht beleidigen (...) ‚Bist du so dämlich, oder tust du nur so?' Stopp, so meine ich das doch nicht. Ein Volk beleidigt das andere –, ‚dann habe ich hier nichts zu suchen', erwidert Tjaden, ‚ich fühle mich nicht beleidigt.' [...] ‚Richtig. Aber bedenk' mal, dass wir fast alle einfache Leute sind. Und in Frankreich sind die meisten Menschen doch auch Arbeiter, Handwerker oder kleine Beamte. Weshalb soll nun wohl ein französischer Schlosser oder Schuhmacher uns angreifen wollen? Nein, das sind nur die Regierungen. Ich habe nie einen Franzosen gesehen, bevor ich hierher kam, und den meisten Franzosen wird es ähnlich mit uns gehen. Die sind ebenso wenig gefragt wie wir.' [...] ‚Ich glaube, es ist mehr eine Art Fieber', sagt Albert. ‚Keiner will es eigentlich und mit einem Mal ist es da. Wir haben den Krieg nicht gewollt, die anderen behaupten dasselbe – und trotzdem ist die halbe Welt feste dabei.' ‚Drüben wird aber mehr gelogen als bei uns', erwiderte ich, ‚denk mal an die Flugblätter der Gefangenen, in denen stand, dass wir belgische Kinder fräßen. Die Kerle, die so was schreiben, sollten sie aufhängen. Das sind die wahren Schuldigen.' Müller steht auf. ‚Besser auf jeden Fall, der Krieg ist hier als in Deutschland, seht euch mal die Trichterfelder an!' ‚Das stimmt', pflichtet selbst Tjaden bei, ‚aber noch besser ist gar kein Krieg.' Er geht stolz davon, denn er hat es uns Einjährigen nun mal gegeben. Und seine Meinung ist tatsächlich typisch hier, man begegnet ihr immer wieder und kann auch nichts Rechtes darauf entgegnen ..."

4. Ausweitung und Intensivierung

Von Anfang an ein Weltkrieg

Als historisch erster ‚Weltkrieg' firmiert weithin der Siebenjährige Krieg von 1756 bis 1763. Er wurde auf mindestens drei Kontinenten, im Zentrum Europas, in Nordamerika wie in der Karibik und in Indien, ausgetragen und er zeitigte am Ende zwei wesentliche Klärungen von kontinentaler bzw. welthistorischer Bedeutung: Die Besiegelung des Aufstiegs Preußens zur fünften europäischen Großmacht, zugleich mit der Folgewirkung einer tief greifenden und endgültigen Schwächung der konföderativen Ordnung des Heiligen Römischen Reiches in der Mitte Europas, ferner die Verdrängung Frankreichs als politischer Faktor aus Nordamerika und auch vom indischen Subkontinent, sodass entscheidende Voraussetzungen für den Aufstieg Großbritanniens zur außereuropäischen Hegemonialmacht geschaffen waren. Nach Geographie und Intensität wurde auch der ‚offizielle' Erste Weltkrieg von Anfang an, also nicht erst mit dem Eintreten der USA in den Konflikt 1917, als tatsächlicher Weltkrieg geführt. Frankreich entschloss sich dazu, seine in Nordafrika stehenden Truppen, sofern sie dort nicht unbedingt gebraucht wurden, sofort mit der Mobilmachung ins Mutterland zu überführen und gegen Deutschland einzusetzen. Der Einsatz farbiger afrikanischer wie indochinesischer Truppen unter französischem Oberbefehl provozierte in Deutschland im Übrigen sehr schnell rassistische Vorbehalte – was sei das schon für ein Land, so diese Lesart, das ein minderwertiges Völkergemisch gegen ein Kulturvolk ins Feld stelle?[60])

Ein indochinesischer Kolonialsoldat der französischen Armee

Strategisch viel gravierender war freilich noch die von Beginn an gegebene Mit-

[60]) Diese Phobien steigerten sich dann noch in der Nachkriegszeit, als französische Kolonialtruppen auch bei der Besetzung des Rheinlandes und bei der zeitweiligen Intervention im Ruhrgebiet zum Einsatz gelangten. Nicht wenige Plakate zeichneten archaisch gemalte, grausame Schwarze, die einen Schatten auf die Rheinbrücken und auf den Kölner Dom, die Ikone des deutschen Westens, werfen.

Kolonialsoldaten der Alliierten an der Westfront
Von links eine indische, eine arabische (französischer Kolonialbesitz in Algerien) und eine Gurkha-Uniform (Himalaja). Die Exponate stehen weniger für orientalische Farbenpracht, als für die weltweite Mobilisationsfähigkeit der Kriegsgegner Deutschlands.

wirkung der britischen Dominions. Mit der britischen Kriegserklärung an Deutschland vom 4. August 1914 sahen sie sich automatisch als mitwirkende Kriegspartei. Bei Beginn des Zweiten Weltkrieges sollte sich hier im Übrigen bereits ein ganz anderes Bild ergeben: Die Dominions, die sich in der Zwischenkriegszeit ein gutes Stück von London emanzipiert hatten, gaben nunmehr eigene Kriegserklärungen ab und die Republik Irland, seit 1922 ein eigener Staat, hielt ostentativ bis 1945 am Status eines Neutralen fest.

Kanada, Australien und Neuseeland, Südafrika und schließlich, wenn auch kein Dominion, Indien verstärkten das britische Potenzial von Anfang an erheblich.[61]) Auch vor dem amerikanischen Eintritt in den Krieg war damit eine globale Dimension erreicht, wie sie die deutsche Seite, in kontinental-operativen Traditionen gefangen, schwerlich hatte kommen sehen. Südafrikanische Truppen zwangen 1915 die deutschen Einheiten in Südwestafrika (s. u.) zur Kapitulation, fanden zugleich aber in den Schützengräben und Trichterfeldern der Westfront ebenso Verwen-

[61]) Vgl. die Angaben bei David Stevenson: 1914–1918. Der Erste Weltkrieg, Düsseldorf 2006, S. 247: „Allein Indien stellte 1.440.037 Freiwillige auf. 1915 standen 138.000 Indische Truppen an der Westfront, (...) Im Norden und Mittleren Osten lag ihre Zahl noch höher. Kanada schickte 458.000 Mann (...), Australien 332.000, Neuseeland 112.000; Südafrika entsandte 136.000 Weiße Soldaten und rekrutierte 75.000 Farbige für den Arbeitseinsatz in Europa und Afrika.

dung wie die Kontingente aus Australien und Neuseeland (ANZAC – Australian and New Zealand Army Corps). Zunächst waren diese Einheiten vor allem bei den gegen das Osmanische Reich gerichteten Landungen auf Gallipoli im April 1915 (s. u.) eingesetzt worden. Allein Australien mobilisierte für den Ersten Weltkrieg insgesamt 300.000 Soldaten, von denen 60.000 nicht überlebten. Noch vor Ende des Jahres 1914 sollte sich hingegen zeigen, wie wenig der Weltmachtanspruch Deutschlands politisch und strategisch unterfüttert gewesen war: Die Hoffnungen, die deutschen Kolonien könnten sich aus dem Konflikt heraushalten, erwiesen sich sofort als trügerisch: Japan belagerte auf der Grundlage seines 1902 abgeschlossenen Bündnisses mit Großbritannien die deutsche Kolonie Kiautschou in China, nahm sie am 7. November 1914 ein und beteiligte sich trotz fortdauernden Kriegszustandes mit dem Deutschen Reich in der Folge kaum mehr am Konflikt, bis ihm die Revolution in Russland Anlass zu einer Intervention in Ostsibirien gab. Alle anderen deutschen Kolonien in Ozeanien fielen mehr oder weniger kampflos den Alliierten in die Hände. Eine auch für Großbritannien schwierige Situation ergab sich zu Kriegsbeginn im südlichen Afrika: Hier war der Konflikt zwischen Buren und Engländern, der zuvor im Burenkrieg an der Jahrhundertwende kulminiert war, zumindest mental noch nicht ausgestanden. Zahlreiche burische Soldaten der südafrikanischen Armee meuterten bei Kriegsbeginn, viele solidarisierten sich innerlich mit Deutschland und hofften auf dessen Erfolg. Und auf deutscher Seite gab es durchaus Erwartungen, bei einer Unterstützung dieser Entwicklung die ganze Situation im südlichen Afrika zu den eigenen Gunsten wenden zu können.

Gieb ihr den Ring zurück.

Durch Dornbusch zieh'n Patrouillen-
reiter
Da plötzlich horch' Es blitzt! Es knallt!
„Zurück ihr Leute, und nicht weiter!
Der Feind liegt in dem Hinterhalt."
„Wer durchkommt bring den Kame-
raden
Die Botschaft, daß der Feind erspäht."
Fort gehts auf unwegsamen Pfaden
Von Todesschauern hart umweht
Drei sind es, die das Ziel er-
reichen,
Sie bringen ihre Meldung an.
Auf diesem Ritte ohne Gleichen
Zeigt blut'ge Spur der Helden Bahn
Den einen heben sie vom Pferde
Er sieht sie an mit mattem Blick'
Sie betten sanft ihn auf die Erde,
Er fleht „Gebt ihr den Ring zurück
Bringt meinen letzten Gruß der
Lieben
Sie war, mein Ein und All, mein
Glück,
Sagt ihr, daß ich ihr treu geblieben,
Lebt wohl — gebt ihr den Ring
zurück."

Freilich kam es dann ganz anders: Die Meuterei in der südafrikanischen Armee wurde niedergeschlagen, die Kolonie Südwestafrika geriet unter Druck von Süden, aber auch von Norden, vom portugiesischen Angola aus. Die deutsche Kapitulation in Südwestafrika erfolgte am 9. Juli 1915, ein halbes Jahr später die in Kamerun. In den Mythen der Zwischenkriegszeit spielte der deutsche Widerstand in der größten und ökonomisch prosperierendsten Kolonie, in Deutsch-Ostafrika, im heutigen Tansania, eine erhebliche Rolle. Es war die einzige außereuropäische Position Deutschlands, die über das Waffenstillstandsdatum vom 11. November 1918 hinweg gehalten wurde. Oberstleutnant, später General Paul von Lettow-Vorbeck, ein außerordentlich zäher und ungemein harter Offizier, der sich nach dem Krieg ganz im deutschnationalen Lager bewegte, konnte bis etwa zur Kriegsmitte den Territorialbestand der Kolonie weitgehend freihalten. Sein großes Plus war, dass sich die deutsche Schutztruppe im Land überwiegend aus eingeborenen Askaris rekrutierte, die den klimatischen Verhältnissen gewachsen waren und loyal zur Führung standen. In den letzten Kriegsjahren musste sich Lettow-Vorbeck freilich auf eine Art Guerillataktik beschränken, eine Kriegführung im gesamten ostafrikanischen Raum unter Einschluss Rhodesiens und der portugiesischen Kolonie Mozambique. Diese heute fast vergessenen Feldzüge schwächten die Infrastruktur der Region erheblich und begannen zugleich, auf eine freilich sehr subtile Weise, den Legitimationsanspruch weißer Herrschaft in Afrika zu gefährden. War der Kolonialbesitz ein Pfeiler deutschen Weltmachtanspruches, so war die Flotte das zweite.

Die britische Fernblockade, von Anfang an auch gegen die Lebensmittelzufuhr nach Deutschland eingerichtet, dichtete Nordsee und Ärmelkanal gegen die deutsche Flotte ab. Wilhelm II. hatte apodiktisch verboten, die Existenz der Schlachtflotte in einer großen Auseinandersetzung mit den britischen Einheiten aufs Spiel zu set-

Verstärkung für Großbritannien aus seinen Dominions: Uniform und Ausrüstung eines australischen Soldaten

zen. Als Trumpfass sollte sie für Friedensverhandlungen aufgespart und über Wasser bleiben. Im Hintergrund schwang auch eine selbstverliebte Betrachtungsweise mit. Die schönen, eleganten Schiffe sollten keine hässlichen Löcher bekommen und dann kieloben in der See verschwinden. Damit aber entpuppte sich der ganze deutsche Flottenbau einmal mehr als gigantische Fehlinvestition. Kleine Scharmützel wie das Gefecht auf der Doggerbank 1915 zwischen britischen und deutschen Schlachtkreuzern änderten an dieser Gesamtlage so wenig wie die zeitweiligen

Britische Truppen und einheimische Träger durchqueren 1916 den Kikafu in Ostafrika. Klima und Krankheiten fordern mehr Opfer als viele Kämpfe.

Beschießungen britischer Küstenstädte durch deutsche Schiffe. Was blieb, waren die wenigen, schwach armierten deutschen Auslandskreuzer, die zunächst auf Kaperfahrt gingen. Zwar gab es im Ersten Weltkrieg noch keine Radar- und Satellitenüberwachung, die solche Überwassereinheiten sehr schnell aufgespürt hätten. Aber da die Kriegsschiffe von damals in relativ kurzen Abständen Kohle nachbunkern, dazu in heißen tropischen Regionen Frischwasser aufnehmen mussten, konnten sie nicht für sehr lange Zeit von der Bildfläche verschwinden. Das deutsche Überseegeschwader mit zwei größeren und drei leichten Kreuzern wurde nach einem Erfolg gegen ältere britische Einheiten vor dem chilenischen Hafen Coronel Anfang Dezember 1914 von britischen Schlachtkreuzern, die eigens in den Südatlantik entsandt worden waren, bei den Falklandinseln versenkt. Lediglich der kleine Kreuzer Dresden entkam und konnte sich noch vier Wochen auf See halten. Kennzeichnend für die politisch-militärische Verfassung im Lande mochte sein, dass dieses strategische Desaster, insbesondere auch die Bereitschaft von Schiffskommandanten und offenkundig auch Mannschaften, selbst in aussichtsloser Lage nicht zu kapitulieren, sondern mit wehender Fahne unterzugehen, nicht zu kritischen Nachfragen, sondern zu heroischer Überhöhung führte.

Der Kriegseintritt der Türkei

Geschichte machten in der Anfangsphase des Ersten Weltkrieges zwei andere deutsche Schiffseinheiten, die so genannte Mittelmeerdivision mit dem Schlachtkreuzer Goeben und dem leichten Kreuzer Breslau: Die beiden Schiffe, die nach dem Kriegseintritt Frankreichs und Großbritanniens im Mittelmeer eingesperrt waren, unternahmen nicht den eigentlich erwarteten Versuch, sich zum Bündnispartner Österreich-Ungarn in dessen adriatischen Kriegshafen Pola durchzuschlagen. Von Messina aus, wo sie im Zeichen eines bereits abkühlenden Klimas zwischen Italien und den Mittelmächten recht unfreundlich behandelt wurden, schlugen sie sich bis zum Bosporus durch. Damit stellte sich bereits unmittelbar in den ersten Augusttagen des Jahres 1914 die Frage nach der Orientierung der Türkei. Vertraulich war sie freilich bereits beantwortet worden: Am 2. August hatten das Deutsche und das Osmanische Reich einen Vertrag abgeschlossen, der einen Kriegseintritt Konstantinopels für den Fall vorsah, dass Russland selbst zur Kriegspartei auf der Seite der Gegner Deutschlands und Österreich-Ungarns werde. Dieser Fall trat nahezu zeitgleich ein. Die beiden vor Konstantinopel ankernden deutschen Kriegsschiffe Goeben und Breslau wurden so der erste Indikator dafür, dass hier eine eindeutige Parteinahme erfolgte. Da das Osmanische Reich einstweilen formal noch neutral war, traten die Schiffe äußerlich in türkische Dienste – und man hatte bei der Hohen Pforte dafür auch ein gutes Argument: Großbritannien hielt seinerseits jene Kriegsschiffe zurück und stellte sie in die eigenen Dienste, die von türkischer Seite aus bestellt worden waren und auf britischen Werften lagen. Übergang zum Kriegszustand und Aufnahme der Feindseligkeiten zwischen dem Osmanischen Reich und den Alliierten erfolgten dann Ende Oktober/Anfang November 1914. Naturgemäß kann man diesen Kriegseintritt als Harakiri bezeichnen und er war es insofern ja auch, als dieses in weiten Zügen feudal-orientalische Reich den Ersten Weltkrieg am Ende auch nicht überleben sollte. Bei der osmanischen Führung gab es gewiss viel Hybris, für die nicht zuletzt der starke Mann im Land, Kriegsminister Enver Pascha, stand. Strategisch äußerte sich diese Hybris dann in der Ende 1914, mitten in den Winter hinein aufgenommenen Offensive gegen die Positionen Russlands im Kaukasus. Sie führte hier zu einem Zusammenbruch mit rund 100.000 Toten. Zugleich ging es um einen strategischen Ort, der auch heute ebenso konfliktreich wie im Blick nicht zuletzt auf Ölinteressen geopolitisch außerordentlich bedeutsam ist. Darüber hinaus aber kann man in der gesamten strategischen Lage dieses Raumes 1914 bis 1918 in vielerlei Hinsicht Vorläufer späterer Konstellationen sehen. Das galt insbesondere auch für die osmanischen, von deutscher Seite unterstützten Vorstöße 1916 gegen den Suezkanal wie für die imperialistischen Projekte Großbritanniens und Frankreichs. Sie teilten nun, frei von deutscher Einflussnahme, wie während der Auseinandersetzungen um die Bagdadbahn (s. o.), den arabischen Raum präsumtiv unter sich auf.[62]) Nahezu zeitgleich zum Sykes-Picot-Abkommen hatte die britische Regierung in der Balfour-Declaration, einem Brief des britischen Außenministers Balfour an Lord Lyonel Rothschild vom 2. November 1917, die „Schaffung einer nationalen Heimstätte für das jüdische Volk“ in Palästina in Aussicht gestellt.[63]) Nicht zuletzt mit diesen während des Ersten Weltkrieges getroffenen Absprachen wurden einerseits strategische Zonen unabhängig von arabischen Interessen eingerichtet, andererseits der arabischen wie auch der jüdischen Seite, die man jeweils für den Kampf gegen

Ismail Enver Pascha (1881–1922), ein Absolvent der Generalstabsakademie, wurde Anfang 1914 Kriegsminister des Osmanischen Reiches und setzte sich für den Kriegseintritt an der Seite der Mittelmächte ein. Nach seiner Flucht im Oktober 1918 beteiligte sich Enver Pascha in Tadschikistan am Guerillakrieg gegen die Bolschewiki. 1922 wurde er im Kampf gegen sowjetische Truppen getötet.

[62]) Beim Sykes-Picot-Abkommen vom 3. Januar 1916 erhielt Frankreich „die (...) Küstenregion, einschließlich des Libanons, sowie eine exklusive Einflusszone bis einschließlich der ölreichen Provinz Mossul. Großbritannien erhielt die Provinzen Bagdad und Basra mit einer angrenzenden Einflusszone westlich davon sowie die Mittelmeerstützpunkte Akka und Jaffa. (...) Im Binnenland sollten ein oder mehrere arabische Königreiche gebildet werden. (...)“ Vgl. Enzyklopädie, S. 916.

[63]) Enzyklopädie, S. 366.

die Mittelmächte brauchte, Zusagen gemacht bzw. doch Perspektiven gegeben, die einander de facto widersprachen. Noch aber war es lange nicht so weit, noch ging es zunächst um die Frage, warum und mit welchen Aussichten das Osmanische Reich sich selbst eigentlich an diesem Konflikt beteiligte. Bis zum Beginn des 20. Jahrhunderts hatte der „Kranke Mann am Bosporus" zumindest darauf vertrauen können, dass die beiden stärksten Mächte in seiner Nachbarschaft, Großbritannien und Russland, einander misstrauisch beäugten und Großbritannien dem Zarenreich einen strategischen Durchbruch ans Mittelmeer nicht konzedieren könne. Umgekehrt war für Petersburg der Besitz Konstantinopels ein über Jahrhunderte gereifter, geopolitisch und ideologisch begründeter Traum. Das 1453 in die Hände von Muslimen gefallene alte Byzanz sollte vom orthodoxen Zaren aller Reußen befreit bzw. erlöst werden. Nun, da England und Russland in einer Allianz vereint waren, gab es für die Türkei diese Lebensversicherung nicht mehr. In ihrem Kalkül musste sie sich, wollte sie überleben, daher an jene Allianz binden, die das Gegenlager darstellte.[64])

Ein deutsches Flugzeug über den Pyramiden von Gizeh. Gestützt auf den osmanischen Verbündeten sollte 1916 von Palästina aus der Suezkanal erobert und damit die Versorgungssituation im britischen Imperium nachhaltig gestört werden.

[64]) Zur russischen Kriegszielpolitik vgl. Horst Günther Linke: Russlands Weg in den Ersten Weltkrieg und seine Kriegsziele 1914 bis 1917, in: Der Erste Weltkrieg, a. a. O., S. 54–94, insbesondere S. 74: „In einer Denkschrift vom 27. Februar 1915 kam der russische Generalstab zu dem Schluss, strategische Gründe erforderten eine dauerhafte Festsetzung nicht nur an den Meerengen, sondern auch in Konstantinopel."

Sehen muss man zugleich, dass die Türkei – und hier wird dieser moderne Begriff bewusst gewählt – von 1914 bei all ihren Defiziten durchaus nicht mehr jene orientalisch-verschlampte Despotie war, wie sie romantisch verklärt in den Berichten von Reiseschriftstellern des 18. und 19. Jahrhunderts aufscheint.[65]) Im Zeichen der militärisch und administrativ teilweise gut ausgebildeten, freilich nicht mit demokratisch-pluralem Öl gesalbten sogenannten ‚Jungtürken' bahnte sich bereits seit längerem die Entwicklung zu einem gegebenenfalls geographisch reduzierten und leistungsfähigen türkischen Nationalstaat an.

Der Nahe Osten als Operationsfeld des Ersten Weltkrieges und zugleich als Krisenherd, der nicht mehr zur Ruhe gelangen wird: General Allenby zieht als Oberbefehlshaber der gegen die osmanischen Truppen erfolgreichen britischen Streitkräfte am 8. Dezember 1917 in Jerusalem ein.

[65]) Vgl. zum romantisch-orientalischen Bild des Osmanischen Reiches den Reisebericht des späteren preußischen Generalstabschefs Helmuth von Moltke: Unter dem Halbmond. Erlebnisse in der alten Türkei 1835–1839, Nachdruck der 3. Auflage von 1877, Stuttgart, Wien und Bern 1997. Moltke führte wohl die erste preußische Militärmission im Osmanischen Reich durch, der bis hin zu Liman von Sanders am Vorabend des Ersten Weltkrieges noch mehrere folgen sollten. Zu seiner Zeit war es auch noch ein Stück Abenteuerurlaub.

Der Genozid an den Armeniern

Diese Modernisierungen forderten freilich ihren Preis und deren furchtbarster war der Genozid an den Armeniern im Jahr 1915: Innerhalb der Jungtürken (Regierungspartei „Komitee für Einheit und Fortschritt“) hatte sich 1910 eine Richtung durchgesetzt, die einen hinsichtlich religiöser und ethnischer Zusammensetzung pluralen Staat ablehnte. Damit wurde auch eine bis dahin geübte Kooperation zwischen Jungtürken und anderen ethnischen und religiösen Gruppen wie eben auch den Armeniern hinfällig. Unmittelbarer Ausgangspunkt zum Genozid war dann der fehlgeschlagene türkische Angriff im Kaukasus gegen die Russen und mit ihm verbunden ein gegen die armenische Bevölkerung im Land erhobener Verratsvorwurf. Nach dem so genannten „Aufstand von Van“ wurden Tausende von Armeniern in der Hauptstadt Konstantinopel verhaftet und zumeist ermordet, sodann an der Schwarzmeerküste unzählige Armenier auf See gebracht und ertränkt, im Binnenland, mit Kindern und Frauen, in Scheunen eingeschlossen und verbrannt, vor allem aber auf Todesmärsche gebracht, deren offizielles Ziel Syrien war. Neben unmittelbaren Morden, insbesondere an Männern, starben die meisten an Erschöpfung und Durst. Die Zahl der insgesamt zu Tode Gekommenen wird heute meist auf

Mehmed Talât Pascha (1874–1921) war maßgeblich an der jungtürkischen Revolution von 1908/09 beteiligt. Als Innenminister (1913–1917) und als Großwesir, das heißt Regierungschef (1917/18) des Osmanischen Reiches befürwortete er das Bündnis mit Deutschland. Talât Pascha gilt als einer der Hauptverantwortlichen für den Völkermord an den Armeniern in den Jahren 1915/16. Als türkischem Verhandlungsführer in Brest-Litowsk gelang ihm 1918 die Rückgewinnung sämtlicher Gebiete, die das Osmanische Reich seit 1878 an Russland verloren hatte. Im November 1918 floh Talât Pascha nach Deutschland, wo er 1921 in Berlin von einem Armenier ermordet wurde.

1,5 Millionen geschätzt.[66]) Wichtigster Verantwortlicher auf türkischer Seite war der Innenminister Talât Pascha. Ihm wie anderen führenden jungtürkischen Politikern gelang am 2. November 1918 die Flucht an Bord eines deutschen Kriegsschiffes nach Odessa und von dort ins Deutsche Reich. Hier wurde er 1921 Opfer eines armenischen Attentats. Soweit der Verfasser dieses Beitrages informiert ist, wurde bei seiner Beisetzung in Berlin ein Kranz der deutschen Reichsregierung niedergelegt.

Die zeitgenössische deutsche Haltung gegenüber den Armeniermorden darf als vorrangig militärisch-opportunistisch bezeichnet werden. Ausnahmen gab es allenfalls bei kirchlichen deutschen Beobachtern. Proteste von Seiten der deutschen Botschaft richteten sich primär gegen sichtbar werdende Barbareien, nicht gegen Deportationen als solche. Im Dezember 1915 notierte Reichskanzler Bethmann Hollweg zu einem Bericht des deutschen Botschafters Wolf-Metternich, der deutlichere Kritik vorschlug: „Unser einziges Ziel ist, die Türkei bis zum Ende des Kriegs an unserer Seite zu halten, gleichgültig, ob darüber Armenier zu Grunde gehen oder nicht."[67]) Hinter dieser Aussage verbirgt sich auf deutscher Seite ein Spektrum an Meinungen und Haltungen, das aber im Wesentlichen auf die eine Position zurückzuführen ist: Augen weitgehend vor den wahrgenommenen Verbrechen schließen, im Einzelfall gegen bestimmte Exzesse vorgehen, aber in jedem Fall den Primat des Bündniserhalts mit der osmanischen Türkei wahren. Insofern fielen Äußerungen, wie die in einer Eingabe an die Deutsche Botschaft in Konstantinopel durch Mitglieder der deutschen Kolonie in Konya, aus dem Rahmen: „Diese unmenschliche Behandlung bildet nicht nur für die Türken einen unauflöslichen Schandfleck in der Weltgeschichte, sondern auch für uns Deutsche, falls wir der Sache untätig zusehen und die Vernichtung dieses Volkes zulassen."[68]) Daneben gab es auch deutsche Stimmen, die ganz der osmanischen Sprachregelung von armenischem Verrat folgten. Durchaus zutreffend fasste Staatssekretär Zimmermann vom Auswärtigen Amt in einer Sitzung des Haushaltsausschusses des Reichstages vom 29. September 1916 die Berliner Bewertung unter dem Primat der eigenen Bündnispolitik so zusammen – und akzeptierte damit implizit auch die sich ergebende menschliche und moralische Katastrophe: „Ich kann nur sagen, wir haben alles getan, was wir konnten. Das Äußerste, was uns übrig bliebe, wäre, das Bündnis mit der Türkei zu brechen. Sie werden verstehen, dass wir uns dazu nicht entschließen konnten. Höher als die Armenier, so sehr wir vom rein menschlichen Standpunkt aus ihr Los beklagen, stehen uns unsere Söhne und Brüder, die ihr teures Blut in den schwersten Kämpfen

---

[66]) Vgl. Artikel Armenier in: Enzyklopädie, a. a. O., S. 341 ff. Siehe jetzt Taner Akçam: Armenien und der Völkermord. Die Istanbuler Prozesse und die türkische Nationalbewegung, Neuausgabe Hamburg 2004. Die Untersuchung legt dar, dass der Genozid an den Armeniern Teil eines Kontinuums war, das schon nach den Balkankriegen einsetzte und zunächst die anatolischen Griechen betraf: Akçam S. 43: „Der Völkermord an den Armeniern muss im Rahmen des alllgemeinen Planes, Anatolien von den Christen zu säubern und zu türkisieren, betrachtet werden. Die Vertreibung und Massaker an den Griechen 1914 waren ein Muster für spätere Ereignisse."

[67]) Artikel Armenier, a. a. O., S. 343.

[68]) Zit. nach Hans-Werner Neulen: Adler und Halbmond: Das deutsch-türkische Bündnis 1914–1918, TB-Ausgabe Frankfurt/Main, Berlin 1994, S. 197.

vergießen müssen und die mit auf die Unterstützung der Türken angewiesen sind. Denn die Türken leisten uns zur Deckung der Südostflanke wesentliche Dienste."[69])

Gallipoli

Die eigentliche militärische Auseinandersetzung, die über die Zukunft der Türkei auch als späterer Nationalstaat wie über die strategischen Verhältnisse nicht nur im Nahen Osten, sondern auch in Europa entschied, war der seit Februar 1915 ausgetragene Kampf im unmittelbaren Vorfeld der osmanischen Hauptstadt Konstantinopel, an den Dardanellen. Die Alliierten wollten zunächst durch einen massiven Einbruch mit schweren Schiffseinheiten, die die türkische Artillerie ausschalten sollten, sodann auch durch Landungen eine unmittelbare eisfreie See- und Landverbindung zum russischen Verbündeten herstellen. Dies hätte ihnen die Versorgung mit russischem Getreide, umgekehrt der russischen Seite, was noch sehr viel wichtiger war, eine sehr viel umfangreichere Ausrüstung mit Waffen und Kriegsmaterial aus den Arsenalen ihrer Verbündeten erlaubt. Damit wäre eine ähnliche Konstellation wie im Zweiten Weltkrieg entstanden, als die Lieferungen der Westmächte über Murmansk und den Iran die Sowjetunion überhaupt erst in die Lage versetzten, den Kampf gegen NS-Deutschland durchzuhalten. Im britischen Lager war der Plan einer amphibischen Operation gegen Konstantinopel vor allem durch den Ersten Lord der Admiralität, Winston Churchill, konzipiert und mit aller ihm eigenen Verve vorgetragen worden.[70]) Der alliierte Durchbruchsversuch begann am 19. Februar 1915 mit dem Einsatz von Schlachtschiffen, die die türkischen, vom deutschen Obersten Wehrle geleiteten Artilleriestellungen niederkämpfen sollten. Schiffsverluste durch Minen setzten dieser ersten Phase am 18. März ein Ende.

Darauf folgten am 26. April Landungen britischer, unter Einschluss australischer und neuseeländischer, wie französischer Einheiten. Das Ergebnis wird in den folgenden Wochen und Monaten zum blutigen Desaster. Auf Gallipoli wiederholt sich das Muster vom barbarischen Stellungskrieg, das die Westfront seit Ende 1914 (s. u.) und die Front zwischen Österreich-Ungarn und Italien seit Mai 1915 dominiert. Die Verhältnisse sind teilweise noch viel schlimmer als in Frankreich, da Deckungslosigkeit am Steinstrand für die Alliierten und die Hitze des östlichen Mittelmeerbeckens für alle furchtbare Bedingungen schufen. Auf türkischer Seite zeichnet sich vor allem Oberst Kemal Pascha, der spätere Kemal Atatürk und Gründer der modernen Türkei, aus. Die türkischen Truppen insgesamt wurden in dieser Phase von dem deutschen General Liman von Sanders befehligt. Er war wenige Monate vor Beginn des Krieges 1914 als Leiter einer deutschen Militärmission und vorgesehener Kommandeur des

---

[69]) Zit. nach Neulen, Adler, S. 199. Vgl. jetzt auch Klaus Wolf: Gallipoli 1915. Das deutsch-türkische Militärbündnis im Ersten Weltkrieg, Sulzbach/Taunus, Bonn 2008.

[70]) Vgl. William Manchester: Winston Churchill. Der Traum vom Ruhm 1874 bis 1932, München 1989, S. 648 ff.

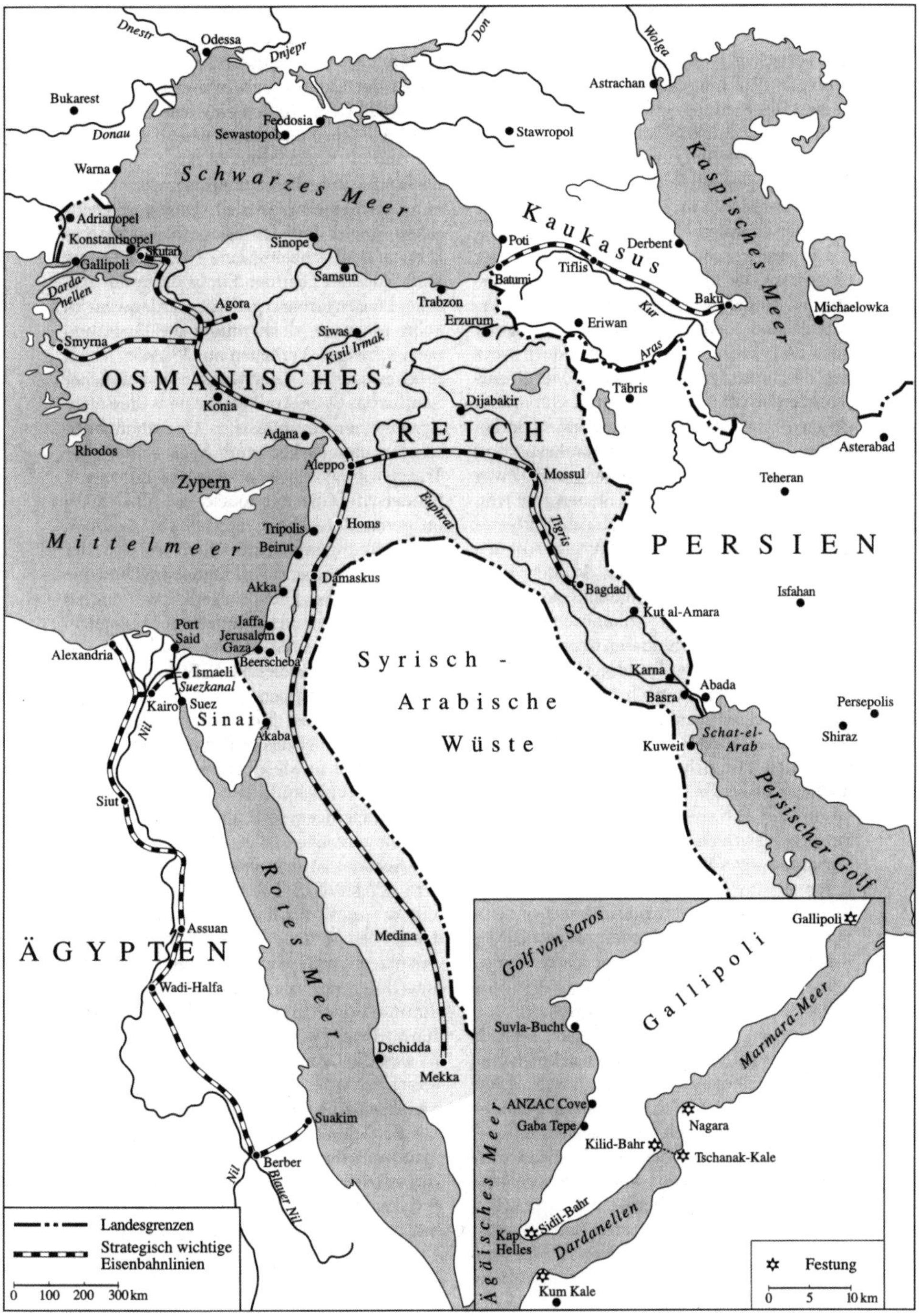

Naher Osten (1914–1918)

Britische Truppen im Sturmangriff bei den Kämpfen auf Gallipoli 1915

in Konstantinopel stationierten türkischen Armeekorps ins Land entsandt worden. Dies hatte, vor allem Russland sah sich brüskiert, zu einer der letzten großen internationalen Krisen vor Ausbruch des Krieges geführt. Obwohl die Türken nicht in der Lage sind, die alliierten Landungstruppen zurück auf die Schiffe zu treiben, ist allein die Stagnation der Kämpfe für die Türkei, seit vielen Jahrzehnten als schwach und paralysiert angesehen, ein enormer Prestigeerfolg. Noch heute spielt der Kampf auf Gallipoli im historischen Bewusstsein der Türkei, in ihrer spezifischen Erinnerungskultur eine wesentliche, in Deutschland vielfach nicht wahrgenommene Rolle. Verschärfend kommt für die Alliierten der Einsatz des deutschen U-Bootes U 21 hinzu. Es hat den Durchmarsch durch die Straße von Gibraltar geschafft und versenkt am 25. Mai 1915 das britische Linienschiff Triumph.

Kemal Pascha, später Kemal Atatürk (im Kreis) auf Gallipoli

Die besonders schweren modernen Einheiten der Alliierten wurden daraufhin zurückgezogen, um sie nicht weiter dieser Gefahr auszusetzen. Zwei Tage später versenkt U 21 auch noch das ältere englische Linienschiff Majestic. Die türkische Lage verbessert sich zudem, nachdem im Herbst 1915 Serbien-Montenegro, der eigentliche, vielfach nahezu vergessene Ausgangspunkt des Krieges, von deutschen und österreichisch-ungarischen Truppen unter furchtbaren Verlusten – keine Armee des Ersten Weltkrieges muss anteilig so viele Tote beklagen wie die serbische – besiegt und besetzt worden ist. Nun kommt die kontinuierliche Versorgung Konstantinopels mit deutschen und österreichisch-ungarischen Waffen über die Bahnlinien auf dem Balkan in Gang und die Alliierten entschließen sich zur Aufgabe ihrer Positionen am Eingang zum Marmarameer. Anfang 1916 wird Gallipoli geräumt, Winston Churchill muss zurücktreten.

Das durch das deutsche U-Boot U 21 am 27. Mai 1915 vor Gallipoli torpedierte englische Linienschiff „Majestic" beim Sinken. Die Verluste britischer Kriegsschiffe bei dem Durchbruchs- und Landungsunternehmen zur Öffnung der Verbindung durch das Schwarze Meer führten im Ergebnis dazu, dass die amphibische Kriegführung im Vorfeld der osmanischen Hauptstadt Konstantinopel nicht mit letzter Konsequenz durchgeführt werden konnte und das Osmanische Reich sich an dieser strategischen Schlüsselstellung zu behaupten vermochte.

Oskar Ritter von Niedermayer (1915)

Deutschland und das türkische Reich waren im Ersten Weltkrieg zwar Verbündete, aber ihre Interessen waren keineswegs stets deckungsgleich. Die strategischen Ambitionen überschnitten sich vor allem in der zweiten Kriegsphase nach der russischen Revolution insbesondere im Gebiet des Schwarzen und des Kaspischen Meeres. Und zugleich gab es von Deutschland aus auch eine eigene Orientpolitik, die an Exotik und Farbigkeit den Unternehmungen des britischen Archäologen, Schriftstellers und Abenteurers Lawrence Thomas Edward, später besser bekannt als Lawrence of Arabia, kaum nachstand. Bemühte sich Lawrence of Arabia, die arabischen Stämme zum Aufstand gegen die Osmanen zu inspirieren und nach Kriegsende ihre Interessen gegenüber Großbritannien und Frankreich zu vertreten – mit sehr geringem Erfolg –, so war auf deutscher Seite die Expedition des 1885 in Freising geborenen bayerischen Offiziers Oskar Ritter von Niedermayer das vielleicht vergleichbarste Unternehmen. Im Gegensatz zu den Abenteuern des Lawrence von Arabia wurde es nie opulent verfilmt.[71]) Ähnlich wie die Araber gegen die Osmanen sollten hier Persien, Afghanistan, seit 1880 von Großbritannien außenpolitisch abhängig, und das benachbarte indische Umfeld zum großen Aufstand gegen die englische Vorherrschaft bewogen werden. Niedermayer erreichte am 1. Oktober 1915 Kabul, musste es aber weitgehend ohne Erfolg und trotz freundlicher Aufnahme bei Emir Habib Ullah Chan im Mai 1916 wieder verlassen. Am 1. September 1916 erreichte er nach einem gefahrvollen Rückmarsch, auch durch russisches Territorium, türkisches Gebiet.[72])

[71]) Vgl. Oskar Ritter von Niedermayer: Im Weltkrieg vor Indiens Toren. Der Wüstenzug der deutschen Expedition nach Persien und Afghanistan, neu herausgegeben von Matthias Friese und Stefan Geilen als ‚Deutsche in Afghanistan. Die Abenteuer des Oskar von Niedermayer am Hindukusch', Reprint der Originalausgabe von 1925, Köln 2002.

[72]) Nach dem Krieg gehörte Niedermayer zum geopolitischen Kreis um Prof. Karl Haushofer, publizierte über die Ethnien und Kulturen zwischen Bagdad und Kabul, habilitierte sich über „Wachstum und Wanderung im russischen Volkskörper", wurde im Zweiten Weltkrieg Kommandeur einer aus nordkaukasischen turkstämmigen Freiwilligen gebildeten Division, nach dem 20. Juli 1944 aus der Wehrmacht ausgestoßen und im Wehrmachtsgefängnis Torgau festgesetzt. Ende April 1945 von der Roten Armee festgenommen, wurde er zu 25 Jahren Haft verurteilt und starb im September 1948 in der Nähe von Moskau.

Kabul im Jahr 1915

Italien – die letzte europäische Großmacht im Krieg

Italien, seit 1882 Dreibundpartner mit Deutschland und Österreich-Ungarn, hatte, zumal zum unmittelbaren Wiener Nachbarn, nie jenes Vertrauensverhältnis aufgebaut, das unter kulturellen, dynastischen (zahlreiche Heiraten zwischen Wittelsbachern und Habsburgern) und strategischen Auspizien zwischen Deutschland und Österreich-Ungarn herrschte. Aber noch zu Beginn der Julikrise 1914 war der italienische Generalstabschef Pollio davon ausgegangen, dass Italien auf der Seite Deutschlands, das man als den eigentlichen Verbündeten betrachtete, in den Krieg eintreten werde. Die Generalstäbe in Berlin und Rom hatten seit langem vereinbart, dass mehrere italienische Korps am Oberrhein eingesetzt werden würden. Die politische Führung in Rom entschied dann freilich völlig anders. Sie hatte dabei formal das Recht ganz auf ihrer Seite: Zweibund- und Dreibundvertrag waren Defensivverträge und Deutschland konnte angesichts seiner gegenüber Frankreich und Russland ausgesprochenen Kriegserklärungen wie der vorausgegangenen Ultimaten nicht so leicht dartun, dass es Opfer einer Aggression geworden sei. Strategisch bedeutsam war vor allem, dass sich mit Großbritannien die entscheidende Macht auf der Seite der Kriegsgegner Berlins und Wiens befand. Denn Großbritannien konnte jederzeit die langen italienischen Küsten bedrohen und zugleich allen italienischen Expansionsambitionen in Nordafrika oder auch hinsichtlich der Dodekanes (Rhodos und Nebeninseln) einen Riegel vorschieben.[73]) Ab September 1914, nachdem sich deutlich abgezeichnet hatte, dass die Mittelmächte keinen schnellen und durchschlagenden Erfolg erzielen würden, gab es so in Italien nur noch die Alternative zwischen Neutralisten und Interventionisten auf Seite der Alliierten. Dabei waren die Interventionisten quantitativ in der Minderheit, hatten aber große Teile der Medien und Intellektuellen, somit das tonangebende Milieu, auf ihrer Seite. Von Österreich-Ungarn wurden zugleich Kompensationen verlangt, damit Italien nicht gegen die Doppelmonarchie in den Krieg ziehe. Die deutsche Seite mobilisierte einen unbestreitbar starken Trumpf, um diesen Schritt zu verhindern: Nach einigem Zögern entsandte Reichskanzler Bethmann Hollweg seinen Vorgänger im Amt, Fürst Bernhard von Bülow, als außerordentlichen Gesandten nach Rom. Er sollte unter allen Umständen den italienischen Kriegsbeitritt verhindern. Bülow war, bei all seiner Neigung zur Prahlerei, tatsächlich wohl die beste Karte, die die deutsche Seite in dieser Lage noch ziehen konnte: 1893–1897 war er deutscher Botschafter in Italien gewesen, aber, was tatsächlich noch sehr viel mehr zählte, er war mit einer italienischen Hochadeligen verheiratet, hatte seinen zweiten Wohnsitz in der römischen Villa Malta und war intimer Kenner der gesamten italienischen Szenerie.[74]) Bülows eigentlicher Widerpart bei seiner italienischen Mission war nicht so sehr die italienische Regierung, nicht einmal die alliierten Botschafter, sondern der Wiener Verbündete. Denn wenn es einen Weg gab, Italien aus dem Krieg herauszuhalten, dann musste Österreich-Ungarn, eben ganz nach den Vorstellungen der auf Prestige und Territorialgewinn erpichten Zeit, Kompensationen leisten: Im Trentino mindestens bis zur Sprachgrenze südlich Bozen, aber auch hinsichtlich Triest und an der Adria. Hinter den Kulissen setzte ein heute auch kurios anmutender Länderschacher ein: Überlegt wurde, ob Österreich-Ungarn, wenn es denn schon Gebietsabtretungen an Italien vornehmen müsse, sich nicht an Polen bzw. an deutschen Gebietsteilen in Schlesien und Deutschland wieder an Polen schadlos halten solle. Auch wenn die österreichische Seite gegenüber Italien immer konzessionsbereiter wurde, war sie doch nicht gewillt, etwaige Gebietsabtretungen sofort vorzunehmen, sondern vertröstete die Italiener auf die Zeit nach Kriegsende. Damit war in der Welt kühler Diplomatien natürlich nicht allzu viel anzufangen. Die Alliierten hatten nicht nur den Vorteil, Italien weitergehende und verpflichtende Gebietsabtretungen auf Kosten Österreich-Ungarns zusagen zu können. Sie konnten Italien auch bei seinen auf das weitere Mittelmeer zielenden Ambitionen unterstützen – hier aber vermochten die Mittelmächte eben nicht mitzuhalten. Am 24. April 1915 schloss Italien mit der Entente einen Geheimvertrag, der den Kriegseintritt vorwegnahm. Als dann am 10. Mai nochmals österreichisch-ungarische Konzessionen in Aussicht

---

[73]) Dass das faschistische Italien ein viertel Jahrhundert später diese axiomatische strategische Einsicht nicht beherzigte und sich 1940 auf die Seite des vermeintlichen Kriegsgewinners Deutschlands ziehen ließ, wurde ihm dann auch zum Verhängnis.

[74]) Vgl. Gerd Fesser: Reichskanzler Fürst von Bülow. Architekt der deutschen Weltpolitik, Berlin 2003, S. 160 ff. Und Bülow: Denkwürdigkeiten, III, S. 204 ff.

gestellt wurden, war es zu spät. Die italienische Kriegserklärung an Wien erfolgte am 23. Mai 1915.

Der Krieg in den Alpen, der nun begann, liefert mit die bizarrsten Bilder, die das 20. Jahrhundert in Europa kennt: Sowohl in den julischen Alpen nördlich der Adria, wo die Italiener über die Jahre in elf Isonzo-Schlachten immer wieder vergebens gegen die österreichischen Stellungen anliefen, als auch im Trentino und in Tirol bewegte sich im Stellungskrieg über die Jahre nahezu nichts. Die Front lief über die Alpengipfel und erreichte ihren Gipfelpunkt in 3.900 Metern Höhe auf dem Ortler, dem höchsten Berg der Donaumonarchie. Unmittelbar auf dem Gipfel wurde eine österreichische Gebirgskanone positioniert, die russische Kriegsgefangene samt Munition hatten hinauftragen müssen.

Die italienische Armee war bei Kriegsbeginn zwar nicht so gut ausgestattet, wie die französische oder die deutsche, aber doch derart, dass sie den Österreichern in der Ausrüstung zumeist gewachsen war. Was vielfach nicht stimmte, waren die Beziehungen zwischen den in der Tradition des regierenden norditalienischen Hauses Savoyen stehenden Offizieren und ihren süditalienischen Soldaten. Letztere waren vielfach noch ganz im Herkommen feudaler Strukturen sozialisiert worden und besaßen vielfach keine rechte innere Beziehung zum italienischen Nationalstaat. Unter

Die Front zwischen Österreich-Ungarn und Italien seit Mai 1915: Auf dem Ortler (3902 m), dem höchsten Berg der Donaumonarchie, wird eine 7-cm-Gebirgskanone in Stellung gebracht

Generalstabschef Cadorna wurde mit größter Härte auf Disziplin geachtet. In keiner Armee gab es so viele Hinrichtungen wegen Desertionen oder anderer Vergehen wie in der italienischen.

Für die Führungsschicht Italiens ging es vielfach – über territoriale Ziele hinaus – um die Akzeptanz als voll gültige europäische Großmacht nach den Maßstäben der Zeit. Österreich-Ungarn hingegen wollte genau das Gegenteil, nämlich Italien demonstrieren, dass es eben nur eine zweitklassige Größe war.

Rein militärisch gesehen erfolgte der italienische Kriegseintritt gewissermaßen einige Wochen zu spät: An der Jahreswende 1914/15 hatte die Donaumonarchie in den Karpaten unter so starkem russischem Druck gestanden, dass ein Durchbruch der Zarenarmee in die ungarische Tiefebene und damit eine durchschlagende Niederlage drohte. Dagegen hatte eine vorübergehende Verlagerung des deutschen Schwerpunktes 1915 an die Ostfront (s. u.) bereits Anfang Mai des Jahres zu einer spürbaren Entlastung Österreich-Ungarns geführt: Die russische Front gegen Österreich-Ungarn wurde in Ostgalizien bei Tarnow-Gorlice durchtrennt. Die Gefangenenzahlen erreichten die Hunderttausende. Damit war Österreich-Ungarn in die Lage versetzt, seine neue Front im Süden zu stärken. Hier hatten zunächst nur, nicht zuletzt unter Berufung auf den Tiroler Freiheitskampf von 1809 gegen Franzosen und Bayern, Tiroler Standschützen und ältere Jahrgänge eingesetzt werden können. Nun verfestigte sich ein Stellungskrieg in Schnee und Eis unter immer höherem Aufwand beider Seiten.

Gefangen genommene russische Offiziere nach der Schlacht bei Tannenberg

Die Offensive der Mittelmächte im Osten 1915

Der neue deutsche Generalstabschef von Falkenhayn war durch den Ausgang der letzten, auf einen militärischen Gesamterfolg zielenden deutschen Offensive im Westen vom Oktober/November 1914 tief erschüttert worden, wenn er auch nach außen Gleichmut zeigte. Die Auslöschung der deutschen Kriegsfreiwilligenregimenter in den Herbstnebeln Flanderns wurde für ihn zum Signum einer aussichtslosen Situation: Nach Falkenhayns Ansicht war die Armee geradezu zertrümmert, militärisch nur mehr eine Behauptung gegen die Alliierten möglich. Reichskanzler Bethmann Hollweg legte er nahe, einen Sonderfrieden mit Russland zu suchen. Das allerdings schlossen die zwischen den Alliierten getroffenen internen Abreden definitiv aus. Darüber wusste man in der deutschen Führung freilich wenig.[75]) Falkenhayn wollte zugleich den Schwerpunkt der militärischen Tätigkeit weiterhin auf die Westfront legen, aber objektive Faktoren wie die immer deutlicher aufbrechenden Friktionen auf der politisch-militärischen Spitzenebene erzwangen dann für das Jahr 1915 eine Schwerpunktbildung im Osten: Tatsache war zunächst, dass die russische Seite die Operationen Hindenburgs und Ludendorffs während der Herbstmonate 1914 in Kongresspolen zu einem erneuten Vordringen nach Ostpreußen, wiederum bis an die Masurischen Seen, ausgenutzt hatte. Tatsache war weiterhin, dass der Wiener Bundesgenosse sich von der deutschen Strategie weitgehend und nicht ganz zu Unrecht im Stich gelassen fühlte, nicht nur durch die Prioritätsetzung auf die Auseinandersetzung mit Frankreich im Westen, sondern auch durch die Bevorzugung des Schutzes Ostpreußens vor einer stärkeren Hilfe für die Österreicher in Galizien. Hier brach auch kommunikativ zwischen beiden Seiten manches auf, was mit weit zurückreichenden preußischen-österreichischen Phobien zu tun hatte: Ostpreußen, jene Provinz, die 1701 den Fokus für das Avancement der Hohenzollern zur Königswürde abgegeben hatte, war für die Berliner Führung nach wie vor zentraler Ort preußisch-deutscher Identität, zudem kräftig koloriert als zivilisatorischer Vorposten gegenüber imaginierter östlicher Barbarei. Dieses Profil sollte in den nächsten Jahren und Jahrzehnten noch weiter aufgewertet werden. Was hingegen Wien und Budapest anbelangte, war der gesamte Bestand der Donaumonarchie gefährdet, wenn die russischen Armeen die ungarische Tiefebene erreichten. Geradezu Symbol für die Überlebensfähigkeit der Donaumonarchie wurde die galizische Festung Przemyśl. Sie war Zentrum des österreichischen Verteidigungssystems gegen Russland und hatte so eine noch viel höhere Bedeutung als die französische Festung Verdun, die ziemlich genau ein Jahr später Angelpunkt des Krieges an der Westfront werden sollte. Seit Oktober 1914 wurde Przemyśl von den Russen belagert und musste nach Erschöpfung aller Vorräte am 22. März 1915 kapitulieren.

Angesichts dieser Situation sah sich die deutsche Führung zu einem doppelten Vorgehen veranlasst: Zunächst zum erneuten Hinausdrängen der russischen Truppen

[75]) Vgl. Kielmannsegg: Deutschland und der Erste Weltkireg, S. 70 ff.

Deutsche Soldaten mit Geschütz 1915 an der Ostfront

aus Ostpreußen, dann zu einer wirksamen Unterstützung des österreichisch-ungarischen Verbündeten, um einen Kollaps an den Karpaten zu vermeiden. Dabei kam es zwischen den beiden deutschen Hauptquartieren, der Obersten Heeresleitung unter Generalstabschef Falkenhayn und „Oberost“ unter Generalfeldmarschall von Hindenburg, zu immer heftigeren, auch menschlich schwer belastenden Reibereien. Hindenburg und mit ihm Ludendorff profitierten davon, dass sie als „Befreier des Ostens“ einen einzigartigen Nimbus gewonnen hatten. Auch der Reichskanzler selbst, Theobald von Bethmann Hollweg, ergriff Partei für die beiden Idole der deutschen Kriegsführung – bei seiner Ablösung im Sommer 1917 (s. u.) sollte sich dies für ihn dann bitter rächen. Diese Entwicklung zeigt auch, dass die preußisch-deutsche Militärmonarchie eben kein hermetisch in sich abgeschottetes System (mehr) war, sondern sich dem politischen Massenmarkt, den hier wirkenden Stimmungen und Gemengelagen weit geöffnet hatte. Der Aufstieg Hindenburgs und Ludendorffs hatte viel mit dem Bemühen zu tun, breiten Schichten der deutschen Bevölkerung Vertrauen in die eigene Kriegsführung einzuflößen.

In mancherlei Hinsicht war Ostpreußen in der deutschen Propaganda zu einem Symbol von vergleichbarer Bedeutung wie Belgien und Nordostfrankreich im Selbstverständnis der Alliierten geworden: Als Gebiet nämlich, das von barbarischen, mordlüsternen Horden überschwemmt worden sei. Zunächst sprechen die Daten eine deutliche Sprache: Die Zahl der von deutschem Militär bei der Invasion Belgiens und Nordostfrankreichs begangenen Untaten überwog die russischen Übergriffe in Ostpreußen bis Anfang 1915 bei weitem. Vor allem war auf deutscher Seite viel eher ein systematisches Handeln am Werke gewesen, um den in aller Regel imaginierten illegalen Übergriffen der Zivilbevölkerung abschreckend zu begegnen. Die russische Seite in Ostpreußen fürchtete vor allem eine konspirative Kooperation zwischen deutscher Zivilbevölkerung an besetzten Orten und deutschem Militär. In solchen Fällen, wobei vielfach nur von Vermutungen ausgegangen werden konnte, kam es nicht selten zu Verschleppungen und Tötungen. Zugleich weist das deutsche Generalstabswerk allerdings lobend auf zwei Umstände hin: Zum einen das mit Verkündung der Mobilmachung in Russland erlassene absolute Alkoholverbot, das auch „in Ostpreußen mit nachahmenswerter Rücksicht durchgeführt" worden sei. Zweitens geht es um die Haltung der militärischen Führer: „Die russischen Offiziere sind mit verschwindenden Ausnahmen bemüht gewesen, Gewalttaten zu verhindern, und haben dabei mit Nachdruck, oft mit der Waffe in der Hand, gegen die eigenen Soldaten eingegriffen, Plünderungen und Knutenhiebe bestrafen lassen."[76]) Insgesamt geht das deutsche Generalstabswerk für Ostpreußen von 1.620 getöteten Zivilpersonen, über 10.000 Verschleppungen, teilweise nach Sibirien, und 800.000 zeitweiligen Flüchtlingen, einem Drittel der Einwohnerzahl der Provinz, aus. Zu größer dimensionierten Kriegsverbrechen von russischer Seite als in Ostpreußen kam es im österreichischen Galizien. „Gewöhnliche" Kriegsverbrechen und antisemitische Pogrome gingen hier eine extrem inhumane Verbindung ein: „Die Übergriffe auf die von den russischen Militärs pauschal der Kollaboration mit den Mittelmächten bezichtigten und für die militärischen Misserfolge verantwortlich gemachten galizischen Juden häuften sich während des russischen Rückzugs. Allein zwischen April und Oktober 1915 ‚fanden in Galizien rund 100 Pogrome oder kleinere Übergriffe auf Juden statt.'"[77]) Tausende Zivilpersonen wurden in Geiselhaft genommen und in das russische Hinterland verschleppt. Ferner wurde die jüdische Bevölkerung teilweise in regelrechten ‚Treibjagden' vor die Front gestellt und gegen die habsburgischen Stellungen getrieben. Für die Gegenseite zeigen jüngste Forschungen, dass gerade an den Fronten im Osten und Südosten der Donaumonarchie auch von österreichischer Seite vor allem gegen der Konspiration bzw. der Unzuverlässigkeit bezichtigte slawische Bevölkerungen mit größter Härte, ja Willkür vorgegangen wurde. Die Hinrichtungen und Exekutionen wiesen teilweise bereits auf die Form der Kriegführung während des Zweiten Weltkrieges in Osteuropa hin – auch dies ein Indiz dafür, dass der Erste Weltkrieg wenigstens in Ansätzen, darunter nicht zuletzt die wechselseitige Missachtung, ja Stigmatisierung von Ethnien und Kulturen, dem Zweiten Vorschub leistete.

Das Ende der russischen Präsenz in Ostpreußen kam in der so genannten „Winterschlacht in den Masuren". Sie begann am 7. Februar 1915, führte zur Gefangennahme von 92.000 Russen gegen Ende des Monats und stärkte noch einmal den Nimbus von Hindenburg und Ludendorff. Die langfristigen historischen Folgen waren komplex, teilweise fatal: Zum einen wurden unter dem Druck von russischer Invasion und geglückter Befreiung die masurischen Bewohner des südlichen ostpreußischen

[76]) Der Weltkrieg 1914–1918, Bd. II „Die Befreiung Ostpreußens, Berlin 1925, S. 326 f.

[77]) Überegger, Normübertretungen, S. 261. Für die österreichische ‚Gegenseite' und deren Agieren jetzt Anton Holzer: Das Lächeln der Henker, Der unbekannte Krieg gegen die Zivilbevölkerung 1914–1918, Darmstadt 2008.

Nach: Ludendorff, Meine Kriegserinnerungen 1914-18.

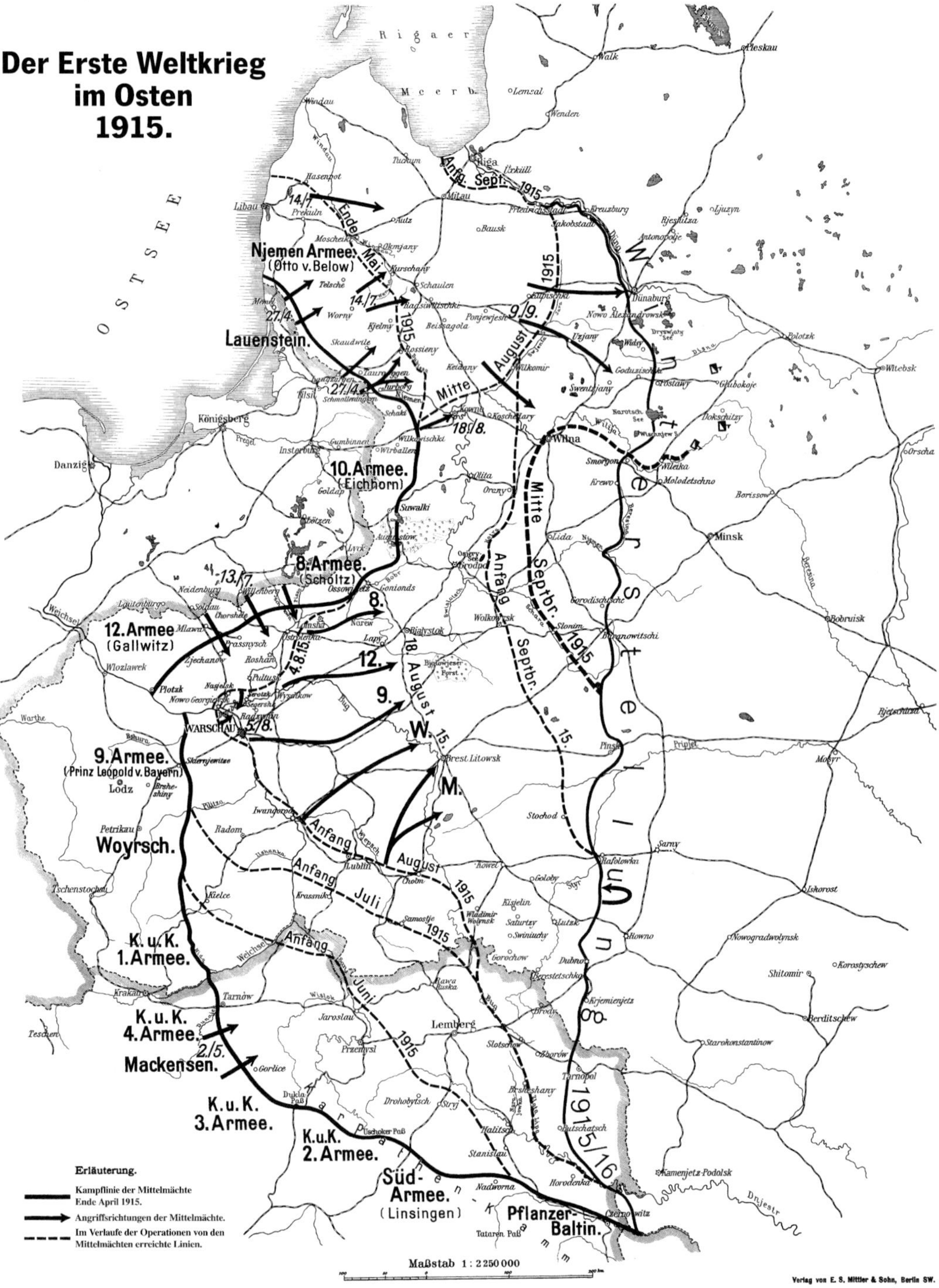

Landstriches, in ihrer geschichtlichen Sozialisation preußisch evangelisch, zugleich aber polnischsprachig (masurisch wird heute als polnischer Dialekt eingeschätzt), zu vehementen Verfechtern deutschen nationalen Gedankengutes. Dazu trug auch die deutsche Politik bei. Zahlreiche deutsche Kreise und Gemeinden leisteten dem Appell Kaiser Wilhelms vom 17. Februar 1915 im befreiten Lyck Folge, Wiederaufbauhilfe zu leisten. So übernahm Frankfurt am Main die Patenschaft für Lötzen inmitten der masurischen Seen, daneben sogar die österreichische Kaiserstadt Wien für Ortelsburg. In der Begründung des Wiener Bürgermeisters Weißkirchner zeigte sich im Übrigen bereits deutlich das Vordringen des großdeutschen Gedankens an den Intentionen der beiden Dynastien Hohenzollern und Habsburg vorbei.[78]) Eine weitere, langfristige Wirkung des Geschehens in Ostpreußen 1914/15 war die im Zweiten Weltkrieg lang anhaltende Erwartung, ein sowjetisches Vordringen auf deutschen Boden sei nicht zu erwarten bzw. man könne es militärisch bewältigen. Wenn man aber doch fliehen müsse, könne man zurückkehren. Nicht zuletzt diese Einschätzungen haben dazu beigetragen, dass die ostpreußische Zivilbevölkerung 1944/45 auch selbst die ihr drohende Gefahr nicht wirklich wahrnahm – noch verschärfend kam die Weigerung der NS-Führung zur rechtzeitigen Räumung hinzu.

Am 2. Mai 1915 begann in Ostgalizien die Durchbruchsschlacht von Tarnow-Gorlice. Sie führte in ihren Konsequenzen auch zu einer politisch völlig veränderten Lage

Schachspiel: Nach den Erfolgen in Polen 1915 haut Hindenburg, assistiert vom österreichischen Generalstabschef Conrad von Hötzendorf, auf den Tisch und signalisiert den Oberbefehlshabern der Entente: „Das Spiel ist aus."

[78]) Andreas Kosserts: Masuren. Ostpreußens vergessener Süden, Berlin 2001, S. 240.

in Ostmitteleuropa. Die eingesetzten deutschen Truppen praktizierten jenes Verfahren, das sich an der Westfront entwickelt hatte und dem im Lauf der Jahre Millionen von Menschen zum Opfer fallen sollten: Das Trommelfeuer der Artillerie.

Deutschland, strategisch auf der „inneren Linie", war so wie auch gegenüber Serbien 1915, Rumänien 1916 und Italien 1917 eine Art Nutznießer des hohen militärisch-technischen Niveaus an der Westfront. Denn die technisch und taktisch weniger entwickelten anderen Kriegsgegner wurden den Wirkungen dieses besonderen Profils ausgesetzt, das die deutsche Seite gewissermaßen von Westen nach Osten und Süden exportierte.

Auch im Osten hatte der Krieg nun eine neue Dimension erreicht. Nach sechs Tagen hatten die Russen allein 140.000 Kriegsgefangene verloren. Einen Monat später, am 3. Juni 1915, zogen bayerische Truppen in die zurückeroberte österreichische Festung Przemyśl ein, was im Übrigen unter Prestigegesichtspunkten zu Spannungen unter den Verbündeten führte: Generalfeldmarschall von Mackensen, preußischer Kavallerieoffizier, konnte nicht an sich halten, die Festung Kaiser Franz Joseph „zu Füßen zu legen".[79]) Bei der Rückeroberung Lembergs am 22. Juni 1915 war man da schon diplomatischer und ließ den Österreichern den Vortritt. In den folgenden Wochen eroberten die Mittelmächte Kongresspolen. Am 4. August 1915 fiel Warschau in ihre Hände.

Wieder gerieten die deutschen Spitzenmilitärs in heftige Auseinandersetzungen miteinander: General Falkenhayn plädierte dafür, die Front im Osten zu konsolidieren und den Schwerpunkt der Aktivitäten wieder nach Westen zu verlegen – in der Konsequenz seiner Überlegungen sollte es dann ein halbes Jahr später zur Schlacht um Verdun kommen. General Ludendorff erstrebte über die sich nun auch vollziehende Eroberung Kurlands hinaus einen derart entscheidenden militärischen Erfolg, dass Russland kollabiere. Neben unterschiedlichen strategischen wie politischen Auffassungen standen Aversionen und Eifersüchteleien: Der Durchbruch bei Tarnow-Gorlice war nicht Ludendorffs Werk gewesen, sondern ging auf seinen Intimfeind Generalstabschef Falkenhayn und den Stabschef einer neuen elften Armee, Oberst Hans von Seeckt, zurück, in den zwanziger Jahren Chef der Heeresleitung der Reichswehr. Dahinter stand der politische Impetus Falkenhayns, das russische Potential zwar nicht gänzlich auszuschalten – das hielt er für unrealistisch und hybrid –, aber doch so zu reduzieren, dass das Zarenreich schließlich zum Separatfrieden bereit werde. Ludendorff und mit ihm Hindenburg hielten dagegen nach wie vor, in der Schule Schlieffens verharrend, einen einzigen großen Vernichtungsschlag im Osten für möglich. Es spricht alles dafür, dass solche Vorstellungen vermessen waren. Sie missachteten vor allem die Größe wie die mangelnde Verkehrserschließung des osteuropäischen Raumes – und sie nahmen damit zugleich in Manchem die noch viel hybrideren Planungen der Wehrmacht für die Operation Barbarossa aus den Jahren 1940/41 vorweg. Am Ende setzte sich Falkenhayn, nicht

[79]) Zit. nach Rauchensteiner, Tod des Doppeladlers, S. 214.

Ludendorff durch: Es kam nicht zum Versuch, die ganze Armee des Zarenreichs zwischen Baltikum und Karpaten einzukesseln. Aber Falkenhayn blieb zugleich der politische Erfolg versagt: Die russischen Niederlagen des Jahres 1915 bedeuteten zwar den größten militärischen Erfolg der Mittelmächte während des Krieges – aber sie blieben schließlich politisch wirkungslos. Das Zarenreich hatte mehr als zwei Millionen Soldaten eingebüßt, es konnte seine Armeen mit immer weniger Munition wie seine städtischen Bevölkerungen kaum noch mit Brot versorgen und taumelte einer revolutionären Situation entgegen. Aber als militärischer Kontrahent schied es nicht aus.[80]) Von Falkenhayn angestoßene Sondierungen über einen Separatfrieden blieben ergebnislos – unter anderem deshalb, weil – von unterschiedlichen Kriegszielauffassungen auf deutscher Seite hinsichtlich Russlands ganz abgesehen – Zar Nikolaus II. um seinen Thron bangen musste, ging er über den Rubikon eines ‚Verrats' an seinen Verbündeten. Und ungeachtet der politisch-militärischen Gesamtbewertung stellte sich eine weitere Frage: Wie sollte mit den in Polen und im Baltikum eroberten Gebieten umgegangen werden?

„Kriegsland im Osten"

Dabei gab es erhebliche Unterschiede: Im Nordosten der von den Mittelmächten eroberten Territorien, im Machtbereich Hindenburgs und Ludendorffs, entstand der Militärstaat „Oberost", bestehend aus dem größten Teil Kurlands, aus Litauen, Teilen des heutigen Weißrusslands mit Wilna und dem Nordosten Polens mit Bialy-

Russlands Zar Nikolaus II. und der russische Oberbefehlshaber, sein Onkel Großherzog Nikolaj Nikolajewitsch, den er 1915 absetzte

[80]) Vgl. für die hier angesprochenen Kontroversen auf deutscher Seite Afflerbach, Falkenhayn, S. 294 ff.

stok.[81]) Die deutsche Militärverwaltung unternahm hier sehr viel mehr als nötigstes Administrieren im Hinterland der militärischen Auseinandersetzungen. Es ging hingegen um den Aufbau eines Protektorats, das fürsorglich-autoritär geführt wurde, durchaus nicht eliminatorisch wie das deutsche Imperium im Osten während des Zweiten Weltkrieges, aber eindeutig hegemonial. Zunächst sollte das Gebiet in der Form wirtschaftlich autark werden, dass die deutschen Truppen im Osten keiner Zufuhr aus dem Reich mehr bedurften. Dazu wurde viel für die Infrastruktur getan, insbesondere für Verkehrswesen, Straßen-, Eisenbahn- und Brückenbau. Es gab sogar Ansätze zu einer eigenen Industrialisierung, die in der kurzen, zur Verfügung stehenden Zeit freilich keine rechte Wirkung zu entfalten vermochten.

Auch Antisemitismus drückte sich anders aus, als ab 1939 bzw. 1941: Von großen Teilen des deutschen Führungsapparates wurden Juden als eine Art kulturtragendes Bindeglied zu anderen ethnischen, sozialen und religiösen Gruppen definiert, dabei aber zumeist keineswegs als gleichwertig geachtet. Es fand somit teilweise pejorative Instrumentalisierung, nicht Verdrängung bzw. Eliminierung statt. Trotz alledem leistete die deutsche Herrschaft doch auch jenen späteren Konzepten Vorschub, die unter dem Nationalsozialismus durchgesetzt werden sollten: Den deutschen Soldaten und Mitarbeitern in der Verwaltung wurde während des Ersten Weltkrieges das Bild großer Differenzen zwischen ihrer Heimat und dem „Ostland" vermittelt bzw. von ihnen selbst angenommen. Es waren vorgebliche Diskrepanzen von Kultur versus Unkultur, von sozialer Dichte versus Menschenleere, von Aktivität versus Lethargie, von Sauberkeit versus Schmutz, die dieses Bild konstituierten. Es sollte dann später noch einmal sehr viel rücksichtsloser bestimmend werden.

In der Endphase des Ersten Weltkrieges radikalisierte sich zugleich die deutsche Verwaltung. In „Oberost" ging es nun um die konkrete Perspektive von Annexionen bzw. der Herbeiführung eines Protektoratsstatus unter deutschen Fürstlichkeiten, die diese Regionen in Personalunion mitrepräsentieren sollten. Hinzu kamen die Auseinandersetzung mit dem Bolschewismus und schließlich ein immer aktiveres Eintreten für das deutsch-baltische Element.

Polen

Die polnische Frage war 1914 keine kriegsauslösende gewesen; aber da sich die Teilungsmächte des Landes von 1772, 1793, 1795 (Russland, Preußen, Österreich) und letztlich auch 1814/15 (Wiener Kongress) mit einem Mal in feindlichen Lagern sahen, musste Polen Gegenstand der politischen Auseinandersetzung werden. In den Annexionsüberlegungen der zaristischen russischen Regierung kamen zwar Gebietsverluste des Deutschen Reiches vor, beginnend mit Ostpreußen, aber sie hatten keine eigentliche Priorität. Russlands Hauptinteresse ging nach Süden zum

[81]) Vgl. Vejas Gabriel Liulevicius: Kriegsland im Osten. Eroberung, Kolonisierung und Militärherrschaft im Ersten Weltkrieg, Hamburg 2002 und ders., Artikel Oberost in Enzyklopädie a. a. O., S. 253 f.

Bosporus und zum Balkan hin. Und die Verfügung über „Kongresspolen" um Warschau stand selbstverständlich nie zur Disposition der kaiserlichen Regierung in Petrograd. So kam die russische Seite nicht über die Perspektive von einem Stück mehr Selbstverwaltung für Kongresspolen, das seinerseits um Gewinne aus dem preußischen und österreichischen Territorialbestand erweitert werden sollte, hinaus. Die attraktivsten Offerten für Polen kamen aus Wien. Dies lag ganz in der Kontinuität österreichisch-ungarischer Politik, die sich bei konfessioneller katholischer Übereinstimmung stets noch am ehesten propolnisch gezeigt hatte. Schließlich hatte es in Wien durchaus auch polnische Minister und Ministerpräsidenten (Graf Badeni 1895 bis 1897) gegeben. An der Seite der Mittelmächte operierte vor diesem Hintergrund auch das spätere polnische Staatsoberhaupt Jozef Piłsudski. Die eigentlichen Fragen stellten sich freilich erst nach der Eroberung Kongresspolens durch die Truppen der Mittelmächte. Wenn die deutsche Seite einem Sonderfrieden mit Russland näher kommen und in langfristiger Sicht die alte Solidarität zwischen Berlin und St. Petersburg reanimieren wollte, dann durfte sie nicht daran gehen, Kongresspolen aus dem russischen Reichsverband zu lösen. Im Übrigen musste im Blick auf Preußen-Deutschland jede wirklich substanzielle neue polnische Staatsbildung auch die Fragen nach den preußischen Provinzen Posen und gegebenenfalls Westpreußen aufwerfen. In Warschau wurde nun ein „Kaiserlich Deutsches Generalgouvernement" eingerichtet, in Lublin eines für Österreich-Ungarn. „In beiden Generalgouvernements ging es zunächst darum, eigene administrative Strukturen durchzusetzen und möglichst viel Kooperation mit Polen zu erreichen, ohne der

Den Polen war ein eigener Staat versprochen, Polen sollte in irgendeiner Form als Nationalstaat wiederentstehen. Ein polnischer Regentschaftsrat war schon eingesetzt. Unser Bild zeigt den polnischen Regentschaftsrat nach einer Audienz bei Kaiser Karl auf dem Bahnhof Laxenburg bei Wien.

Unabhängigkeitsbewegung gegenüber Verpflichtungen einzugehen".[82]) Nun konnte sich in Warschau ein zentrales polnisches Nationalkomitee bilden, das am 22. Februar 1916 ein unabhängiges Polen forderte, sich aber zu dessen Territorialbestand nicht äußerte. Die Mittelmächte selbst proklamierten ein gutes halbes Jahr später, am 5. November 1916, durch ihre beiden Generalgouverneure ein „Königreich Polen" mit konstitutioneller Verfassung und Erbmonarchie. Dies zeigte, dass man die Hoffnung auf eine Verständigung mit Russland bereits aufgegeben hatte, während letzteres selbst nach dem Scheitern der Brussilow-Offensive (s. u.) im Sommer 1916 allmählich der Agonie entgegentrieb. In der weiteren Entwicklung kam es Anfang 1917 in Warschau zur Bildung eines Staatsrates und ein halbes Jahr später eines Regentschaftsrates. Entwicklungen außerhalb des Aktionsradius der Mittelmächte begannen aber nunmehr, deren Polenpolitik zu überholen: Die neue provisorische Regierung in Petrograd bot Polen die Unabhängigkeit an. Ebenso war sie ausdrücklich in den vierzehn Punkten des amerikanischen Präsidenten Wilson vom 8. Januar 1918 enthalten. Damit gab es für Polen nunmehr auch Perspektiven außerhalb der engen territorialen und konstitutiven Grenzen, die ihm die Politik Berlins und Wiens zog. Als Polen sich dann im Zeichen des Zusammenbruchs der Mittelmächte im Oktober/November 1918 als wirklich souveräner Staat konstituieren konnte, profitierte es zumindest ein gutes Stück weit von zwei Voraussetzungen, die die gegensätzlichen Lager im Ersten Weltkrieg geschaffen hatten. Einmal von den polnischen Strukturen, die die Mittelmächte, wie vorläufig und fragil auch immer, konzediert hatten, zum anderen von den klaren Erklärungen der Alliierten und der USA; sie hatten sich nach der russischen Revolution ganz eindeutig für die Herstellung eines starken polnischen Staates, nicht zuletzt als Puffer zwischen Deutschland und Russland, ausgesprochen. Das eigentlich Verblüffende aber war, dass die Polen selbst, seit mehr als 100 Jahren jeder gemeinsamen Entität beraubt – die letzte war das napoleonische Großherzogtum Warschau 1807–1815 gewesen – sich nun sehr schnell und ganz selbstverständlich in einem neuen, gemeinsamen Staatswesen zusammenfanden.

Flugzeug und U-Boot

U-Boot und Flugzeug stehen für buchstäblich neue Dimensionen kriegerischer Auseinandersetzungen. Mit beiden Systemen wurde das Feld verlassen, auf dem bis dahin Krieg geführt worden war: die Land- und Meeresoberfläche. Mit beiden gewann die Kriegsführung auch neue Radien. Von deutscher Seite kam eine technische Spezialität hinzu, die schon durch ihre Optik befremdlich und Furcht einflößend wirkte, zugleich aber als deutsche Besonderheit im nationalen Gefühlshaushalt bis in die 30er Jahre auch Identität schuf: der Zeppelin. Zeppeline, d. h. Luftfahrzeuge, die sich bewegen konnten, weil ihr großer Hohlkörper leichter als Luft war, erfüllten

[82]) Art. Polen in Enzyklopädie, S. 777–779, hier S. 778.

Oberleutnant Göring, späterer NS-Reichsmarschall und preußischer Ministerpräsident, 1918 als Kommandeur des Geschwaders Richthofen, nachdem Letzterer abgeschossen worden und gefallen war.

vor allem in den Jahren 1915 und 1916 die Sehnsucht, den Feind auf der Insel, das „perfide Albion", unmittelbar zu treffen, der ansonsten durch seine Flotte sicher geschützt war. Man liest geradezu ein sich Delektieren heraus, wenn deutsche Zeitungen 1915 und 1916 über die Wirkungen von Zeppelin-Angriffen schrieben, bei denen die Bomben unmittelbar über der Londoner Innenstadt, über Themse und Westminster, ausgeklinkt wurden. Die militärische Wirkung war gering, aber für das böse Image der „Hunnen" leisteten diese fliegenden Zigarren außerordentlich viel. So berichtete der Kommandant von Luftschiff L 13, Kapitänleutnant Heinrich Matthaey, im Berliner Lokalanzeiger vom 24. September 1915 selbstbewusst über einen Angriff auf die Londoner Innenstadt: „Als wir uns über der Bank von England befanden, rief ich durch das Sprachrohr meinem Leutnant zu, das Feuern zu beginnen, von jetzt an mischte sich in das Getöse und das Blitzen der Kanonen der Lärm des Platzens unserer Bomben, und wir sahen die Flammen, die von den getroffenen Stellen aufloderten." Es war der spektakuläre Beginn jener Epoche der Luftbombardements auf Städte und Zivilisation, die das 20. Jahrhundert so stark prägten. Da die Luftschiffe schwerfällig waren und immer mehr in den Radius britischer Jagdflugzeuge gerieten, wurden sie ab 1916 zunehmend zurückgezogen. Für das Flugzeug selbst bedeutete der Erste Weltkrieg einen Quantensprung. Bei Kriegsbeginn besaßen die europäischen Großmächte jeweils mehrere Hundert Flugzeuge. Sie nahmen vor allem Aufklärungsfunktionen wahr. Schon zu Kriegsbeginn im August und September 1914 leisteten sie vielfach sehr viel mehr als die herkömmliche Aufklärung durch Kavallerie. Hindenburg und Ludendorff verließen sich bei der

Schlacht von Tannenberg ganz auf die Meldungen von Fliegern, die sie jeweils darüber informierten, auf welchen Straßen russische Kolonnen marschierten. Ähnlich verhielt es sich auf beiden Seiten bei der Schlacht an der Marne. Jagdflugzeug, Schlachtflugzeug und Bombenflugzeug waren die drei Spezifizierungen, die sich in der Folge sehr schnell entwickelten:

1915 erfand Anthony Fokker das mit dem Flugzeugpropeller synchronisierte Maschinengewehr. Es konnte durch die Zwischenräume während der Propellerumdrehung schießen. Damit war das „Duell in den Lüften" stark mechanisiert worden und doch wurde ihm bis Kriegsende eine feudal-aristokratische Sonderexistenz konzediert. Die Flieger beschmutzten sich buchstäblich nicht wie die Grabenkämpfer, sie agierten oft in einer Eins-zu-eins-Situation gegeneinander wie auf mittelalterlichen Turnierplätzen und hielten bis zum Schluss einen Verhaltenskodex ein. Am 21. April 1918 wurde das deutsche Fliegeridol Baron von Richthofen hinter den britischen Linien abgeschossen. „Wenige Tage später schickten die Engländer, entsprechend dem beiderseitigen fliegerischen Ehrenkodex, ein Foto vom Grab des toten Fliegers mit den Worten: ‚To the German Flyingcorps. Rittmeister Baron Manfrid (sic!) von Richthofen was killed in aerial combat on April 21 st 1918. He was burried with full military honours."[83]) Die Duelle der „Ritter der Lüfte" mochten mitunter wie elitärer Selbstzweck anmuten, vielfach auch von den Soldaten aus den Gräben wie ein Schauspiel verfolgt, das Unterhaltung mit offenem Ausgang brachte. Die so genannte „Luftherrschaft" war im Ersten Weltkrieg noch keineswegs das, was sie im Zweiten war. Und doch machte sich am Boden die militärische Wirkung des Geschehens in der Luft in der zweiten Kriegshälfte immer stärker bemerkbar. Dazu kamen nun auch Bombengeschwader, die mit Reichweiten von mehreren hundert Kilometern die Rüstungszentren der jeweiligen Gegenseite angriffen, etwa das Ruhrgebiet oder Südengland. Beim sich anbahnenden Kollaps an der deutschen Westfront ab Sommer 1918 spielte die nun immer stärker verfestigte Luftherrschaft der Alliierten eine bereits erhebliche Rolle.

Das U-Boot war die deutsche Antwort auf die britische Blockade und der Versuch, Großbritannien seinerseits, die am meisten von Zufuhren überhaupt abhängige Großmacht, auszuhungern. Aber auch hier kam zum technisch-funktionalen ein deutlich mythisches Moment: Die U-Boot-Kommandanten wurden zu nationalen Helden. Dies zeigte sich auch nach Kriegsende, als das Reich sich weigerte, U-Boot-Kommandanten, die auf der alliierten Liste auszuliefernder Kriegsverbrecher standen, ans Ausland zu übergeben bzw. vor dem Leipziger Reichsgericht wirklich ernsthafte Prozesse durchzuführen. Aus der Tiefe der See kommend, attackierten die U-Boote, ähnlich wie Zeppeline und später Bombenflugzeuge, eben jenes Land, das der unangreifbare Feind war, Großbritannien. Kapitänleutnant Otto Weddigen, der am 22. September 1914 vor der niederländischen Küste drei ältere britische Panzerkreuzer versenkte, und Kapitänleutnant Hersing, der am 25. und 27. Mai

[83]) Zit. nach Janusz Piekalkiewicz: Der Erste Weltkrieg, Nachdruck Augsburg 1994, S. 572.

Technische Revolution im Seekrieg mit unabsehbaren Folgen für Handel und Zivilisation: die Rückkehr des deutschen U-Bootes U 9 nach der Versenkung der drei englischen Panzerkreuzer „Cressy", „Aboukir" und „Vogue" am 22. September 1914

1915 in den Dardanellen zwei alliierte Linienschiffe zum Sinken brachte (s. o.), waren nationale Heroen.

Die U-Boot-Frage war stets hochpolitisch: Es ging in Deutschland um die Frage Versenkung nach Prisenordnung, d. h. nachdem die jeweilige Besatzung sich in Boote hatte begeben können, oder warnungsloses Versenken. Am 4. Februar 1915 wurde um die britischen Inseln eine Kriegszone erklärt. „Ab 18. Februar sollten die U-Boote nach der Prisenordnung beginnen, ihnen wurde jedoch erlaubt, in Gebieten mit stärkerer Abwehr auch ohne Warnung getaucht anzugreifen."[84]) Knapp ein viertel Jahr später, am 7. Mai 1915, wurde dann der große britische Passagierdampfer Lusitania versenkt. Mit ihm gingen 1.198 Menschen unter, darunter 128 US-Staatsangehörige. Die Frage, ob die Lusitania auch Munition mitführte und so einen militärischen Zweck erfüllte, ist nach wie vor nicht definitiv geklärt. Nachdem bei einer weiteren Versenkung zwei Monate später wieder amerikanische Staatsbürger zu Tode gekommen waren, befahl Kaiser Wilhelm II. die Einstellung des warnungslosen U-Boot-Krieges um die britischen Inseln. Zwar brachte auch der nun sehr vorsichtig geführte U-Boot-Krieg nach Prisenordnung relativ hohe Versenkungsziffern. Gleichwohl spitzte sich die Diskussion in Deutschland immer stärker auf die Frage zu:

[84]) Art. U-Boot-Krieg in: Enzyklopädie a. a. O., S. 931.

Übergang zum unbeschränkten U-Boot-Krieg oder nicht. Eine flankierende Rolle spielte hierbei auch die Tatsache, dass die britische Seite vielfach zu so genannten U-Boot-Fallen übergegangen war, d. h. zum Einsatz armierter Handelsschiffe, deren Geschütze verborgen waren und nun aus nächster Nähe auf das aufgetauchte und kaum verteidigungsfähige U-Boot das Feuer eröffneten. Strategisch entscheidend aber war die Frage, welche Seite länger durchhalten könne, das blockierte Deutschland oder ein Großbritannien, dessen Zufuhr möglichst weitgehend unterbunden worden wäre. Die militärischen Entwicklungen des Jahres 1916 (s. u.) hatten dazu geführt, dass die Militärs zu Lande keinen anderen Weg mehr zu einer für sie positiven Kriegsbeendigung sahen: Der Stellungskrieg an der Westfront hatte sich festgelaufen, die Begrenztheit der materiellen und personellen Ressourcen der Mittelmächte wurde immer deutlicher, die Seeschlacht am Skagerrak vom 31. Mai 1916 (s. u.) hatte bei allen Triumphgefühlen in Deutschland zugleich demonstriert, dass Überwasserschiffe bestenfalls Prestigeerfolge zu erzielen vermochten. Ferner führte

Im Maschinenraum eines deutschen U-Bootes

die funktional-technizistische Betrachtungsweise der deutschen Militärs dazu, dass sie die politischen Weiterungen eines unbeschränkten U-Boot-Krieges nicht wahrnehmen konnten oder wollten bzw. verdrängten. Die USA, die sich in Europa noch nie militärisch engagiert hatten, wurden in ihrer Bedeutung nicht erkannt, Hinweise auf die Reputation Deutschlands verfingen ohnehin nicht. So kam es gegen den Willen von Reichskanzler Bethmann Hollweg, der vom Ende Deutschlands, vom „Finis Germaniae", sprach, bemerkenswerter Weise aber gleichwohl im Amt blieb, zur Aufnahme des unbeschränkten U-Boot-Krieges mit Wirkung vom 1. Februar 1917. Zwei Tage später brachen die Vereinigten Staaten die diplomatischen Beziehungen zum Deutschen Reich ab, am 6. April 1917 erfolgte ihre Kriegserklärung gegen Deutschland (s. u.). Der deutsche Admiralsstab war von einer Mindestversenkung von 600.000 Bruttoregistertonnen pro Monat ausgegangen, um England zum Aufgeben zu zwingen. Diese Ziffern wurden nur binnen zweier Monate, im April wie im Juni 1917, erreicht. Danach griffen die Gegenmittel der Alliierten: Übergang zum Konvoisystem, neue Ortungsmittel, Einsatz von Flugzeugen, die U-Boote direkt aus der Luft bekämpften – die damaligen U-Boote waren in Wirklichkeit noch Überwasserschiffe, die sich nur zeitweise unter Wasser aufhalten konnten – und Einsatz von Wasserbomben. Grafisch dargestellt ergab sich eine Entwicklung, bei der die Versenkungsziffern immer mehr sanken, die Kurve der U-Boot-Verluste hingegen stetig stieg. Vor allem, und hier gingen militärische und politische Effekte ineinander über, hatte der Übergang zum unbeschränkten U-Boot-Krieg die Alliierten unter Einschluss der USA veranlasst, Schiffbauprogramme und Transportressourcen zusammenzufassen und immer effektiver zu gestalten. Es zeigt sich hier, dass bestimmte strategische Erwartungen, denen relativ eng gesetzte Annahmen zugrunde gelegt werden, dann nicht aufgehen (können), wenn die Gegenseite mit einer großen Variationsbreite an Instrumenten antworten kann.

Stellungskrieg im Westen

Der Erste Weltkrieg erfährt das Schicksal vieler komplexer Konflikte, dass sich öffentliche Aufmerksamkeit auch und gerade im historiografischen Nachhinein jeweils auf bestimmte Phasen, Regionen und Konstellationen konzentriert. In unseren Geschichtsbildern folgt vielfach, was das Geschehen an der Westfront anbelangt, ein ganz jäher Übergang vom Ende des Bewegungskrieges im Herbst 1914 zum Grauen der Schlacht um Verdun ab Februar 1916. Zumindest vordergründig waren zudem auch die Abläufe während des Jahres 1915 im Osten sehr viel ereignisreicher.

Aber all die Bilder, die wir gemeinhin mit Westfront und Stellungskrieg verbinden, trafen in hohem Maße bereits auf das Jahr 1915 zu: Die Heere hatten sich, bis auf teilweise 150 Metern einander gegenüberliegend, eingegraben. Wohnen, Leben und Befestigen gingen immer mehr in die Tiefe, die zumindest relative Sicherheit versprach. Mehr auf deutscher denn auf französischer Seite wurde auch ein rückwärtiges System ausgebaut: Denn die französische und mit ihr zumindest in Teilen die britische

Küche in einem deutschen Schützengraben an der Westfront

Armee war während des Jahres 1915 die offensive Seite. Sie hatte den russischen Verbündeten zu entlasten und vor allem konnte die französische Führung nicht hinnehmen, dass große Teile Nordostfrankreichs unter deutscher Besatzung standen. Dabei ging es keineswegs nur um Prestigegesichtspunkte: „Denn die Besetzung bedeutete mehr als nur eine Verletzung des französischen Territoriums. Sie beeinträchtigte nachhaltig das französische Wirtschaftsleben. Die 80 vom Krieg nicht direkt betroffenen Departements waren weitgehend agrarisch; die 10 von den Deutschen besetzten Departements enthielten einen Großteil der französischen Fertigungsindustrie und die meisten Kohle- und Eisenerzvorkommen des Landes. Ihre Rückeroberung war dringend notwendig, wenn Frankreich den Krieg weiterführen wollte. Deshalb lehnte Joffre den Ausbau einer undurchdringlichen Stellungsfront nach deutschem Muster ab."[85]) Die französische Seite war nahezu das gesamte Jahr 1915 über an der Westfront offensiv, griff insbesondere in der Champagne an. Das Ergebnis waren mehrere hunderttausend Tote und Verwundete und das Ausbleiben nahezu sämtlicher Geländegewinne. Das bekannte Muster der folgenden Jahre, Trommelfeuer, hohe Verluste beim Angriff, hohe Verluste beim Gegenangriff, war bereits in diesem Jahr voll wirksam. Denn unter Generalstabschef von Falkenhayn praktizierte die deutsche Seite eine Taktik, die gleichfalls außerordentlich verlustreich war: Jeder Gebietsverlust, und war er auch noch so marginal, musste unter allen Umständen vermieden, jeder Streifen verlorenen Landes sofort zurückerobert werden.

Zugleich etablierten sich in diesen Grabenkämpfen jetzt schon jene Lebensbedingungen, die in der Rückschau den Ersten Weltkrieg recht eigentlich kennzeichneten: Die Trias von Wasser, Ratten und Läusen, der Übergang zu Kampfesweisen, die modern und förmlich mittelalterlich zugleich waren: Zum einen war die Artillerie das dominierende Waffensystem. Rund drei Viertel aller Kriegsopfer wurden von Granaten zerrissen oder starben in Unterständen, die die Granaten verschüttet hatten. Gleichzeitig gingen sich die Soldaten im Nahkampf buchstäblich an die Gurgel: Das Gewehr als ihr gewissermaßen herkömmliches Handwerkszeug erwies sich in der Relation von instrumentellem Aufwand und Effekt als relativ wenig wirkungsvoll. Vielmehr wurde die verheerende Wirkung des Maschinengewehrs, das in immer neuen und in immer leichteren Varianten an die Front gelangte, zur eigentlichen Chiffre für das Kampfgeschehen. Die damals viel beschworene „Lee-

Der Grabenkrieg, mit seinen „Instrumenten": Spaten in unterschiedlichen Größen und Schere zum Durchschneiden von Stacheldraht sowie Handgranaten

[85]) John Keegan: Der Erste Weltkrieg. Eine europäische Tragödie, TB-Ausgabe, Berlin 2000, S. 258 f.

Das brennende Reims, in 10 Kilometer Entfernung aus einem deutschen Fesselballon fotografiert. Die beim deutschen Vormarsch zu Kriegsbeginn 1914 zunächst eroberte und nach der Niederlage in der Marne-Schlacht dann wieder aufgegebene Stadt blieb in der Nähe der Front und lag beständig unter dem Feuer deutscher Artillerie. In der Mitte ragen die Silhouetten der Kathedrale von Reims hervor, Krönungskirche der französischen Könige. Symbolhaft wird hier auch erkennbar, wie Krieg auf die Zerstörung der Identität des Feindes zielt. Bereits im Spätherbst 1914 wurde vom französischen Staatspräsidenten Poincaré eine gezielte Beschießung der Kathedrale beklagt

re des Schlachtfeldes", das Verschwinden des Menschen von der Oberfläche, war vor allem durch die Wirkung der Maschinengewehrgarben beeinflusst worden. Das Maschinengewehr führte auch zu sozialen Prozessen: Um diese Waffe gruppierte sich eine Funktionsgruppe von drei bis vier Soldaten, dann durch weitere im Umfeld auf etwa sieben bis zwölf ergänzt, die das eigentliche soziale Kernelement der gesamten Kriegsführung wurden. Hier fanden dann auch soziale Durchmischungen statt. Man kann dies in Erich Maria Remarques Roman „Im Westen nichts Neues" anhand der Begegnung von Arbeitern, Bauern und Gymnasiasten exemplarisch nachlesen. Die Offiziere, auch die Reserveoffiziere aus dem Zivilleben, nahmen an diesem sozialen Basisleben offenkundig zumeist nicht unmittelbar teil. Und hinter der Front, in der Etappe, führten sie ohnehin weitgehend eine Sonderexistenz mit sehr viel besseren hygienischen Bedingungen, besser geschnittenen Uniformen, deutlich höherwertiger Verpflegung und einem anders strukturierten Sozial- und Intimleben. Solange der

Krieg vom Gros der Soldaten als hinreichend begründet und ergebnisoffen eingeschätzt wurde, wurden diese Differenzen noch hingenommen. Nach der Peripetie des Sommers 1918 an der Westfront (s. u.) trugen sie freilich erheblich zu jenem massenhaften Rückzug aus dem Kampfgeschehen bei, der heute zumeist unter dem Begriff „Militärstreik" firmiert.

Die Front war ein kommunikativ hochgradig vernetztes System: Hauptinformationsmittel war das Telefon; da vor allem durch Artilleriebeschuss die Kabel immer wieder zerrissen wurden, mussten sie gerade in den gefährlichsten Situationen stetig geflickt werden. Das Telefon hatte zugleich auf die große Entfernung schlagartig enorme Bedeutung erlangt: Die Oberste Heeresleitung führte die Fronten, Heeresgruppen und Armeen in aller Regel mit diesem Instrument. Weiterhin kamen Mel-

Kleines Mädchen 1917 mit seiner Puppe im französischen Reims spielend, wenige Kilometer hinter der Front. Ob die Szene mit Gewehren und Tornister gestellt ist, muss ungeklärt bleiben.

dehunde, vielfach Brieftauben und Meldegänger zum Einsatz. Dagegen spielte der Funkverkehr im unmittelbaren Frontgeschehen noch kaum eine Rolle.

Mittelalterlich war die Kampfesweise dann, wenn die Soldaten, was sich an der Westfront, aber auch in den Alpen vielfach ereignete, bei Angriff und Verteidigung, Angriff und Gegenangriff unmittelbar aufeinander prallten. Dann gingen sie mit Handgranaten, mit dem Bajonett und schließlich mit dem Spaten aufeinander los. Eng ineinander verkeilt verbluteten nicht selten Soldaten beider Seiten im Schlamm.

Hochamt für Frankreichs Präsident Charles de Gaulle und Bundeskanzler Konrad Adenauer nach einer gemeinsamen deutsch-französischen Militärparade am 8. Juli 1962 in der Kathedrale von Reims: Symbolhafte, in der gemeinsamen christlichen Tradition transzendental überhöhte Beendigung der deutsch-französischen Erbfeindschaft, die im Ersten Weltkrieg kulminiert war. Als eine Art säkularer Replik kann man den Händedruck von Staatspräsident Mitterrand und Bundeskanzler Kohl am 22. September 1984 auf dem Schlachtfeld von Verdun interpretieren.

5. 1916: Das blutige Ende des Alten Europa

Planungen für 1916

Zwar hat es zwischen der deutschen und der österreichisch-ungarischen Führung in den Jahren 1914 und 1915 vielerlei Missverständnisse, Reibungsverluste und Konflikte gegeben, aber die Zusammenarbeit hatte, durch die Geographie auf der „inneren Linie" bevorzugt, immerhin noch deutlich besser funktioniert als zwischen Alliierten und Russland. Um hier günstigere Bedingungen zu schaffen, fand im französischen Hauptquartier Chantilly vom 6. bis 8. Dezember 1915 eine Konferenz statt. Die Alliierten beabsichtigten, im nächsten Jahr möglichst gleichzeitig offensiv zu werden, Briten und Franzosen an der Somme, Italiener in den Alpen und die Russen gegenüber Österreich-Ungarn. So sollten die Mittelmächte daran gehindert werden, ihre Potenziale auf der „inneren Linie" je nach Dringlichkeit zu verschieben.

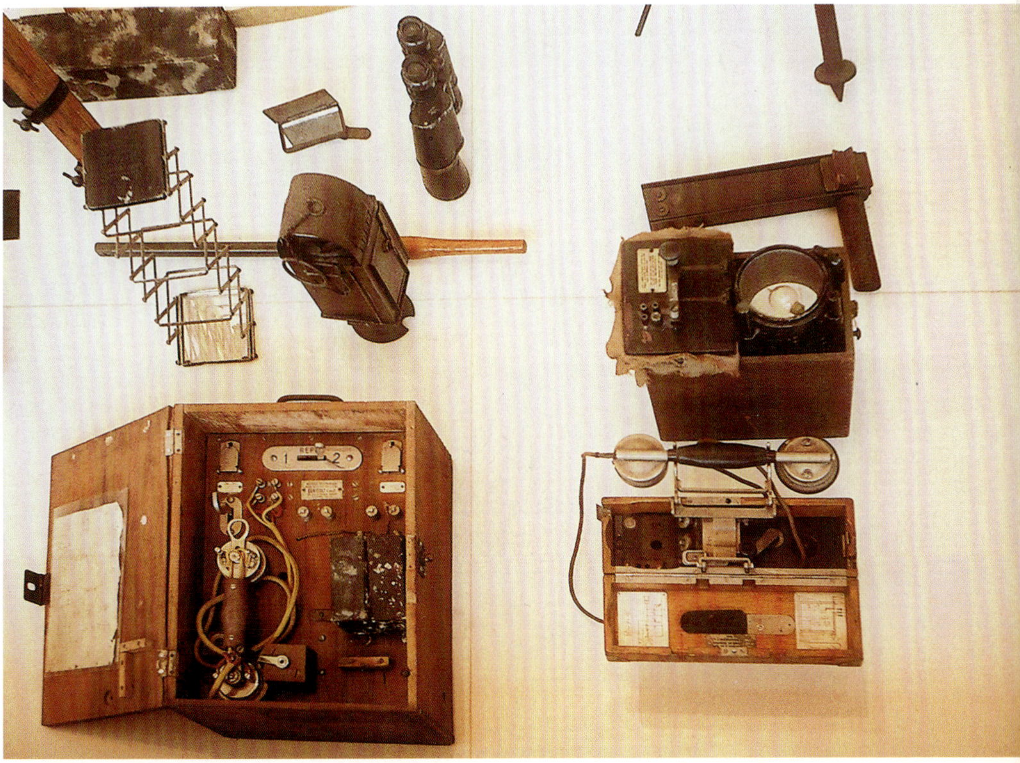

Kommunikationsmittel im Grabenkrieg: Im Vordergrund Telefonapparat und Einrichtung zur Telefonvermittlung. Rechts dahinter: eine Morselampe. Vielfache Verwendung fanden auch Brieftauben und Meldehunde.

Hinzu kam, dass die Alliierten gegenüber Deutschland in eine immer günstigere personelle Situation gerieten: Hatte man in Deutschland 1914/15 den Zuwachs durch Ersatz- und Freiwilligenformationen noch relativ bedenkenlos an den Fronten einsetzen können, so wurden allmählich die Grenzen des eigenen Potenzials erkennbar. Hingegen war 1916 vor allem das Jahr, in dem die Vervielfachung der britischen Armee durch den massenhaften Eintritt von Freiwilligen (angeblich bis zu drei Millionen) immer deutlicher spürbar wurde. Zwar ging Großbritannien im Januar 1916, erstmals in seiner Geschichte, zum Prinzip der allgemeinen Wehrpflicht über. Aber in diesem Jahr selbst sollten vor allem noch die „Kitchener-Jungs", nach dem britischen Kriegsminister benannt, zum Einsatz gelangen. Dabei hatte man auf britischer Seite zugesichert, „diejenigen, die sich zusammen freiwillig meldeten, würden auch zusammen dienen."[86]) So zogen ganze Belegschaften von Industriebetrieben und Dorfgemeinschaften gemeinsam in den Krieg. Aus Mitarbeitern der Hafenbetriebe und der Maklerfirmen in Liverpool wurden beispielsweise vier Bataillone gebildet. Dieses System stärkte die soziale Kohärenz, konnte sich aber regional und lokal dann im Land verheerend auswirken, wenn ganze Einheiten wie bei der Schlacht an der Somme (s. u.) vernichtet wurden.

„Gipfelkonferenz" der Alliierten; von links der französische Oberbefehlshaber Marschall Joffre, Präsident Poincaré, Englands König Georg V., General Foch und der britische Oberbefehlshaber General Haig

---

[86]) Keegan, a. a. O., S. 387.

Auf deutscher Seite hatte sich zunächst Generalstabschef von Falkenhayn mit der Überlegung durchgesetzt, dass nach den Erfolgen des Jahres 1915 im Osten hier mit weiteren, wirklich kriegsentscheidenden Entwicklungen nicht gerechnet werden könne. Uferlosen Feldzugsplänen, die bis auf Petrograd oder Moskau zielten, widersetzte er sich prinzipiell. Da Großbritannien der Hauptgegner sei, gelte es, dessen wichtigsten Verbündeten, Frankreich, so zu schwächen, dass es desillusioniert am Krieg nicht mehr teilnehmen könne. Dann, so diese Überlegung, werde auch Großbritannien friedensbereit werden. Aus dieser Deduktion entstand das Konzept der Schlacht von Verdun. Verdun war eine jener Festungen, durch die Frankreich sich nach den Gebietsverlusten von 1871 an Deutschland gegen eine Invasion hatte sichern wollen. Es war somit integraler Bestandteil des Festungsgürtels, den der frühere Generalstabschef von Schlieffen als unüberwindbar eingeschätzt und weswegen er den Plan einer Invasion Frankreichs über belgisches Gebiet entwickelt hatte. Freilich ging es Falkenhayn, jedenfalls nach der herkömmlichen Einschätzung,[87] nicht so sehr um die Eroberung der Stadt mit ihren Forts beiderseits der Maas, son-

Meldung von Kriegsfreiwilligen in Großbritannien. Ihre Zahl soll schon zu Beginn des Krieges über eine Million betragen haben.

[87]) In der jüngeren Forschung wird hingegen der Gesichtspunkt betont, Falkenhayn habe bei den ursprünglichen Planungen im Spätherbst 1915 durchaus die Eroberung der Stadt und einen Durchbruch durch die Front an dieser Stelle beabsichtigt. Das hätte aber von vornherein einen konzentrischen Angriff auf die Stadt beiderseits der Maas, sowohl von Norden als auch von Osten, erfordert. Tatsächlich aber wurde der Angriff dann zunächst auf einer Breite von 13 Kilometern kompakt vorgetragen. In dieser Konstellation ging es somit wesentlich um die unmittelbare Konfrontation der beiderseitigen Streitkräfte mit den erhofften Folgen. Vgl. Art. Verdun in Enzyklopädie, S. 942–945.

Ein verwundeter englischer Soldat erhält Feuer von einem deutschen.

dern um ein wechselseitiges Abringen beider Armeen, bei dem sich die physisch stärkere durchsetzen, die physisch schwächere erschöpfen werde. Selbst wenn man an diesem Punkt nicht die Frage nach moralischer Legitimation stellt, denn diese wäre dann auch noch sehr viel grundsätzlicher und im Lichte der ganzen vorausgegangenen Entwicklungen zu stellen, bleiben einige über unmittelbare militärische Operationstechnik hinausweisende Befunde: Offenkundig liegt hier ein sozialdarwinistisches Bild von Menschen und menschlichen Gesellschaften zugrunde, von den Deutschen als dem stärkeren und härteren, den Franzosen als dem zahlenmäßig geringeren und weicheren Volk, und diese Übermacht gelte es bedenkenlos auszunutzen. Die Eskalation eines brutalisierten Gegeneinanders zeigte sich auch daran, dass die deutsche Seite in Verdun erstmals intensiv den „Flammenwerfer" einsetzte. Sein aus einem Benzingemisch genährter Feuerstrahl verbrannte Menschen in kürzester Zeit auf Entfernungen von 10–20 Meter und sollte vor allem auch zu Panik und psychischem Kollaps führen. Das zweite Moment ist das des zumindest teilweisen Verlassens der Bahnen herkömmlichen strategischen Denkens in Deutschland: Hatten bisher Grundsätze gegolten wie „Marschieren heißt Blut sparen", wurden gewissermaßen technisch elegante Lösungen des einander Überflügelns und Paralysierens angestrebt, wobei die Vernichtung des Gegners freilich bereits stets mitbedacht war – hier gibt es eine Parallele –, so wurde nun die hoffentlich stärkere eigene feuernde Masse gegen die feuernde Masse des Gegners gesetzt. Ein anderer Gesichtspunkt mochte sein, dass der alte Clausewitzsche Gedanke der Stärke von Verteidigung, in den Anfängen des Ersten Weltkrieges vielfach ignoriert und doch durch die Wirkung von Artillerie und Maschinengewehren wie nie zuvor bestätigt, bei einem Verfahren wie dem von Falkenhayn vorgeschlagenen wenigstens teilweise zu Geltung gebracht werden konnte: Denn wenn es wesentlich um ein wechselseitiges Abringen beider Seiten, um die Herstellung eines blutigen Saldos eigener und gegnerischer Verluste ging, dann lagen Angriff und Verteidigung begrifflich nicht mehr allzu weit auseinander.

Dass es jetzt von deutscher Seite eine andere Art von Krieg, vorsätzlich noch barbarischer und extremer, geben sollte, wurde wie durch eine Chiffre auch an einem weiteren optischen Element buchstäblich sichtbar, dem neuen deutschen Stahlhelm. Seine Einführung war naturgemäß zunächst durch Zweckmäßigkeitsüberlegungen veranlasst: Er konnte, wenn es gut ging, zumindest vor Granatsplittern schützen. Aber der Stahlhelm avancierte eben sehr schnell, bis über den Zweiten Weltkrieg hinweg, zum optischen Ausdruck für ein überhartes, (pseudo)männliches, verschlossen-entschlossenes Soldatsein, er war auch optisch so etwas wie die Absage an plurale Zivilisation, stand im Zweiten Weltkrieg ganz im auffälligen Gegensatz zu dem lässig nach oben geschobenen, deutlich runderen amerikanischen Helm, der dann auch zunächst für die „Bürger in Uniform" der Bundeswehr ab 1955 übernommen wurde.

Dass der Stahlhelm eben nicht nur Ausrüstung per se war, erhellt auch aus einer Bemerkung Ernst Jüngers, in dessen ‚Stahlgewittern' Realismus und Glorifizierung eine seltsame Symbiose eingingen: „Ein Gefechtsläufer aus einem württembergischen Regiment meldete sich bei mir (...). Dies war der erste deutsche Soldat, den ich im Stahlhelm sah, und er erschien mir zugleich als der Bewohner einer neuen, geheimnisvollen und härteren Welt." Und aus diesem Munde heißt es dann: „‚Wer fällt, bleibt liegen. Da kann keiner helfen. Niemand weiß, ob er lebend zurück kommt. Jeden Tag wird angegriffen, doch durch kommen sie nicht. Jeder weiß, dass es auf Tod und Leben geht.' Nichts war in dieser Stimme zurückgeblieben als eine große und männliche Gleichgültigkeit. Mit solchen Männern kann man kämpfen."[88])

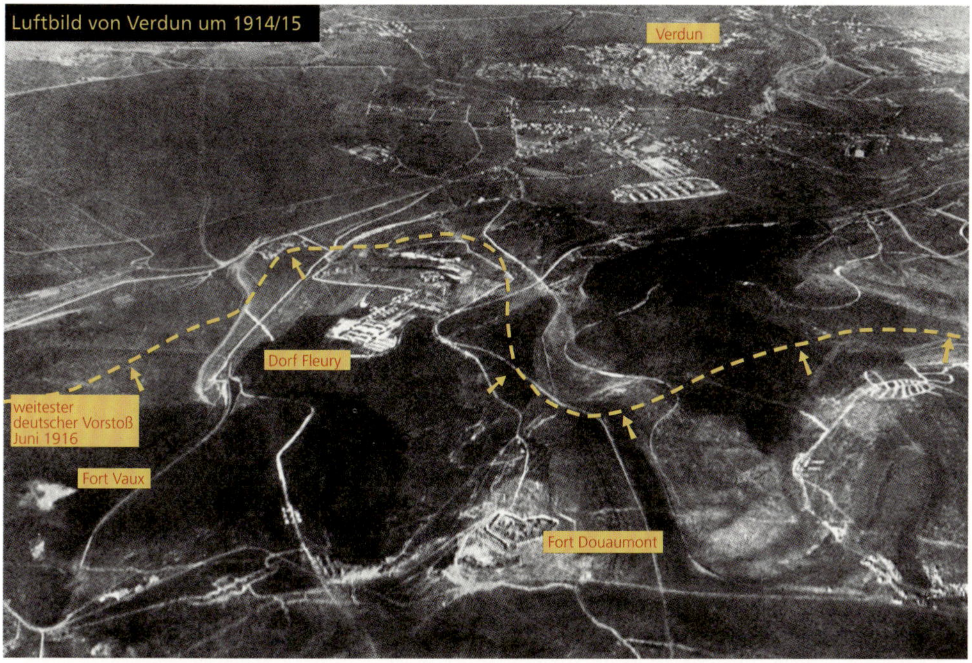

Luftbild von Verdun um 1914/15

[88]) Ernst Jünger: In Stahlgewittern. Ein Kriegstagebuch, Berlin [18]1937, S. 97 f.

Verdun

Die Schlacht von Verdun begann am 21. Februar 1916 mit einem deutschen Trommelfeuer bis dahin nicht erreichter Intensität. Mehr durch einen Zufall eroberten die Deutschen vier Tage später das Fort Douaumont, knapp 10 Kilometer nördlich der Stadt. Die französische Seite schwankte einige Tage und entschied sich dann, die Festung unter keinen Umständen preiszugeben. General Petain übernahm die Verteidigung von Verdun. Seine Behauptung gewann geradezu sakrale Bedeutung. Über eine „Heilige Straße" mit einem ununterbrochenen LKW-Verkehr, wie es ihn in dieser noch kaum motorisierten Zeit bislang nie gegeben hatte, wurden Tag und Nacht Reserven und Versorgung herangeführt. Auf das gesamte Kampfgelände von rela-tiv wenigen Quadratkilometern fielen Millionen von Granaten. Die Folge war eine in Europa noch nie gekannte Mondlandschaft. Ganze Dörfer, wie das Dorf Vaux, verschwanden vollständig. An seiner Stelle erhebt sich heute ein Wald über einem etwas buckeligen Boden. Die Soldaten verkeilten sich ineinander, kämpften auf engstem Raum, bewegten sich mühsam bei Nacht durch das Trichterfeld vorwärts, wurden zu Tausenden traumatisiert. Die französische Armee führte ein Ablösesys-

Das französische Dorf Vaux wenige Kilometer östlich von Verdun, im Trommelfeuer vollkommen ausgelöscht. Das Bild zeigt die heutige Situation.

Das so erbittert umkämpfte französische Fort Douaumont bei Verdun heute

tem ein, in dessen Konsequenz nahezu jede Division der eigenen Armee für nur kurze Zeit in Verdun eingesetzt und dann durch eine andere ersetzt wurde. Deutscherseits beließ man es bei weniger Einheiten, die dann physisch und psychisch immer erschöpfter wurden. Die psychologische Intention auf französischer Seite war zugleich, die gesamte eigene Armee an der Verteidigung dieser einen nationalen Schlüsselstellung teilnehmen zu lassen. „Der Verdun-Mythos wurde bereits während des Weltkrieges geschaffen. Die emblematische Situation eines rein deutsch-französischen Kampfes an einer Stelle, die seit mehr als tausend Jahren immer wieder als ‚Einfallstor' gedient hatte, führte zu einer ganz besonderen und – besonders auf französischer Seite – Mythen erzeugenden Bedeutung der Verteidigung von Verdun. Aufgrund kurzfristiger Ablösungen und kontinuierlicher Truppentransporte wurden nahezu alle französischen Felddivisionen vor Verdun eingesetzt, so dass sich später fast sämtliche französischen Soldaten als Verdun-Kämpfer bezeichnen konnten."[89])

Ab Frühsommer 1916 wurde immer deutlicher erkennbar, dass der deutsche Angriff letztlich keines seiner Ziele erreicht hatte. Die Verluste beider Seiten waren ähnlich hoch und beliefen sich auf insgesamt rund 600.000 Tote und Verwundete. Mit dem

[89]) Art. Verdun in Enzyklopädie, S. 944.

Beginn der Schlacht an der Somme Ende Juni 1916 verlagerte sich das Zentrum der militärischen Auseinandersetzung an der Westfront nach Norden. Das prestigeträchtige Fort Douaumont wurde im Oktober 1916 von den Franzosen zurückerobert.

Mitternachtsmesse an Heiligabend 1916 im von den Franzosen zurückeroberten Fort Douaumont bei Verdun

Die Schlacht an der Somme

Die Schlacht an der Somme in Nordfrankreich war als kombinierter britisch-französischer Angriff bei der Konferenz von Chantilly (s. o.) geplant worden. Der deutsche Angriff bei Verdun führte dazu, dass für dieses Unternehmen nur noch wenige französische Einheiten zur Verfügung standen. So wurde die Schlacht an der Somme, bei der die 1915/16 rekrutierten und ausgebildeten britischen freiwilligen Einheiten zum Einsatz kommen sollten, zum Schlüsselort englischer Erfahrung während des Ersten Weltkrieges. Strategisches Ziel war ein Durchbruch durch die deutsche Front, die aufgerissen und nach Norden aufgerollt werden sollte. Dabei ging man, wie sich später zeigen sollte, mit fahrlässigem Optimismus, davon aus, dass mehrtägiges Trommelfeuer der Artillerie, noch intensiver als von den Deutschen vor Verdun praktiziert, das deutsche Schützengrabensystem nahezu vollständig zerstören und

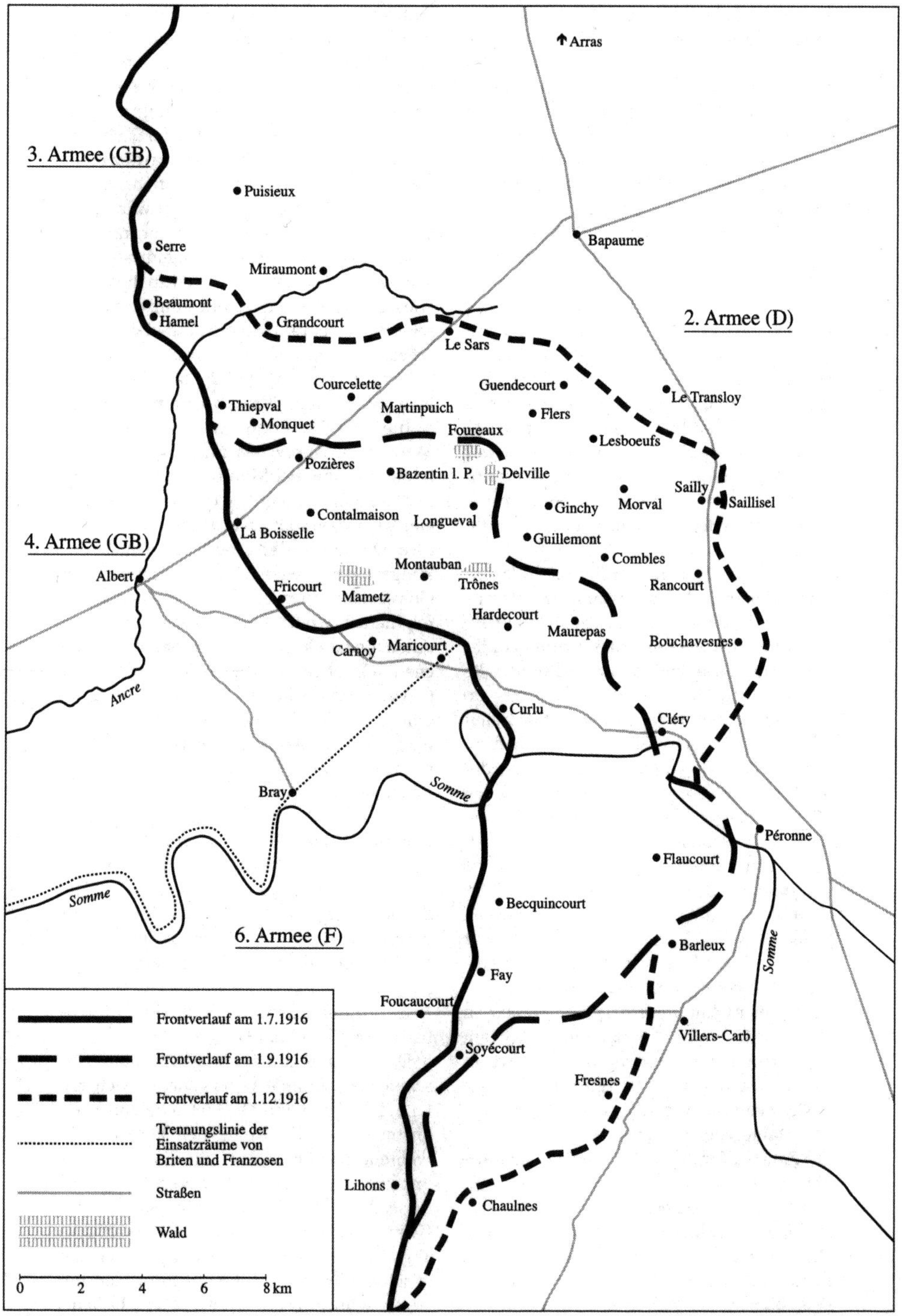

Arras
3. Armee (GB)
Puisieux
Serre
Bapaume
Miraumont
Beaumont
Hamel
Grandcourt
2. Armee (D)
Le Sars
Courcelette
Guendecourt
Le Transloy
Thiepval
Martinpuich
Flers
Monquet
Foureaux
Lesboeufs
Pozières
Bazentin l. P.
Delville
Sailly
Saillisel
Morval
Ginchy
Contalmaison
Longueval
La Boisselle
Guillemont
4. Armee (GB)
Combles
Montauban
Albert
Trônes
Rancourt
Fricourt
Mametz
Hardecourt
Maurepas
Bouchavesnes
Carnoy
Maricourt
Ancre
Curlu
Cléry
Bray
Somme
Péronne
Flaucourt
Somme
Becquincourt
6. Armee (F)
Barleux
Somme
Fay
Foucaucourt
Villers-Carb.
Soyécourt
Fresnes
Lihons
Chaulnes
Frontverlauf am 1.7.1916
Frontverlauf am 1.9.1916
Frontverlauf am 1.12.1916
Trennungslinie der Einsatzräume von Briten und Franzosen
Straßen
Wald
0
2
4
6
8 km

Somme (1916)

Die Minuten zu Beginn des Sturmangriffes, der Großbritannien die furchtbarsten Verluste seiner Geschichte brachte: Englische Truppen zu Anfang der Schlacht an der Somme, Beginn des Sturmangriffes nach mehrtägigem Trommelfeuer am 1. Juli 1916, 7.30 Uhr. Am Abend dieses Tages werden allein über 21.000 Briten gefallen sein.

eine Verteidigung aus den Schützengräben heraus unmöglich machen werde. Aber in ihren Unterständen hatten genügend deutsche Soldaten überlebt, um mit Maschinengewehren die angreifenden Briten abwehren zu können. Im Grunde lief es am ersten Angriffstag auf ein tödliches Wettrennen binnen Minuten und Sekunden hinaus: Würden zuerst die vordringenden Briten das Niemandsland zwischen den Gräben überwinden oder die Deutschen aus den Unterständen an die Brüstungen gelangen und ihre Waffen einsetzen können? Der britische Sturmangriff begann am 1. Juli 1916 um 7.30 Uhr. Die englischen Soldaten attackierten teilweise, indem sie über das freie Feld Fußbälle vor sich hertrieben, um sich nervlich einigermaßen zu beruhigen. So hatte ein Kompanieführer jedem der vier Züge seiner Einheit einen Fußball zur Verfügung gestellt und es sollte darum gehen, den ersten Ball im deutschen Graben zu versenken. Die Kompanie wurde fast völlig ausgelöscht. Es wurde das blutigste Desaster in der britischen

Denkmal für Marschall Foch im nordfranzösischen Dorf Bergen: Unter Foch, der zum Zeitpunkt der Somme-Schlacht die französischen Truppen in dieser Region kommandierte, wurde dieses Dorf im September 1916 von den Deutschen zurückerobert.

Geschichte: Die englische Armee erlitt an diesem einen Tag etwa 60.000 Ausfälle, rund 20.000 Tote und 40.000 Verwundete. In den folgenden Monaten wurde im permanenten Wechsel von Gegenangriff und Angriff die deutsche Front auf einer Breite von rund 40 Kilometern bis zu 10 Kilometer zurückgedrängt. Am Ende, nach rund 150 Tagen, lagen die Verluste der Briten, der Soldaten aus ihren Dominions und der Franzosen bei rund 620.000 Toten und Verwundeten, die der Deutschen bei rund 500.000.

Brussilow-Offensive und Ende des Zarismus in Russland

Im Osten begann am 4. Juni 1916 die so genannte Brussilow-Offensive, nach dem hier kommandierenden russischen General benannt. Sie brachte Österreich-Ungarn an den Zusammenbruch und zeitigte zweierlei politische Wirkungen: Zum einen kam es zu massenhaften Desertionen aus dem Heer der Donaumonarchie. Bis zu 100.000 Soldaten dürften zu den Russen übergelaufen sein, darunter naturgemäß zumeist Angehörige jener Ethnien, die sich von Habsburg trennen wollten, an erster Stelle der Tschechen. Zum Zweiten blieb der österreichischen Seite, die vor dem Zusammenbruch stand, nichts anderes als ein Canossa-Gang nach Berlin übrig: Oberst von Seeckt wurde Stabschef einer neuen Heeresgruppe unter dem nominellen Oberkommando des österreichischen Thronfolgers Erzherzog Karl – gut ein viertel Jahr später Nachfolger von Kaiser Franz Joseph. Ähnlich wie die Deutschen 1915 hatten nun die Russen zwar einen militärischen Erfolg erzielt, aber eben keinen so umfassenden, dass für sie ein Ende des Krieges in Sicht kam. Es war die letzte große Kraftanstrengung des Zarenreiches gewesen, das nun der Agonie entgegenging: Versorgung und Infrastruktur kollabierten immer mehr, die ungeheuren Verluste frustrierten das Land, die in Uniform gesteckten russischen Bauern wollten nach Hause, die alten Kader der zaristischen Armee standen längst nicht mehr zur Verfügung und es gab in diesem Land ohne ein wirkungsmächtiges Bürgertum wenig liberal-demokratische Opposition, die sich wirklich auf eine Auseinandersetzung um Reformen mit dem Zaren einlassen konnte. Das unterschied Russland auch wesentlich von Deutschland, wo in Reichs-

Russischer Soldat des Ersten Weltkrieges mit den Kennzeichen große Tellermütze und Uniformbluse

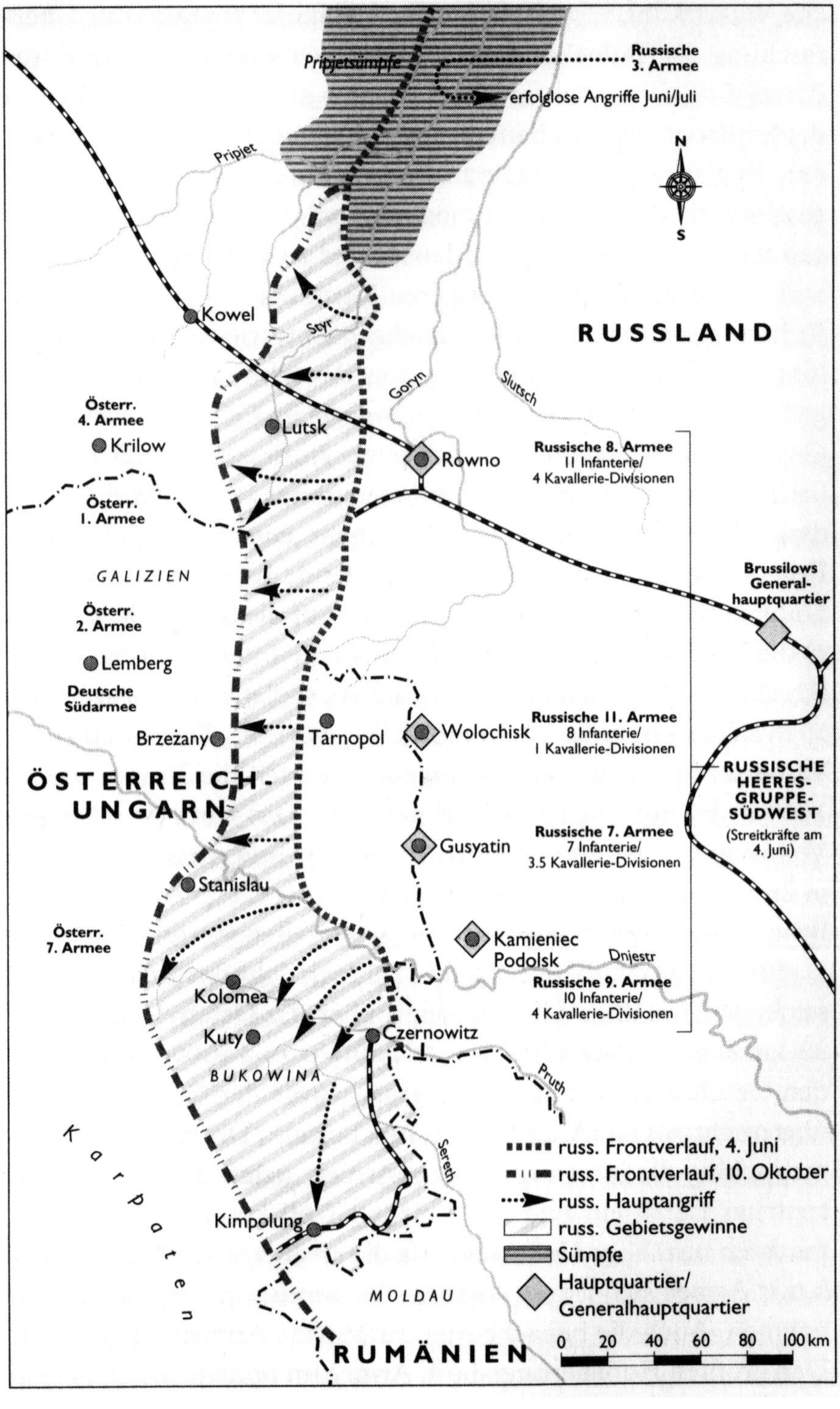

Die russische „Brussilow-Offensive“ 1916 ▲

tag und Öffentlichkeit zumindest ernsthaft eine Parlamentarisierungsdebatte geführt wurde (s. u.). Menetekel der alten Herrschaft war die Ermordung des Zarengünstlings und Mönchs Rasputin durch eine Clique von hohen Aristokraten in der Nacht vom 29. auf den 30. Dezember 1916. Rasputin hatte, von allen kurios-spirituellen Seiten seiner Existenz ganz abgesehen, einigermaßen klarsichtig auf eine möglichst umgehende Beendigung des Krieges gedrängt, ansonsten werde der Zarenthron bald wanken. Ein Vierteljahr später kam das Ende der Monarchie im Land: Am 15. März 1917 wurde in Petrograd eine provisorische Regierung gebildet, der Zar trat, nicht zuletzt auch unter dem Druck der Militärs, zurück. Nicht nur wollte die neue, nun an der Macht befindliche bürgerlich-sozialistische Kombination den Krieg fortführen. Nun, da auf Seiten der Alliierten keine autokratische Macht mehr stand, schienen sie sich propagandistisch-psychologisch mit einem Mal in einer sehr viel günstigeren Position zu befinden: Jetzt schienen die Mittelmächte in ihrer Verbindung mit dem Osmanischen Reich und Bulgarien wirklich ganz jenes autoritär-imperiale Bündnis zu sein, als das man sie von Anfang an hatte sehen wollen. Hell und Dunkel konnten scheinbar viel glaubwürdiger kontrastiert werden als zuvor.

Die Seeschlacht am Skagerrak

Am 15. März 1916 nahm Großadmiral von Tirpitz, als Staatssekretär Chef des Reichsmarineamtes, Inspirator und Schöpfer der deutschen Flotte, seinen Abschied. Er zeigte sich frustriert darüber, dass sein Werkzeug bis dahin gar nicht zur Anwendung gelangt war, verdrängte dabei zugleich, dass dies durchaus der Funktionslogik der maritimen Gesamtlage entsprach: Denn da die deutsche Schlachtflotte, soviel für sie auch aufgewandt worden war, der britischen quantitativ und nach einigen messbaren technischen Parametern unbestreitbar unterlegen war, lag das Risiko einer vernichtenden Niederlage auf deutscher Seite. Die britischen Linienschiffe, teilweise schon mit Öl befeuert, waren schneller und verfügten bei der Schweren Artillerie über größere Kaliber als die deutschen: Bis zu 38 cm Kaliber der Geschütze, die deutschen hatten als Obergrenze 30,5 cm. Erst nach der Schlacht am Skagerrak wurden mit „Bayern" und „Baden" die ersten deutschen Linienschiffe in Dienst gestellt, die auch das 38 cm Kaliber führten. Allerdings: Die hohe Qualität der deutschen Industrie hatte zu technischen Vorteilen der eigenen Flotte geführt: Die Stähle für die Panzerungen waren härter, die Geschütze dank besseren Materials leichter, die Granaten entschieden durchschlagskräftiger, die optischen Instrumente leistungsfähiger, die Schiffe besaßen insgesamt viel höhere ‚Nehmerqualitäten'. Per Saldo blieb die mittlerweile fast doppelt so große britische Flotte aber eben doch überlegen und der deutschen drohte bei einer Begegnung auf See ein negativer Ausgang. Das aber hätte nicht nur einen schweren psychologischen Einbruch, sondern auch die Gefahr britischer Seeherrschaft in der Ostsee und jederzeit realisierbarer Landungsoptionen an der nord- und der ostdeutschen Küste bedeutet. So war es an sich durchaus plausibel, die Flotte, wie sie nun einmal war – teuer, groß und zugleich nicht groß genug – als „fleet in being" in den Häfen vor sich hindümpeln zu lassen. Atavistische Alternative wäre gewesen, sie in eine Untergangsschlacht wie das Kreuzergeschwader Ende 1914 vor den Falklandinseln zu schicken und sich, so dachten nicht wenige Marineoffiziere, durch ein heroisches, wagnerianisches Untergehen eine überhöhte Legitimation für einen Neuaufbau und zugleich erneuerte Wertschätzung bei der adeligen Führungsschicht des Kaiserreiches zu gewinnen, die diesem bürgerlich-industriellen Waffensystem vielfach skeptisch gegenüberstand. Solche Überlegungen lebten dann gegen Kriegsende wieder auf und mündeten in den Matrosenaufstand von Anfang November 1918 (s. u.). Zunächst aber war das strategische Bild, das sich über vier Jahre an der Nordsee bot, merkwürdig und doch plausibel:

Während sich die europäischen Mächte unter Einsatz ihrer letzten Reserven und mit größter Verbissenheit in Nordfrankreich, in Galizien und in den Ostalpen verbluteten, kamen die technisch aufwändigsten, komplexesten und teuersten Waffensysteme der Zeit nahezu nicht zum Einsatz: Die Schlachtflotten Großbritanniens und Deutschlands. Die sozialen und psychologischen Konsequenzen lagen auf der Hand: Die Matrosen sollten durch straffen Dienst weiter in Form und Disziplin gehalten werden, spürten aber natürlich, dass im Grunde nichts passierte, waren zudem auf deutscher Seite zunehmend schlecht ernährt und stetig frustrierter. Im Seeoffizierskorps eskalierte der Alkoholismus, das so wichtige Prestige- und Standesbewusstsein wurde immer weiter untergraben, man schämte sich förmlich, nichts anderes zu tun zu haben, als Material einsatzfähig zu halten, während an der Somme und in Flandern die Zug- und Kompanieführer in den Grabenkämpfen standen. Der Marineoffizier Ernst Freiherr von Weizsäcker fasste seine Eindrücke und Empfindungen im Tagebuch so zusammen: „Bei mir löst die Lektüre der schweren Armeekämpfe immer wieder den Gedanken von der Nutzlosigkeit der Marine aus (...). Sie sitzt – bis auf U-Boote und Luftschiffe – untätig herum. Ihr Nutzen in diesem Krieg steht in keinerlei Verhältnis zu den ihr gebrachten Opfern an Geld, an politischer Feindschaft und an Zugeständnissen der inneren Politik."[90]) Auf britischer Seite sah es zwar besser aus: Schließlich war die britische Flotte in der Rolle des Wärters, die deutsche in der des Gefangenen. Die Ernährungslage war auf britischer Seite günstiger und insgesamt herrschten hier wohl optimistischere Erwartungen, was den Kriegsausgang anbelangte. Aber auch bei den Briten mangelte es nicht an Verdruss: England war Seemacht und mit einem Mal agierte es primär als Landmacht in Nordfrankreich, baute eine Wehrpflichtarmee auf und musste seinen einzigen großen amphibischen Einsatz als Niederlage verbuchen, das Landungsunternehmen 1915/16 gegen die Türkei – welch ein Kontrast zum Mythos des Triumphes von Trafalgar 1805 gegen die Linienschiffe Napoleons. Auf diesen Mythos war ein Jahrhundert maritimer Hegemonie gegründet worden. Und in der jetzt vierjährigen Gesamtsituation des bloßen Zuwartens und sich einander Belauerns von 1914 bis 1918 gab es nur eine wirkliche Entladung, die Schlacht am Skagerrak vom 31. Mai 1916.

---

[90]) Zit. nach Nicolas Bolz: Das lange Warten. Kriegserfahrungen deutscher und britischer Seeoffiziere 1914–1918, Paderborn, München, Wien, Zürich S. 467.

Der britische Schlachtkreuzer Indefatigable vor und nach dem entscheidenden Treffer in die Munitionskammer bei der Seeschlacht am Skagerrak am 31. Mai 1916

Am 15. Januar 1916 wurde Admiral Reinhard Scheer neuer Oberbefehlshaber der deutschen „Hochseeflotte". Scheer aktivierte die Einsätze der Flotte. Er ließ sich von der Absicht leiten, durch Vorstöße gegen die britische Ostküste mit Beschießungen von Hafenstädten Teile der englischen Flotte aus der Reserve zu locken, diese mit dem gesamten eigenen Potenzial vernichtend zu schlagen und so allmählich einen Gleichstand zwischen beiden Seiten herzustellen. Niemand auf deutscher

Seite wusste, dass die Briten schon seit Beginn des Krieges über den geheimen deutschen Marinefunkschlüssel verfügten. Russische Taucher hatten ihn von einem gesunkenen deutschen Kreuzer in der Ostsee geborgen und ihrem Verbündeten zur Verfügung gestellt. Als Scheer also am 31. Mai 1916 mit allem, was die deutsche Flotte aufzubieten vermochte, darunter sogar ältere Linienschiffe aus der vor-Dreadnought-Zeit, in See stach, lichteten auch die Briten die Anker und fuhren ihrerseits mit allem in die Nordsee, worüber sie verfügten. Für die deutsche Seite sollte es zum Glücksfall werden, dass die ganze Begegnung rund 60 Seemeilen westlich von Jütland erst am Nachmittag dieses 31. Mai begann. Wäre man schon morgens aufeinander gestoßen und hätten die Briten einen ganzen Tag lang Zeit gehabt, die deutschen Schiffe unter Feuer zu nehmen, dann wären von Letzteren möglicherweise die meisten versenkt worden. Den Schlachtflotten voraus fuhren die so genannten „Schlachtkreuzer", Schiffe mit etwa gleicher Größe und etwa gleich starker Armierung wie Linienschiffe, aber weniger stark gepanzert und dafür schneller. Dieses Schlachtkreuzergefecht ab 15.48 Uhr, das der eigentlichen Begegnung vorausging, wurde zum bevorzugten Anlass des am Ende auf deutscher Seite in Anspruch genommenen Sieges:[91]) Die deutschen Schiffe waren insgesamt kompakter als die britischen. Sie waren in sich, insbesondere was die Unterteilung durch Schotts anbelangte, besser durchkonstruiert, so dass ein Treffer in eine Munitionskammer noch nicht wie auf britischer Seite zur Katastrophe führen konnte. Die englische Flotte verlor hingegen zu Beginn der Schlacht durch solche Treffer zwei Schlachtkreuzer, die binnen Sekunden in die Luft flogen. Vizeadmiral Beatty, Befehlshaber der britischen Schlachtkreuzer, kommentierte dieses Desaster mit den bekannten Worten: „Mit unseren verdammten Schiffen stimmt heute etwas nicht."

Im weiteren Verlauf stieß die nachdrängende deutsche Hochseeflotte eben nicht nur auf britische Schlachtkreuzer und deren Deckung durch ein Schlachtschiffgeschwader, sondern auf die gesamte britische Hochseeflotte und drohte hier in einen „Wurstkessel" zu geraten. Die schnelleren britischen Schiffe schoben sich überholend vor die deutsche Spitze und gaben ihre Breitseiten auf die deutschen Einheiten ab, die gegen Abend des Tages hin, zudem gegen die untergehende Sonne nach Westen, in einer ungünstigen Lage standen. Daraufhin befahl Admiral Scheer eine Kehrtwende der gesamten Flotte um 180 Grad nach Süden und wiederholte dieses Manöver – Angriff und Kehrtwende –, nochmals, um sich bis zum Einbruch der Dunkelheit Luft zu verschaffen. Denn in einem Nachtgefecht war die deutsche Seite navigatorisch und technisch überlegen, die Briten scheuten den Kampf ohne Tageslicht. Am nächsten Morgen kehrte die deutsche Flotte nach Wilhelmshaven zurück. Die reinen Zahlen schienen die These von einem deutschen Sieg zu bestätigen und führten zu kurzfristiger Euphorie auf deutscher Seite: Die Briten hatten 112.000, die Deutschen 62.000 Tonnen Schiffsvolumen verloren, die Zahl der Toten,

[91]) Vgl. Darstellung der Schlacht in: Seemacht. Eine Seekriegsgeschichte von der Antike bis zur Gegenwart, hg. von Elmar W. Potter und Flottenadmiral Chester W. Niemitz, deutsche Fassung von Jürgen Rohwer, Herrsching 1982, S. 381 ff.

Verwundeten und Gefangenen lag auf deutscher Seite bei 3.000, auf britischer bei knapp 7.000. Rein handwerklich-technisch durfte es die deutsche Flottenführung in der Tat als Erfolg für sich verbuchen, dass sie sich im Gegensatz zu den britischen Schiffsverlusten, die auf Konstruktionsmängel (s. o.) zurückzuführen waren, ohne allzu große Einbußen aus der Begegnung hatte lösen können. In den Tagebuchaufzeichnungen des deutschen Vizeadmirals Hopman liest sich dieses durchaus kurzfristige Erfolgserlebnis so: „Glänzende Tat, die Scheer und Trotha der Marine und unserem Vaterland geleistet haben. Starke Erschütterung des englischen Prestiges. Eindruck auf der ganzen Welt, besonders in Amerika wird gewaltig sein (...). Tirpitz glänzend gerechtfertigt. Gehe zu ihm, er sehr bewegt (...) Schwerster Tag der ganzen englischen Seekriegsgeschichte."[92]) Auf der rein technischen Ebene war zunächst gar nicht recht wahrgenommen worden und wurde der deutschen Öffentlichkeit auch nicht vermittelt, dass zwar die eigenen Schiffsverluste geringer waren als die britischen, nahezu alle Einheiten, die wieder nach Hause kamen, aber schwer angeschlagen waren und über Monate ausfielen. Die Konstruktionsweise der deutschen Schiffe hatte sichergestellt, dass schwere Treffer nicht zur sofortigen Versenkung führten, sie hatte aber nicht verhindern können, dass die eigene Einsatzfähigkeit deutlich gelitten hatte.

Noch viel bedeutsamer aber war, dass das Resultat eben nicht zu einer Beseitigung des strategischen Dilemmas der ganzen deutschen maritimen Position führte. Die englische Flotte blieb überlegen, sie konnte relativ mühelos die Blockade unvermindert fortsetzen und das Kräfteverhältnis entwickelte sich zusehends ungünstiger für Deutschland.

Waren dann die Briten doch die heimlichen Sieger? In London und in der gesamten britischen Öffentlichkeit war man außerordentlich unzufrieden über den Ausgang dieser Seeschlacht. Der britische Flottenbefehlshaber Admiral Jellicoe wurde denn auch wenig später abgelöst. Für Großbritannien bedeutete das Resultat eine schwere psychologische Niederlage. Man war sich in London sicher gewesen, dann, wenn es zum Kräftemessen mit dem maritimen Neuling Deutschland komme, das Ergebnis der Schlacht von Trafalgar 1805 wiederholen und damit die eigene Seeherrschaft für lange Zeit neu und demonstrativ stabilisieren zu können. So war es nun aber nicht gekommen und die britische Presse beklagte auch mit der ihr eigenen Offenheit die unerfüllten eigenen Erwartungen.

Hier sei nun die These vertreten, dass es aber doch einen Sieger gab; nur war dieser am 31. Mai 1916 in der Nordsee gar nicht präsent: nämlich die USA. Die amerikanische Flottenrüstung als Ausdruck eigener Weltmachtpolitik in Atlantik und noch sehr viel mehr Pazifik hatte schon vor Beginn des Ersten Weltkrieges Dimensionen angenommen, die den deutschen immer näher kamen. Insofern war es bereits 1914 tatsächlich ein Flottenwettlauf nicht von Zweien, sondern von Dreien gewesen. Und

[92]) Albert Hopmann: Das ereignisreiche Leben eines ‚Wilhelminers'. Tagebücher, Briefe, Aufzeichnungen 1901–1920, hg. von Michael Epkenhans, München 2004, aus den Notizen zu „Freitag, den 2. Juni 1916", S. 816.

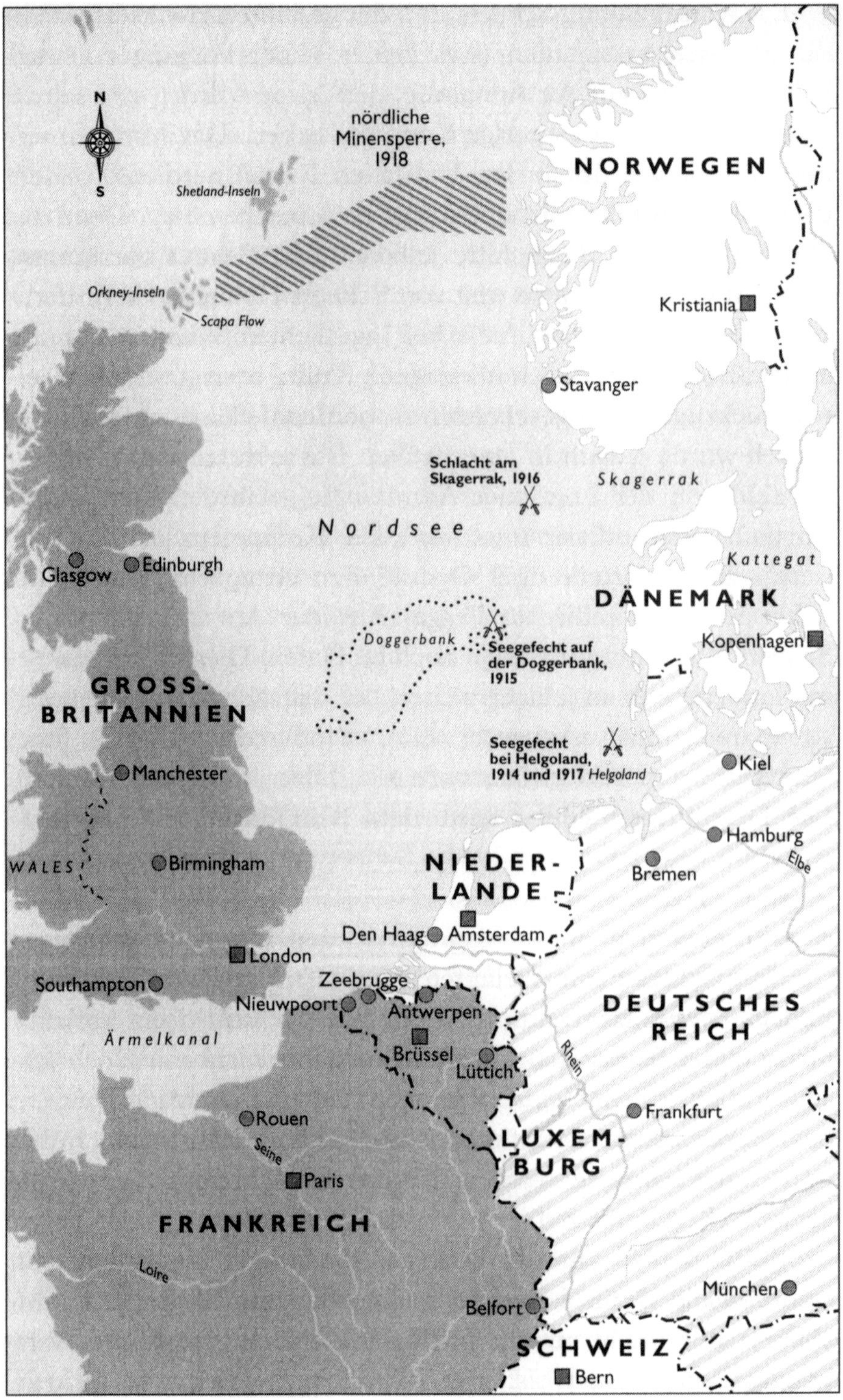

Der Seekrieg in der Nordsee ▲

schon seit der Jahrhundertwende hatte sich gezeigt, dass das britische Imperium offenkundig seinen Kulminationspunkt erreicht hatte. Die amerikanische Aufrüstung zur See, frei von Verlusten und unmittelbaren Kriegsanstrengungen, ging mit immer größeren Schiffen und immer größeren Kalibern während des Ersten Weltkrieges ungeschmälert weiter. Wie auch immer die Seeschlacht vor dem Skagerrak ausgehen mochte, klar war, dass das erschöpfte Deutschland nach einem Kriegsende nicht einfach nur immer neue und teurere Schiffe bauen konnte; gleiches galt für Großbritannien. Während Deutschland vor 1914 nie wirklich daran gewesen war, Großbritannien maritim zu überholen, ergab sich dann nach 1918 für London ein völlig anderes und in gewisser Weise viel kritischeres Bild: Es bahnte sich ein Rüstungswettlauf zur See an, den man rein materiell nicht (mehr) gewinnen konnte. Die Konferenz von Washington legte dann vier Jahre nach Kriegsende 1922 eine maritime Parität für die USA und Großbritannien fest – je 500.000 Tonnen für die schweren Einheiten auf See, dazu in Relation gut 60% für die japanische Flotte. Damit war es schon zu Beginn der Zwischenkriegszeit mit der britischen Hegemonialposition zur See vorbei und es zeichnete sich jedenfalls in dieser Hinsicht jene Mächtekonstellation ab, die nach 1945 bestimmend werden sollte. Insofern war die Seeschlacht am Skagerrak, für die Zeitgenossen noch kaum erkennbar, frühe Etappe auf dem Weg in eine völlig neue Mächtestruktur.

Die Schlacht am Skagerrak hat aber auch noch eine fatale, innerdeutsche Fußnote: Im deutschen Selbstwertgefühl der Zwischenkriegszeit hatte sie enorme Bedeutung und gerade, weil die Flotte durch den Kieler Matrosenaufstand (s. u.) von Anfang November 1918 kompromittiert war bzw. doch schien, wurde diese Schlacht im nationalen Erinnerungshaushalt ostentativ hervorgehoben. Am 31. Mai 1932, mitten in der Endkrise der Weimarer Republik, empfing Reichspräsident von Hindenburg den schon demissionierten Reichskanzler Heinrich Brüning zur Abschlussaudienz. Brüning, der dem Staatsoberhaupt wenige Monate zuvor durch harten Einsatz und das Schmieden einer bürgerlich-sozialdemokratischen Koalition überhaupt nur die Wiederwahl ermöglicht hatte, war u. a. als so genannter Agrarbolschewist denunziert worden, weil er überschuldete Güter wenigstens in Teilen nicht mehr durch die staatliche Seite entschulden wollte. Im Übrigen missgönnte man ihm etwaige außenpolitische Erfolge, zumal in der Reparationsfrage, die sich jetzt abzeichneten. Hindenburg hatte für seinen Kanzler an diesem Tage nur ganze dreieinhalb Minuten Zeit, denn der Reichspräsident wollte vor allem nicht das Aufziehen der so genannten Skagerrak-Wache, einer Marinekompanie vor seinem Palais in Berlin, versäumen. Als Staatsoberhaupt, das de facto 1916–1918 Oberbefehlshaber zu Lande gewesen war, konnte er so der Marine Referenz erweisen und zugleich dem bürgerlichen Kanzler Brüning signalisieren, dass er seine Schuldigkeit getan habe und gehen könne. Brüning selbst war sich nicht zu schade, die letzten Worte zu formulieren: „Herr Reichspräsident, ich muss mich jetzt verabschieden, damit Sie rechtzeitig beim Aufziehen der Wache in das Portal treten können."[93])

[93]) Heinrich Brüning: Memoiren 1918–1934, Bd. 2, TB-Ausgabe, München 1972, S. 636.

Führungswechsel

Der Erste Weltkrieg wurde in nahezu keiner der großen Mächte, auf die es ankam, mit der Führung zu Ende gebracht, mit der er aufgenommen worden war. Dabei war bezeichnend, dass bei den Mittelmächten Deutschland und Österreich-Ungarn die Bedeutung auf den Führungswechseln im monarchischen bzw. militärischen Gebiet lag, bei den Westmächten Frankreich und Großbritannien auf den Führungswechseln im zivilen Bereich; im russischen Fall schließlich handelte es sich um einen kompletten, doppelten Systemwechsel.

Kaiser Karl, Kaiserin Zita und Kronprinz Otto folgen dem Sarg Kaiser Franz Josephs

Durch die Umstände unvermeidlich war der Führungswechsel in Österreich-Ungarn. Am 21. November 1916 starb mit Kaiser Franz Joseph jener Monarch, der auf dem Kontinent am längsten regiert, den bereits die Revolution von 1848 auf den Thron gebracht hatte. Franz Joseph hatte noch Staatskanzler Fürst Metternich erlebt, seine wirksamsten Gegenspieler, die den Radius der Donaumonarchie einschränkten, waren Napoleon III. und Bismarck gewesen und zugleich hatte er sich, in den Traditionen des Alten Reiches und des Deutschen Bundes bis zum Ende wurzelnd, trotz des Ausscheidens Österreichs aus dem konföderativen Verbund mit dem restlichen Deutschland 1866 immer als deutscher Fürst gesehen. Selbst die Hohenzollern haben offenkundig dieses Selbstverständnis mitgetragen; zu seinem 60. Thronjubiläum 1908 reisten alle deutschen Bundesfürsten mit Kaiser Wilhelm II. an der Spitze nach Wien an. Nach Franz Joseph mochte sich hier eine geteilte Entwicklung ergeben, im Bürgertum der deutschen Teile der cisleithanischen (nichtungarischen)

Reichshälfte eine stärkere Hinwendung zu Deutschland und zum großdeutschen Gedanken, in der Dynastie eine deutlichere Akzentuierung auf einen legitimistisch-eigenständigen Weg. Franz Josephs Nachfolger, der 29-jährige Kaiser Karl, war von Anfang vor allem entschieden auf eine schnelle Kriegsbeendigung bedacht, war die Donaumonarchie doch nicht nur ökonomisch am Ende, sondern machten sich auch stetig und immer mehr die zentrifugalen Kräfte ihrer verschiedenen Ethnien bemerkbar.

In Paris und London wurden gegen Mitte des Krieges die Regierungschefs ausgetauscht und es gelangten jene starken Führungsfiguren in die Verantwortung, die, in der linken Mitte des politischen Spektrums wurzelnd, die letzten Reserven zu mobilisieren und alles für einen Siegfrieden zu unternehmen gedachten:

In Großbritannien trat am 7. Dezember 1916 der Walise David Lloyd George an die Spitze des im Land regierenden Koalitionskabinetts. Als Linksliberaler hatte er sich vor dem Krieg einen Namen im Bereich der Sozial- und Steuerreformen gemacht. Im Krieg wuchs er dann, entschlossen, unkonventionell, dazu ein vorzüglicher Rhetoriker, in eine Position mit ungewöhnlicher Autorität hinein. Dazu hatte er als Rüstungsminister ab Mai 1915 wie als Verteidigungsminister ab Juli 1916 Schlüsselfunktionen der Kriegführung unmittelbar kennen gelernt.

Der entscheidende Wechsel an der politischen Führung in Frankreich erfolgte hingegen erst ein Jahr später: Am 16. November 1917 wurde Georges Clemenceau Premierminister, mittlerweile bereits 75 Jahre alt, ein erfahrenes ‚Schlachtross' der französischen Innenpolitik, Radikaler im Sinne der laizistischen, bürgerlichen Lin-

Kaiser Karl, der letzte Monarch der Donaumonarchie, bei einem Truppenbesuch in Tirol

ken, dazu aber schon vor dem Krieg Exponent unbedingter Staatsräson. Gegen Streikbewegungen war er als Ministerpräsident von 1906–1909 unnachsichtig vorgegangen. Zugleich hatte er sich damals durchaus nicht als Anhänger eines Konfrontationskurses gegenüber Deutschland erwiesen, wie er auch nach dem Krieg (s. u.) nicht einfach jener antideutsche „Eisenfresser" war, als der er rechts des Rheins so viele Jahrzehnte gesehen wurde.[94]) Aber ebenso war er in der französischen Krisensituation des Jahres 1917 (s. u.) bereit, den Krieg, wenn auch militärisch zunächst

Der britische Premier David Lloyd George, in der 1. Reihe zweiter von links, bei einem Frontbesuch. Rechts neben ihm der Oberkommandierende General Haig.

[94]) Zu Clemenceau vgl. gleichnamiger Artikel in Enzyklopädie a. a. O., S. 417–419. Zur Haltung Clemenceaus gegenüber Deutschland im Umfeld des Versailler Vertrages Jean-Jacques Becker: Frankreich und der gescheiterte Versuch, das Deutsche Reich zu zerstören, in: Versailles 1919. Ziel – Wirkung – Wahrnehmung, hg. von Gerd Krumeich in Zusammenarbeit mit Silke Fehlemann, Köln 2001, S. 65 –70. Vgl. auch Georges Clemenceau: Größe und Tragik eines Sieges, Stuttgart, Berlin, Leipzig 1930, u. a. S. 174. Danach lehnte Clemenceau, im Gegensatz zu Marschall Foch, 1919 deutsche Gebietsabtretungen an Frankreich unter Verletzung des Selbstbestimmungsrechts ab: „Marschall Foch, der ganz in seinen militärischen Beschäftigungen aufging, zerbrach sich nicht den Kopf darüber, was mit den fünfeinhalb Millionen Einwohnern der Rheinlande zu geschehen hatte, die es nach den Grundsätzen der französischen Revolution vielleicht nicht ganz in Ordnung gefunden hätten, dass man ohne Volksabstimmung über sie verfüge."

Frankreichs Ministerpräsident Clemenceau bei einem Frontbesuch in der Spätphase des Krieges

defensiv, unter allen Umständen durchzuhalten. Seine Antrittsrede enthielt die Schlüsselaussagen: „Keine pazifistischen Kampagnen, keine deutschen Intrigen mehr. Weder Verrat noch Halbverrat: Krieg, nur noch Krieg."

Der Führungswechsel in Deutschland des Jahres 1916 erfolgte, wenn auch unter starkem politisch-psychologischen Druck, an der militärischen, nicht an der politischen Spitze. Er hatte sich lange abgezeichnet. Generalstabschef Falkenhayn besaß im Lande keinen Anhang, der Nimbus von Hindenburg und Ludendorff hingegen war ungebrochen, insbesondere Reichskanzler Bethmann Hollweg drängte auf diesen Wechsel, weil er sich von ihm mehr Legitimation für die künftige Kriegführung, damit eine intensivierte Integration im Inneren und eine breitere Abstützung künftiger Friedenspolitik versprach.[95]) Zugespitzt heißt das: Hindenburgs Nimbus sollte sicherstellen, dass nicht reaktionäre Scharfmacher im Inneren gegen die Parteien der Reichstagsmehrheit in der linken Mitte und alldeutsche Siegfriedensanhänger gegenüber den Alliierten Kompromisslösungen apodiktisch ausschlossen. Kaiser Wilhelm II. hatte sich lange und mit durchaus richtigem Instinkt gegen eine solche Lösung gesträubt. Er fürchtete von Hindenburg an die Seite gestellt zu werden, und Ludendorff verachtete er förmlich als technokratisch-bürgerlichen Plebejer. Vor allem aber, und auch da hatte den Monarchen seine Ahnung nicht getrogen, war Ludendorff der Letzte, der sich für subtile poli-

[95]) Vgl. Pyta, Hindenburg, S. 227 f.: „Von Hindenburg versprach sich Bethmann Hollweg gleich in doppelter Weise Gewinn: Er hoffte zum einen, dass die militärische Führung nicht wie bisher in autistischer Weise an der Politik vorbei den Krieg operativ planen und führen werde. Zum anderen sollte Hindenburg als Legitimationsinstanz dienen, mit deren Hilfe die Monarchie aus der politischen Schusslinie genommen und innenpolitisch strittige Vorhaben durchgebracht werden sollten (...). Damit gestand der Reichskanzler ein, dass er selbst im Verein mit dem Kaiser nicht in der Lage war, die notwendige öffentliche Unterstützung im Reichstag, bei den politischen Parteien und bei den zahllosen Interessenverbänden für eine vorausschauende Friedenspolitik zu gewinnen.

Hindenburg und Ludendorff bei einem Besuch in Brüssel

tische Kompromisslösungen instrumentalisieren ließe. Wer unter Inkaufnahme Ludendorffs als tatsächlich oberstem agierendem Militär die politisch-psychologische Lage im Lande beruhigen wollte, handelte eher wie jemand, der den Teufel mit dem Beelzebub auszutreiben suchte – zugleich aber auch ein höchst eindrucksvolles Beispiel dafür, dass das Kaiserreich mittlerweile ein höchst plurales System geworden war, in dem die Reichsleitung nicht einfach verfügen konnte. Ohne Akzeptanz bei einem hinreichend breiten Segment meinungsbildender Schichten, ob in Reichstag und Parteien eher in der linken Mitte, ob bei anexionistischen Professoren, Publizisten und politisierenden Militärs weit rechts außen, waren wesentliche Führungsentscheidungen offenkundig nicht mehr vermittel- und durchsetzbar. Und die Summe der militärischen Rückschläge auf der Seite der Mittelmächte war so groß, dass dieser Führungswechsel am Ende wie durch die Verhältnisse selbst erzwungen wurde: Die gewaltigen Verluste in den Schlachten an der Westfront bei Verdun und an der Somme verbanden sich in diesem Bild mit dem Fehlschlag einer österreichischen Offensive vom Mai 1916 in Tirol gegen die Italiener und schließlich mit der russischen Brussilow-Offensive von Anfang Juni 1916. Letzter Schritt dieser krisenhaften Entwicklung war die rumänische Kriegserklärung an Österreich-Ungarn vom 27. August 1916. Rumänien war an sich Partner des Dreibundes gewesen, hatte aber, und dies trotz der dynastischen Verwandtschaft mit den Hohenzollern, ähnlich wie Italien im Sommer 1914 den Kriegseintritt auf der Seite der Mittelmächte abgelehnt und sich dabei auch auf den offenkundigen Nichtverteidigungsstatus Deutschlands und Österreich-Ungarns berufen können. Während des Krieges entwickelte Rumänien zunehmende territoriale Ambitionen auf Gebiete der ungarischen Reichshälfte der Donaumonarchie, insbesondere Siebenbürgen und die Bukowina. Diese aber konnten nur im Bündnis mit den Alliierten gewonnen werden – auch hier ist die Parallele zu Italien deutlich. Allerdings wurde der Eintritt Rumäniens in den Krieg, auf den die Alliierten große Hoffnungen gesetzt hatten, für das Land zum Desaster. Förmlich eine Pointe dieser Entwicklung war, dass der eben abgelöste Generalstabschef von Falkenhayn als Armeeoberbefehlshaber gegen Rumänien außerordentliche Erfolge hatte. Bis gegen Ende des Jahres 1916 war mehr als die Hälfte des Landes unter Einschluss der Hauptstadt Bukarest von den Mittelmächten erobert worden. Und obwohl Rumänien nicht vollständig besetzt werden konnte, musste es schließlich, in Parallele zum bolschewistischen Russland, mit den Mittelmächten Waffenstillstand (10. November 1917) und Friedensvertrag (7. Mai 1918) schließen.

Die Rolle General Ludendorffs

Hindenburg als Generalstabschef – tatsächlich Oberbefehlshaber – und Ludendorff als Erster Generalquartiermeister – tatsächlich Generalstabschef – bedeuteten einen tief greifenden Strategiewechsel nicht nur der deutschen Operationsführung, sondern auch der deutschen Politik. Ludendorff legte den Krieg auf eine lange Dauer an, einmal weil nun niemand mehr in Abrede stellen konnte, dass mit einem schnellen militärischen Kollaps einer Seite, in der Situation des Spätsommers 1916 jedenfalls gewiss nicht der Alliierten, nicht zu rechnen war, und zum anderen, weil schon Prämisse seines Handelns eben nicht war, schnell zu einem Ende zu kommen, sondern durch Positionsgewinne beim künftigen Friedensschluss bereits auch den Erfolg für den Folgekrieg zu sichern. Insofern sollte Kriegsverlängerung der Sicherung erfolgreicher Kriegführung auf Dauer dienen, das Bild des Kompromisses und kunstvoll austarierter Gleichgewichtszustände wie in der Tradition europäischer Diplomatie des 17., 18. und frühen 19. Jahrhunderts fand hier keinen Platz mehr. Am Ende stand, nach einer Reflexionsphase Ludendorffs, die sich an die unmittelbare Kriegführung anschloss, auch und gerade bei ihm die Formel vom „totalen Krieg“: „Das Wesen des Krieges hat sich geändert, das Wesen der Politik hat sich geändert, so muss sich auch das Verhältnis der Politik zur Kriegführung ändern. Alle Theorien von Clausewitz sind über den Haufen zu werfen. Krieg und Politik dienen der Lebenserhaltung des Volkes, der Krieg aber ist die höchste Äußerung völkischen Lebenswillens. Darum hat die Politik der Kriegführung zu dienen.“[96]) In seinen sehr schnell nach Kriegsende, 1919, erschienenen „Kriegserinnerungen“ orientierte sich Ludendorff noch am Modell einer funktionalen Arbeitsteilung zwischen politischer und militärischer Führung. Letztere griff in die Bezirke der politischen Leitung dann ein, wenn Ad-hoc-Handeln geboten war und die Reichsleitung nach der Einschätzung der Militärs nichts unternahm: „Nur schwer konnten sich die Reichsämter daran gewöhnen, dass mit Kriegsausbruch in der Obersten Heeresleitung eine Stelle entstanden war (...), die umso mehr zu tatkräftigem Handeln gezwungen war, je weniger sie dies in Berlin vorfand.“[97]) Gezeichnet wird hier das

[96]) Erich Ludendorff: Der totale Krieg, München 1935. S. 10.

[97]) Erich Ludendorff: Meine Kriegserinnerungen, Berlin 1919, S. 5.

Geschehen der Kriegsjahre, insbesondere der Zeit von August 1916 bis September 1918, als Abfolge erfolgreicher militärischer Operationen, zahlreicher Interventionen in Wirtschaft und Meinungsbildung, vielfacher ganz selbstverständlicher Eingriffe in den politischen Prozess (Sturz von Reichskanzler Bethmann Hollweg im Sommer 1917, s. u.), Einflussnahme auf die Friedensschlüsse von Brest-Litowsk und Bukarest 1918 und Anteilnahme an der Kriegszielpolitik.

Analytisch sollte man allerdings zwei Faktoren mit bedenken: Einmal bedeutete die vielfach unsystematische Amalgamierung klassisch militärischer und politischer Tätigkeitsfelder noch nicht jene Diktatur Ludendorffs, von der so oft durchaus leichtfertig gesprochen wird. Dazu war das Kaiserreich in seiner Schlussphase zu unstrukturiert, herrschte vielfach Gegeneinander von Apparaten statt geregelter Verantwortung und war auch das Gewicht des parlamentarisch-zivilen Bereichs unter Einschluss der Sozialdemokratie inzwischen zu groß. Zum anderen war das Denken über den Krieg hinaus in den nächsten Krieg hinein mit der Konsequenz, sich jetzt schon die besten Startchancen zu sichern, durchaus auch bei den deutschen Kriegsgegnern verbreitet: So wie die Rechte in Deutschland die Hand über Belgien nach der Kanalküste, den französischen Erzgruben wie dem strategischen Vorfeld der französischen Festungen ausstreckte, geriet in Frankreich zunehmend die Rheingrenze mit dem Ruhrgebiet im Nahbereich in den Blickpunkt und auch hier drohten gegen Ende des Krieges und in den ersten Nachkriegsjahren die Militärs, an erster Stelle Marschall Foch, der politischen Führung davonzulaufen. Allerdings blieb der Primat der politischen Führung in Paris und London stets gänzlich unbestritten, Kriegführung und Friedensherbeiführung waren am Ende wesentlich Angelegenheit der Regierungschefs und das unterschied die beiden westlichen Alliierten gravierend von Deutschland, wo die Militärs, dazu noch inspiriert von allerlei nationalistischen Verbänden und Interessengruppierungen, an der Friedenherbeiführung im Blick auf Brest-Litowsk und Bukarest 1918 wie an den weiteren Friedenserwägungen massiv beteiligt waren.

Ludendorffs Bemühen, eine sehr langfristige deutsche Kriegsführungsfähigkeit sicherzustellen, hatte zunächst zweierlei Konsequenzen: Einmal galt es, die materiellen und personellen Reserven des Reiches radikal auszuschöpfen. Insofern wurde ab Mitte/Ende 1916 bereits erstmals in Deutschland totaler Krieg praktiziert, freilich nicht, und das muss hier differenzierend immer hinzugefügt werden, im Bereich der Innenpolitik: Trotz an sich gegebener Zensur gab es nach wie vor ein breites Spektrum politischer Meinungsäußerungen, gerade auch zu den heiklen Themen Parlamentarisierung im Reich, Abschaffung des Dreiklassenwahlrechts in Preußen und Sieg- oder Verzichtsfrieden. Ausländische Zeitungen, auch aus dem Bereich der so genannten Feinde, konnten in Deutschland gelesen werden – dies alles gibt dann eben doch ein prinzipiell anderes Bild als das der inneren Lage während des Zweiten Weltkrieges.

Das Hilfsdienstgesetz

In einer Denkschrift der Obersten Heeresleitung für den Reichskanzler vom 2. November 1916 hieß es: „Wir können (...) den Krieg nur gewinnen, wenn wir dem Heere soviel Kriegsgeräte zuführen, dass es den feindlichen Armeen gleichstark gegenübersteht, und wenn wir die Ernährung des gesamten Volkes sicherstellen. Das ist bei den reicheren Mitteln, die unsere Feinde haben, nur möglich, wenn alles, was unser Land an Bodenschätzen birgt und was die Industrie und der Acker hergeben können, ausgenutzt wird, lediglich für die Förderung des Krieges. Dieses Höchstmaß an Leistungen kann aber nur erreicht werden, wenn das gesamte Volk sich in den Dienst des Vaterlandes stellt. Alle anderen Rücksichten müssen dagegen zurücktreten; sie können in einem Kampf, der über Sein oder Nichtsein des Staates, über die Unabhängigkeit, die Wohlfahrt und die Zukunft unseres Volkes entscheiden wird, keine Rolle spielen (...). Es ist nach meiner Überzeugung von größter Wichtigkeit, dass ein Gesetz zustande kommt, in welchem ausdrücklich die Wehrpflicht für die gesamte männliche Bevölkerung hinsichtlich der Dauer auf das 16. bis 60. Lebensjahr und hinsichtlich der Verwendung auf die gesamte Kriegswirtschaft ausgedehnt wird."[98])

Versorgungsmängel kennzeichneten den Verlauf des Ersten Weltkrieges, insbesondere in Deutschland, und trugen nachhaltig zur immer stärkeren Kriegsmüdigkeit bei.

Die weitere Entwicklung des so genannten Hilfsdienstgesetzes zeigte dann, dass Deutschland unter der Dritten Obersten Heeresleitung keine Militärdiktatur war, dass vielmehr auch die parlamentarischen Kräfte an Gewicht gewannen und eher die zivile Reichsleitung in Gestalt von Reichskanzler und Staatsse-

[98]) Zit. nach Ernst-Rudolf Huber: Deutsche Verfassungsgeschichte seit 1789, Bd. V. Weltkrieg, Revolution und Reichserneuerung 1914–1919, Stuttgart u. a. 1978, S. 103.

kretären an der Spitze der Reichsämter zwischen diesen beiden Polen zerrieben wurde. Am Ende standen dann knapp ein Jahr später (s. u.) der Sturz des Reichskanzlers Bethmann Hollweg und der Übergang zu weit reichenden konstitutionellen Reformüberlegungen im Interfraktionellen Ausschuss des Reichstages während des Krieges. Ein nach der zitierten Denkschrift der Obersten Heeresleitung im Reichsamt des Innern schnell gefertigter Gesetzentwurf wurde im Reichstag unter Einflussnahme von Wirtschaftsverbänden und Gewerkschaften durch ein breites parlamentarisches Spektrum gravierend modifiziert. Dieses Spektrum reichte von der SPD, ohne ihren oppositionellen Flügel, die „sozialdemokratische Arbeitsgemeinschaft", aus der sich im Folgejahr die USPD entwickeln sollte, über Zentrum, Fortschritt und Nationalliberale bis zu den Freikonservativen. Die hier durchgesetzten Änderungen betrafen insbesondere eine Fülle an Rechtschutzbestimmungen für Arbeitnehmer und Wirtschaft.

Das dann am 5. Dezember 1916 in Kraft getretene Hilfsdienstgesetz verfügte die Arbeitspflicht für Männer vom 17. bis 60. Lebensjahr, so weit sie nicht zum Wehrdienst einberufen waren, die Einrichtung örtlicher Dienstverpflichtungsausschüsse mit jeweils einem vorsitzenden Offizier, einem höheren Beamten und je zwei Vertretern von Arbeitgebern und Arbeitnehmern mit Beschwerderecht des jeweils Betroffenen und die obligatorische Einrichtung von Arbeiter-Ausschüssen und Angestellten-Ausschüssen bei gewerblichen Betrieben mit mindestens 50 Beschäftigten. Vereins- und Versammlungsrecht blieben gewährleistet. Für die Gewerkschaften war dieses Gesetz eine Fortsetzung ihrer „Politik des 4. August", also ihrer Integration in die politische Verfassung des Staates.

Das Hilfsdienstgesetz konstituierte schließlich Grundlagen der deutschen Sozialverfassung, wie sie über Kriegsende und Weimarer Republik (Betriebsräte) hinaus ihre Fortsetzung in der bundesdeutschen Mitbestimmung finden sollten. Insofern führt ein Weg von diesem Ansatz, der seinen Ausgangspunkt im Burgfrieden des 4. August 1914 hatte, bis in den so genannten rheinischen Kapitalismus der zweiten Nachkriegszeit.

Die zweite Schwerpunktsetzung der inneren Mobilisierung war die unmittelbare Koordinierung der Rüstungsanstrengungen durch ein neu eingerichtetes Kriegsamt. Es blieb zwar formal dem preußischen Kriegsministerium unterstellt, stand aber de facto ganz zur Verfügung der Obersten Heeresleitung. „Man hatte sich dabei vom Vorbild des englischen Munitionsministeriums inspirieren lassen, wie denn überhaupt die englischen Anstrengungen als Herausforderung (…) die Aktivität der OHL im Herbst 1916 beeinflusst haben."[99]) Freilich sollte sich sehr bald zeigen, dass das Bemühen um eine schlagartig exponentielle Zunahme der Rüstungsproduktion vielerlei Disproportionen zeitigte und nicht zu den Ausstoßzahlen führte, die eigentlich angestrebt worden waren. So brachte der Winter 1916/17 durch Überforderung der Eisenbahnen zunächst eine Transport-, sodann eine Kohlenkrise. Dazu kamen die

[99]) Kielmannsegg, Deutschland, S. 192.

	Produktion 1918 (in Millionen Tonnen)		
	Kohle	Eisen	Stahl
Großbritannien	231	9	10
Frankreich	26	2	2
USA	615	40	45
Alliierte insgesamt	872	50	57
Deutschland insgesamt	161	12	12

Industrielle Rohstoffproduktion 1918
Quelle: Roger Chickering, Das Deutsche Reich und der Erste Weltkrieg, München 2002

nun beschleunigt zunehmenden Probleme der Ernährung. Gravierende Rückgänge bei der Kartoffel- und Getreideproduktion führten zur Konjunktur der Ersatzfrucht „Steckrübe", die für das Deutschland des Jahres 1917 sprichwörtlich wurde. Die Versorgung der Normalverbraucher sank auf zeitweise 1.200 Kalorien täglich. Für die Frontsoldaten lag sie doppelt so hoch, was bei den besonderen körperlichen Anforderungen eines Kampfeinsatzes auch noch viel zu niedrig ist. Hinzu kam die deutliche Ungleichmäßigkeit der Versorgung im Reichsgebiet. Die Bewohner der Städte und Ballungsräume taten sich außerordentlich schwer, über die Kartenzuteilungen hinaus zusätzliche Quellen zu erschließen. Die Bauern beklagten sich wiederum über die Ablieferungspflichten, materiell privilegierte Bevölkerungsschichten fanden vielfach Möglichkeiten, zusätzliche Ernährung zu akquirieren und die einzelnen Länder im Reich gerieten vielfach in Konflikte gegeneinander. Ein Blick über die Grenze nach Österreich-Ungarn zeigt hier im Übrigen ein noch verschärftes Bild: Zwischen der cisleithanischen und der transleithanischen (ungarischen) Reichshälfte kam es zu schweren Verwerfungen. Insbesondere blickten die Österreicher kritisch auf das reiche Agrarland Ungarn, von dem sie sich im Stich gelassen fühlten.

Die Trias von Ernährungskrise, Februarrevolution in Russland 1917 und nicht absehbarem Kriegsende mündete in Deutschland ab Anfang 1917 in eine deutlich wachsende Streikbewegung. Die Gewerkschaften, denen ihr neu gewonnener Status im Reich naturgemäß außerordentlich wichtig war, bemühten sich, diese Streikbewegung auszutreten, hatten dabei aber nur begrenzten Erfolg.

6. Politik und Kriegführung 1917

Kriegführung 1917

Auf dem rein militärischen Gebiet zeigte sich Ludendorff bemüht, durch eine elastisch-defensive Strategie das deutsche Durchhaltevermögen zu strecken: Das Gebot, an der Westfront jeden Angriff durch einen Gegenangriff zu beantworten, jeden verlorenen Meter zurück zu gewinnen, wurde aufgegeben. Ludendorff verweist in seinen Erinnerungen auch immer wieder mit Genugtuung wie im kritischen Reflex auf Falkenhayn und zugleich als Selbstrechtfertigung nach der Kriegszeit darauf, dass die deutschen Verluste an der Westfront in der Zeit seiner Verantwortung unter denen der Alliierten gelegen hätten. Das trifft freilich auch deshalb zu, weil die deutsche Seite notgedrungen bis Frühjahr 1918 defensiv agieren musste und die Defensive war eben in dieser ganzen Zeit die grundsätzlich Kräfte sparendere Operationsform. Aber hier wird doch auch erkennbar, dass die Kriegsverluste und die Frage nach ihrer Legitimation offenkundig jedenfalls nicht gänzlich spurlos an ihm

Das Trichterfeld in Flandern. Zerwühltes Kampfgelände, in dem Granattrichter voll Wasser stehen. Durch das Trichterfeld führt ein von Pionieren gelegter Bohlenweg. Flandern war 1914 wie 1917 ein Hauptkampfgebiet zwischen den Deutschen und der Entente.

vorüber gegangen sind. Freilich mag es dabei allerdings weniger um das individuelle Leid gegangen sein, das Tod und Verwundung bedeutete, als, in eher biologistisch-sozialdarwinistischer Manier, um die Einbußen am so genannten „Volkskörper".

Die Bemühungen, den Krieg in die Länge zu ziehen und Kräfte zu sparen, führten auch zu neuen, professioneller werdenden Kampfweisen, zum Einsatz kleiner Stoßtrupps und ausgewählter Eliteeinheiten (Sturmbataillone), die vor allem als Feuerwehr bei der Verteidigung wie als forcierendes Element beim Angriff dienen sollten. Der spätere Reichskanzler Heinrich Brüning, ab 1930 Chef eines „Kabinetts der Frontsoldaten", war Offizier in einer solchen Maschinengewehreinheit.

Spektakulärster Schritt dieser Ludendorffschen Umorientierung ist die im März 1917 vollzogene Entscheidung zum Rückzug auf die so genannte „Siegfried-Stellung" an der Westfront zwischen Arras und Soissons. Über eine Länge von rund 80 Kilometern wurde „freiwillig" ein Gelände mit einem Radius von bis zu 30 Kilometern aufgegeben. Mit solchen Rückzugsplänen hatte sich Ludendorff seit September 1916 befasst. Im Winter 1916/17 bauen im Hinterland der Front bis zu 370.000 Zivilarbeiter diese neuen, vielfach betonierten Stellungen aus, die in ihrer Anlage bereits an die Fortifikationen vor dem Zweiten Weltkrieg – Maginot-Linie und Westwall – erinnern. Freilich erinnert noch etwas anderes an den Zweiten Weltkrieg und wird zum mitbelastenden Faktor in der Zwischenkriegszeit: Das gesamte Gelände zwischen alter und neuer Frontlinie, mit rund 100.000 Einwohnern, die evakuiert werden, wird vorsätzlich und planmäßig in eine Wüstenei verwandelt, um den Feind am Aufrücken und am Einrichten einer neuen Infrastruktur möglichst zu hindern. Hier wird bereits, wenn auch nicht mit der vollen Radikalität des deutschen Rückzuges in der Sowjetunion 1943/44, so etwas wie „Verbrannte Erde" praktiziert. Ludendorff gibt dies indirekt durchaus zu, wenn er in seinen Erinnerungen relativierend schreibt: „Dass die Entente uns der sehr nachhaltigen Zerstörungen und der Verschiebung der Bevölkerung wegen von Neuem Hunnen nannte und alle Register ihrer Propaganda gegen uns aufzog, mussten wir hinnehmen. Das war ihr Recht. Wir hatten aufgrund des Kriegsrechts gehandelt, nicht einmal in dem Umfang wie die Kriegführenden im Sezessionskriege in Nordamerika."[100])

Der strategische Gewinn der gesamten Operation war vor allem die Disposition über 20 zusätzliche Divisionen im Westen und dazu die Unmöglichkeit für die Alliierten, in näherer Zukunft an diesem Frontbereich anzugreifen.

Der deutsche Rückzug in die „Siegfried-Linie" führt im Blick auf das weitere Jahr 1917 keineswegs zu einem Nachlassen der Kampftätigkeit an der Westfront – im Gegenteil: Auch wenn aus dem Jahre 1916 „Verdun" und „Somme", losgelöst vom jeweiligen geographischen Ort, förmlich als Metaphern für Kulminationspunkte menschlichen Kämpfens und Leidens stehen, wurden sie tatsächlich 1917 noch übertroffen. Im April griffen die Briten nördlich, die Franzosen südlich der deut-

---

[100]) Ludendorff, Kriegserinnerungen, S. 324.

Im Vorfeld von Verdun: Hier stand einst das Dorf Vaux (26. April 1917), vgl. Foto S. 148

schen Rückzugslinie an. Die Materialschlacht wurde in ihrer Intensität nochmals gesteigert: Hatte die deutsche Seite die Schlacht bei Verdun mit einem Trommelfeuer aus 1.200 Geschützen begonnen, die Briten die Schlacht an der Somme mit 1.600 Geschützen, so setzten sie nun bei Arras 2.200 Geschütze ein, die in kurzer Zeit zweieinhalb Millionen Granaten verschossen. Die Briten hatten durchaus auch militärische Anfangserfolge, es gelangen bei hohen eigenen Verlusten tiefe Einbrüche in das deutsche Stellungssystem und es wurden relativ hohe Gefangenenzahlen erreicht, vielleicht bereits ein Vorbote der dann mehr als ein Jahr später ausbrechenden Kriegsmüdigkeit. Freilich wurde der erhoffte Durchbruch ins Hinterland samt einer Vereinigung mit französischen Angriffspitzen nicht erreicht.

Krise der französischen Armee

Für die französische Seite wurde der Angriff am „Chemin des Dames", am so genannten Damenweg, zur vielleicht tiefsten Zäsur des Ersten Weltkrieges überhaupt. Der Damenweg, benannt nach einer im 18. Jahrhundert für die weiblichen Angehörigen des Königshauses errichteten Trasse, die hier relativ schnell nach Nordostfrankreich gelangen konnten, war eine seit 1914 von deutscher Seite besetzte, beherrschende Höhenstellung. Sie erlaubte Einblicke über viele Kilometer. Genau an dieser prestigeträchtigen Stelle griffen die Franzosen unter dem Befehl von General Nivelle an. An dieser Stelle aber war die deutsche Verteidigung nicht nur durch das Geländerelief bevorzugt, sondern hatte sich auch, einer gewandelten Dogmatik zur Führung der „Abwehrschlacht" folgend, neu strukturiert: Im Hinterland standen starke Eingreifreserven, während das Vorgelände durch nur sehr wenige, locker im Gelände platzierte Einheiten, meistens Maschinengewehrtrupps, verteidigt wurde. Sehr bald nach dem Fehlschlag der französischen Offensive, im Grunde schon nach den ersten Stunden, machte sich eine tiefe Enttäuschung breit, die schließlich in Meutereien umschlug.

Damit erfolgte dieser ansatzweise Kollaps der französischen Armee bemerkenswerter Weise nahezu zeitgleich zur Februarrevolution in Russland, die auch entscheidend durch militärische Perspektivlosigkeit und Kriegsmüdigkeit motiviert war. Denn die Zahlen, so grauenhaft sie an sich waren – 147.000 Verluste in der französischen Armee während der ersten zwei Wochen nach Beginn der Offensive von General Nivelle am 16. April 1917 – lagen eben nicht über den Verlustraten früherer Jahre. Sowohl die Kämpfe im Bewegungskrieg des Herbstes 1914 als auch die Schlacht bei Verdun hatten jeweils ein Mehrfaches an Opfern verlangt. Aber jedes Mal war es um eindeutig erkennbare Verteidigung gegangen, nun hatte man den Soldaten suggeriert,

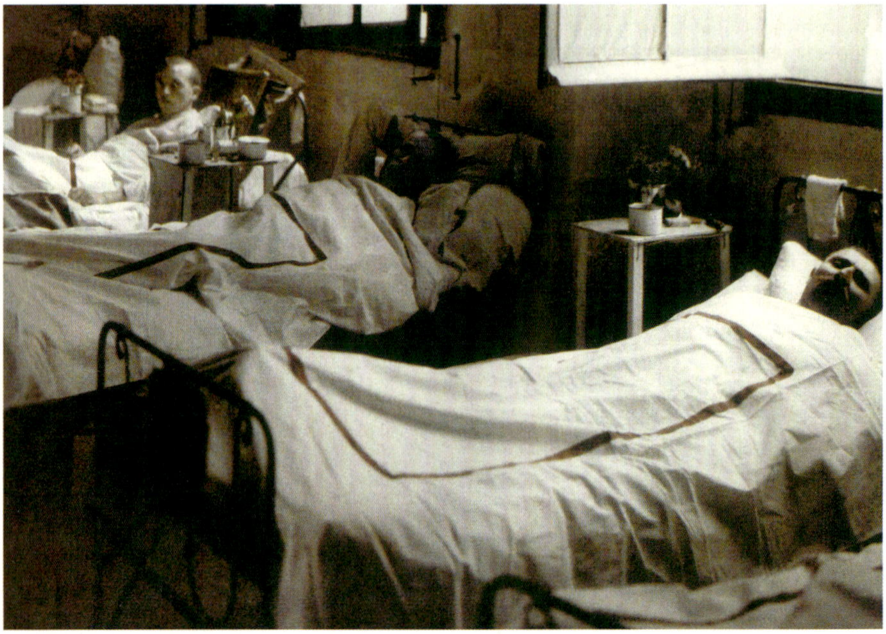

Farbaufnahme aus einem französischen Lazarett, 1917

Das Schlachtfeld am Chemin des Dames (Damenweg), Ende 1917

noch einmal durchstoßen und es komme zur positiven Entscheidung. Insofern liegt hier wohl auch eine Parallele zur tief greifenden Enttäuschung und Verweigerung im deutschen Heer genau ein Jahr später. Denn als die Offensiven des Frühjahres 1918, von denen sich die Soldaten den baldigen und sicheren Erfolg erhofft hatten, nur zu immer neuer Perpetuierung des Kämpfens und Sterbens führten, setzte jener verdeckte „Militärstreik" ein, der aus Erschöpfung und Frustration genährt wurde und mit zur Niederlage des Herbstes 1918 führte (s. u.). In beiden Fällen zeigte sich, dass die Belastbarkeit der Soldaten eben doch nicht vollständig unbegrenzt war.

Bemerkenswert ist auch, dass die französischen „Meutereien" ihren Ausgang nicht unmittelbar an der Front, sondern während der Erholungsphasen im Hinterland nahmen. Sie eben erlaubten ein Reflektieren, das Sinnfragen neu stellte und in Verweigerung mündete. Auf deutscher Seite, wo man diese Entwicklung nicht bzw. nahezu nicht wahrgenommen hatte, wurde nach dem Krieg, teilweise in typischer Veteranenmanier, gerne zweierlei betont: Zum einen, dass die Einsatzfähigkeit der „meuternden" – schon die Semantik ist hier aufschlussreich – französischen Divisionen nur durch härteste Disziplinierung, insbesondere durch angebliche Dezimierungen, hätte wieder hergestellt werden können. Dies entsprach dem auf deutscher Seite gerne kolportierten Bild, wenn man nur wolle und alle psychischen und mentalen Anfechtungen radikal bekämpfe, könne man eben jedes Ziel erreichen. Genau dies aber habe das angeblich schlappe deutsche Kaiserreich nicht zustande gebracht. Von hier aus führt auch schon eine argumentative Brücke zur spä-

Französischer Nationalfeiertag am 14. Juli 1917. Die britischen Regimenter ließen ihre Standarten an diesem Tage im Depot. Diese französische Regimentsflagge ist schon so ramponiert, dass die Beschriftung nicht mehr zu lesen ist.

teren Dolchstoßlegende, zum Vorwurf, Flaumacher und Heimat seien am Ende der kampfbereiten Front in den Rücken gefallen. In Wirklichkeit verhielt es sich so, dass von rund 30.000 bis 40.000 namhaft gemachten Befehlsverweigerern in der französischen Armee rund 10%, 3.427, vor Gericht gestellt und verurteilt wurden, darunter 554 zum Tode. Die Zahl der Exekutionen betrug 49. Sie lag damit zwar in der Tat über der Zahl der Exekutionen im deutschen Heer, erreichte aber keineswegs die Größenordnung von Dezimierungen. Bei den verhängten schweren Strafen ging es vor allem um eine demonstrative Repressionswirkung.

Zum Zweiten hieß es auf deutscher Seite im Nachhinein vielfach selbstanklägerisch, hätte man nur von diesen Vorgängen gewusst und sie zum Anlass für einen unverzüglichen Angriff gemacht, dann wäre eben sehr schnell vielleicht doch der Durchbruch erzielt worden. Aus heutiger Sicht spricht sehr wenig für diese Annahme. Die französischen Soldaten versagten sich in aller Regel überhaupt nicht der weiteren Kriegführung. Sie wollten die Verteidigung unvermindert fortsetzen, sie hatten nur den Punkt überschritten, an dem sie noch zu einem „Verheizen“ in aussichtslosen Angriffen eingesetzt werden konnten.

Der zum Nachfolger General Nivelles ernannte General Pétain kam den Wünschen der Soldaten weit entgegen. Bei für sie existenziellen Fragen wie der Qualität des Essens und dem System der Fronturlaube gab es spürbare Verbesserungen. Die französische Verteidigungsfähigkeit blieb am Ende ungeschmälert erhalten, allerdings war Frankreich zugleich für längere Zeit kein Faktor mehr, der an der Westfront eigenständig große Offensiven durchzuführen vermochte. Frankreich setzte nun auf die grundsätzlich gegebene strukturelle Überlegenheit der Alliierten, auf neue Waffensysteme wie die Tanks (Panzer) und auf das künftige militärische Engagement der Amerikaner. Ob das freilich angesichts des Kollabierens des russischen Verbündeten und ein halbes Jahr später auch weitgehend des italienischen Verbündeten (s. u.) genügen würde, war zu diesem Zeitpunkt schwer abzusehen.

Schlüsseljahr 1917

In der klassischen deutschen Zeitgeschichtsschreibung, wie sie nach 1945 etabliert wurde, firmiert das Jahr 1917 als welthistorisches Schaltjahr. Wesentlicher Grund für diese Terminierung war nicht einfach, dass sich entscheidende Großmächte mitten im Ersten Weltkrieg tief greifend wandelten und neu positionierten. Die beiden „Flügelmächte" Russland und USA übernahmen neue Rollen. Russland entledigte sich erst des autokratischen Zarenregimes, wurde als liberal-sozialistisches Land zwischen März und November 1917 für die Alliierten mit einem Mal auch in seiner

Der russische Ministerpräsident Alexander Kerenski bei einem Frontbesuch, 2. Reihe Mitte, am 12. September 1917. Rund ein Vierteljahr später wurde er von den Bolschewiki gestürzt.

politischen Ordnungsform satisfaktionsfähig, erschien zugleich aber als Verbündeter zunehmend geschwächt (s. u.), fiel dann im November 1917 einem bolschewistischen Staatsstreich zum Opfer und schied, unter dieser völlig neuartigen ideologisch-totalitären Führung, wie angesichts eines herannahenden Bürgerkrieges, aus dem Weltkonflikt überhaupt aus. Zeitgeschichtlich aber wohl noch bedeutsamer war, dass die nun in Petrograd herrschenden Bolschewiki die herkömmlichen Formen zwischenstaatlichen Lebens grundsätzlich nicht akzeptierten, den Europa zerfleischenden Krieg in eine Weltrevolution umzufunktionieren suchten, die alle bürgerlichen Ordnungsformen beseitigt hätte, und zugleich die klassischen Formen herkömmlicher Diplomatie kompromittierten: Die durch das zaristische Russland mit seinen Alliierten geschlossenen Geheimverträge wurden veröffentlicht. Damit wurde nicht wenig zur Entlarvung des Imperialismus der Westalliierten beigetragen. Und schließlich zog am Horizont jene Konfliktlinie zwischen westlich-pluraler Ordnung und kommunistischer Diktatur herauf, die erst mit dem Einsetzen des Kalten Krieges 1946/47 voll wirkungsmächtig werden sollte.

Das andere zentrale Element war das Engagement der USA. Obwohl neutral, waren sie doch nie wirklich beiseite gestanden. Einmal hatten die USA seit 1915 vielfache Bemühungen unternommen, die Kriegsgegner an einen Tisch zu bringen. Zum anderen waren sie als stärkste Wirtschafts- und Industriemacht wie auch als erstrangiger Agrarproduzent von vornherein in den Wirtschaftskrieg integriert. Die amerikanischen Zufuhren, vom Getreide bis zur Munition, wurden für Frankreich und Großbritannien ebenso lebenswichtig wie die in den USA aufgenommenen Anleihen. Die britische Blockade Deutschlands wie der Mittelmächte insgesamt verhinderte zugleich die Fortführung des Außenhandels dieser Seite mit Amerika. Wo es doch noch Möglichkeiten gab, wie beim Einsatz einiger weniger deutscher Handels-U-Boote ab 1916, die besonders rare und wertvolle Rohstoffe nach Deutschland brachten, wurden diese genutzt. Aber es war zugleich klar, dass die Sympathien wie die Präferenzen der Majorität in den USA auf der Seite der Alliierten standen. Hinzu kamen die für die amerikanische politische Ordnungsform wesentlichen Elemente von republikanischer Gleichheit, demokratischer Partizipation und „free enterprise", die sich mit autoritären monarchischen Systemen, in der eigenen Wahrnehmung noch einen Gutteil autoritärer als es den Tatsachen entsprechen mochte, nicht vertrugen.

Der unbeschränkte U-Boot-Krieg

Dass die Proklamation eines unbeschränkten U-Boot-Krieges einen amerikanischen Kriegsbeitritt entscheidend näher bringen konnte, war der politischen wie auch der militärischen Führung in Deutschland sehr wohl bewusst. Entscheidend war nur die Frage, wie man eine derartige Entwicklung bewertete. Die Exponenten der Flotte trugen den führenden Militärs, Hindenburg und Ludendorff, die Option des unbeschränkten U-Boot-Krieges an, da sie nur noch in diesem Instrument einen wirkungsvollen Beitrag der maritimen Kriegsführung sehen konnten. Nachdem sich die Euphorie der Admiräle und Schiffskommandanten über den Ausgang der Seeschlacht am Skagerrak gelegt hatte und wieder mehr analytische Kühle eingekehrt war, war zugleich klar geworden, dass die Schlachtschiffe nichts Kriegsentscheidendes bewirken konnten. Es ging somit um zweierlei: Um eine endlich tatsächlich wirksame Unterbindung der Zufuhren für Großbritannien und, im Kräfteparallelogramm des Kaiserreiches, um eine Statusbehauptung der Flotte, für die bis 1914 soviel aufgewandt worden war und die nach 1914 strategisch relativ wenig geleistet hatte. Und ebenso wie General Ludendorff im Krieg schon Überlegungen für die Startbedingungen für den nächsten Krieg anstellte, befassten sich auch die Admirale mit Umfang und Struktur der Flotte in der Nachkriegszeit. Um hier freilich bei der Reichsleitung etwas erreichen zu können, waren entscheidende Beiträge im Krieg von enormer Bedeutung.

Ludendorff aber nahm das „Angebot" eines unbedingten U-Boot-Krieges gerne an. Denn in der Konstellation des Jahreswechsels 1916/17, als ein Ausscheiden Russlands aus dem Krieg noch nicht erkennbar war und somit für Deutschland die Zweifrontensituation anzuhalten schien, musste er eine Perspektive entwickeln, um aus der Defensive in die Offensive zurückzufinden. Dem Schritt zum unbeschränkten U-Boot-Krieg ging freilich zunächst die so genannte Friedensnote der Mittelmächte vom 12. Dezember 1916 voraus. Die Militärs hatten dazu eine günstige Situation abwarten wollen und diese war nunmehr durch die weitgehende Okkupation Rumäniens gegeben. Ob diese Friedensnote ernst gemeint oder Alibi war, kann man schon deshalb weitgehend dahingestellt sein lassen, weil sie auch nur andeutungsweise nichts zu den konkreten Vorstellungen der Mittelmächte, insbesondere zu etwaigen Annexionswünschen, enthielt. Die Antwort der Alliierten vom 30. Dezember 1916 war dann insofern konkreter und zugleich aggressiver, als sie von den Mittelmächten „Sühne, Wiedergutmachung und Bürgschaften" forderte und damit schon die Option eines weitgehenden Kompromissfriedens mehr oder weniger ausschloss.

Zeitlich nahezu parallel erfolgte eine letzte amerikanische Friedensinitiative. Zugleich mehrten sich in den USA trotz der hier gegebenen grundsätzlichen Präferenz für die Alliierten in bemerkenswerter Weise die Proteste gegen die britische Blockade Deutschlands. Am 21. Dezember 1916 legte der amerikanische Präsident Wilson seine eigene Friedensinitiative vor, zugleich verärgert über das deutsche Vorpreschen rund zehn Tage zuvor, denn es mochte ihm bei den Alliierten den Eindruck verschaffen, er bevorzuge die deutsche Seite. Wilson forderte in seiner Initiative die Kriegsparteien zur Übermittlung ihrer Kriegsziele auf und plädierte für einen Frieden ohne Sieg. In ihrer Antwort definierten die Alliierten dann ein weit gespanntes Kriegspanorama, das in der Tat für die Mittelmächte nicht akzeptabel sein konnte: „Deutschland wurde als gemeingefährlicher Aggressor und Verächter der Menschlichkeit angegriffen, die Alliierten als Verteidiger der Menschenrechte gerühmt. Im Einzelnen nannte die (alliierte, P. M.) Note folgende Friedensbedingungen: Die Wiederherstellung bzw. Räumung Belgiens, Serbiens, Montenegros,

Frankreichs, Russlands und Rumäniens, verbunden mit Entschädigungszahlungen an alle diese Opfer der Aggression. Ferner sollten Österreich-Ungarn und die Türkei zerschlagen werden. Elsass-Lothringen sei Frankreich zurückzugeben."[101]) Auf der deutschen Seite antwortete man unverbindlich und lehnte tatsächlich zugleich eine amerikanische Vermittlung ab, da diese ja sicher die Realisierung der eigenen territorialen Ziele, insbesondere die Verfügung über Belgien und die Kanalküste, ausgeschlossen hätte. Diese tatsächlich vorhandenen (s. u.) Ambitionen wagte man im Gegensatz zu den Wünschen der Alliierten, die eben vielfach mit dem Gedanken des Selbstbestimmungsrechts vereinbar waren bzw. vereinbar schienen, nicht öffentlich zu machen.

Mit der Ergebnislosigkeit des Dialogs bzw. Nichtdialogs vom Dezember 1916 waren aber zugleich auf deutscher Seite die Triebkräfte für den Übergang zum unbeschränkten U-Boot-Krieg nachhaltig gestärkt. Oder anders formuliert: Der Gedanke der reinen militärischen Logik hatte wieder einmal über den Primat der Politik gesiegt.

Als die Würfel schon weitgehend gefallen waren, fand am 6. Januar 1917 im Berliner Hotel Adlon ein Bankett der amerikanischen Handelskammer in Deutschland für den aus den USA zurückgekehrten Botschafter Gerard statt. Gerards Antwort auf die Tischrede von Staatssekretär Helfferich, der den an sich zuständigen Außenstaatssekretär Zimmermann vertrat, kulminierte in einer Art Apotheose, nämlich „in der Versicherung, dass die Beziehungen zwischen der Vereinigten Staaten und Deutschland niemals besser gewesen seien als in diesem Augenblick, und dass die Fortdauer dieser ausgezeichneten Beziehungen gewährleistet sei"[102]) und dies auch so bleiben werde, wenn das derzeitige deutsche Führungspersonal weiter amtiere. Der Hintergrund dieser, vor allem im Lichte der folgenden Wochen bemerkenswerten Sätze ist bis heute nicht leicht erklärbar. Offenkundig drückte sich aber darin der Wunsch zumindest eines Teils der amerikanischen Führung und Diplomatie aus, einen Bruch mit Deutschland zu vermeiden. Drei Tage später erfolgte die Entscheidung Kaiser Wilhelms II. für den unbeschränkten U-Boot-Krieg mit Wirkung vom 1. Februar 1917, weitere drei Tage nach diesem Termin dann der Abbruch der diplomatischen Beziehungen der USA mit Deutschland. Zwischen diesem Datum und der eigentlichen Kriegseröffnung lagen aber nochmals zwei Monate.

Zimmermann-Depesche und Kriegseintritt der USA

Sie machten zum einen deutlich, dass die USA am Ende durchaus nicht frei von Zögern in den Ersten Weltkrieg gingen. Schließlich war es für sie ein außenpolitisch revolutionärer Schritt, ein Engagement in der Alten Welt, wie man es stets prinzipiell abgelehnt hatte. Jetzt ereignete sich aber eine diplomatische Groteske, die in

[101]) Kielmannsegg, Deutschland, S. 422.
[102]) Karl Helfferich: Der Weltkrieg, Berlin 1919, S. 363.

Der vollständige Text der entschlüsselten Zimmermann-Depesche mit der Anweisung Staatssekretär Zimmermanns an Botschafter Bernstorff: „Streng geheim. Nur zur persönlichen Unterrichtung Eurer Exzellenz und zur Weitergabe an den kaiserlichen Geschäftsträger in Mexiko auf sicherem Wege"

WIR BEABSICHTIGEN AM ERSTEN FEBRUAR UNEINGESCHRÄNKTEN U-BOOT-KRIEG ZU BEGINNEN. ES WIRD VERSUCHT WERDEN VEREINIGTE STAATEN TROTZDEM NEUTRAL ZU ERHALTEN. FÜR DEN FALL DASS DIES NICHT GELINGEN SOLLTE, SCHLAGEN WIR MEXIKO AUF FOLGENDER GRUNDLAGE BÜNDNIS VOR. GEMEINSAM KRIEG FÜHREN. GEMEINSAM FRIEDENSSCHLUSS. REICHLICH FINANZIELLE UNTERSTÜTZUNG UND EINVERSTÄNDNIS UNSERERSEITS DASS MEXIKO IN TEXAS, NEW MEXIKO, ARIZONA FRÜHER VERLORENES GEBIET ZURÜCKEROBERT. REGELUNG IM EINZELNEN EUER HOCHWOHLGEBOREN ÜBERLASSEN. SIE WOLLEN VORSTEHENDES DEM PRÄSIDENTEN STRENG GEHEIM ERÖFFNEN, SOBALD KRIEGSAUSBRUCH MIT VEREINIGTEN STAATEN FESTSTEHT, UND ANREGUNG HINZUFÜGEN, JAPAN VON SICH AUS ZU SOFORTIGEM BEITRITT EINZULADEN UND GLEICHZEITIG ZWISCHEN UNS UND JAPAN ZU VERMITTELN.

BITTE DEN PRÄSIDENTEN DARAUF HINWEISEN, DASS RÜCKSICHTSLOSE ANWENDUNG UNSERER U-BOOTE JETZT AUSSICHT BIETET, ENGLAND IN WENIGEN MONATEN ZUM FRIEDEN ZU ZWINGEN. EMPFANG BESTÄTIGEN.

Quelle: Barbara Tuchman, Die Zimmermann-Depesche, Bergisch Gladbach 1982, S. 215/216

der Geschichte der internationalen Beziehungen ihresgleichen sucht und am Ende für Washington den Kriegseintritt unausweichlich machte: In der Zeit zwischen der internen deutschen Entscheidung zum unbeschränkten U-Boot-Krieg und dessen offizieller Proklamation sandte Staatssekretär Zimmermann am 16. Januar 1917 an den deutschen Botschafter in den USA, Graf Bernstorff, ein kodiertes Telegramm, das an die deutsche Gesandtschaft in Mexiko-City weitergerichtet werden solle. Es enthielt das deutsche Angebot an Mexiko, sich im Falle eines Kriegseintritts der USA auf alliierter Seite mit Deutschland zu verbünden und nach erfolgtem gemeinsamem Sieg jene Territorien im Süden der Vereinigten Staaten zurückzuerlangen, die Mexiko während des 19. Jahrhunderts verloren hatte, wie Texas, New Mexiko und Arizona. Die britische Seite entschlüsselte das Telegramm, informierte den amerikanischen Botschafter in London und zugleich wurde es am 1. März 1918 in der Presse lanciert.

Das erste Kontingent amerikanischer Soldaten beim Marsch durch Paris am 5. Juli 1917

Von hier bis zur amerikanischen Kriegserklärung an Deutschland vom 6. April 1917 war jetzt nur mehr ein kurzer Weg.

Die Vereinigten Staaten von Amerika hatten nicht nur bis dahin stets Distanz zur Intervention in Europa gehalten. Sie galten auch trotz ihrer gegen Ende des 19. Jahrhunderts immer wirkungsmächtiger werdenden eigenen imperialistischen Politik, in der Karibik wie im Pazifik, doch nicht als eine Militärmacht, mit der zu rechnen sei. Sie besaßen eine starke Flotte (s. o.), hatten ihre Landstreitkräfte aber nach dem Ende des Bürgerkrieges 1865 auf ein sehr kleines Kontingent aus Berufssoldaten abgerüstet. In den beiderseits des Atlantiks heute so gerne konsumierten Western macht zwar die US-Kavallerie dieser Zeit bei ihren auf der Leinwand farbenprächtigen Auseinandersetzungen mit Indianerstämmen optisch viel her. Verglichen mit Armeen, wie sie Deutschland, Frankreich und Russland besaßen, fiel diese Handvoll Regimenter aber nicht ins Gewicht. Bei der Bewertung der USA in Deutschland, ihrer Politik wie ihres Potenzials, zeigten sich nun aber genau die analytischen Schwächen einer viel zu unmittelbar militärisch-immanenten Betrachtungsweise. Man ging davon aus, dass die USA es auf absehbare Zeit nicht zu einer großen Landarmee brächten, glaubte an die Unterbindung der Transporte über den Atlantik durch die deutschen U-Boote, sah zudem in den USA auch eine heterogene Einwandererpopulation ohne innere Kohärenz, hier bereits die spätere deutsche Hybris des Zweiten Weltkrieges zumindest in Teilen vorwegnehmend. In Volkswirtschaft und Wissenschaft gab es in Deutschland allerdings auch nicht wenige Köpfe, die wussten, was die nunmehr vollzogene Parteinahme der USA bedeuten könne. Per Saldo aber überwogen Verdrängung und Nichtwahrnehmung.

Deutsche Annexionswünsche

Nicht selten ist immer noch die These zu vernehmen, der Erste Weltkrieg habe in Deutschland innenpolitisch nur eine Entwicklung der Militarisierung, Hierarchisierung und Monopolisierung von Macht ausgelöst. In Wirklichkeit haben wir es neben dieser Tendenz eben auch mit sehr spannenden Prozessen der Diversifikation wie der Gärung zu tun. Verschiedene zentrale Themen standen in vielfacher Verknüpfung miteinander und entwickelten zugleich jedes für sich eigene Dynamik: Die Frie-

Französische Karikatur „Déménagement de Guillaume" (Wilhelms Umzug) aus dem Jahr 1917: Wilhelm II. versucht mühsam mit dem deutschen Karren voranzukommen. Während die Kanone „Dicke Berta" ebenso wie der schwarze Reichsadler ihn mit der Parole „Nach Paris!" anfeuern, zieht der gebückt gehende Kaiser zusammen mit einem Schwein („boche") den schwerbeladenen deutschen Karren: Ein mit Eisernem Kreuz versehener Zeppelin wendet sich ängstlich zurück, in Anspielung auf die vielen abgeschossenen deutschen Luftschiffe. Hindenburg blickt griesgrämig. Kronprinz Wilhelm mit Totenkopfhelm wird mit „Kronprinz Kapout" verhöhnt und schaut aus allerlei Hausrat hervor – eine Anspielung auf die Vorwürfe, er habe ein französisches Schloss ausgeplündert. Lampions in Totenkopfform hängen von dem beladenen Gefährt herunter. Rettungsringe von Calais, der Festung Douaumont bei Verdun und von Paris tragen die Namen deutscher Misserfolge. Der größte Rettungsring für den Kaiser heißt „Illusions Perdues", verlorene Illusionen.

densfrage, damit verbunden die Frage nach Annexionen, die Frage nach Parlamentarisierung, d. h. im Wesentlichen die Frage nach einer auch konstitutiven Verantwortlichkeit des Reichskanzlers, die Wahlrechtsfrage in Preußen, abgemildert aber auch auf der Ebene des Reichstages, und die Frage Sozialstaat und Partizipation der sozialen Gruppen und Klassen, ferner die Frage nach Parteienbündnissen und nach der inneren Entwicklung der Parteien, insbesondere der Sozialdemokratie.

Ausgangspunkt war das Wort Wilhelms II. in seiner Thronrede vom 4. August 1914: „Uns treibt nicht Eroberungslust …" Darauf gründete sich für die Linke im Reichstag die Fähigkeit und Bereitschaft, den Burgfrieden mit zu tragen. Einerseits wurde diese Formel sehr bald brüchig, zum anderen berief man sich aber doch immer wieder auf sie, wenn es darum ging, nationalen Konsens zu erzielen. Noch 1917 sollte sie eine wesentliche Rolle spielen (s. u.).

Bereits in seinem so genannten „Septemberprogramm" hatte Reichskanzler Bethmann Hollweg fünf Wochen nach Kriegsbeginn ein erstes Kriegszielkonzept skizziert, das vor allem auf eine dauerhafte Schwächung Frankreichs zielte. Belgien sollte botmäßig gemacht werden und wenigstens Lüttich an Deutschland abtreten, das französische Erzbecken von Briey war ebenso zu annektieren wie der Territorialgürtel, den Frankreich befestigt hatte, und schließlich ging es um deutsche Positionen an der Kanalküste, wie um so erhebliche Reparationen, dass Frankreich nicht wieder, wie nach 1870/71, sehr schnell aufrüsten könne. Was den Osten anbelangte, hielt man sich noch sehr zurück, denn diese Überlegungen wurden im Zeichen des sich vermeintlich vollziehenden Zusammenbruchs Frankreichs in den Tagen der Marne-Schlacht angestellt, während Russland noch ganz ungeschwächt da stand.

Die ganze Kriegszieldiskussion hatte in der Folge auch viel von Spiegelfechterei an sich: Die deutschen Eliten erörterten die Verteilung von Bärenfellen längst, bevor die Jagd beendet worden war. Bethmann Hollweg selbst nahm sich nach dem Rückschlag in der Marne-Schlacht deutlich zurück, wurde zunehmend von der politischen Rechten, von mancherlei annexionslüsternen Professoren und Wirtschaftsverbänden als Flaumacher beschimpft, der nur unter allen Umständen die Sozialdemokratie bei der Stange halten wolle.

Dabei hatte das schon zitierte Kaiserwort von der nicht gegebenen Eroberungslust doch immerhin ein semantisches Schlupfloch für annexionistische Ambitionen offen gelassen: Die deutsche Führung machte jedenfalls geltend, dass sie, in der Mitte des europäischen Kontinents mit „Feinden ringsum", zumindest Sicherheit benötige, damit sich eine Konstellation wie 1914 nicht wiederholen könne. Und zumeist dachte man dann doch an Territorialregelungen, weniger an Reparationen und schon gar nicht an so etwas wie kollektive Abrüstung und neue internationale Strukturen. Genau diese semantische Eingangspforte beunruhigte auch die Sozialdemokraten, die nun selbst immer mehr in innere Zerreißproben hineingerieten. Vor allem Philipp Scheidemann trat, im Gegensatz zu Friedrich Ebert, sehr aggressiv gegen die Option kriegsverlängernder Annexionen auf. Am rechtesten Flügel der SPD wiederum gab es durchaus auch Abgeordnete, die nicht jeden Quadratmeter deutschen Gebietszuwachses prinzipiell abgelehnt hätten.

Territorialer Angelpunkt der ganzen Diskussion war vor allem Belgien. Das Land war nicht nur als Aufmarschgebiet für die deutschen Armeen gegen Frankreich in Anspruch genommen worden, seine Häfen an der Kanalküste wurden nun auch als U-Boot-Basen unentbehrlich. Die Militärs und große Teile der politischen Führung in Deutschland wollten diese Pfänder nicht mehr aufgeben, was nicht hieß, dass Belgien unmittelbarer Bestandteil des Deutschen Reiches werden sollte. Für London hingegen war die ungeschmälerte Freigabe Belgiens politisch und symbolhaft absolut unverzichtbar.

Wie im Westen, so sollten auch im Osten nicht unmittelbare Annexionen im Vordergrund stehen. Wer sie betrieb, musste sich schließlich sagen lassen, dass er immer neue ethnische Konflikte ins Reich inkorporierte. So ging es zunächst um die Gewinnung kleiner Grenzstreifen im Vorfeld der Provinz Ostpreußen, sodann um die Lösung Polens, der Ukraine, des Baltikums und am Ende Finnlands aus dem russischen Staatsverband, die allesamt über einen Protektoratsstatus, teilweise mit deutschen Fürsten als Staatsoberhäuptern, nicht hinausgelangen sollten. Solche Absichten ließen freilich einen Sonderfrieden mit Russland immer unrealistischer werden. Umgekehrt gab es aber auch in Russland bis zur Revolution keine wirklich

Ausdruck imperialer deutscher Kriegszielpolitik während des 1. Weltkrieges: ein Plakat, das die Annexion, mindestens dauerhafte Abhängigkeit Belgiens von Deutschland propagiert

durchsetzungsfähigen Kräfte, die den Weg eines Arrangements mit den Mittelmächten konsequent gehen wollten.

Modifiziert wurde die ganze Kriegszieldiskussion zum einen durch Kompromiss orientierte Töne auch aus dem Kreis des akademischen Bildungsbürgertums, für die beispielhaft der Militärhistoriker, Publizist und parteipolitisch gesehen Freikonservative Hans Delbrück stand. Zum anderen wurde das Projekt einer großen mitteleuropäischen bzw. europäischen Wirtschaftsunion in Gestalt einer Zollgemeinschaft unter deutscher Führung verfolgt. Dies ist auch im Wesentlichen der Punkt, an dem die heutige Kritik des britischen Historikers Niall Ferguson am britischen Kriegseintritt ansetzt.[103]) Ferguson steht in seiner kritischen Nachbetrachtung dem britischen Kriegseintritt nicht nur deshalb ablehnend gegenüber, weil er zu ungeheuren Opfern geführt und schließlich zur langfristig wirksamen strukturellen Auszehrung Großbritanniens beigetragen habe. Vor allem aber sei dies ein vergebliches Bemühen gewesen, da die heutige Konfiguration Europas nach der Wende von 1989/90, eine integrierte Gemeinschaft unter ökonomischer deutscher Hegemonie, weitgehend ohnehin jener Struktur entspreche, die das Kaiserreich bis hin zum Ersten Weltkrieg angestrebt habe. Aber auch wenn die Verfechter von Mitteleuropa- und Europaideen während des Ersten Weltkrieges in Deutschland klügere und weniger aggressive Tendenzen verfolgten als die Anhänger von reinen Annexionen, unterscheidet sich doch – als Denkfigur – ein Europa unter deutscher Führung nach einem militärischen Siegfrieden ganz gewiss gravierend von der europäischen Integration unserer Tage. Insofern liegt hier eine Analogisierung vor, die historisch einfach nicht trägt.

Bemerkenswert ist noch ein anderer Gesichtspunkt: Die deutsche Ambition, auf dem europäischen Kontinent ein „informal Empire“ zu errichten, schloss zugleich die Erkenntnis ein, dass die ursprüngliche Ambition tatsächlicher eigener Weltpolitik auch im Zeichen militärischer Erfolge kaum zu realisieren war. Wenn man mit den „Flügelmächten“ Großbritannien, USA und auch Russland nach geopolitischen und strukturellen Kriterien letztendlich nicht zu konkurrieren vermochte, dann blieb nur der Rückzug auf eine abgeschottete, kontinentaleuropäische Position. Freilich hieß dies zugleich, dass eine wirklich offene liberale Weltordnung nicht ernsthaft erwogen oder für realistisch gehalten wurde. In die Pläne für eine solche Wirtschafts- und Zollunion waren die aktuellen Verbündeten Deutschlands, dazu die Neutralen in Europa und vielfach auch Frankreich einbezogen. Das hieß zugleich, dass mindestens eine, möglicherweise zwei bisherige europäische Großmächte unter deutsche Hegemonie gerieten. Ob dies im Falle Frankreichs tatsächlich der Fall wäre, mochte der Kriegsausgang entscheiden. Fatal war die Lage in jedem Fall für Österreich-Ungarn: Verloren die Mittelmächte den Krieg, dann drohte seine Auflösung in verschiedene nationale Bestandteile, wie sie von den Alliierten, auch unter dem Druck vor allem tschechischer und serbischer Emigranten, in der zweiten

[103]) Niall Ferguson: Der falsche Krieg. Der Erste Weltkrieg und das 20. Jahrhundert, Stuttgart 1995.

Kriegshälfte immer unmissverständlicher angekündigt wurde. Obsiegten aber die Mittelmächte, dann würde die Donaumonarchie, die schon jetzt im Zweibund der eindeutig mindermächtige Partner gewesen war, unweigerlich in einen Vasallenstatus absinken. Aus diesem Dilemma gab es nur schwer ein Entrinnen. Wiener Sonderfriedenbemühungen mit den Alliierten (s. u.) konnten zwar den Versuch darstellen, die Quadratur des Kreises schließlich doch zu erreichen. Sie konnten aber zugleich in den deutschen Kreisen der Donaumonarchie Verratslegenden mobilisieren, den großdeutschen Gedanken stärken und die Legitimation der Habsburger-Dynastie entscheidend schwächen.[104])

Die sozialistische Linke im Krieg

Rosa Luxemburg

Was die SPD in Deutschland anbelangt, war die Entwicklung viel diffiziler als eine Scheidung in systemkonforme rechte SPD und dissidente linke USPD. Bemerkenswert war von Anfang an, dass die Kritik an der Burgfriedenslinie der Parteimajorität ihr Reservoir aus den verschiedenen theoretischen Richtungen in der Partei bezog, die sich zu Beginn des Jahrhunderts teilweise so erbittert bekämpft hatten: Sowohl prominente Revisionisten wie Eduard Bernstein, die von einer sozialen Reformierbarkeit der kapitalistischen Ordnung ausgingen, als auch orthodoxe Marxisten wie Karl Kautsky und Intellektuelle wie der Mitparteivorsitzende Hugo Haase rieten seit Juni 1915 zur Aufgabe der Burgfriedenspolitik, gingen schließlich dazu über, den im Reichstagsplenum noch eingehaltenen Konformitätszwang aufzugeben und bildeten dann im März 1916 als

[104]) Schon beim Deutsch-Französischen Krieg von 1870/71 war die von Napoleon III. wie namhaften Teilen des Wiener Regierungsapparates gewünschte Allianz Frankreichs mit Österreich-Ungarn gegen Preußen nicht zuletzt deshalb nicht zustande gekommen, weil deutschnationale Stimmungen eine solche Parteinahme nicht zuließen. So hieß es im Juli 1870 in der Wiener Presse: „... am allerwenigsten lassen wir uns drängen, dem um die Erhaltung seiner Grenzen ringenden deutschen Volke in den Rücken zu fallen. Vom Deutschen Reich hat man uns ausgeschlossen, vom deutschen Volke soll man uns niemals ausschließen." Zit. nach Heinrich Lutz: Österreich-Ungarn und die Gründung des Deutschen Reiches. Europäische Entscheidung 1867–1871, Frankfurt/Main u. a. 1979, S. 203.

eigene Fraktion im Parlament eine „sozialdemokratische Arbeitsgemeinschaft". Aus dieser Gruppierung ging am 6./7. April 1917 die „Unabhängige Sozialdemokratische Partei Deutschland" (USPD) hervor. Neben dieser Richtung, in der sozialistische und linke bildungsbürgerlich-pazifistische Prägungen zusammen trafen, spaltete sich von der etablierten SPD eine radikale Linke ab, deren wichtigster Teil die spätere Spartakusgruppe mit Karl Liebknecht und Rosa Luxemburg werden sollte. Bedeutungsvollste programmatische Grundlage der Spartakusgruppe waren die von Rosa Luxemburg in der Haft verfassten „Leitsätze über die Aufgaben der internationalen Sozialdemokratie". Sie wurden Anfang 1916 publiziert. Bereits für den 1. Mai 1916 konnte die Spartakusgruppe in Berlin Antikriegsdemonstrationen organisieren. Der USPD schloss sich die Spartakusgruppe zwar an, beharrte aber zugleich auf ihrer organisatorischen Selbstständigkeit. Sie kennzeichnete den Krieg als imperialistischen Konflikt und jede sozialdemokratische Mitwirkung als Verrat an der sozialistischen Internationale. In ihren Zielvorstellungen war die Frage des Kriegsausganges eine eher ganz formale.

Die USPD selbst verweigerte sich weder der parlamentarischen Mitarbeit, wenn sie hier auch eine dezidierte Oppositionsposition für sich in Anspruch nahm, noch nahm sie einfach billigend einen völligen Kollaps Deutschlands in Kauf. In ihren Reihen konnte man sich aber sehr wohl deutsche Gebietsabtretungen vorstellen, die dem Grundsatz der Selbstbestimmung entsprachen, etwa das majoritär von Polen bewohnte Posen an einen künftigen polnischen Staat, Nordschleswig an Dänemark oder auch Teile von Elsass-Lothringen nach entsprechenden Plebisziten an Frankreich. Die SPD selbst hingegen ging ganz weitgehend von einem Frieden ohne Kontributionen und Annexionen im unmittelbaren Wortsinne aus.

Die internationale sozialistische Linke unternahm während des Ersten Weltkrieges in Gestalt der „Zimmerwalder-Bewegung" verschiedene Anläufe zur Kriegsbeendigung durch proletarische Solidarität. Bei der ersten dieser Konferenzen vom 5.–8. September 1915 im schweizerischen Zimmerwald waren sowohl noch die SPD als auch die russische Sozialdemokratie durch Lenin und Sinowjew vertreten. Gegen Ende des Krieges wurde die Zimmerwalder-Bewegung dann allerdings immer mehr Anhängsel der bolschewistischen Politik.

Politischer Reformbedarf in Deutschland

Die Frage nach durchgreifenden Änderungen des politischen Systems wurde in Deutschland 1916 zunehmend intensiv diskutiert, aber erst im Folgejahr setzten hier tief greifende Entwicklungen ein, die schließlich über das Kriegsende hinaus wirksam sein sollten. Zugleich waren dies Fragen, die schon vor Kriegsausbruch in der deutschen Innenpolitik eine wesentliche Rolle gespielt hatten: Es ging zunächst um die Abschaffung des Dreiklassenwahlrechts in Preußen, für das die Sozialdemokratie schon mit Massendemonstrationen auf die Straße gegangen war, dann um die Herbeiführung einer tatsächlichen parlamentarischen Verantwortung der

Die „Osterbotschaft" 1917

Erlass Wilhelms II. an Bethmann Hollweg

Wahlrechtsreform in Preußen nach Kriegsende

Großes Hauptquartier, 7. April 1917

Noch niemals hat sich das deutsche Volk so fest gezeigt, wie in diesem Kriege. Das Bewußtsein, daß sich das Vaterland in bitterer Notwehr befand, übte eine wunderbar versöhnende Kraft aus, und trotz aller Opfer an Blut draußen im Feld und schwerer Entbehrungen daheim ist der Wille unerschütterlich geblieben, für den siegreichen Endkampf das Letzte einzusetzen. Nationaler und sozialer Geist verstanden und vereinten sich und verliehen uns ausdauernde Stärke. Jeder empfand: was in langen Jahren des Friedens unter manchen inneren Kämpfen aufgebaut worden war, das war doch der Verteidigung wert.

Leuchtend stehen die Leistungen der gesamten Nation in Kampf und Not vor Meiner Seele. Die Erlebnisse dieses Ringens um den Bestand des Reiches leiten mit erhabenem Ernste eine neue Zeit ein. Als dem verantwortlichen Kanzler des Deutschen Reiches und Ersten Minister Meiner Regierung in Preußen liegt es Ihnen ob, den Erfordernissen dieser Zeit mit den rechten Mitteln und zur rechten Stunde zur Erfüllung zu verhelfen. Bei verschiedenen Anlässen haben Sie dargelegt, in welchem Geiste die Formen unseres staatlichen Lebens auszubauen sind, um für die freie, freudige Mitarbeit aller Glieder unseres Volkes Raum zu schaffen. Die Grundsätze, die Sie dabei entwickelten, haben, wie Sie wissen, Meine Billigung. Ich bin mir bewußt, dabei in den Bahnen Meines Großvaters, des Begründer des Reiches, zu bleiben, der als König von Preußen mit der Militärorganisation und als Deutscher Kaiser mit der Sozialreform monarchische Pflichten vorbildlich erfüllte und die Voraussetzung dafür schuf, daß das deutsche Volk in einmütigem, ingrimmigem Ausharren diese blutige Zeit überstehen wird.

Die Wehrmacht als wahres Volksheer zu erhalten, den sozialen Aufstieg des Volkes in allen seinen Schichten zu fördern, ist vom Beginn Meiner Regierung an Mein Ziel gewesen. Bestrebt, in fest bewahrter Einheit zwischen Volk und Monarchie dem Wohle der Gesamtheit zu dienen, bin Ich entschlossen, den Ausbau unseres inneren politischen, wirtschaftlichen und sozialen Lebens, so wie es die Kriegslage gestattet, ins Werk zu setzen.

Noch stehen Millionen Volksgenossen im Felde, noch muß der Austrag des Meinungsstreites hinter der Front, der bei einer eingreifenden Verfassungsänderung unvermeidlich ist, im höchsten vaterländischen Interesse verschoben werden, bis die Zeit der Heimkehr unserer Krieger gekommen ist, und sie selbst am Fortschritt der neuen Zeit mitraten und -taten können. Damit aber sofort beim glücklichen Ende des Krieges, das, wie ich zuversichtlich hoffe, nicht mehr fern ist, das Nötige und Zweckmäßige auch in dieser Beziehung geschehen kann, wünsche Ich, daß die Vorbereitungen unverweilt abgeschlossen werden.

Mir liegt die Umbildung des preußischen Landtags und die Befreiung unseres gesamten innerpolitischen Lebens von dieser Frage besonders am Herzen. Für die Änderung des Wahlrechtes zum Abgeordnetenhaus sind auf Meine Weisung schon zu Beginn des Krieges Vorarbeiten gemacht worden. Ich beauftrage Sie nunmehr, Mir bestimmte Vorschläge des Staatsministeriums vorzulegen, damit bei der Rückkehr unserer Krieger diese für die innere Gestaltung Preußens grundlegende Arbeit schnell im Wege der Gesetzgebung durchgeführt werde. Nach den gewaltigen Leistungen des ganzen Volkes in diesem furchtbaren Kriege ist nach Meiner Überzeugung für das Klassenwahlrecht in Preußen kein Raum mehr. Der Gesetzentwurf wird ferner die unmittelbare und geheime Wahl der Abgeordneten vorzusehen haben.

Die Verdienste des Herrenhauses und seine bleibende Bedeutung für den Staat wird kein König von Preußen verkennen. Das Herrenhaus wird aber den gewaltigen Anforderungen der kommenden Zeit besser gerecht werden können, wenn es in weiterem und gleichmäßigerem Umfange als bisher aus den verschiedenen Kreisen und Berufen des Volkes führende, durch die Achtung ihrer Mitbürger ausgezeichnete Männer in seiner Mitte vereinigt.

Ich handle nach den Überlieferungen großer Vorfahren, wenn Ich bei Erneuerung wichtiger Teile unseres festgefügten und sturmerprobten Staatswesens einem treuen, tapferen, tüchtigen und hochentwickelten Volk das Vertrauen entgegenbringe, das es verdient.

Ich beauftrage Sie, diesen Erlaß alsbald bekanntzugeben.

Wilhelm I. R. v. Bethmann Hollweg

Quelle: Wolfdieter Bihl (Hg.), Deutsche Quellen zur Geschichte des Ersten Weltkrieges, Darmstadt 1991, S. 264 f.

politischen Führung, schließlich aber auch um das Ende der Autonomie des militärischen Sektors in Deutschland, bei dem die Befehlskette vom Kaiser bis zum einfachen Soldaten lief, ohne dass die Politik hier beteiligt gewesen wäre. Der Einsatz eines Massenheeres hatte die Legitimation des Zensuswahlrechts endgültig infrage gestellt. Auch der bürgerlichen Mitte, allerdings nicht den Konservativen in Preußen, wie sie etwa durch Graf Westarp repräsentiert wurden, war klar, dass man nach Kriegsende schlecht einen verwundeten, vielleicht amputierten Veteranen in der dritten Zensusklasse, einen durch den Krieg vermögender gewordenen Geschäftsmann in der ersten wählen lassen durfte. Die so genannte Osterbotschaft Kaiser Wilhelms II. schuf hier 1917 ein gewisses Maß an Klarheit; sie konnte aber nicht wirklich Beruhigung herbeiführen, da alle Reformmaßnahmen auf die Zeit nach Kriegsende aufgeschoben wurden.

Die Parlamentarisierung Deutschlands, entgegen den Intentionen der Bismarckschen Reichsverfassung, hat schleichend bereits in der Amtszeit des ersten Reichskanzlers selbst eingesetzt: Schon Bismarck trat in ein Nahverhältnis zu bestimmten Parteikonstellationen im Parlament, zunächst den Nationalliberalen, dann den Konservativen und dem Zentrum, schließlich 1887 dem berühmten Kartell aus Konservativen und Nationalliberalen. Diese Entwicklung beschleunigte sich unter Reichskanzler von Bülow, der 1907 geradezu einen Lagerwahlkampf gegen Zentrum und Sozialdemokratie führte und danach mit dem „Bülow-Kartell“ aus Konservativen, Nationalliberalen und Linksliberalen regierte. Je intensiver allerdings das Nahverhältnis zwischen Parlament auf der einen, Reichskanzler und Staatssekretären auf der anderen Seite wurde, desto mehr wuchsen auch in der bürgerlichen Mitte wiederum Bedenken, man könne in eine zu starke Verantwortung hineinwachsen bzw. es gebe künftig eine Regierung mit der Qualität eines reinen Parlamentsausschusses.[105]) So wünschten die Abgeordneten vielfach nur die Möglichkeit eines personellen Austausches zwischen Parlaments- und Regierungsfunktionen, wie ihn die Reichsverfassung außerordentlich erschwerte, noch nicht aber die dezidierte Möglichkeit, Regierungschefs wählen und stürzen zu können. Die Bismarcksche Reichsverfassung verfügte, dass man nicht gleichzeitig Mitglied im Bundesrat – dem von den Ländern beschickten Verfassungsorgan mit exekutiven, aber auch parlamentarischen Funktionen – und im Reichstag sein konnte. Da man aber de facto als Staatssekretär auf Reichsebene wie als preußischer Staatsminister ohne Zugehörigkeit zum Bundesrat gar nicht amtieren konnte, ergab sich hier zunächst eine Sperre, die einen politischen Elitenkreislauf unter Einschluss von Parlamentariern verhinderte.

Die politische Julikrise 1917 in Deutschland

In diese noch sehr offene Diskussionslandschaft platzte die Regierungskrise des Julis 1917 mit weit tragenden innenpolitischen Folgen: Am 6. Juli kam es zu einer Sit-

[105]) Huber, Verfassungsgeschichte V, S. 148.

zung des Hauptausschusses des Reichstages, bei der mehrere Staatssekretäre die Abgeordneten über politische Lage, Kriegsverlauf und insbesondere Stand des U-Boot-Krieges unterrichten sollten. In scharfer und umfassender Form replizierte der prominente Zentrums-Abgeordnete Matthias Erzberger. Obwohl eigentlich ein Vertreter des linken Zentrumsflügels, galt er bis dahin als Anhänger eines Siegfriedens, unterhielt dazu gute Beziehungen zum Thyssen-Konzern und dessen Interessen.[106]) Erzberger verfügte über eine vertrauliche Denkschrift des österreichisch-ungarischen Außenministers Graf Czernin. Sie beschrieb zum einen schonungslos die zu Ende gehenden Ressourcen der Donaumonarchie, schätzte zum anderen aber die Perspektiven für die Mittelmächte insgesamt außerordentlich skeptisch ein. Darüber hinaus hatte Erzberger, in der Oberschicht des Kaiserreiches ohnehin nicht gelitten, gesellschaftlich als Volksschullehrer aus Südbaden nicht adäquat, zugleich aber in Detailfragen ungemein kompetent, Datenmaterial zum Kriegsverlauf erarbeitet. Dieses Zahlenwerk konnten die anwesenden Vertreter der Reichsleitung, die Staatssekretäre Capelle für das Reichsmarineamt und Helfferich für das Reichsamt des Innern, nicht widerlegen: Erzberger führte aus, dass der U-Boot-Krieg bei weitem nicht die propagierte Wirkung hatte. Dann wies er auf die katastrophale Ernährungslage hin. Und am Ende stand die Schlussfolgerung, dass die Leiden dieses Krieges mindestens noch bis 1918 anhalten würden. 1918 aber dürfte die militärische Lage schwerlich besser sein als im laufenden Jahr. Nötig sei daher eine Resolution des Reichstages, die, zurückkehrend zum Burgfrieden vom 4. August 1914, einen tatsächlichen Verzichtsfrieden in gleicher Weise für die beiden Krieg führenden Seiten vorschlage. Was die in Deutschland weiter lärmenden Annexionisten angehe, sei es preiswerter, 25.000 Alldeutsche verrückt werden zu lassen

Matthias Erzberger

[106]) Wilhelm Ribhegge: Frieden für Europa. Die Politik der deutschen Reichtagsmehrheit 1917/18, Essen 1988, S. 171 ff.

und Sanatorien für sie zu errichten, als den Krieg fortzusetzen. Die Rede erweckte ungeheures Aufsehen, provozierte Wut und Aggressionen auf Seiten der Konservativen, während die sozialdemokratischen Protagonisten Ebert und Scheidemann Erzberger sofort zur Seite sprangen. Noch am Nachmittag desselben Tages konstituierte sich der „Interfraktionelle Ausschuss" aus Sozialdemokratie, Zentrum und Fortschrittspartei. Er sollte für die nächsten 15 Monate zu einem zentralen politischen Gremium werden. Damit war nicht nur zugleich die spätere Weimarer Koalition des Jahres 1919 präformiert, in deren Kontinuität dann schließlich auch wesentlich die parteipolitischen Lager der 1949 begründeten Bundesrepublik stehen sollten, wenn hier auch noch Nationalliberale und gemäßigt deutschnationale Elemente hinzukommen würden. Damit hatte zugleich die SPD, sich dies freilich selbst nicht rückhaltlos eingestehend, eine Grundsatzentscheidung über ihre Positionierung im deutschen politischen Spektrum getroffen: Sie kooperierte nun mit den Parteien der bürgerlichen Mitte, während die USPD, eigentlich Fleisch von ihrem Fleisch, im Abseits blieb.

Reichskanzler Bethmann Hollweg – ein erstes Opfer

Mit erstes Opfer dieser Entwicklung wurden aber eben nicht radikale Siegfriedenspolitiker und Militärs, sondern Reichskanzler Bethmann Hollweg. Obwohl er ein knappes Jahr zuvor Hindenburg und Ludendorff die Bahn an die Spitze der Obersten Heeresleitung mitgeebnet hatte, wurde seine Position nun gerade von dieser Seite aus unterhöhlt. Bethmann Hollweg, der sich stets als Exponent einer Politik der Diagonale verstanden hatte, geriet, statt in einer ausgleichenden Position zu wirken, förmlich in einen Schraubstock zwischen links und rechts, zwischen der sich ihres Gewichts bewusst gewordenen Reichs-

Theobald von Bethmann Hollweg

tagsmehrheit auf der einen Seite, Konservativen, Nationalliberalen, Generalität, Alldeutschen und schließlich auch deutschem Kronprinz auf der anderen Seite. Letzte Zugeständnisse in der preußischen Wahlrechtsfrage, die er Wilhelm II. am 10. Juli 1917 abzuringen vermochte, konnten an dieser negativen Entwicklung nichts mehr ändern. Ludendorff drohte, mehr oder weniger verhüllt, mit seinem Rücktritt, falls Bethmann Hollweg nicht gehen müsse. Auf der anderen Seite setzte die Reichstagsmehrheit die militärische und politische Führung mit dem Vorhaben unter Druck, nun sehr schnell eine parlamentarische Friedensresolution zu beschließen, in der ausdrücklich von Annexionen Abschied genommen werden würde. Bethmann Hollwegs Rücktritt am 13. Juli 1917 wurde somit durch zwei Entwicklungen provoziert, die einander wechselseitig aufschaukelten, obwohl sie geradezu antagonistische Hintergründe hatten: Am Ende besaß der Kanzler weder eine Mehrheit im Parlament noch den notwendigen Rückhalt bei Hohenzollern und Militärs. Dass er aber schließlich auch im Blick auf den Verlust an Vertrauen im Reichstag entlassen wurde, ist zumindest indirekt auch ein Hinweis auf die weitere parlamentarische Entwicklung in Deutschland.

Reichskanzler Michaelis

Nachfolger Bethmann Hollwegs wurde der frühere preußische Unterstaatssekretär und jetzige Staatskommissar für Volksernährung Georg Michaelis, eine politisch völlig unerfahrene, dazu im Lande gänzlich unbekannte Figur aus der staatlichen Verwaltung. Er bestätigte geradezu laborhaft die damals von Max Weber in seinen Schriften „Parlament und Regierung im neu geordneten Deutschland" und „Wahlrecht und Demokratie in Deutschland" geübte Kritik an den Zuständen im Land: „Weber kämpfte leidenschaftlich für die Überwindung der halbautoritären Verfassungsstruktur. Er hielt das Berufsbeamtentum für unfähig, die politischen Führungsaufgaben zu erfüllen, und sah einen Beweis für seine These in der Hilflosigkeit der Reichsregierung gegenüber der chauvinistischen Erregung der Öffentlichkeit."[107]) Michaelis erscheint auch in der längerfristigen Rückschau, nicht zuletzt unter Berücksichtigung dieser Kritik Max Webers, als der geradezu, in Webers Diktion, ‚idealtypische' Gegensatz zu den Führungsfiguren Clemenceau in Frankreich und Lloyd George in Großbritannien. Und Michaelis steht zugleich für einen Höhepunkt politischer Einflussnahme der Obersten Heeresleitung: „... Erhoffte sich Ludendorff doch, einen gefügigen Kanzler ohne politische Hausmacht besser gegen den immer bestimmter auftretenden Reichstag instrumentalisieren zu können."[108])

[107]) Kielmannsegg, Deutschland, S. 453. Zu Michaelis s. Art. Georg Michaelis in: Enzyklopädie, a. a. O., S. 711 f.

[108]) Art. Michaelis, ebd.

Die Friedensresolution des Reichstags vom 19. Juli 1917

Fast unmittelbar nach der Installierung Michaelis' als neuer Reichskanzler beschloss das Parlament am 19. Juli seine berühmte Friedensresolution. Hinter ihr standen Sozialdemokraten, Zentrum, jedenfalls dessen Fraktion, und Fortschrittspartei. Gegen die Resolution standen die beiden konservativen Fraktionen (Deutschkonservative und Freikonservative), die Nationalliberalen, namentlich auch Gustav Stresemann, ihre Führungsfigur selbst, sowie die USPD. Die Konservativen machten aus ihrem Eintreten für einen Sieg- und Annexionsfrieden keinen Hehl, die Nationalliberalen plädierten für einen Frieden, der dem deutschen Volk „volle Entwicklungsfreiheit" gebe, die USPD lehnte die Friedensresolution aus ganz entgegengesetzten Gründen wie im Blick auf die innenpolitische Entwicklung – Verhaftung der an ihrem linken Rand stehenden Rosa Luxemburg und Karl Liebknecht – ab. Die Resolution nahm geschickt ihren textlichen Ausgang im Kaiserwort vom Anfang des Krieges: „Uns treibt nicht Eroberungssucht." Die Schlüsselsätze lauteten: „Der Reichstag erstrebt einen Frieden der Verständigung und der dauernden Versöhnung der Völker (Bravo! im Zentrum, bei der Fortschrittlichen Volkspartei und bei den Sozialdemokraten). Mit einem solchen Frieden sind erzwungene Gebietserwerbungen und politische, wirtschaftliche oder finanzielle Vergewaltigungen unvereinbar. (Erneutes Bravo im Zentrum, bei der Fortschrittlichen Volkspartei und bei den Sozialdemokraten)."[109])

Die Interpretation von Fritz Fischer, auch diese Resolution sei in weiten Teilen nur Camouflage für selbst in der linken Mitte des Reichstags weiterhin vorhandene Annexionsambitionen gewesen, erscheint zumindest in Teilen überzogen. Fischer verweist auf entsprechende Erläuterungen von Matthias Erzberger gegenüber dem neuen Reichskanzler Michaelis, die auf einen Status quo Plus für Deutschland sowohl im Falle Belgiens und Ostfrankreichs als auch im Falle Polens und Kurlands gezielt hätten. Tatsächlich dürfte es sich aber eher so verhalten haben, dass Erzberger, ein ungemein wendiger Akteur im politischen Spiel, keinesfalls den Faden zur neuen Reichsleitung abreißen lassen wollte.[110]) Insbesondere sollte man auch den in Deutschland innenpolitisch klärenden Effekt der Friedensresolution in seiner vollen Tragweite sehen: Sie hatte nicht nur ein neues liberaldemokratisches Bündnis, zugleich die Verbindung jener Milieus (politischer Katholizismus, demokratische Arbeiterschaft) gestiftet, die bei allen internen Gegensätzen in Deutschland langfristig zentrale und positive Bedeutung erlangen sollte. Sie hatte zugleich, wenn auch wohl nicht beabsichtigt, zur Demaskierung der Anhänger von Siegfrieden und Annexionen beigetragen: Symbolhaft für dieses Spektrum wurde am 2. September 1917, am Sedanstag, in Königsberg die „Deutsche Vaterlandspartei" unter dem Patronat von Herzog Johann Albrecht von Mecklenburg-Schwerin wie unter dem Vorsitz von Großadmiral Tirpitz gegründet. Eigentlicher Motor der Partei war der frühere ostpreußische Generallandschaftsdirektor Wolfgang Kapp, der drei Jahre später dem

[109]) Protokoll der Reichstagssitzung zit. nach Ribhegge, Frieden, S. 183.
[110]) Vgl. Fischer, Griff, S. 343 f.

„Kapp-Putsch“ gegen die Weimarer Republik den Namen geben sollte. In der programmatischen Rede zur Gründung von Tirpitz hieß es: „Der Krieg ist zum endgültigen Ringen zweier Weltanschauungen geworden: Der deutschen und der angloamerikanischen. Es handelt sich jetzt darum, ob wir dem Anglo-Amerikanismus gegenüber weiter bestehen oder wieder herabsinken wollen zum Völkerdünger (...). Darum geht der gewaltige Kampf, den Deutschland jetzt führt, nicht um Deutschland allein, er geht in Wahrheit um die Freiheit des europäischen Kontinents und seiner Völker gegen die alles verschlingende Tyrannei des Anglo-Amerikanismus – Deutschland kämpft für ein großes Ideal ...“.[111]) Aus diesen Worten sprach offenkundig nicht nur die Frustration des „Schöpfers“ der deutschen Schlachtflotte über die strategische Wertlosigkeit des eigenen Instruments. Schließlich war es nach dem Kriegseintritt der USA den vereinten Flotten Großbritanniens und Amerikas hoffnungslos unterlegen (s. o.). Hier wurde auch bereits jener imaginierte kulturelle Gegensatz zwischen dem scheinbar ‚anständigen, wertorientierten deutschen Kulturvolk‘ und den ‚perfiden Krämerseelen‘ der Angelsachsen formuliert, auf den Links- und Rechtsextreme in Deutschland sich bis in die Gegenwart so gerne beziehen. Die Vaterlandspartei verstand sich als eine parteipolitische Holding, als eine pressure group und Zweckgemeinschaft, die sich zugleich vermeintlich aus der Innenpolitik heraushielt und sich ganz auf Außenpolitik und Siegfrieden konzentrieren wollte. Aber natürlich war sie auch Sammelbecken der rechten politischen Milieus im Lande. Die Angaben über die Mitgliederzahlen schwankten zwischen 450.000 und 1,5 Millionen. Das hängt auch mit ihrem sehr fluiden Charakter zusammen. Die hier aufgebauten und als unabdingbar für die Zukunft geltenden Positionen kann man im Rückblick durchaus auch als eine Art indirekter Vorwegnahme der späteren Dolchstoßlegende interpretieren: Denn hier wurden Argumentationsketten entwickelt, die apologetisch für die Kriegführung und anklagend gegen Politik und „Heimat“ verwandt werden mochten, wenn am Ende der Erfolg ausblieb.[112])

Antisemitismus

Die verschärfte Polarisierung in Deutschland seit Sommer 1917 hat zweifellos auch zur weiteren Forcierung des Antisemitismus im Land beigetragen. Die deutschen Juden hatten trotz all der für sie geltenden Diskriminierungen im Militär der Vorkriegszeit, insbesondere des Ausschlusses von Offiziersstellen, mit besonderem Engagement den Kriegsdienst aufgenommen. Was für die beiden anderen, dem protestantischen Kaisertum in Deutschland vielfach verdächtigen Milieus, das proletarische und das katholische, galt, traf offenkundig bei Kriegsbeginn auf die jüdische Seite in Deutschland in noch gesteigerter Form zu: Man wollte unter allen Umständen

[111]) Zit. nach Fischer, Griff, S. 373.

[112]) Vgl. Boris Barth: Dolchstoßlegenden und politische Desintegration. Das Trauma der deutschen Niederlage im Ersten Weltkrieg 1914–1933, Düsseldorf 2003.

Fahne des Reichsbundes jüdischer Frontsoldaten, Ortsgruppe Berlin 1927; Weiße Seide mit Goldstickereien, Applikationen; 122 x 145 cm;
Insbesondere der immer wiederkehrende Vorwurf, die deutschen Juden seien im Ersten Weltkrieg ihrer Militärpflicht nicht nachgekommen, führte 1919 zur Gründung des Reichsbundes jüdischer Frontsoldaten (RjF). Die Interessenvertretung der jüdischen Weltkriegsveteranen hatte 1925 um die 40.000 Mitglieder. Am 6. Oktober 1927 wurde diese Fahne in Berlin feierlich geweiht. Auf der Vorderseite trug sie das heute verblichene RjF-Schild, auf der Rückseite unter einem Davidstern die Worte „Ehre – Freiheit – Recht". An der Stange ist ein Wimpel aus gelbem Seidenrips befestigt, auf dem in Hebräisch die Worte „stark und tapfer" zu lesen sind.

nationale Zuverlässigkeit unter Beweis stellen und insbesondere zeigen, dass man dies nicht nur zu proklamieren, sondern auch in vorderster Front zu kämpfen und zu sterben verstand. Schon bei Kriegsbeginn hatte die gesamte jüdische Publizistik ihre Glaubensgenossen zu uneingeschränkter Solidarisierung mit dem deutschen Vaterland gemahnt. So hieß es im Artikel „Krieg oder Frieden?" von K. C. – Blätter 4: „Und auch diejenigen unserer Glaubensgenossen, welche durch jene Rassentheorien oder durch die antisemitischen Strömungen verwirrt, selbst an ihrem Deutschtum zu zweifeln begonnen haben, auch sie werden in diesen Tagen klar empfunden haben, wohin sie gehören. Auch sie werden gefühlt haben, wie innig sie mit dem deutschen Volke, mit deutscher Kultur und unserer deutschen Heimat verwachsen sind."[113]) Die Identifikation führender jüdischer Intellektueller und Künstler mit dem Krieg führenden Deutschen Reich ging darüber hinaus so weit, dass eine ganze Reihe von Prominenten unter ihnen den Aufruf „An die Kulturwelt!" ... von 93 Ton angebenden deutschen Wissenschaftlern und Künstlern mit unterzeichnete. In diesem Aufruf wurden sowohl die deutsche Schuld am Kriegsausbruch wie eine „freventliche" Verletzung der belgischen Neutralität als auch deutsche Kriegsgräuel in Belgien bestritten. „Eigens würdigte man die Bedeutung des preußischen Militarismus, ohne den ‚die deutsche Kultur längst vom Erdboden getilgt' worden wäre, und beschwor pathetisch die Tradition Goethes, Kants und Beethovens zur Rechtfertigung des deutschen ‚Verteidigungskriegs'".[114]) Aus dem jüdischen Spektrum zählten Paul Ehrlich, Fritz Haber, Paul Laban, Max Liebermann, Max Reinhardt und Richard Willstätter zu den Unterzeichnern; der Initiator des Aufrufes und Vorsitzende des Berliner „Goethe-Bundes" Ludwig Fulda war gleichfalls jüdischen Glaubens. Freilich änderte auch das hier artikulierte Übermaß an patriotischer Affirmation – der Aufruf der 93 erwies sich angesichts der tatsächlichen Kriegsverhältnisse sehr bald als eher belastend – nichts an den im Kaiserreich seit Jahrzehnten vorhandenen und während des Krieges immer wirkungsmächtiger werdenden antisemitischen Strömungen.

In den Kriegsjahren fanden vor allem die Elaborate des deutschtümelnden Publizisten Houston Stewart Chamberlain starke Verbreitung: „In seinen 1915 erschienenen Kriegsaufsätzen attestierte dieser den Engländern Charakterzüge, die den gängigen antisemitischen Topoi zum Verwechseln ähnlich waren und verwies auf die Existenz eines ‚Krämervolks' in Deutschland. Mit ihrem Appell an Vernunft und Ethik standen die jüdischen ‚Abwehrorganisationen' dem an Emotionen und Instinkte appellierenden Antisemitismus entgegen."[115])

Vor 1914 hatte in Deutschland de facto ein Verdikt dagegen geherrscht, dass Juden Offiziersstellen erwerben konnten. Gewisse Ausnahmen zumindest für Reserveoffiziere gab es nur in der bayerischen Armee. Mit Kriegsausbruch änderte sich dies zwar, aber nur in einem bescheidenen Umfang: Von rund 100.000 jüdischen Kriegsteilnehmern erhielten lediglich rund 2.000, angesichts ihres überdurchschnittlichen formalen Bildungsstandes weit unterproportional, ein Patent als Reserveoffizier. Dagegen schrieb beispielsweise der liberale Kasseler Oberbürgermeister Koch-Weser am 16. Dezember 1914 in sein Tagebuch: „Es ist unglaublich, dass es in diesem Kriege etwas derartiges noch gibt."[116]) „Die meisten Antisemiten waren (...) von der Überzeugung durchdrungen, dass das ‚internationalistische' Judentum unfähig zu wirklich patriotischen Leistungen sei. Unbelehrbar durch faktische Evidenzen insinuierten sie bald nach Kriegsbeginn die Auffassung, die Juden seien überall in der Armee, nur nicht an der Front zu finden. Dies entsprach auch der Sicht des preu-

[113]) Zit. nach Ulrich Sieg: Jüdische Intellektuelle im Ersten Weltkrieg. Kriegserfahrungen, weltanschauliche Debatten und kulturelle Neuentwürfe, Berlin 2001, S. 61.

[114]) Sieg, Jüdische Intellektuelle, S. 71.

[115]) Art. Antisemitismus in Enzyklopädie, a. a. O., S. 335.

[116]) Zit. nach Sieg, Jüdische Intellektuelle, S. 88.

Kriegsministerium.

Nr. 247/8. 16. C1b.

Berlin W. 66, den 11. 10. 1916.
Leipziger Str. 5.

12537/16.

Fortgesetzt laufen beim Kriegsministerium aus der Bevölkerung Klagen darüber ein, daß eine unverhältnismäßig große Anzahl wehrpflichtiger Angehöriger des israelitischen Glaubens vom Heeresdienst befreit sei oder sich von diesem unter allen nur möglichen Vorwänden drücke. Auch soll es nach diesen Mitteilungen eine große Zahl im Heeresdienst stehender Juden verstanden haben, eine Verwendung außerhalb der vordersten Front, also in dem Etappen- und Heimatsgebiet und in Beamten- und Schreiberstellen zu finden.

Um diese Klagen nachzuprüfen und ihnen gegebenenfalls entgegentreten zu können, ersucht das Kriegsministerium ergebenst um gefällige Aufstellung einer Nachweisung nach dem anliegenden Muster 1 u. 2.

Seite 3 u. 4.

Diese Nachweisungen — 1. für die Truppen und Behörden, 2. für die Bezirkskommandos — wollen von den Armeeoberkommandos, Armeeabteilungen, stellvertretenden Generalkommandos, General-Inspektionen (letztere nur für den Bereich des Besatzungsheeres) und den General-Gouvernements in Warschau und Brüssel zusammengestellt bis zum 1. 12. 1916 dem Kriegsministerium eingereicht werden.

.... Nebenabdrucke sind zur gefälligen Benutzung beigefügt.

Wild v. Hohenborn.

An
sämtliche Armee-Oberkommandos (einschl. Ob. Ost),
sämtliche Armee-Abteilungen,
das Kaiserliche General-Gouvernement für Belgien,
das Kaiserliche General-Gouvernement in Warschau,
sämtliche Königlich Preußischen stellv. Generalkommandos,
die Königliche General-Inspektion der Fußartillerie,
die Königliche General-Inspektion des Ingenieur- und Pionierkorps und der Festungen,
die Königliche General-Inspektion des Militär-Verkehrswesens,
den Herrn Sanitätstransport-Oberkommissar,
das Königliche Sanitätsamt der militärischen Institute,
den Herrn Sub-Direktor der Kaiser Wilhelms-Akademie für das militärärztliche Bildungswesen,
(mit Nebenabdrucken bis zum Bataillon usw.).

Berlin. Gedruckt im Kriegsministerium.
612. 10. 1916.

Faksimile der Weisung zur sogenannten Judenzählung in der Armee vom 11. Oktober 1916 ▲

ßischen Offizierskorps, das über das Avancement jüdischer Bewerber erbittert war. Die Unzufriedenheit ging so weit, dass Offiziersorganisationen – trotz des ‚Burgfriedens' – mit antisemitischen Gruppen Kontakt aufnahmen, um gemeinsam gegen die verhasste Beförderung von Juden vorzugehen."

Diese Strömungen trugen wohl auch spürbar dazu bei, dass der Aufstieg von Juden in den (Reserve)-Offiziersrang schon ab dem weiteren Verlauf des Jahres 1915 zusehends wieder erschwert wurde. Zugleich wurde immer häufiger und gehässiger kolportiert, die Juden seien Drückeberger, verschanzten sich hinter angeblich notwendigen zivilen Verwendungen oder bevorzugten in Uniform ungefährliche Schreibstubendienste. Das ganze Jahr 1916 über gab es politische Verstöße, diese angebliche Drückebergerei auf jüdischer Seite dingfest zu machen, so eine Eingabe des Reichstagsabgeordneten Ferdinand Werner vom 17. Juni an das Kriegsministerium, in der u. a. gefragt wurde: „Wie viel Personen jüdischen Stammes stehen an der Front? Wie viel in der Etappe? Wie viel in den Garnisonsverwaltungen, Intendanturen usw.? Wie viel Juden sind reklamiert bzw. als unabkömmlich bezeichnet worden?"[117])

Werner erhielt eine prinzipiell ablehnende Antwort: Das Kriegsministerium könne sich nicht auf Ermittlungen einlassen, die dazu dienten, „einzelne Volksteile gegeneinander auszuspielen". Aber das Bild wandelte sich nun sehr schnell. Am 11. Oktober 1916 erging der berühmt-berüchtigte Erlass des preußischen Kriegsministeriums (vgl. Abbildung S. 201), in dem die Verwaltungen und Einheiten der Armee bis zum 1. Dezember zur Vorlage von Übersichten über die Verwendung jüdischer Soldaten – „israelitischen Glaubens" – angewiesen wurden. Angeblich sollte mit den Daten „einschlägigen Klagen" aus der Bevölkerung „gegebenenfalls entgegengetreten" werden. Fast zeitgleich, am 19. Oktober 1916, hatte der prominente Reichstagsabgeordnete des katholischen Zentrums Matthias Erzberger im Haushaltsausschuss des Parlaments beantragt, eine Übersicht „über das gesamte Personal aller Kriegsgesellschaften" nach konfessionellen und gesellschaftlichen Kategorien vorzulegen. Es ging um den Nachweis, dass in den verschiedenen verwaltungsmäßigen und volkswirtschaftlichen Einrichtungen, die – hinter der Front – für die Kriegführung tätig waren, u. a. Juden und Sozialdemokraten über-, Katholiken unterrepräsentiert seien.[118]) Die „Judenzählung" des Kriegsministeriums war zu diesem Zeitpunkt noch nicht publik geworden. Sie bestimmte aber nun die Debatte. Über sie kam es am 2. November 1916 zur öffentlichen Auseinandersetzung im Reichstag. Der SPD-Abgeordnete Wolfgang Heine nahm kein Blatt vor den Mund: „Hat man sich denn im Kriegsministerium nicht klar gemacht, wie ein solches Schriftstück auf das Heer wirken muss? (...) Jeder Kompanieschreiber bekommt es in die Hände und die Folge

[117]) Zit. nach Jacob Rosenthal: „Die Ehre des jüdischen Soldaten". Die Judenzählung im Ersten Weltkrieg und ihre Folgen, Frankfurt/Main, New York 2007, S. 52.

[118]) Erzbergers Antrag fand eine Mehrheit mit Konservativen und Nationalliberalen; bei letzteren lavierte Gustav Stresemann. Die Frankfurter Zeitung kritisierte unmissverständlich: „Dass ein solcher Antrag überhaupt gestellt und mit Mehrheit angenommen wurde, angenommen unter aktiver Beteiligung einer ‚liberalen Partei', ist ein schmerzlicher Beweis dafür, wie weit wir uns von den Augusttagen des Jahres 1914 wieder entfernt haben." Zit. nach Rosenthal, Ehre, S. 57.

wird sein, dass jeder Jude von seinen Kameraden, jeder jüdische Vorgesetzte von seinen Untergebenen von vornherein als der Feigheit verdächtig angesehen wird."[119]) Danach ergriff der Linksliberale Ludwig Haas das Wort, selbst Jude, nun bewusst in Uniform und mit dem Eisernen Kreuz 1. und 2. Klasse am Rock.

Haas wies nicht nur auf die fundamental antisemitische Einstellung hin, die den Erlass erst möglich gemacht hatte. Er wies auch im Einzelnen nach, dass die ganze Methodik der Befragung zur Diskriminierung von Juden förmlich einlud – so etwa, wenn nun jüdische Soldaten, die mehrfach verwundet worden waren und nicht mehr an der Front stehen konnten, als Etappensoldaten eingestuft wurden.

Es hat den Anschein, als ob der energische Widerspruch gegen die so genannte Judenzählung zunächst einen öffentlichkeitswirksamen Teilerfolg erzielte – aber eben nur für kurze Zeit. Die antisemitischen Kampagnen wie Manipulationen wurden bald durchschlagskräftiger als je zuvor. So gelang es den jüdischen Vertretungen über viele Jahrzehnte, fast bis in die Gegenwart, nicht, die Tatsache wirklich im geschichtspolitischen deutschen Bewusstsein zu verankern, dass im Ersten Weltkrieg 12.000 deutsche Juden für ihr ‚Vaterland' gefallen sind.

Und selbst Eiserne Kreuze, Verwundungen und Offiziersdienstgrade schützten deutsche Juden am Ende nicht vor dem Holocaust. Zunächst aber dienten die Entwicklungen in Russland und die Niederlage Deutschlands als weitere Anlässe zur Radikalisierung des Antisemitismus: Oktoberrevolution in Petrograd 1917 und Waffenstillstand vom Herbst 1918 wurden nur zu gerne auf jüdische Einflüsse und Akteure zurückgeführt. Dass die deutsche Führung selbst erst Lenin die Passage aus der Schweiz an die Newa ermöglicht hatte, wurde daher ebenso geflissentlich verdrängt wie die schließliche Dolchstoßlegende („im Felde unbesiegt") vielfach antisemitisch unterfüttert wurde.

Reichskanzler Hertling

Die Amtsführung des Reichskanzlers Georg Michaelis dauerte noch nicht einmal ein Vierteljahr. Hauptgrund war, dass er die in ihn gesetzten Erwartungen durchaus erfüllte, aber eben in einer Weise, die zu abträglichen Wirkungen führte: Michaelis war politisch tatsächlich so uninspiriert, wie die Militärs sich dies von ihm erhofft hatten. Aber das Resultat konnte auch ihnen nicht gefallen. Denn mit einem rein administrativen Regierungsstil und ohne funktionierende Kommunikation zum Parlament wurde seine Kanzlerschaft zu einem auch aus Sicht der militärischen Prärogative gänzlichen Fehlschlag. Sein Rücktritt erfolgte am 31. Oktober 1917, sein Nachfolger wurde einen Tag später der Bayerische Ministerpräsident Graf Georg von Hertling, in seiner parteipolitischen Entwicklung Exponent des eher rechten, etatistischen Zentrumsflügels. Nicht durch seine Initiative, aber im Zusammenhang mit der durch

[119]) Zit. nach Rosenthal, Ehre, S. 65.

seine Berufung eingetretenen Konstellation ergab sich, eher unbeabsichtigt, ein weiteres Stück Parlamentarisierung in Deutschland. Dabei hatte Hertling schon einmal im Mittelpunkt einer derartigen Entwicklung gestanden: Am 9. Februar 1912 wurde der damalige Bayerische Reichsrat und Fraktionsvorsitzende der Reichstagsfraktion des Zentrums vom Bayerischen Prinzregenten Luitpold deshalb mit dem Ministerium des Königlichen Hauses und dem Vorsitz im Bayerischen Ministerrat (somit Ministerpräsident) betraut, weil sich die monarchische Spitze im Land nach Jahrzehnte langem Sträuben nun doch veranlasst sah, Mehrheitsstruktur im Parlament und Spitze der Exekutive wenigstens einigermaßen miteinander zur Deckung zu bringen. Soeben hatte das Zentrum in Bayern bei einer Landtagswahl wieder die absolute Mehrheit der Sitze erreicht. Hertling sah sich zwar durchaus als etatistischen Regierungschef, nicht als Beauftragten seiner Partei. Gleichwohl aber war im größten süddeutschen und zweitwichtigsten deutschen Staat vor Ausbruch des Ersten Weltkrieges ein wesentlicher Schritt weg vom herkömmlichen monarchischen System und hin zum Bezug des Regierungschefs auf das Parlament und die hier agierenden Kräfte getan worden.

Graf Georg von Hertling

Hertling selbst, der mittlerweile 74 Jahre alt war, sträubte sich gegen ein Avancement auf Reichsebene, schlug sodann auch eine Teilung der Ämter vor: Wenn sich das alles schon nicht vermeiden ließ, wollte er Reichskanzler werden, sollte Michaelis aber die Funktion des Preußischen Ministerpräsidenten behalten – eine Konstruktion, die unter Bismarck wie Reichskanzler Caprivi (1892–1894) zeitweise versucht worden war, die aber nie funktioniert hatte, da sie nicht der Funktionslogik der Reichsverfassung entsprach. Diese ging nun einmal davon aus, dass Preußen mit seiner Staatsregierung und seiner Rolle im Bundesrat die Funktionsfähigkeit des Reiches als administratives System wesentlich sicher stellte, während die anderen größeren Länder als „Verbündete“ mehr oder weniger hinzukamen.

Als sich das Ende der Kanzlerschaft Michaelis′ abzeichnete, zeigten sich die nunmehr vier im Interfraktionellen Ausschuss vereinigten Fraktionen, bei innenpolitischen Fragen machten die Nationalliberalen unter Gustav Stresemann mit, sehr aktiv, formulierten Bedingungen einer künftigen Kanzlerschaft und nannten auch Namen, darunter eben den Bayerischen Ministerpräsidenten Graf Hertling wie auch den württembergischen Ministerpräsidenten Freiherr von Weizsäcker (Großvater des späteren Bundespräsidenten). Hertling selbst ließ sich bereits bei ersten Sondierungen Ende Oktober 1917 auf inhaltliche Absprachen mit den Mehrheitsfraktionen ein, darunter u. a. die Aufhebung der Militärzensur. Zum entscheidenden Schritt wurde freilich, dass der nun bereits amtierende Reichskanzler Graf Hertling nicht umhin kam, am 12. November 1917 die Ernennung des neuen Vizekanzlers Friedrich von Payer, Reichstagsabgeordneter der Fortschrittlichen Volkspartei, hinzunehmen. Sie war für die im Interfraktionellen Ausschuss vereinigten Fraktionen conditio sine qua non gewesen, um die Kanzlerschaft Hertlings zu akzeptieren. Freilich blieb dies immer noch ein Stück stiller Verfassungswandel. Er drückte sich auch darin aus, dass Payer nunmehr sein Parlamentsmandat aufgeben musste. Insofern scheint bei aller Bedeutung dieses Einschnitts die Bewertung Ernst-Rudolf Hubers überzogen: „Bei der schrittweisen Parlamentarisierung der Reichs- und preußischen Staatsleitung war der Sturz Helfferichs (Vorgänger Payers, P. M.) und die anschließende Ernennung Payers der entscheidende Durchbruch. (...) Erst beim Sturz des Vizekanzlers Helfferich setzte die Parteienmehrheit zugleich die Berufung eines von ihr nominierten Parlamentariers in das freigewordene Amt durch. Erst dieser Vorgang war eine epochale Abkehr von den Grundsätzen des konstitutionellen Staatsrechts und ein irreversibler Übertritt auf den Boden des parlamentarischen Regierungssystems.“[120]) Es bleibt freilich die Tatsache, dass in dieser Phase gegenläufige Entwicklungen in Deutschland zunehmend Fahrt gewannen: Die Tendenzen zu Parlamentarisierung und Verständigung mit den Kriegsgegnern wie die Tendenzen zu einem autoritären, unbedingt auf Siegfrieden zielenden Kurs.

[120]) Huber, Verfassungsgeschichte, Bd. V, S. 398; Karl Helfferich, nach seinem Werdegang Bankier, im Krieg zunächst Staatssekretär des Reichsschatzamtes, sodann des Reichsamtes des Inneren und Vizekanzler, nach dem Krieg parteipolitisch auf der Seite der Deutschnationalen und erbitterter Gegner Matthias Erzbergers, war zwar nicht dogmatisch im Sinne der OHL auf einen Primat des Militärischen festgelegt. So war er Gegner der Einführung des unbeschränkten U-Boot-Krieges gewesen, vgl. Helfferich, Weltkrieg, S. 321 ff. Aber er verkörperte zugleich in sehr autoritärer Weise den Typ des antiparlamentarischen Etatisten und wurde so für die Reichstagsmehrheit zur negativen Symbolfigur. Damit gewann zugleich sein Sturz symbolhafte Bedeutung. Vgl. die Erinnerungen des Staatssekretärs Richard von Kühlmann, Kühlmann, Erinnerungen, Heidelberg 1948, S. 512: „Auch darin begegneten wir (der neue Reichskanzler Hertling und Staatssekretär Kühlmann, P. M.) uns, dass in weiterer Durchführung des parlamentarischen Gedankens der in Reichstagskreisen äußerst unpopuläre Helfferich durch einen vertrauenswürdigen Mann aus dem Parlament als Vizekanzler ersetzt werden müsse. Helfferich fand (...) den Volksboten gegenüber durchaus nicht den richtigen Ton. Er war belehrend wie ein Professor, auch manchmal schroff im Ausdruck und nach dem Gefühl der Abgeordneten kassant (sic !) und von oben herab. Das Unglück wollte es, dass bei einer brüsken Wendung seine Rockschöße flogen und eine Anzahl Abgeordneter daraus zu entnehmen glaubten, er habe ihnen die Einladung des Götz von Berlichingen zum Ausdruck bringen wollen. Aus dieser wahrscheinlich (sic!) irrigen Auffassung heraus hatte sich die gegen Helfferich eingenommene Gruppe noch bedeutend vergrößert.“

Die Situation Österreich-Ungarns

Wie schon Erzbergers Rede im Hauptausschuss des Reichstages vom 6. Juli 1917, die so vieles angestoßen hatte, gezeigt hatte, hing die Kräftigung von Parteien und Fraktionen der linken Mitte wesentlich mit dem für Deutschland stagnierenden, wenn nicht kritischer werdenden Kriegsverlauf zusammen. Aber dabei musste es, trotz des formal vollzogenen, aber noch nicht wirksam gewordenen Kriegseintritts der USA, gar nicht bleiben: Wenn sich die militärische Entwicklung wieder günstiger gestaltete, dann konnten und würden im Ergebnis auch die Ambitionen zur inneren Umgestaltung des Reiches und zum Ausgleich gegenüber der Seite der Alliierten zurücktreten. Genau dies aber war die Entwicklung, die nun bis Frühsommer 1918 eintrat und Dominanz gewann.

Dabei wurde die strategische Position Deutschland, jedenfalls zunächst, nicht nur durch den militärischen Kollaps von zwei Feindgroßmächten, zunächst Russlands, sodann Italiens (s. u.) gestärkt, sondern indirekt auch durch eine immer weitergehende Schwächung seines österreichisch-ungarischen Bündnispartners.

Die Kaiser Wilhelm II. und Karl bei einer Begegnung 1917

Wie desolat die Situation der Monarchie geworden war, erhellt beispielhaft ein Brief an Kaiser Karl: „Senden Sie den Kriegsminister nicht an die Front, Majestät, dort ist jetzt noch der lichteste Punkt unseres Elends. (...) Senden Sie ihn zu den Ersatzkadres, wo sich schwer lungentuberkulöse Leute über den Exerzierplatz schleppen (...). Senden Sie den Kriegsminister an die Peripherie Wiens, nach Ottakring, Favoriten, wo die zu unkenntlichen, typischen Hungergestalten herabgekommenen Frauen, abgezehrte Kinder am Arm, vor den Läden angestellt sind (...). Ihre Minister, Majestät, sehen nur die Menschen auf der Kärntner Straße, die der fette Kriegsgewinn vor Hunger und Unterernährung schützt – um viel Geld ist ja noch Alles zu haben (...) Majestät! Ihr Name als Friedenskaiser wird diesen Weltbrand überdauern und in der Geschichte fortleben: Lassen Sie ihn nicht durch engherzigen Machtwillen beflecken und opfern Sie, ehe es zu spät ist, bei der allerersten Gelegenheit den Teil Ihrer Hausmacht, dessen Opfer der Treue Ihres Volkes wert ist."[121]) Die Bedrohung

Thomas G. Masaryk (links im Bild), früher Reichsratsabgeordneter in Wien, organisiert während des Weltkriegs tschechoslowakische Bataillone, die auf der Seite der Ententetruppen kämpfen. Mit diesem Einsatz holt sich Masaryk die Anerkennung der Westmächte für seinen im Exil ausgerufenen tschechoslowakischen Staat.

[121]) Zit. nach Rauchensteiner, Doppeladler, S. 411.

Zwei zentrale Akteure serbischer Politik: Ministerpräsident Pašic und Kronprinz Alexander

Österreich-Ungarns war sowohl intern als auch extern: Es war die einzige Großmacht, deren Fortbestand im Zeichen von gegnerischen Kriegszielen wie der Inanspruchnahme des Selbstbestimmungsrechts offen, schließlich gefährdet und am Ende nahezu ausgeschlossen war. Selbst in den weitestreichenden deutschen Kriegszielprogrammen war eine Auflösung des französischen Staatsverbandes niemals vorgesehen – ein so extraordinärer Gedanke entzog sich gewissermaßen a priori der Phantasie politischen Denkens. Auch das Bismarckreich, wie wohl in Europa eine relativ neue Schöpfung und aus Staaten wie Preußen, Bayern und Sachsen mit einer eigenen, auch europäischen Rolle zusammengefügt, galt in seinem Kern fast ausnahmslos als unbestrittenes Völkerrechtssubjekt. Selbst die französischen Kriegszielplanungen zielten zumeist eher auf territoriale, wirtschaftliche und militärische Schwächung, nicht auf In-Frage-Stellung überhaupt. So spielte etwa das Rheinland in den französischen Überlegungen eine analoge Rolle zu der Belgiens in den deutschen: In beiden Fällen ging es um ein Territorium, das bei einem Siegfrieden nicht unbedingt zu annektieren, wohl aber in den Radius der eigenen Machtprojektion zu bringen war.[122]) Anders eben Österreich-Ungarn: Je stärker der Einfluss der USA als Krieg führende Macht wurde und je mehr der Grundgedanke des Selbstbestimmungsrechts der Völker zum Instrument der Auseinandersetzung wurde, umso stärker wurden auch die Ambitionen insbesondere der slawischen

[122]) Vgl. Georges-Henri Soutou: Die Kriegsziele des Deutschen Reiches, Frankreichs, Großbritanniens und der Vereinigten Staaten während des Ersten Weltkrieges: Ein Vergleich, in: Der Erste Weltkrieg, S. 28–53.

Völker unterstützt, sie vollständig von diesem Staatsverband zu trennen: Am 10. Januar 1918 hatte Präsident Wilson die „Liberation of Czecho-Slovaks" als Ziel der Kriegführung erwähnt, schließlich wurde dann im Sommer 1918 der tschechische Nationalrat als Vertreter eines zwar noch nicht gebildeten, aber bereits Krieg führenden Staates anerkannt.

Auf der anderen Seite, von Süden aus, nahmen die von Serbien ausgehenden jugoslawischen Tendenzen in einer Erklärung von Korfu Gestalt an, wohin die serbische Staatsspitze nach ihrer militärischen Niederlage vom Herbst 1915 ausgewichen war. Dabei verständigten sich serbische, kroatische und slowenische Vertreter „auf das Nachkriegsprojekt eines südslawischen Nationalstaates unter der serbischen Monarchie."[123])

Allerdings blieb die französische Haltung gegenüber Österreich-Ungarn über längere Zeit noch ambivalent: Denn gerade die immer wieder deutlich gemachte Gesprächswilligkeit Kaiser Karls förderte in Paris auch Überlegungen, die Donaumonarchie nach Kriegsende dann fortbestehen zu lassen, wenn in ihrem Rahmen das Gewicht der slawischen Ethnien erhöht und eine deutliche Distanz gegenüber Deutschland hergestellt werden würde.

Zwischen Österreich-Ungarn und Frankreich kam es in der zweiten Kriegshälfte zu einer Vielzahl von vorsichtig-sondierenden Kontakten, so über die beiderseitigen Gesandtschaften in der Schweiz, hinter denen auch der Wiener Außenminister Graf Czernin stand. Dabei konnte man sich freilich schon über die jeweils zu spielenden Rollen nicht verständigen: Frankreich war an einem Sonderfrieden mit der Donaumonarchie gelegen, die Wiener Seite hingegen bot sich eher als Vermittler im Dreieck mit Berlin an. Ein Sonderfrieden zwischen den Alliierten und Österreich-Ungarn hätte schließlich mit hoher Wahrscheinlichkeit zu dessen Zerbrechen geführt und zudem die Möglichkeit einer deutschen Militärintervention gegen den eigenen Bündnispartner nahe rücken lassen. So war die Wiener Politik eher bestrebt, Deutschland von weit gespannten Kriegszielen abzuhalten. Aber das Maximum, das in solchen vertraulichen Gesprächen erreicht wurde, war die deutsche Überlegung, im Falle eines Kompromissfriedens „nur" auf der Annexion der französischen Erzlagerstätten Briey und Longwy zu bestehen und dafür im Gegenzug die Abtretung einiger elsass-lothringischer Grenzstriche anzubieten.

Die Sixtus-Affäre

Am spektakulärsten, vor allem in den Langzeitfolgen, wurde in dieser ganzen Gemengelage die so genannte „Sixtus-Affäre". Am Ende untergrub sie nahezu voll-

[123]) Art. Serbien in Enzyklopädie, S. 833–836, hier S. 836.

ständig die Position Kaiser Karls. Bezeichnend ist im Übrigen, dass noch heute, im Abstand von weit mehr als zwei Generationen, die Interpretationen auf deutscher und österreichischer Seite deutlich auseinander klaffen.[124]) Kaiserin Zita von Bourbon-Parma, nach ihrem ganzen familiären Hintergrund ohnehin keine Freundin des Wilhelminischen Deutschlands, hatte aus Sorge um den Fortbestand der Donaumonarchie ihre beiden, im belgischen Heer dienenden Brüder Sixtus und Xavier für Vermittlungsdienste zwischen Kaiser Karl und der französischen Führung gewonnen. Karl schrieb Sixtus am 17. März 1917 einen Brief, in dem er auf dessen Bitten zu den drei Themen Elsass-Lothringen, Belgien und Serbien Stellung nahm: „Österreich-Ungarn habe kein Interesse an Serbien, Belgien solle wieder souverän und Elsass-Lothringen an Frankreich gegeben werden."[125]) Der Brief gelangte in die Hände des französischen Staatspräsidenten Poincaré. Zwar lehnte bei einer anschließenden Gipfelkonferenz der Alliierten die italienische Seite einen Sonderfrieden mit Österreich-Ungarn ab. Die Motive waren klar und erschwerten von vornherein jede Möglichkeit eines Arrangements der Donaumonarchie mit den Alliierten: Denn das so weit gespannte Territorialprogramm, das Letztere Italien für seinen Eintritt in den Krieg zugesagt hatten, wäre unter einer solchen Voraussetzung allenfalls noch rudimentär zu verwirklichen gewesen. Trotzdem wurde der Kontakt zwischen Kaiser Karl und seinen beiden Schwägern weitergeführt. Im Mai 1917 fand ein Geheimgespräch in Schloss Laxenburg nahe Wien statt, an dem auch Außenminister Czernin beteiligt war. Folgenreicher aber sollte ein zweiter Brief werden, den Kaiser Karl am 9. Mai an seinen Schwager Sixtus sandte und in dem er nochmals Elsass-Lothringen als ein von deutscher Seite zu verantwortendes Friedenshindernis darstellte. Auf öffentliche Vorhaltungen von Außenminister Czernin im Folgejahr, allein wegen des französischen Insistierens auf der Frage Elsass-Lothringen werde der Krieg fortgesetzt, antwortete schließlich der französische Ministerpräsident Clemenceau mit der Veröffentlichung der in französische Hände gelangten Briefe Kaiser Karls. Trotz des in solchen Fällen üblichen Instrumentariums an Ehrenworten und Verschleierungen war die Wirkung fatal und wurde noch dadurch erhöht, dass diese gesamte Kommunikation zu einem Zeitpunkt publik wurde, an dem Deutschland, unmittelbar im Anschluss an den Beginn seiner Westoffensive vom 21. März 1918, kurz vor dem militärischen Durchbruch zu stehen schien. Ein dreiviertel Jahr vor seinem Ende war Österreich-Ungarn definitiv zum Vasallen Berlins geworden, da Karl kompromittiert schien und man jetzt Stärke und Loyalität demonstrieren musste: „Fast mit einem Schlag war das Ansehen der kaiserlichen Zentralgewalt vernichtet. (...) In das Vakuum, das sich für die Deutschen, Österreicher und die Ungarn der Monarchie auftat, strömte (...) das Deutsche Reich und dort, wo Deutschland dieses Vakuum nicht füllen konnte, wo ihm die deutsche Definition dieses Kriegs als einer Auseinandersetzung zwischen Slawen und Germanen selbst im Weg stand, bildeten

[124]) Für die österreichische Seite Rauchensteiner, Doppeladler, S. 553 ff. Für die deutsche Seite Kielmannsegg, Deutschland, S. 482 ff.

[125]) Rauchensteiner, Doppeladler, S. 553.

Mein lieber Sixtus!

Das Ende des dritten Jahres dieses Krieges, der so viel Trauer und Leiden in die Welt gebracht hat, naht heran. Alle Völker meines Reiches sind enger als je vereinigt in dem gemeinsamen Willen, die Integrität der Monarchie auch auf Kosten der schwersten Opfer zu verteidigen. Ihrer Einigkeit, dem hochherzigen Zusammenwirken aller Nationalitäten meines Reiches, verdankt es die Monarchie, dass sie bald drei Jahre den schwersten Stürmen standhalten konnte. Niemand wird die militärischen Erfolge meiner Truppen, besonders auf dem Balkankriegsschauplatz, bestreiten können.

Frankreich hat ebenfalls großartige Beweise seiner Widerstandskraft und seines Elans geliefert. Wir bewundern alle rückhaltlos die traditionelle Tapferkeit seiner Armee und den Geist der Aufopferung des ganzen französischen Volkes. – Es ist mir daher, obwohl wir augenblicklich Gegner sind, besonders erfreulich zu sehen, dass mein Reich von Frankreich durch keine wirklichen Interessengegensätze getrennt ist und dass meine lebhaften, in der ganzen Monarchie geteilten Sympathien für Frankreich wohl zu der Hoffnung berechtigen, die Wiederkehr eines Krieges, für den ich nicht verantwortlich bin, in Zukunft zu vermeiden. Deshalb und zur Kundgebung der Aufrichtigkeit meiner Gefühle in präziser Form bitte ich Dich, dem Präsidenten der französischen Republik, Herrn Poincaré, geheime und inoffizielle Mitteilung zu machen, dass ich mit allen Mitteln und mit meinem ganzen persönlichen Einfluss bei meinen Verbündeten die gerechte französische Zurückforderung (les justes revendications) Elsass-Lothringens unterstützen werde.

Belgien muss als souveräner Staat wiederhergestellt werden und seine sämtlichen afrikanischen Besitzungen behalten, ungeachtet der Entschädigungen, die es für die erlittenen Verluste erhalten sollte. Die Souveränität Serbiens wird wiederhergestellt werden, und wir sind, um unseren guten Willen zu beweisen, erbötig, ihm einen der Billigkeit entsprechenden natürlichen Zugang zum Adriatischen Meere und weitgehende wirtschaftliche Zugeständnisse zu garantieren. Österreich-Ungarn wird dagegen als unerlässliche Vorbedingung fordern, dass das Königreich Serbien sich in Zukunft von jeder Gesellschaft oder Vereinigung mit der politischen Tendenz der Zerstückelung der Monarchie losmacht und sie unterdrückt, besonders die ‚Narodna Odbrana', dass es loyal und mit allen ihm zu Gebote stehenden Mitteln jede derartige politische Agitation in Serbien und außerhalb seiner Grenzen verhindert und dass es dafür unter Garantie der Ententemächte bürgt. – Die jüngsten Ereignisse in Russland nötigen mich, die endgültige Bildung einer gesetzlichen Regierung abzuwarten, ehe ich mich über diesen Punkt äußere. Nachdem ich Dir so meine Gefühle auseinander gesetzt habe, möchte ich Dich bitten, mir zuvörderst die Ansicht Frankreichs und Englands nach Aussprache mit beiden Mächten mitzuteilen, damit auf diese Weise eine Grundlage für offizielle allgemein befriedigende Verhandlungen geschaffen wird. – In der Hoffnung, dass wir so beiderseits den Leiden so vieler Millionen Menschen und so vieler in Trauer und Angst lebender Familien ein Ziel setzen werden, bitte ich Dich, an meine lebhafteste brüderliche Zuneigung zu glauben.

Karl

Schreiben Kaiser Karls vom 17. März 1917 an Prinz Sixtus von Bourbon-Parma, deutsche Übersetzung, mit Zielrichtung an den französischen Staatspräsidenten Raymond Poincaré
Quelle: Gordon Brook-Shepherd: Karl I. des Reiches letzter Kaiser, Wien, München, Zürich 1968, S. 88 f.

Flandern (1914–1918)

sich die künftigen ostmittel- und südosteuropäischen Nationalstaaten heraus. Es war ein Sturz ins Nichts."[126])

Die weiteren Kämpfe im Westen 1917

In seinem weiteren Verlauf brachte das Jahr 1917 an der Westfront zunächst vor allem nochmals intensivierte Angriffe der britischen Truppen. Ihr strategisches Ziel war insbesondere, in Flandern die deutschen U-Boot-Basen an der Kanalküste zu erreichen. Weiter ging es darum, den Druck auf die deutsche Front zu verschärfen, damit diese nicht vom Nachlassen des russischen Kampfeswillens nach dem Ausbruch der Revolution (s. u.) profitieren könne, und Frankreich Hilfestellung zu bieten, das zu eigenen großen Offensiven nicht mehr in der Lage war. Aber mehr noch als bei Verdun und an der Somme wurden diese Kämpfe für beide Seiten zur ungeheuer verlustreichen, von den strategischen Zielen immer weiter entfernten, gewissermaßen als Selbstzweck geführten Auseinandersetzung. Diese Kämpfe in Flandern waren wohl das Härteste, ja Brutalste, was die Westfront in den vier Jahren von 1914–1918 je erlebte. „Am Morgen des 7. Juni zündeten die Briten 21 Minen unter den vorgeschobenen Stellungen der Deutschen auf dem Messines-Wytschaete-Höhenrücken, 19 Minen explodierten. Man hatte sie seit 1915 auf den Einsatz vorbereitet – die gewaltige Explosion war bis London zu hören –, aber dies war lediglich der Höhepunkt eines 17 Tage währenden Trommelfeuers mit drei Millionen Granaten."[127]) Diese, die eigentliche Offensive erst noch vorbereitende Operation war für die britische Seite zunächst noch ein Erfolg. Die Großoffensive selbst begann Ende Juli bei Ypern. Das Resultat war im Grunde eine Niederlage für beide Seiten: Die deutsche Abwehr zeigte Schwächen, die es im Jahr zuvor, bei der Schlacht an der Somme, noch nicht gegeben hatte. Schon am ersten Angriffstag, dem 31. Juli, machten die Briten 6.100 deutsche Gefangene – das deutete, von Ludendorff durchaus wahrgenommen, auf einen nachlassenden Kampfwillen hin. Es kommt zwar nicht zu Meutereien wie Monate zuvor in der französischen Armee nach dem Fiasko der Nivelle-Offensive am Damenweg, aber die Grenzen der Belastbarkeit auch der deutschen Armee werden erkennbar und weisen bereits auf ihre Verfassung ein Jahr später hin, nach dem Scheitern der letzten großen Angriffe im Westen. Gleichwohl erzielt die britische Seite keinen strategischen Durchbruch. Kanadische Truppen erreichen gegen Ende der Schlacht, Ende Oktober und Anfang November, mit der Eroberung von Passchendaele einen Prestigeerfolg. Aber im Resultat gibt es für beide Seiten, nicht anders als bei der Schlacht an der Somme im Vorjahr, nur Verluste. Durch unaufhörlichen Regen, durch Sumpf- und Trichterlandschaft entstehen apokalyptische Bilder. So berichtet ein deutscher Zugführer:

---

[126]) Rauchensteiner, Doppeladler, S. 556.
[127]) Stevenson, Weltkrieg, S. 398.

„Diesen Weg werde ich niemals vergessen. Das Ganze war ein großer Sumpf. Trichter reihte sich an Trichter, die bis zum Rande mit Wasser gefüllt waren. (...) Doch die armen Maschinengewehrschützen! Rutschte einer von ihnen in den Schlamm, so war er rettungslos verloren, da ihn die schweren umgehängten Munitionskästen in die Tiefe zogen. Die Wasser schlossen sich über dem Unglücklichen manchmal so schnell, dass er nicht einmal Zeit hatte, um Hilfe zu rufen. Und auch wehe dem, der dem Ertrinkenden die Hand bot! Er wurde mit hinunter gezogen."[128]) Wie die verantwortlichen Militärs des Jahres 1916 bringt auch diesmal der britische Oberbefehlshaber General Haig nicht die Entschlusskraft auf, die Offensive zu beenden, bevor sie ohne Erfolgsperspektive stetig nur noch neue Opfer fordert. Am Ende verlieren die Alliierten 332.000 Mann, die Deutschen 217.000.[129]) Das britische Ziel, die deutschen U-Boot-Stützpunkte an der Kanalküste, bleibt unerreicht.

Die letzte britische Offensive dieses Jahres, die „Tankschlacht von Cambrai" im November 1917, führte dann zu Wirkungen, die bereits im Blick auf beide Seiten den sich im Folgejahr vollziehenden Übergang zum Bewegungskrieg andeuteten: Ohne

Gefallene deutsche Soldaten in einem Granattrichter am Wytschaetebogen in Flandern, wo die Briten 1917 nach großen Sprengungen unter den deutschen Stellungen offensiv waren.

128) Zit. nach Benno Schneider, Ulrich Haacke (Hg.): Das Buch vom Kriege 1914–1918. Briefe, Berichte, Erinnerungen, Urkunden, Ebenhausen 1933, S. 311 f.

129) Zahlen nach Sönke Neitzel: Epochenjahr 1917 – politische und militärische Weichenstellungen, Themenheft 3/07, Bayerische Landeszentrale für politische Bildungsarbeit, München 2007, S. 15.

Verlassene britische Tanks nach der Schlacht bei Cambrai, Dezember 1917.

langes, Offensivvorbereitungen verratendes Artilleriefeuer, so sollten dann auch die Deutschen im März 1918 verfahren (s. u.), griffen am 20. November 400 Panzer die so genannte „Siegfried-Stellung" an und erreichten einen auf deutscher Seite nicht für möglich gehaltenen, tiefen Einbruch. Erstmals in diesem Krieg wurden in London Siegesglocken geläutet. Aber ebenso erfolgreich war der deutsche Gegenangriff, der die nun vorgeschobenen britischen Stellungen in die Zange zu nehmen drohte. So konnten sich am Ende beide Seiten als Sieger sehen und beide hatten demonstriert, dass der mittlerweile seit drei Jahren anhaltende Stellungskrieg vor einem Ende stehen konnte. Auf deutscher Seite ergab sich zudem ein fataler Trugschluss. Da die britischen Tanks am Ende doch relativ wirkungslos geblieben und vielfach zerstört worden waren, glaubte man, auch künftig diese neue Waffe nicht allzu sehr fürchten, zugleich aber bei einer eigenen Offensive ohne sie auskommen zu können.

Die Entwicklung in Russland

Die eigentliche große, auch militärische Zäsur des Jahres 1917 war der sich immer mehr beschleunigende De-facto-Rückzug Russlands aus dem Krieg. Zunächst wollte die russische Revolutionsregierung, sowohl in ihrem bürgerlich-liberalen als auch in ihrem sozialistischen Teil, den Krieg unvermindert fortsetzen. Zugleich bemühten sich die Alliierten, die russischen Anstrengungen durch verstärkte Lieferungen und eine Vielzahl an Instrukteuren und Beratern zu unterstützen. Paradoxerweise ernannte der neue sozialistische Kriegsminister Kerenski den Befehlshaber der letzten großen Offensive des zaristischen Russland, General Brussilow, zum neuen Oberbefehlshaber der russischen Armee und Brussilow nahm zugleich die Entwicklung des Landes weg vom alten zaristischen System auch innerlich an, was ihm nicht wenig Verachtung auf der Seite seiner alten Kameraden aus den Petersburger Militärkreisen einbrachte.

Am 1. Juli 1917 begannen die russischen Truppen die so genannte Kerenski-Offensive". Sie zielte vor allem in Ostgalizien auf die Rückeroberung Lembergs. Wieder, wie schon im Jahr zuvor, desertierten ganze Regimenter der österreichisch-ungarischen Armee. Trotzdem war die russische Seite zu einem durchschlagenden Erfolg nicht mehr in der Lage. Insbesondere wirkte sich die Agitation des bolschewistischen Führers Lenin aus. Seinen und den Transport seiner Gruppe aus dem Schweizer Exil im plombierten Eisenbahnwagen durch Deutschland hatte die Oberste Heeresleitung in der dezidierten Absicht durchführen lassen, den russischen Widerstand endgültig zu brechen. Dieses Kalkül ging zunächst voll auf. Die von Lenin sofort bei Ankunft in Petrograd verkündeten „April-Thesen" brachten die zentralen Wünsche der russischen Arbeiter und Bauern auf die einfachste und kompakteste Weise zum Ausdruck: Beendigung des Krieges, unter welchen Kautelen auch immer, Land und Brot für die arbeitenden Massen. Vor diesem agitatorisch-psychologischen Hintergrund brach die Kerenski-Offensive zusammen. Die Bereitschaft zu kämpfen war im Regelfall bereits nach wenigen Stunden erlahmt. Hinzu kamen

Kaiser Wilhelm II. bei einem Frontbesuch 1917 an der Ostfront

der Zusammenbruch der Infrastruktur und das Zerreißen der Befehlsketten. Das Ende der Kampftätigkeit im Osten bedeutete freilich nicht, dass dort konsolidierte Verhältnisse eingekehrt wären. Aber nicht nur deshalb hielten die Mittelmächte dort weiter große Truppenkontingente vor: Es ging ihnen nun auch um eine weit gespannte Imperialpolitik, um Protektorate, Siedlungsgebiete, Rohstoffe und Einflusszonen.

Nach dem bolschewistischen Staatsstreich im November 1917 in Petrograd beschleunigte sich dann die Entwicklung: Am 26. November nahm die neue sowjetische Führung Kontakte zu den Mittelmächten auf, Kommissar Trotzki fragte zugleich bei den Alliierten an, ob sie an Verhandlungen teilzunehmen wünschten. Ein erster Waffenstillstand wurde am 5. Dezember auf 10 Tage vereinbart und am 15. Dezember um 28 Tage verlängert. Die nun anhebenden „Friedensverhandlungen" zwischen Bolschewiki und Diplomaten wie Militärs der Mittelmächte waren von Skurrilitäten nicht frei. Auf Seiten der Bolschewiki ging es strategisch um den Gewinn einer Atempause, politisch wesentlich auch um eine agitatorische Plattform, auf Seiten der Mittelmächte um die Durchsetzung eines imperialen Programms in klassischer Manier. Dadurch hatten die beteiligten Seiten Interessenlagen, die an sich einen Konsens erleichtern mussten: „Die Deutschen, weil sie auf diese Weise Truppen für die Westfront freibekamen, wo Ludendorff drängte, alles auf eine Karte

Die Auflösung der russischen Front: Ein Transport mit bolschewistischen Agitatoren in Kiew

Das vorläufige Ende der Feindseligkeiten gegen Russland an der Ostfront: Prinz Leopold von Bayern, Generalfeldmarschall und Oberbefehlshaber der deutschen Truppen in diesem Bereich, unterzeichnet am 15. Dezember 1917 einen Waffenstillstand

zu setzen; die Österreicher, weil sie damit ihre erschöpfte Armee und die Zivilbevölkerung entlasten konnten (...); und die Russen nicht minder, weil sie mit einer Atempause auch Zeit für ihre Friedenskampagne gewannen, mit der sie die Revolution im Westen entfachen wollten."[130]) Unter dem Druck der vor allem deutschen Forderungen, die auf die Abtretung der gesamten russischen Westterritorien zielten, von Finnland im Norden über das Baltikum, Polen und die Ukraine, bis zu Gebieten auf dem Balkan, die Russland 1878 vom Osmanischen Reich gewonnen hatte, drohte die bolschewistische Führung in Petrograd zu zerfallen: Trotzki plädierte für einen Zustand von weder Krieg noch Frieden, eine radikalkommunistische Opposition wünschte einen revolutionären Krieg gegen den deutschen Imperialismus, auch die Zuhilfenahme der Alliierten wurde erwogen, Lenin war dafür, möglichst unter allen Umständen abzuschließen, damit das bolschewistische System, dem der Bürgerkrieg bevorstand, wenigstens zunächst von deutscher Seite nichts mehr befürchten müsse. Ab dem 18. Februar 1918 rückten die deutschen Truppen, da nun nach Ablauf des Waffenstillstandes formal der Kriegszustand weiter bestand, nach Osten vor, um neue Faustpfänder zu gewinnen. General Hoffmann, alter Mitarbeiter Ludendorffs, sprach vom „komischsten Krieg, den ich kenne. Er findet fast

[130]) Orlando Figes: Die Tragödie eines Volkes. Die Epoche der russischen Revolution 1891–1924, Berlin 1998, S. 572 f.

Schlussphase des Ersten Weltkrieges: Während Deutschland an der Westfront in die Defensive gedrängt wird, zeichnet sich im Osten die Errichtung eines deutsch dominierten Imperiums ab, das in manchem bereits an die Ambitionen des Zweiten Weltkrieges erinnert. Der Oberbefehlshaber der deutschen Heeresgruppe in der Ukraine, Generalfeldmarschall von Eichhorn, bei einem Besuch in Odessa in Begleitung des Kommandanten der k. u. k. Ostarmee, General der Infanterie Alfred Krauß, Sommer 1918

ausschließlich in Zügen und Automobilen statt. Wir setzen eine Handvoll Infanterie mit Maschinengewehren und einer Kanone in einen Zug und schicken sie zur nächsten Bahnstation; sie nimmt diese ein, macht unter den Bolschewiken ein paar Gefangene, greift noch ein paar Soldaten auf und fährt weiter. Jedenfalls hat dieses Vorgehen den Reiz des Neuen."[131]) Unter dem Druck dieser Entwicklung formulierte Lenin im Zentralkomitee die Frage, um die es letztlich ging, so: „Es komme darauf an, ob wir heute die Friedensbedingungen oder in drei Wochen das Todesurteil der Sowjetregierung unterschreiben." Die Abstimmung im Zentralkomitee für die Unterzeichnung des Vertrages von Brest-Litowsk ergab sieben gegen vier Stimmen bei vier Enthaltungen. Der Friedensvertrag von Brest-Litowsk wurde schließlich am 3. März 1918 unterzeichnet, bei der Ratifikationsabstimmung im Deutschen Reichstag stimmte die USPD dagegen und enthielt sich die SPD der Stimme. Seine harten, vor allem territorialen Bedingungen trugen nicht wenig dazu bei, den alliierten Widerstandswillen im Zeichen der bevorstehenden deutschen Frühjahrsoffensive des Jahres 1918 (s. u.) neu zu entfachen. Dazu gilt der Friedensvertrag vielfach als Ausdruck eines aufs Äußerste gesteigerten Wilhelminischen Imperialismus, der

[131]) Zit. nach Figes, Tragödie, S. 577.

Deutsche Infanterie rückt 1918 bis zum Kaukasus vor, hier in Tiflis. Um die dortigen Erdölquellen auszubeuten, ist allerdings die Zeit zu kurz.

zugleich Vorläufer der späteren nationalsozialistischen Ostraumpläne gewesen sei. Diese Argumentation sollte aber doch relativiert werden: Naturgemäß ging es um Imperialismus, um Raumdenken, um Rohstoffe, auch schon um Siedlungsgebiete und, in welcher Form auch immer, um deutsche Hegemonie. Zugleich aber verlor (das bolschewistische) Russland nahezu nur solche Gebiete, die sich, einschließlich der Ukraine, ohnehin verselbstständigen wollten. Am eindeutigsten war dies wohl in Finnland der Fall. Die sich so für Osteuropa neu abzeichnenden Grenzziehungen – wirksam wurden sie ja nur zum Teil, da die Ukraine sehr bald von Sowjetrussland vereinnahmt werden würde – entsprechen denn auch auf verblüffende Weise den nach dem Kollaps der Sowjetunion 1991 geltenden Grenzziehungen wie dem Territorialbestand Russlands bis in die Zeit Peters des Großen an der Wende vom 17. zum 18. Jahrhundert, bevor die große Expansionswelle des zaristischen Imperiums einsetzte.

7. Doch noch ein Sieg?

Erfolg der Mittelmächte 1917 gegen Italien

Der Aufsehen erregendste militärische Erfolg gelang den Mittelmächten im Herbst 1917 an der Front gegen Italien. Hier hatte es ähnlich wie an der Westfront seit Mai 1915 einen ungemein verlustreichen Stellungskrieg gegeben, bei dem die italienische Seite in der Regel in der Offensive stand, die österreich-ungarische in der Defensive verharrte. Die Hochgebirgslandschaft, in der hier gekämpft wurde, gab dem Krieg eine zusätzliche Prägung. Die 11 so genannten „Isonzo-Schlachten" waren in der Regel nach dem Muster verlaufen, dass die italienische Seite angriff, die österreichische verteidigte und beides unter blutigsten Verlusten vonstatten ging. Die Gefahr, dass die österreichische Front irgendwann brüchig werden würde, begann allmählich zu wachsen. An diesem Punkt mischte sich nun die deutsche Seite ein. Bis Sommer 1917 war Deutschland an der Front im Süden, mit Ausnahme eines kleinen, vor allem bayerischen Alpenkorps, kaum präsent gewesen. Nun schlug die österreichisch-ungarische Seite vor, für eine eigene Offensive in den Alpen Divisionen aus der Ostfront herauszulösen und diese dort durch deutsche

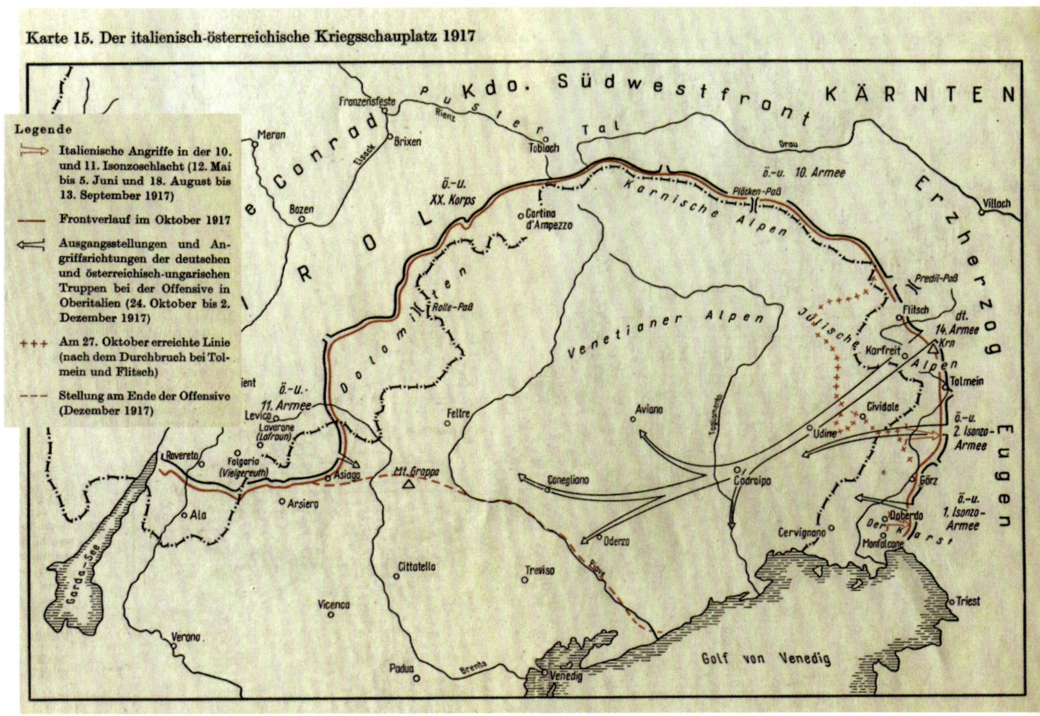

Der italienisch-österreichische Kriegsschauplatz 1917

zu ersetzen. An dieser Stelle setzte eine massive deutsche Intervention ein, die nicht nur militärische Ziele verfolgte, sondern auch Österreich-Ungarn stärker in den eigenen Griff zu nehmen suchte. Kaiser Wilhelm II. schrieb am 1. September 1917 an Kaiser Karl: „Du kannst überzeugt sein, dass es nicht nur bei meiner Armee, sondern in ganz Deutschland Jubel auslösen würde, wenn es gelänge, dass deutsche Truppen mit Deinen braven Isonzo-Kämpfern dem wortbrüchigen Italien zu Leibe gingen. Gebe Gott, dass auch dieser Tag uns naht."[132]) In die Julischen Alpen, auf die Hochflächen nördlich der Adria, wurde nun eine ganze deutsche Armee verlegt, die, nach den Erfahrungen an der Westfront, vor allem über einen Artilleriepark verfügte, wie er bis dahin dort unbekannt war. 1845 Geschütze kamen zum Einsatz. Zudem wurde eine massive Verwendung von Gas vorgesehen, auch dies eine Novität im Alpenkrieg. Gegen das neue deutsche Phosgengas boten die italienischen Gasmasken keinen Schutz. Hinzu kam der Einsatz deutscher Elite-Infanterieeinheiten, die unmittelbar über die Gebirgslagen angriffen, die italienischen Stellungen in den Talbereichen umgingen und so sehr schnell tiefe Einbrüche und hohe Gefangenenzahlen erreichten. Dabei zeichnete sich auch der vor Ehrgeiz förmlich brennende Oberleutnant Erwin Rommel aus. Er eroberte mit nur

Offensive der Mittelmächte am Isonzo; Blick auf die unter Artilleriefeuer liegenden italienischen Stellungen auf der Höhe von Tolmein, 24. Oktober 1917.

[132]) Rauchensteiner, Doppeladler, S. 501.

wenigen Dutzend Soldaten den „Monte Matajur“, machte dabei mehrere Tausend Gefangene und erwarb sich nach einigem Hin und Her den höchsten preußischen Orden, den „Pour le Mérite“. Rommel zeigte hier bereits jene Vorgehensweisen, die ihn später zunächst zum Lieblingsfeldmarschall der nationalsozialistischen Paladine werden ließen, bevor er wegen angeblicher Beteiligung am 20. Juli 1944 zum Selbstmord gezwungen wurde.

Die nunmehr 12. Isonzo-Schlacht begann als deutsch-österreichische Offensive am 24. Oktober 1917. Sie führte zu einem in dieser Größenordnung völlig unerwarteten Zusammenbruch der italienischen Front, die erst an der Piave nördlich Venedigs im Flachland aufgefangen werden konnte. Sie brachte vor allem über die reinen Zahlen hinaus, darunter 300.000 italienische Gefangene, das Bild eines Zusammenbruches, der mit unmittelbar militärischen Mitteln, so die deutsche Interpretation, eben doch

Das Bild zeigt bei der deutsch-österreichischen Offensive 1917 gefallene italienische Soldaten, die offenkundig das Opfer deutscher Maschinengewehrfeuers und von Gasangriffen geworden waren.

zu erzielen sei. Viele italienische Soldaten hielten sich im Hinterland der Front auf, privatisierten gewissermaßen auf eigene Faust. Freilich waren am Ende, wie so oft in diesem Konflikt, die Wirkungen ambivalent: Zum einen war das deutsche Selbstbewusstsein nochmals enorm gestiegen, man sah in diesem Ergebnis auch einen optimistisch stimmenden Hinweis auf die offensiven Ambitionen für das Jahr 1918 an der Westfront. Damit war eben auch zum Teil die Motivation geschwunden, es vielleicht doch noch mit einer politischen Einigung zu versuchen. Zum anderen war Italien zwar schwer angeschlagen, hatte sich am Ende aber mit alliierter Hilfe fangen können. So war es wiederum, wie im Falle der Siege 1915 gegen Russland, nicht gelungen, einen unbestreitbaren militärischen Erfolg in politische Resultate zu übersetzen. Und unmittelbar nachteilig war nun, dass sich die Transportwege für die Mittelmächte über die Alpen an die Front verlängerten und die große Zahl an Kriegsgefangenen zusätzliche Versorgungsprobleme aufwarf. Sowohl die Mehrfrontensituation der Mittelmächte als auch die immer weitergehende Schwächung Österreich-Ungarns setzten sich damit letztlich unvermindert fort.

Militärische Latenzphase

Zwischen dem Herbst 1917, insbesondere dem Ende der Kämpfe in Russland und der schweren Niederlage Italiens einerseits, und dem Beginn der deutschen Westoffensive am 21. März 1918 andererseits, zeigt der Erste Weltkrieg letztmals eine Latenzphase, in der beide Seiten Gelegenheit hatten, nochmals grundsätzlich die Fragen von Friedensherbeiführung und Kriegsbeendigung – Verständigungs- oder Siegfriede – zu reflektieren, bevor neue, militärisch-immanente Entwicklungen ihnen dieses Thema aus der Hand nahmen, nochmals zu furchtbaren Verlusten führen und am Ende eine militärisch induzierte Klärung herbeiführen würden. Solche Latenzphasen, die ungenutzt verstrichen waren, hatte es bislang bereits dreimal gegeben: Im Herbst 1914 nach dem Fehlschlag der Marne-Schlacht für die deutsche Seite, ohne dass doch die Alliierten im Gegenzug ihrerseits einen durchgreifenden Erfolg hätten erzielen können, während es im Osten zur Stagnation kam, gegen Ende 1915, im Zeichen ergebnisloser französischer Offensiven im Westen und großer militärischer Erfolge der Mittelmächte in Polen und im Baltikum, die ihrerseits nicht zu einem vollständigen Erfolg geführt hatten, und schließlich drittens gegen Ende 1916, als wiederum ein vergleichbares Patt manifest wurde, durch das jeweilige Fiasko der Schlachten bei Verdun und an der Somme für Deutsche und Briten, durch den schließlichen Misserfolg der Brussilow-Offensive im Osten, die zugleich aber Österreich-Ungarn entscheidend geschwächt hatte und zudem durch den Zusammenbruch Rumäniens.

Vielen Zeitgenossen auf beiden Seiten schien die militärische Lage ab Spätherbst 1917 offen: Franzosen und Briten mussten auf die Amerikaner warten, konnten sich von ihnen substanziell viel versprechen, konnten mangels einschlägiger Erfahrungen aber noch nicht recht wissen, was die amerikanische Assistenz letztlich tatsächlich leisten würde. Auf deutscher Seite erkannte man intern, dass der U-Boot-Krieg endgültig fehlgeschlagen war. Aber rein militärisch sah man ein „window of opportunity" durch das Ausscheiden Russlands als Krieg führende Macht. Die Zweifronten-Situation für das Deutsche Reich, seit Bismarcks Tagen die politische und in der Folge auch strategische Belastung schlechthin, war an ein Ende gelangt, wenn auch freilich auf gänzlich andere Weise, als es die Militärs von Schlieffen bis Moltke dem Jüngeren gewünscht und geplant hatten: Nicht Frankreich war binnen sechs Wochen kollabiert, sondern am Ende Russland, dessen „Dampfwalze" man doch so gefürchtet hatte. Im Übrigen liegt hier auch ein sehr anschauliches Beispiel für die Irrtumspotenz militärischer Fachleute. Gerade sie selbst hatten militärisch und wirtschaftlich das Durchstehen einer Zweifrontenkonstellation über nunmehr drei Jahre völlig ausgeschlossen, hatten eben vor diesem Hintergrund den Schlieffen-Plan konzipiert, mochten sich nun positiv überrascht sehen und waren doch der strategischen Dilemmata keineswegs enthoben. Was wir heute klar zu erkennen glauben, nämlich die Aussichtslosigkeit der deutschen Position auch nach dem Ausscheiden Russlands angesichts des Faktors USA und der durch Jahre von Blockade und härtestem Krieg erfolgten eigenen Auszehrung, war den Zeitgenossen zumindest in großen Teilen so nicht bewusst. Man sollte sich dabei vor Vorverurteilungen hüten. Es waren nun einmal militärisch ungemein positive Resultate erzielt

Deutsche Kriegsgefangene im französischen Algerien. Die Soldaten haben eine Musikkapelle gegründet.

Taktischer Übergang zu sehr kleinen Kampfeinheiten in der zweiten Hälfte des Ersten Weltkrieges: deutscher Maschinengewehrtrupp 1917 in Flandern

worden und diese wurden immer auch zu Schlussfolgerungen für einen nun weiter günstigen Kriegsverlauf genutzt. Wesentlich ist zudem die Frage nach Alternativen. General Ludendorff, der seit Herbst 1917 seine Kriegszielvorstellungen nach einigen Konzessionen wieder weiter fasste, sah nur die Möglichkeit, endlich den durchschlagenden Erfolg im Westen und in seiner Konsequenz auch den durchschlagenden politischen Erfolg zu erzielen.

Friedens- und Ausgleichsüberlegungen

Der neue Staatssekretär im Auswärtigen Amt, Richard von Kühlmann, war forciert darum bemüht, vor allem mit London in Kontakt zu kommen und, bevor so oder so militärische Entscheidungen fielen, ernsthaft die Möglichkeit eines Kompromissfriedens auszuloten. Je günstiger freilich in Deutschland die Kriegsaussichten beurteilt wurden, und die Prognosen eilten hier sehr schnell einem neuen Höhepunkt zu, desto schwieriger musste es werden, einen „flauen" Frieden zu vermitteln. Und die zweite, noch wichtigere Frage war die nach der Kompromissbereitschaft auf alliierter Seite. Kühlmann hatte im Frühherbst 1917 über spanische Vermittlung einen Gesprächsfaden zu London aufbauen wollen. Als besonderes Problem erwies sich nun, dass auf Seite der Alliierten seit ihrem Londoner Vertrag vom 5. September 1914, der auf die weiteren Verbündeten wie ab 1915 Italien erstreckt wurde, der Primat galt, unter allen Umständen den Konsens zu wahren. So sah sich Großbritannien nicht in der Lage, von den französischen Kriegszielvorstellungen abzurücken, die mittlerweile weit über die Rückgewinnung von Elsass-Lothringen hinaus gingen. Kühlmanns Bereitschaft, in der Frage Belgien großzügig entgegenzukommen, blieb deshalb weitgehend ohne Effekt.

Am 29. November 1917 erschien im britischen „Daily Telegraph" ein Brief des konservativen Politikers Lord Lansdowne – die Times hatte die Veröffentlichung abgelehnt. Lansdowne plädierte entschieden für einen Verständigungsfrieden, auch wenn dies bedeute, dass die Alliierten auf einen am Ende militärisch doch erreichbaren Siegfrieden verzichteten. Denn der Preis dafür, immer weiter zu kämpfen, sei viel zu hoch. Es drohe der komplette Ruin von Volkswirtschaften und Kultur in Europa, ein vollständiges Fiasko, das kein militärischer Sieg aufzuwiegen vermöge. Auch als Antwort darauf erfolgten nunmehr „die großen programmatischen Kriegszielerklärungen der Entente"[133]), zunächst eine Rede des britischen Premiers Lloyd George am 5. Januar 1918. Lloyd George skizzierte territorial ein Kriegszielprogramm, das bereits sehr weitgehend den Resultaten der Pariser Vorortverträge entsprach. Grundlegend war die moralische Verurteilung Deutschlands als Aggressor, zumal gegenüber Belgien, wie als autokratische Macht. „Lloyd George begründete die Notwendigkeit des Sieges ganz im Sinne des ideologischen Kriegsbildes des Präsidenten Wilson mit der moralischen Verfehlung des Deutschen Reiches, mit der Verpflichtung, dem Völkerrecht

Staatssekretär Richard von Kühlmann

[133]) Kielmannsegg, Deutschland, S. 543.

zur Anerkennung zu verhelfen. In Wahrheit wurzelte seine Überzeugung viel stärker in Postulaten klassischer Großmachtpolitik. Er ließ sich von der Überlegung bestimmen, dass nur ein militärischer Sieg, nicht aber ein ausgehandelter Kompromiss die Hegemonie Deutschlands in Europa verhindern könne. Die Rückkehr zum Status quo (...) hätte in Wahrheit einen Sieg Deutschlands über die anderen europäischen Großmächte bedeutet. Der Status des Deutschen Reiches als der weitaus stärksten dieser Großmächte wäre damit nachgewiesen und gesichert gewesen. Erst recht nach dem Ausfall Russlands erschien ein unbesiegtes Deutschland als eine untragbare Gefahr für die europäischen Westmächte. Die Sorge vor einem übermächtigen Deutschland erklärt auch, dass Lloyd George der dauerhaften Erhaltung des englisch-französischen Bündnisses so große Bedeutung beimaß. Die Festigung dieses Bündnisses aber verlangte Solidarität mit den französischen Kriegszielen."[134]) Nur drei Tage später erfolgte vor dem amerikanischen Kongress die Verkündung der berühmt gewordenen vierzehn Punkte von US-Präsident Wilson. Als Kriegszielprogramm waren sie nicht nur gegen die Mittelmächte gerichtet, sondern in weiten Teilen zugleich ein Appell an die eigenen Verbündeten wie an das revolutionäre Russland, dem Wilson dabei eine neue Plattform zur Gestaltung der internationalen Beziehungen anzubieten hoffte. Denn hier wurde jene Transparenz in den internationalen Beziehungen (Punkt 1: „Die Öffentlichkeit der Verträge und der diplomatischen Verhandlungen") avisiert, die auch die Bolschewiki in Petrograd propagierten. Durchaus problematisch gerade für den eigenen britischen Verbündeten waren die Punkte 2 („Freiheit der Meere für die Schifffahrt aller Nationen in Friedens- und Kriegszeiten") und 3 („Aufhebung aller wirtschaftlichen Schranken zwischen den Völkern"). Scharf verurteilt wurde die deutsche Politik gegenüber Russland; in territorialer Hinsicht erfolgten des Weiteren die Forderung nach Rückgabe Elsass-Lothringens an Frankreich und Konzedierung eines eigenen polnischen Zugangs zur Ostsee – im Hinblick auf das gleichzeitige Gebot des Selbstbestimmungsrechts der Völker und die ethnischen Verhältnisse in Danzig und Westpreußen eine jedenfalls schwierige Position.

„Vergleicht man die Positionen Deutschlands und der Entente, wie sie sich in den großen öffentlichen Erklärungen der führenden Staatsmänner beider Seiten im Januar und Februar (1918, P. M.) darstellten, so wird ein charakteristischer Unterschied deutlich. Die Angelsachsen formulierten mit selbstsicherer Offenheit ein offensives Kriegszielprogramm; ein Programm, für das sie den Beifall ihres Landes und der Weltöffentlichkeit erwarteten. Ihre Überzeugung, für die gute, die gerechte Sache zu kämpfen, war aufrichtig. Wenn sie von der Heiligkeit der Verträge, dem Selbstbestimmungsrecht der Völker sprachen, war das nicht bloße Propaganda. Ihr Bündnis mit dem Recht und mit einem politischen Ideal, das sich unaufhaltsam durchzusetzen im Begriff war, schien ihre Entschlossenheit zu siegen, zu rechtfertigen. Dem hatte Hertling (der amtierende Deutsche Reichskanzler, P. M.) wenig entgegenzusetzen. Er hat denn auch wie seine Vorgänger darauf verzichtet, offen, selbstbewusst, werbend

[134]) Kielmannsegg, Deutschland, S. 544.

ein Kriegszielprogramm zu entwickeln. Das Ziel eines deutschen Sieges ließ sich nicht in vergleichbarer Weise idealistisch überhöhen. Deutschlands Stellung an der ideologischen Front war hoffnungslos die schwächere. Nicht einmal das aufrichtige Bemühen um einen ausgleichenden Verhandlungsfrieden hätte der Deutschen Regierung jenes Gefühl moralischer Überlegenheit geben können, mit dem die Westmächte ihrerseits den Gedanken eines Kompromisses verwarfen."[135])

Deutsche Suche nach militärischer Lösung

Deutschland setzte nochmals alles auf die rein militärische Karte. Auch kontrafaktisch sei die Frage gestellt, ob es, zumal im Lichte des alliierten Beharrens auf einem eigenen Siegfrieden, tatsächlich keinen anderen Weg gab und zweitens, wie die Diskussion dazu in Deutschland eigentlich ablief. Dabei ist zum einen davon auszugehen, dass die dann am 21. März 1918 begonnene deutsche Westoffensive – Operation „Michael" – für die Oberste Heeresleitung durchaus auch einem politischen Zweck folgend, nicht allein um des militärischen Durchbruchs wegen un-

Infanteriewaffen, die während des Ersten Weltkrieges entwickelt wurden: Im Vordergrund das „leichte" deutsche Maschinengewehr mit der sinnbildhaft gewordenen Typenbezeichnung 08/15. Rechts daneben: die erste Maschinenpistole, das deutsche Modell Bergmann, das in größerer Stückzahl noch vor Ende des Ersten Weltkrieges zum Einsatz kam

[135]) Kielmannsegg, Deutschland, S. 547 f.

ternommen wurde. Es ging im Lichte der hier schon skizzierten grundsätzlichen Überlegungen Ludendorffs um die Erkämpfung eines Siegfriedens, einer territorial, strukturell und militärisch eindeutigen Hegemonialstellung Deutschlands auf dem europäischen Kontinent, die es im Resultat erlauben konnte, auch den beiden maritimen angelsächsischen Mächten nach rein militärischer Logik standhalten zu können. Dabei steht Ludendorff selbst durchaus für den Rückzug des deutschen Imperialismus aus überseeischen und weltwirtschaftlichen Machtprojektionen, wie sie die Ära Bülow gekennzeichnet hatten, für das Eintauchen in eine abgeschottete, sich selbst genügende kontinentale Position. Ludendorff koppelte seine imperialen Konzepte für Osteuropa mit der Absicht, nun im Westen militärisch alles auf eine Karte zu setzen: Nur dann, wenn die Westmächte niedergehalten werden würden, könne Deutschland im Osten nach eigenem Gutdünken verfahren – eine Intention, die den vierzehn Punkten Präsident Wilsons direkt widersprach. Damit wuchs zugleich das Konzept einer deutschen entscheidungssuchenden Offensive an der Westfront über die eher unmittelbar-funktionale Zwecksetzung hinaus, vor dem Einsatz amerikanischer Streitkräfte einen militärischen Erfolg durchzusetzen. Es ging eben auch um die Penetrierung Osteuropas.[136])

Nach Eintritt des militärischen Fehlschlages dieser Westoffensive beantwortete Ludendorff die Frage nach ihrer Begründung nicht mehr in einem politisch-imperialen, sondern in einem militärisch-funktionalen Sinn: Das Heer sei abgenutzt gewesen, nur durch eine Offensive zu letzter Leistung zu stimulieren. Den Amerikanern habe man unbedingt zuvor kommen müssen, eine strategische Defensivhaltung im Westen hätte keinen Erfolg bringen können und durchschlagende Resultate seien weder von einer Offensive in Italien, in Gestalt der Fortsetzung des Durchbruchs an der Piave im Herbst 1917, noch von einer Offensive an der Salonikifront zu erwarten gewesen.[137]) Gegen Ludendorffs Offensiv-Konzept argumentierte der Berliner Militärhistoriker Hans Delbrück nach dem Krieg. Er hob die unüberbrückbare Distanz zwischen der weit gespannten Zielsetzung Ludendorffs und den Defiziten bei den zur Verfügung stehenden Mitteln hervor. Hier steht Belgien im Mittelpunkt der Überlegungen: Das Ende des Zweifrontenkrieges durch das Ausscheiden Russlands hätte die Oberste Heeresleitung (OHL) dazu verleitet, ihre partielle Konzessionsbereitschaft in der belgischen Frage wieder aufzugeben. Ohne einen militärischen Sieg im Ergebnis der Offensive aber sei ein Gewinn Belgiens nicht möglich gewesen.[138])

---

[136]) Vgl. Ludendorff, Kriegserinnerungen, S. 435. Vgl. auch die Festlegung der Spitzenmilitärs: „Um uns die politische und wirtschaftliche Weltstellung zu sichern, derer wir bedürfen, müssen wir die Westmächte schlagen. Dazu haben Euer Majestät die Angriffsschlacht im Westen befohlen.“ Schreiben des Chefs des Generalstabes des Feldheeres an den Kaiser, 7. 1. 1918, zur Kenntnis genommen durch Wilhelm II. am 8. 1. 1918, abgedruckt in: Das Werk des Untersuchungsausschusses der Verfassunggebenden Deutschen Nationalversammlung und des Deutschen Reichstages 1918–1928. Die Ursachen des deutschen Zusammenbruches im Jahr 1918, Bd. II, Berlin 1928, Dokument Nr. 1, S. 123–125, hier S. 124 f.

[137]) Ludendorff, Kriegserinnerungen, S. 435.

[138]) Vgl. Gutachten Hans Delbrück, in: Untersuchungsausschuss, a. a. O., Bd. III, Berlin 1928, S. 243 ff. Vgl. auch Martin Müller: Vernichtungsgedanke und Koalitionskriegführung. Das Deutsche Reich und Österreich-Ungarn in der Offensive 1917/18, Graz 2003.

Diskussion in Deutschland über die Offensive 1918

Schließlich – und das ist besonders bemerkenswert – kam es im Kaiserreich zu so etwas wie einer öffentlichen Diskussion über das Vorhaben einer entscheidungssuchenden deutschen Schlussoffensive. Auch der Vorgang als solcher macht schon deutlich, dass das Kaiserreich in der zweiten Hälfte des Ersten Weltkrieges zwar ein militärisch präformierter Staat, zugleich aber auch ein Staat ungemein spannender, förmlich existenzieller Diskussionsprozesse war, eben nicht nur Monolith unter der Pickelhaube. Führende liberale Industrielle und Wissenschaftler plädierten mit einer Eingabe vom 11. Februar 1918 an General Ludendorff gegen das Konzept einer Entscheidungsoffensive im Westen. Die Quintessenz ihrer Darstellung bestand in der These, dass eine solche Offensive in Deutschland nur dann konsensfähig sein könne, wenn nach einer umfassenden deutschen Verzichtserklärung auf Belgien dieser Krieg erkennbar nur fortgesetzt werde, um einen britischen Siegfrieden zu verhindern: „Das Blutvergießen, das bevorsteht, ist ungeheuer. Das deutsche Volk wird es ertragen, wenn es fühlt, dass die Feinde uns keine andere Wahl lassen, aber nur dann. Unsere Offensive muss – politisch gesprochen – nicht die Offensive des deutschen Generalstabes, sondern die Offensive Lloyd Georges sein, die er uns aufzwingt. (...). Die Feinde kämpfen schlechter, ihre Heimatmoral zerbricht, wenn ihr Krieg einen offensiven Charakter trägt, d. h. um Elsass-Lothringen geführt wird. Die englische Arbeiterschaft hat es deutlich gemacht, dass sie die Forderungen nach Mannschaftsersatz nicht billigen wird für eine Fortsetzung des Krieges um imperialistischer Ziele Willen."[139]) Eine andere Initiative gegen die Offensive ging von Prinz Max von Baden aus, später letzter kaiserlicher Reichskanzler in Deutschland. Der prodeutsche Schweizer Militärhistoriker und Publizist Hermann Stegemann hatte ein Gutachten über die Lage des Reiches erstellt. Es gelangte über den liberalen Reichstagsabgeordneten Conrad Haußmann, der zu Sondierungen in der Schweiz weilte, an Prinz Max wie auch an Ludendorff. Stegemanns Darlegung zeigte durchaus eindrucksvoll das gesamtstrategische Dilemma des Deutschen Reiches: „Wiederholt habe ich zum Ausdruck gebracht, dass in diesem Kriege die strategische Bedrohung stärker wirkt und politisch leichter zu fruktifizieren (sic !) ist, als die durchgeführte Operation. Dies gilt ganz besonders von der drohenden Offensive im Westen (...). Deutschland muss indes mit der Möglichkeit rechnen, Österreich und Bulgarien – von der Türkei zu schweigen – unterwegs zu verlieren. Erst wenn eine Verständigung (...) nicht erfolgt, muss die zweischneidige Offensivwaffe in Anwendung gebracht werden, deren Anwendung zweifelhaft bleibt."[140]) Mit dem Hinweis auf die Verbündeten des Reiches legte Stegemann den Finger auf die politische Wunde des ganzen Ludendorffschen Konzepts: Denn wenn ein militärischer Enderfolg

139) Eingabe der Herren Friedrich Naumann, Prof. Jäckh, Dr. Robert Bosch und Genossen an General Ludendorff, abgedruckt in: Untersuchungsausschuss a. a. O., Bd. II, Dokument Nr. 8, S. 136–139, hier: S. 137.

140) Zit. nach Max von Baden: Erinnerungen und Dokumente, Stuttgart 1968, S. 237.

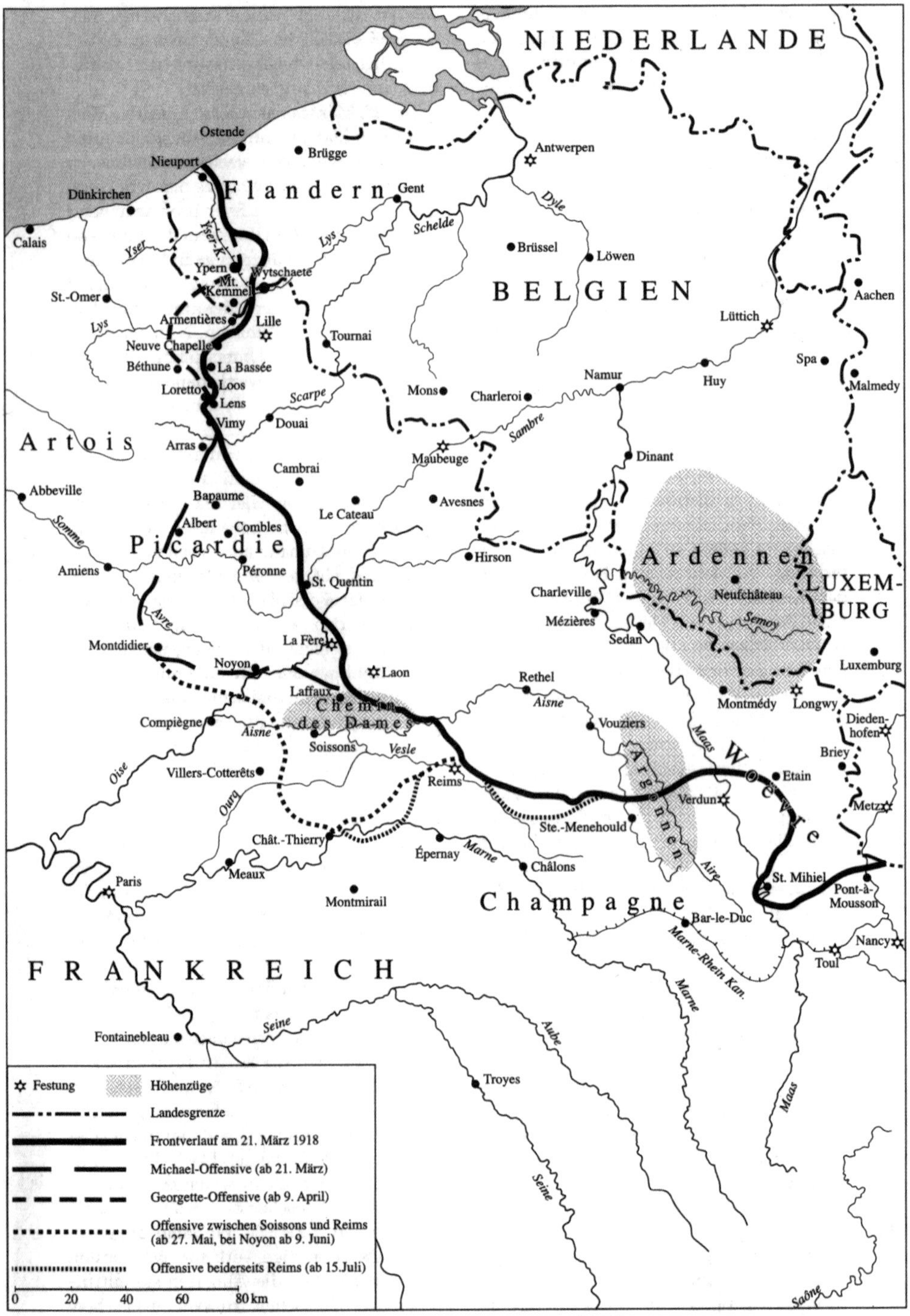

„Michael"-Offensive und weitere deutsche Frühjahrsoffensiven (1918)

	Mittelmächte	Entente
Aktive Soldaten und Reservisten	10.610.000	17.312.000
Feldartillerie	14.730	19.465
Schwere Geschütze	9.130	11.476
Maschinengewehre	20.042	67.276
Flugzeuge	1.500	3.163

Menschliche und materielle Ressourcen 1917
Quelle: Roger Chickering, Das Deutsche Reich und der Erste Weltkrieg, München 2002

nicht erreichbar war,[141]) dann musste es doch um die politische Herstellung einer möglichst starken Auffangstellung gehen. Sie hätte, kontrafaktisch argumentiert, wohl insbesondere in der Stärkung Österreich-Ungarns an der Front gegen Italien, in der Verstärkung der eigenen Defensivpositionen im Westen und in glaubwürdigen Erklärungen liegen müssen, die Mittelmächte seien zu einem vollständigen Verzichtfrieden bereit und militärisch zugleich durch das Ausscheiden Russlands wirksam gestärkt. Wer am Ende des Krieges einen status quo plus erreichen wolle, müsse es militärisch und moralisch auf sich nehmen, die deutlich gestärkten Positionen der Mittelmächte militärisch zu überwinden und die damit verbundenen Opfer gegenüber seinen Völkern vertreten. Nach den Aussagen der alliierten Staatsmänner an der Wende 1917/18 (s. o.) ist gewiss nicht erweisbar, dass eine derartige Strategie der Mittelmächte am Ende erfolgreich gewesen wäre. Aber auch ihre Erfolglosigkeit ist letztlich nicht erweisbar. Militärisch war das Argument der Obersten Heeresleitung, in der Offensive könne man mehr bewirken als in einer frustrierenden, nur passiv zuwartenden Defensive. Allerdings spielte Deutschland unbestreitbar va banque, indem es seine letzten Reserven zum Einsatz brachte und sich so für eine Strategie ohne Rückhaltpositionen entschied. Was die rein militärische Seite anbelangte, war im Übrigen auch Ludendorff von Selbstzweifeln nicht frei. Das belegen Sätze wie der von ihm auf die Frage nach dem strategischen Ziel der Operation: „Wir hauen einfach ein Loch hinein. Das Weitere wird sich finden." So war es aus heutiger Sicht ein kaum verantwortbarer Weg, der im Frühjahr 1918 beschritten wurde. Man muss

[141]) Die eher gegenteilige These vertritt neuerdings Müller, Vernichtungsgedanke. Allerdings heißt es bei ihm, S. 125 auch: „Für den Angreifer, der eine Durchbruchsoperation wagen wollte, stellte sich ein dreifaches Problem. Erstens musste er das tiefgegliederte Verteidigungssystem seines Gegners überwinden, was viel Kraft und Blut kostete. Zweitens musste er, teils schon während dieses ersten Durchstoßes, teils dann im freien Felde, die strategischen Reserven des Gegners schlagen. Drittens musste er schließlich die Kraft zu siegreichen Endoperationen behalten, was durchaus noch Schwierigkeiten mit sich bringen konnte, selbst wenn es gelang, dem Gegner die rückwärtigen Verbindungen abzuschneiden und ihn einzukesseln." Damit sind zugleich, gegen die eigene Hauptthese Müllers – unter Hinzunahme österreichisch-ungarischer Kräfte wäre der militärische Erfolg bei der deutschen Offensive 1918 herzustellen gewesen – zentrale Einwände formuliert. In Verbindung mit der technischen Überlegenheit der Alliierten, die ihnen ein permanentes und sehr viel schnelleres Verschieben ihrer Kräfte erlaubte, wird hier doch implizite klar, dass die gestellte Aufgabe auch auf einer rein militärischen Ebene kaum lösbar war.

Nachgestellte Szene eines Unterstandes an der Westfront, Museum von Verdun

aber zugleich konzedieren, dass es für viele Beobachter, auch trotz der hier zitierten kritischen zeitgenössischen Stimmen, ein Weg zu sein schien, der zu Licht am Ausgang des Tunnels führen konnte.

Militärisch war naturgemäß der Ausgangspunkt, dass Deutschland seine im Osten stehenden Truppen in großen Teilen nach Westen verlegen und so erstmals an der Westfront bei den Mannschaftsstärken für kurze Zeit ein sehr leichtes quantitatives Übergewicht erzielen konnte. Verkürzt hieß das in alliierter Diktion, mit einem Mal verfüge der Gegner nicht über eine, sondern über zwei Armeen. Und die Alliierten sahen dem Kommenden mit nicht wenig Befürchtungen entgegen.

Erfolg und Misserfolg

Streiten lässt sich darüber, ob ein militärischer Erfolg im engeren Sinne möglich gewesen wäre, hätte man sich nun ganz darauf konzentriert, alle, auch die zur Okkupierung Osteuropas bestimmten Truppen nach Westen zu verlegen, verstärkt Hilfen der Verbündeten in Anspruch zu nehmen und sämtliches verwendbares Potenzial auf einen topographischen Punkt zu fokussieren.[142]) Manche militärische

[142]) In diesem Sinne Müller, Vernichtungsgedanke, S. 203 ff.

Fachleute sehen selbst heute noch für ein solches Vorgehen Erfolgschancen. Dagegen steht die strukturelle Diskrepanz, die sich mittlerweile zwischen der deutschen Armee auf der einen und den alliierten Armeen auf der anderen Seite ergeben hatte: Es geht hier um das große Gefälle bei Ernährung und Versorgung, aber insbesondere auch um die immer spürbarer werdenden Unterschiede im Niveau der technischen Ausrüstung: Die Alliierten verfügten über hinreichend Treibstoff, um ihre Truppen schnell verlegen zu können. Dazu wurde ihre Tankwaffe immer umfangreicher und leistungsfähiger, obwohl die Tanks, anders als im Zweiten Weltkrieg, noch nicht durch Sprechfunk einheitlich geführt werden konnten und im Gelände noch sehr langsam vorankamen. Allein für die französische Armee hatte die Firma Renault über 3.000 Tanks gebaut. Deutschland hatte, insbesondere aus materiellen Gründen, nahezu ganz auf diese Waffe verzichtet. Auf der deutschen Seite war man für den Transport bei der Artillerie weitgehend auf das Pferd angewiesen – eine Diskrepanz, die auch schon die zweite Hälfte des Zweiten Weltkrieges vorweg nahm, als die Wehrmacht einen Prozess der sozusagen Entmotorisierung erfuhr. Dazu war auch der Pferdebestand selbst schlecht ernährt, erschöpft und ausgelaugt. Zudem verfügten die Alliierten im Frühjahr 1918 an der Westfront über rund 100.000 Lastkraftwagen, auf deutscher Seite konnte man nur rund 23.000 aufbieten, die noch dazu, aus Mangel an Kautschuk, zumeist eisenbereifte Räder besaßen. Mit ihnen aber wurden unweigerlich die Straßen beschädigt, was zu weiteren Verkehrserschwernissen führen musste. Es drängte also gerade jene Armee in den Bewegungskrieg, die dazu sehr viel weniger geeignet war. Hier liegt das eigentliche Dilemma jener Monate, das alle militärische Cleverness nicht beseitigen konnte. Immerhin war es aber auf deutscher Seite gelungen, die vorgesehenen 70 Angriffsdivisionen neu auszubilden, auszurüsten und zu motivieren. Die These lässt sich nicht von der Hand weisen, in den ersten Tagen nach Beginn der deutschen Westoffensive am 21. März 1918 habe so etwas wie die Wiederholung der Auguststimmung von 1914 geherrscht, die Soldaten seien siegesgewiss, von Erfolg und baldiger Heimkehr überzeugt gewesen. Der deutsche Militärapparat zeigte noch einmal, was er aus vorhandenen Ressourcen zu machen verstand. Entwickelt wurde ein Verfahren, das bis dahin an der Westfront übliche Trommelfeuer durch einen massiven, auf wenige Stunden konzentrierten „Feuerschlag“ zu ersetzen und sodann mit einer vorgehenden „Feuerwalze“ die angreifenden eigenen Soldaten abzuschirmen. Auf diese Weise sollte ein großer Überraschungseffekt erzielt werden. Der Angriff begann überfallartig, nicht mit ‚methodischer‘ Vorbereitung, die Artillerie konnte sich nicht ‚einschießen‘. Deshalb waren komplexe mathematische Berechnungen nötig, die bemerkenswert aufgingen. Ungelöst blieb freilich das Problem, dass die ‚Feuerwalze‘ technisch an die Reichweite der Geschütze gebunden blieb und so die Dynamik des – zudem unmotorisierten – Angriffes begrenzte. Strategisches Ziel war, die britischen und französischen Einheiten voneinander zu trennen, die Briten gegen die Kanalküste zu drängen und das dann isolierte Frankreich endgültig zu besiegen. Neuartige Waffensysteme wurden eingeführt, wie erstmals die Maschinenpistole.

Das Konzept der „Feuerwalze", mit den Abschüssen von 6.000 deutschen Geschützen – fast viermal so viele, wie die Briten bei der Schlacht an der Somme 1916 eingesetzt hatten – schien zunächst Erfolg zu haben. Berühmt wurden in Deutschland die Sätze, die Ernst Jünger aus seinem Erleben bei Beginn des Angriffs am 21. März 1918 schrieb. Daran labten sich in den 20er Jahren nicht wenige deutsche Leser und fanden so Nahrung für die vielfache Vermutung, irgendwie den Krieg ja doch gewonnen zu haben: „Immer weiter rückte der Zeiger; wir zählten die letzten Minuten mit. Endlich stand er auf 5.05 Uhr. Der Orkan brach los. Ein flammender Vorhang fuhr hoch, von jähem, nie gehörtem Aufbrüllen gefolgt. Ein rasender Donner, der auch die schwersten Abschüsse in seinem gewaltigen Rollen verschlang, ließ die Erde erzittern. Das riesenhafte Vernichtungsgebrüll der unzähligen Geschütze hinter uns war so furchtbar, dass auch die größten der überstandenen Schlachten dagegen erschienen wie ein Kinderspiel. Was wir nicht gewagt hatten zu hoffen, geschah: Die feindliche Artillerie blieb stumm; sie war mit einem einzigen Riesenschlage zu Boden gestreckt (...). Leute liefen durch den Graben und brüllten sich freudige Zurufe ins Ohr. Infanteristen und Artilleristen, Pioniere und Fernsprecher, Preußen und Bayern, Offiziere und Mannschaften, alle waren überwältigt, begeistert durch diese elementare Äußerung unserer Kraft."[143]) Obwohl sich die Angriffe im Einzelnen nicht nach den ursprünglichen Planungen entwickelten – an der 80 Kilometer langen Angriffsfront war man wider die eigenen Erwartungen im Süden er-

Das Bild zeigt die Mühsal des deutschen Vordringens bei der letzten Offensive im Frühjahr 1918

[143]) Jünger, Stahlgewitter, S. 253 f.

Ein „Wunderwerk" zeitgenössischer Technik zu barbarischen Zwecken: Das so genannte „Paris-Geschütz", mit dem über Entfernungen von 100 Kilometern die französische Hauptstadt während des Frühjahrs und Sommers 1918 (nach der zunächst erfolgreichen deutschen Offensive an der Westfront) beschossen wurde. Technisch kann dieses Geschütz bereits als ein Vorläufer des Raketenzeitalters interpretiert werden: Das Geschoss erreichte bei seinem Weg nach Paris auf der Krümmungskurve einen höchsten Punkt von rund 40 Kilometern. Mit dieser Waffe konnte nicht direkt gezielt, sondern nur das Stadtgebiet anvisiert werden. Die Folge war, dass sie ein reines Terrorinstrument war, dem Zivilisten und historische Bausubstanz zum Opfer fielen. Ein besonders eindrucksvolles Beispiel für die im Deutschland der Zwischenkriegszeit nie wirklich wahr- und angenommenen Verwüstungen, die von der eigenen Seite während des Krieges in Nordfrankreich und Belgien angerichtet worden waren.

folgreicher als im Norden zwischen Cambrai und St. Quentin, und verlegte darauf den Schwerpunkt in die Richtung, wo sich der Durchbruch anbahnte –, glaubte man doch nach den ersten Tagen auf deutscher Seite, den entscheidenden Schlag geführt zu haben. Wilhelm II. dekorierte Hindenburg und Ludendorff mit den höchsten Orden und veranlasste, dass im gesamten Deutschen Reich schulfrei gegeben wurde. Schließlich war es an den Angriffspunkten nach dreieinhalb Jahren zum Ende des Stellungskrieges und zum Übergang in den Bewegungskrieg gekommen. Genau hier aber zeigte sich die Aussichtslosigkeit der deutschen Position: Die mangelnde eigene Beweglichkeit wurde zur Achillesferse, die einen umfassenden Erfolg unmöglich machte. Natürlich gab es auch die vielfach beschriebene Frustration von Soldaten, die in gegnerische Gräben einbrachen und hier feststellen mussten, wie stark sich ihr jahrelanges Darben von den vorzüglichen Lebensbedingungen auf der gegnerischen Seite unterschied: Sich erst einmal mit Weißbrot, echter Marmelade, echter Butter, Corned Beef und Ölsardinen satt essen zu können, vermittelte natürlich ein Lustgefühl, das dem weiteren Angreifen hinderlich war. Aber hier wird heute auch manches skurril übertrieben. Die deutsche Offensive scheiterte nicht an der Indiszipliniertheit auf beiden Backen kauender Soldaten, sondern an der unüberbrückbaren Diskrepanz von Zielen und Mitteln. Auch die geringe zahlenmäßige Überlegenheit ging sehr schnell verloren. Das lag nicht nur daran, dass die ersten amerikanischen Verbände eingriffen. Es waren auch die eigenen Verluste: In den ersten zwei Wochen nach Angriffsbeginn büßte die deutsche Seite 230.000 Soldaten ein, die alliierte 212.000.

Im Ergebnis kam es bis Juli 1918 zu einer ganzen Serie immer schwächer werdender deutscher Vorstöße, dazu stetig nach dem gleichen, überfallartigen Artillerieverfahren der „Feuerwalze", auf das sich die Alliierten nun von Mal zu Mal besser einstellen konnten. Zwar schien im Juni 1918 nochmals Paris gefährdet, eine weitere deutsche Offensive hatte am 27. Mai über die Marne geführt, aber tatsächlich schwand die Gefahr für die Alliierten von Monat zu Monat und von Woche zu Woche zusehends. Was blieb, waren deutsche Prestigeaktionen wie die Beschießung von Paris durch Fernartillerie, die, militärisch wirkungslos, psychologisch aber als Terrorinstrument gegen die Zivilbevölkerung einer Metropole verheerend war. Die Alliierten hatten mittlerweile ein gemeinsames Oberkommando unter Marschall Foch eingerichtet, das ihre Bewegungen wirkungsvoll koordinierte.

Am denkbar negativsten aber waren die psychologischen Wirkungen für die deutschen Soldaten: Durch ihre Vorgesetzten, aber auch durch Autosuggestion waren sie an einen Punkt maximaler Erfolgserwartung gebracht worden. Und von diesem Punkt erfolgte nunmehr ein maximaler Absturz.

Im Juli 1918 schien der Krieg im Westen rein äußerlich eine Art Plateauphase erreicht zu haben. Aber wie im Amerikanischen Bürgerkrieg 1863/64 sollte sich auch nun wieder zeigen, dass hinter dem äußeren Anschein eines Patts große materielle und psychologische Verschiebungen vonstatten gehen können, die am Ende eindeutig zu Sieg und Niederlage führen. Auch äußerlich Kulminationspunkt im strategischen Sinne des Angriffes war der Juli 1918. Bis dahin waren die deutschen Verluste auf 425.000 Soldaten gestiegen, während die Amerikaner monatlich schon über 100.000 Soldaten in die Front zu integrieren vermochten. Auch prinzipiell wurden die Grenzen der Wirksamkeit des deutschen Angriffsverfahrens erkennbar: Da es ganz auf den Effekt des Artillerieeinsatzes eingestellt war, mussten für jede neue Offensive riesige Geschützmengen mit Munition verschoben und neu installiert werden, was jeweils einen Monat in Anspruch nahm. Und nach jeweils fünf bis zehn Tagen waren dann die Wirkungen des deutschen Angriffes verpufft, die immerhin erreichten Vorstöße führten zu stetig längeren Frontverläufen und im Ergebnis zur Schwächung der eigenen Linien.

8. Niederlage und Kriegsende

Militärischer Umschwung

Der unmittelbare militärische Umschwung trat mit der Einstellung der letzten deutschen Offensive am 17. Juli 1918 bei Reims und, schon am folgenden Tag, einem erfolgreichen französischen Gegenangriff, gestützt auf 400 Tanks, ein. Die französische Aufklärung hatte die deutschen Offensivrichtungen zutreffend ermittelt; der Angriff stieß daher, mit einem großen Verschleiß an Ressourcen, ins Leere, führte indes zu prekären Ausbuchtungen, die jetzt das Ziel eines Gegenangriffs geworden waren. General von Loßberg, der Abwehrspezialist der Deutschen Heeresleitung, empfahl daraufhin, militärisch gewiss zweckmäßig, den sofortigen Rückzug in die Siegfried-Stellung des Jahres 1917, damit sich die völlig erschöpften Truppen regenerieren könnten. Ludendorff vermochte an diesem Punkt dagegen nur noch politisch zu argumentieren; er wollte die sich anbahnende Niederlage nicht eingestehen. Der nächste, wirklich durchschlagende alliierte Gegenangriff erfolgte am 8. August 1918. „Man hat den 8. August 1918 als den ‚Schwarzen Tag des deutschen Heeres' bezeichnet. Nicht weil der die große Wende markierte – die brachte, wie wir wissen, schon der 18. Juli – sondern weil er zum ersten Mal deutlich machte, dass der Widerstandswille bei beträchtlichen Teilen der Truppe verbraucht war, von den unendlichen Strapazen, von den gescheiterten Hoffnungen zerrieben. Über 70% der Verluste der (hier betroffenen, P. M.) zweiten Armee waren Gefangene."[144]) Von hier ab gab es bis zum Waffenstillstand am 11. November 1918 kein wirkliches Halten mehr. Im Vorfeld des deutschen Lothringen machten sich zudem in diesen Herbstmonaten zunehmend die amerikanischen Truppen als eigenständiger Faktor bemerkbar. Auf deutscher Seite zählt nun weniger diese oder jene militärische Operation. Es geht vielmehr um einen kollektiven Erschöpfungszustand, der zunächst in vielem an die Paralyse in Frankreich Anfang 1917 wie in Italien im Herbst 1917 erinnert. In beiden Fällen konnte ein Zusammenbruch vor allem dadurch vermieden werden, dass jeweils Verbündete für eine Stabilisierung sorgten, in Frankreich die Streitkräfte aus Großbritannien und seinen Dominions, in Italien wiederum Frankreich und Großbritannien. Das psychische und physische Nachlassen der deutschen Armee ab Sommer 1918 im Westen hingegen musste ins Nichts führen, denn es gab keine Rückhalteposition. In diesen Wochen kam alles zusammen: Auszehrung durch katastrophale Ernährung, enttäuschte Hoffnungen, schließlich die Wirkung eines Gegners, der in ganz anderen technischen Dimensionen agieren konnte. Bei Remarque heißt es dazu auf den letzten Seiten seines Romans „Im Westen nichts Neues", die im Sommer und Frühherbst 1918 spielen: „Wir aber sind mager und ausgehungert. Unser Essen ist so schlecht und mit soviel Ersatzmitteln gestreckt, dass wir krank davon werden. (...) Die Latrinenstangen sind stets dicht gehockt voll; – man sollte den Leuten zu Hause diese grauen, elenden, ergebenen Gesichter

[144]) Kielmannsegg, S. 658.

hier zeigen, diese verkrümmten Gestalten, denen die Kolik das Blut aus dem Leibe quetscht und die höchstens mit verzerrten, noch schmerzbebenden Lippen sich angrinsen: ‚Es hat gar keinen Zweck, die Hose wieder hoch zu ziehen'. (…) Die Tanks sind vom Gespött zu einer schweren Waffe geworden. Sie kommen, gepanzert, in langer Reihe gerollt und verkörpern uns mehr als anderes das Grauen des Krieges. (…) Auf einen hungrigen, müden, deutschen Soldaten im Graben kommen fünf kräftige, frische andere im gegnerischen …, auf ein deutsches Kommissbrot kommen 50 Büchsen Fleischkonserven drüben (…). Es ist Herbst. Von den alten Leuten sind nicht mehr viele da. Ich bin der letzte von den sieben Mann aus unserer Klasse. Jeder

Nach: **Ludendorff, Meine Kriegserinnerungen 1914-18.**

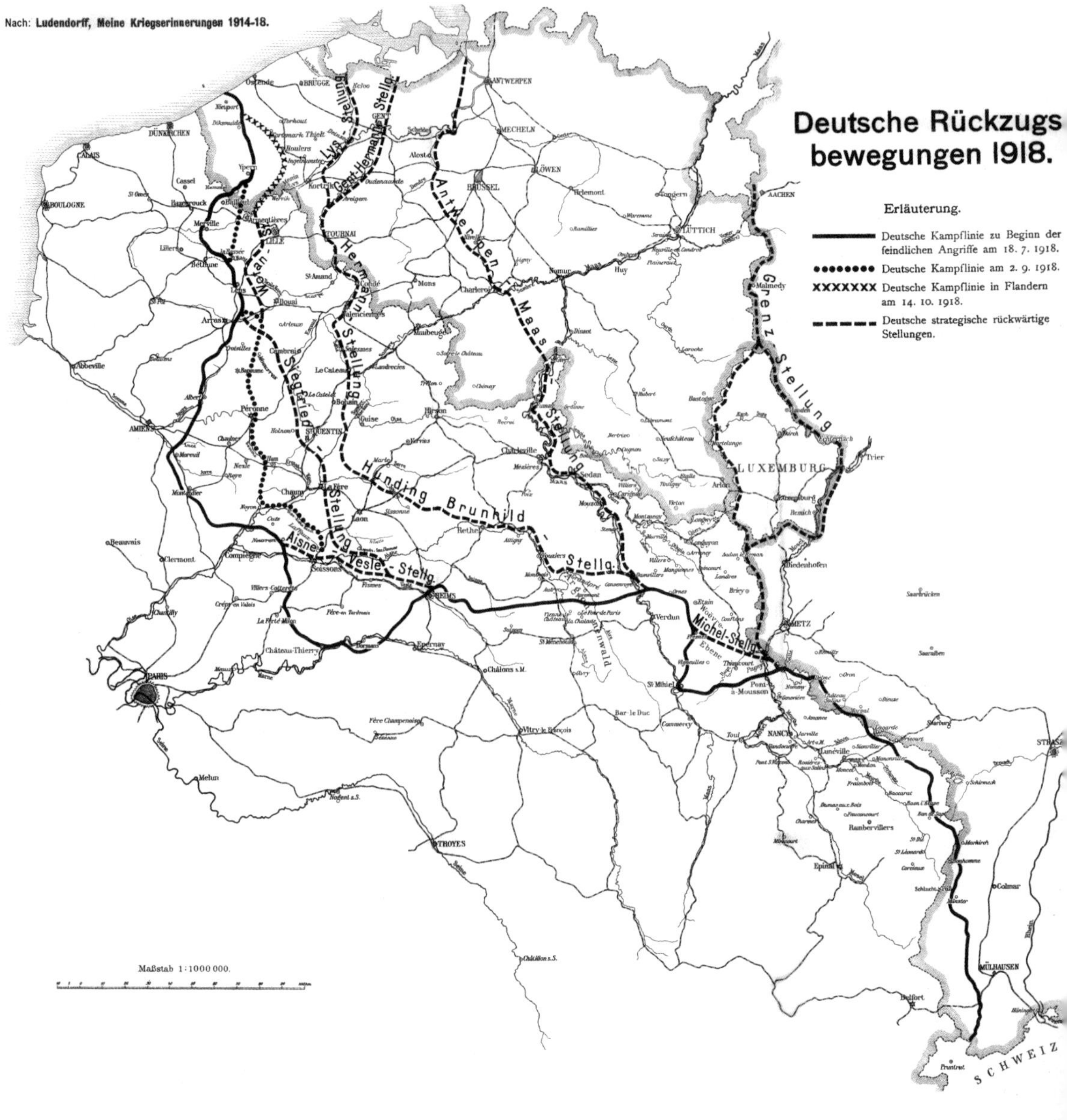

spricht von Frieden und Waffenstillstand. Alle warten. Wenn es wieder eine Enttäuschung wird, dann werden sie zusammenbrechen, die Hoffnungen sind zu stark, sie lassen sich nicht mehr fortschaffen, ohne zu explodieren."[145])

Im Ganzen ergibt sich das Bild eines kontinuierlichen Zurückschiebens der deutschen Front. Eine Reihe deutscher Divisionen muss aufgelöst werden, da die Soldatenzahlen rapide sinken. Das liegt nicht nur an den unmittelbaren Verlusten, sondern wohl noch mehr an der Zunahme der Gefangennahme auf alliierter Seite. Hierzu kommt ein verdeckter Militärstreik. Stetig mehr Soldaten ziehen sich ins Hinterland der Front zurück. Für sie werden Begriffe wie „Drückeberger" geprägt, während die weiter Kampfwilligen als „Streikbrecher" beschimpft werden. Die Zahl der noch in der vorderen Linie stehenden deutschen Soldaten sinkt bis zum Zeitpunkt des Waffenstillstandes am 11. November 1918 auf wahrscheinlich 700.000 bis 800.000. Aber dies ist zugleich eine Art „harter Kern", in höchstem Maße kampferfahren und hoch motiviert. In diesem Segment wird der Waffenstillstand dann zu schweren Verstörungen, zur dankbaren Aufnahme der Dolchstoßlegende (s. u.) und vielfach auch zur Bereitschaft führen, sich in allerlei Freikorps und Verbänden gegen die neue republikanische Ordnung zu stellen.

Eines der neuen Waffensysteme, die der Erste Weltkrieg kreierte: Einer der schweren britischen Tanks (Panzer), wie sie gegen Ende des Krieges immer stärker an Bedeutung gewannen

[145]) Remarque, Im Westen, Zitate S. 227–237.

Den Ausschlag für die definitive militärische Niederlage am Ende des Krieges ergeben aber nicht so sehr die Ereignisse im Westen. Hier waren die Beobachter auf beiden Seiten davon ausgegangen, dass sich der Krieg noch über die Jahresschwelle 1918/19 hinwegschleppen werde. Deutscherseits gab es Planungen, sich zunächst an der Reichsgrenze und den dort liegenden Festungen, gegebenenfalls aber auch am Rhein festzuklammern. Die Alliierten gingen unter dem Oberbefehl des französischen Marschalls Foch ganz bewusst eher klug-bedächtig vor. Diese Strategie verzichtete auf spektakuläre Operationen nach dem Muster des deutschen Schlieffen-Planes, aber sie war angetan, Verluste eher zu vermeiden und Erfolgsgewissheit zu schaffen.[146]) Für die schließliche deutsche Entscheidung, den Krieg noch im Jahr 1918 zu beenden und um Waffenstillstand zu bitten, waren dann insbesondere auch die Entwicklungen an den anderen Fronten entscheidend. Denn hier drohten nun Einbrüche, die zur Invasion Deutschlands aus verschiedenen Richtungen füh-

Italienische Truppen in Innsbruck.
Der Einmarsch in Tirol erfolgte auch, weil Italien befürchtete, Deutschland könnte den Krieg fortsetzen. Knapp zuvor waren bayerische Truppen bis nach Innsbruck vorgestoßen.

---

[146]) Bemerkenswerter Weise hat diese alliierte Strategie während des Zweiten Weltkrieges das ausdrückliche Lob des 1938 zurückgetretenen und dann im Widerstand eine profilierte Rolle spielenden früheren Generalstabschefs Ludwig Beck gefunden. Dazu die Studie Ludwig Beck: Foch, unser großer französischer Gegner, wie ich ihn sehe, in: Ludwig Beck: Studien, hg. von Hans Speidel, Stuttgart 1955, S. 263–289, S. 280: „Man wirft Foch vor, dass (…) er nur einen ordinären Sieg heimgebracht habe. Ich bin anderer Ansicht (…). Nicht nur die Politik ist die Kunst des Möglichen.“

ren konnten. Nunmehr kollabierten alle drei Verbündeten des Deutschen Reiches, Bulgarien wie das Osmanische Reich und Österreich-Ungarn. Gefährlich drohte die Lage an der so genannten Saloniki-Front zu werden. Hier brach der bulgarische Widerstand im September 1918 zusammen. Darauf schloss das Land am 29. des Monats einen Waffenstillstand mit den Alliierten. Für die Mittelmächte drohten nun deren Eindringen in Österreich-Ungarn und der Verlust der rumänischen Ölquellen.

Gleichzeitig musste auch das Osmanische Reich seinen Widerstand einstellen: Schon am 10. Dezember 1917 hatten britische Truppen Jerusalem besetzt. Am 1. Oktober 1918 fielen Damaskus und Beirut, drei Wochen später unterzeichnete das Osmanische Reich einen Waffenstillstand. Nun konnten die Alliierten in die Dardanellen einfahren und Istanbul besetzen.

Österreich-Ungarn richtete am 14. September 1918 ein Friedensangebot an die Alliierten. Diese aber gingen darauf nicht ein, ließen vielmehr nur verlauten, erst wollten sie mit Deutschland ins Gespräch kommen. Am 20. Oktober ließ Präsident Wilson dann mitteilen, mit Wien gebe es keine Verhandlungen auf der Grundlage der vierzehn Punkte, Österreich-Ungarn habe keine Bestandsgrundlage mehr. Inzwischen begann die Donaumonarchie auseinander zu brechen: Ungarn rief seine Truppen von den Fronten heim, um das engere eigene Staatsgebiet schützen zu können. In Zagreb hatte sich ein südslawischer Rat gebildet. Der letzte militärische Akt war die am 24. Oktober 1918 beginnende italienische Offensive bei Vittorio Veneto. Der dann am 3. November 1918 wirksam gewordene Waffenstillstand, eigentlich eine Kapitulation, verfügte: „Erstens unverzügliche Einstellung der Feindseligkeiten. Rückzug von allen Fronten und komplette Demobilisierung. Drittens Rückzug auch aus dem Gebiet südlich des Brenners und viertens Besatzungsrecht für alle Alliierten und Bewegungsfreiheit für sie innerhalb Österreich-Ungarns.“[147]) Der Staatsverband der Donaumonarchie löste sich auf, nun stellte sich die für die europäische Nachkriegsordnung so wesentliche Frage der Zuordnung ihrer (früheren) Teile. Rein militärisch – und das ist die letzte Szene dieses Dramas – drohte nun ein beschleunigter italienischer Vormarsch über den Brenner nach Nordtirol und von da ins Deutsche Reich. So wurden im Bayerischen Kriegsministerium Planungen angestellt, mitten im Ende dieses Krieges eine neue deutsch-italienische Front in Nordtirol zu errichten.[148]) Die Entwicklungen in Deutschland verhinderten freilich, dass sich hier fünf Minuten nach zwölf nochmals eine neue Konfrontation ergab.

---

[147]) Enzyklopädie, Art. Österreich-Ungarn, S. 85.

[148]) Vgl. dazu die Memoiren des bayerischen Reserveoffiziers Philipp Loewenfeld: Recht und Politik in Bayern zwischen Prinzregentenzeit und Nationalsozialismus, hg. von Peter Landau und Rolf Rieß, Ebelsbach 2004, S. 181 ff. Schwerpunkt dieser Memoiren eines sozialdemokratisch orientierten jüdischen Rechtsanwalts und Intellektuellen im München der Zwischenkriegszeit sind die Auseinandersetzungen im Land um die Räterepublik 1919 wie das Aufkommen des Nationalsozialismus.

Die Kühlmann-Affäre im Sommer 1918

In die oben kurz skizzierte militärische Plateauphase des Krieges, die tatsächlich ja nur noch rein äußerlich war, fällt eine politische Episode, die schlaglichtartig den Blick auf die Bühne des Kaiserreiches kurz vor seinem Ende frei gibt: Es geht um das Verhältnis von ziviler und militärischer Macht, ebenso aber um die Frage nach Illusionen und Tatsachen. Am 24. Juni 1918, also zwischen den beiden letzten offensiven deutschen Vorstößen an der Westfront, hielt der Staatssekretär im Auswärtigen Amt ,Richard von Kühlmann, im Reichstag eine Rede, in der er politische Initiativen neben den militärischen Operationen als unabdingbar für die Beendigung des Krieges darstellte. Rein militärisch sei Deutschland zwar unüberwindlich, zugleich aber könne keine Seite die andere wirklich im Vollsinne besiegen.[149]) Kühlmann stützte sich auf zwei Denkschriften des in der Obersten Heeresleitung tätigen Obersten von Haeften, der in analoger Weise neben der militärischen eine politische Offensive vorgeschlagen hatte. Kühlmanns Rede selbst war darüber hinaus, in Fortführung seiner Linie schon aus dem letzten Jahr, deutlich probritisch gehalten. In Ansprachen des früheren Premierministers Asquith wie des südafrikanischen Generals Smuts vom 16. bzw. 17. Mai glaubte er zumindest Ansätze zu einem freimütigen Meinungsaustausch gesehen zu haben. Kühlmanns Rede selbst war weder mit Reichskanzler Hertling noch mit der Obersten Heeresleitung abgestimmt. Darüber hinaus fand sie zunächst die Billigung der Linken im Reichstag, während die Rechte, Konservative und Nationalliberale, hier einen unbegründeten Defätismus am Walten sahen. Hindenburg selbst assoziierte die Rede mit den Intentionen der führenden linksliberalen Blätter in Deutschland, der Frankfurter Zeitung und des Berliner Tageblattes, und sah eine Koalition von Flaumachern und Mutlosen am Werk. Unabhängig von den Inhalten hatte Kühlmann zweifellos durch die Nichtabstimmung der Rede mit dem Reichskanzler einen formalen Verstoß begangen. Das erleichterte seine Entlassung am 9. Juli 1918 – neun Tage, bevor sich mit dem ersten alliierten Gegenangriff an der Westfront auch die militärischen Vorzeichen endgültig umgekehrt hatten. Bemerkenswert ist auch, dass die Entlassung von Wilhelm II. nicht mit Sympathie gesehen wurde. Das lag nicht nur daran, dass der Kaiser habituell gerne an vertrauten Gesichtern festhalten wollte. Innerlich war er wohl schon seit 1917 kein Siegfriedensanhänger mehr.

Beginnende Einsicht in die Niederlage

Die Monate August und September 1918, in die der Zusammenbruch Bulgariens und schließlich das Wiener Friedensangebot fielen, zeigten zumindest nach außen in Deutschland noch wenig Veränderung. Im Großen Hauptquartier im belgischen

[149]) Richard von Kühlmann: Erinnerungen, Heidelberg 1948, S. 569 ff. Huber, Verfassungsgeschichte, Bd. V, S. 498 ff.

Die Überreste der Kathedrale von Ypern in Flandern (1918)

Spa fanden vom 13. bis 15. August 1918 Besprechungen zwischen der politischen und der militärischen Spitze statt. Dabei kolportierten Hindenburg und Ludendorff immer noch die Auffassung, zumindest durch eine den Gegner erschöpfende Defensive den Abbruch des Krieges herbeiführen zu können. Von der Politik erwarteten sie jetzt eine deutliche Akzentuierung der deutschen Propagandatätigkeit. Die mit den Friedensverträgen von Brest-Litowsk (und Bukarest) gegenüber Russland gewonnene Hegemonialstellung sollte unbedingt behauptet, der deutsche Zugriff auf Belgien in wenn auch indirekter Form gewahrt werden. Friedensinitiativen sollten erst dann erfolgen, wenn durch militärische Stabilisierung eine psychologisch wieder günstigere Situation geschaffen worden sei. Kennzeichnend für diese Latenzphase ist auch, dass sich die parlamentarische Seite noch ganz zurückhielt: Das Reichstagsplenum war vom 13. Juli bis zum 5. Oktober 1918 vertagt, der Interfraktionelle Ausschuss trat zwischen dem 12. Juli und dem 12. September nicht zusammen. Und in einer Parteiführerkonferenz vom 21. August 1918 erklärte Friedrich Ebert, der Vorsitzende der Mehrheitssozialdemokraten, eine Friedensaktion sei erst dann sinnvoll, „sobald militärische Festigkeit eingetreten" sei.[150])

Die Ereignisse überstürzten sich dann Ende September 1918: Am 28. September griff die Oberste Heeresleitung ein und verlangte sowohl ein sofortiges deutsches

[150]) Huber, Verfassungsgeschichte, Bd. V, S. 517.

Kaiser Wilhelm II. bei seinem letzten Besuch in Kiel im Oktober 1918, im Gespräch mit einem Arbeiter

Waffenstillstandsangebot gegenüber den Alliierten als auch eine neue, auf breiter parlamentarischer Grundlage stehende Regierung: „Es gehört zu den Ironien der deutschen verfassungspolitischen Entwicklung, dass, nicht anders als bei dem Sturz Bethmann Hollwegs, auch jetzt in der letzten Phase des Kriegs ein Eingriff der Militärgewalt in das politische Geschehen den Mehrheitsparteien, die sonst solche Eingriffe so heftig verurteilten, den Durchbruch zur Macht verschaffte. Es war mehr als ein Kanzlerwechsel, es war ein Verfassungswechsel, der sich im Sturz Hertlings vollzog."[151]) Das plötzliche, für Politik und Öffentlichkeit in Deutschland gänzlich überraschend kommende Insistieren der Militärs auf einen Abbruch des Krieges war gewiss zum einen durch die Entwicklung an den Fronten selbst bedingt, eben nicht nur an der Westfront, sondern auch im Blick auf die drohenden Gefahren durch den Zusammenbruch Bulgariens und den sich anbahnenden Kollaps Österreich-Ungarns (s. o.). Es ging aber darüber hinaus auch um die Perspektive, das militärische Instrument, das Heer, möglichst noch in einem Zustand in die Heimat bringen zu können, der seinen Fortbestand, ja seinen Wiedereinsatz in künftigen Konflikten zuließ. Insofern blieb es bei dem für Ludendorff kennzeichnenden politisch-militärischen Zusammenhang, diesen Krieg im Blick auf einen Folgekrieg zu führen. Und darüber hinaus wurde jetzt die durchaus diabolische Intention wirkungsmächtig, die parlamentarische Linke in Deutschland durch die Übernahme politischer Verantwortung mit der Kriegsbeendigung zu konfrontieren, sie so zu desavouieren und diese „Elemente" die „Suppe auslöffeln zu lassen", die sie angeblich durch unzureichende Unterstützung der Front eingebrockt hatten.

---

[151]) Huber, a. a. O., S. 530.

Die Regierung Max von Baden und der Notenwechsel mit Präsident Wilson

Am Abend des 3. Oktober 1918 wurde Prinz Max von Baden, Thronfolger in Karlsruhe, zum Reichskanzler und preußischen Außenminister ernannt. Max von Baden entsprach in vielem nicht dem Typus der Angehörigen regierender Häuser in Deutschland: Er war Intellektueller und Bildungsbürger, hatte als Ehrenvorsitzender des Badischen Roten Kreuzes beim Austausch von Kriegsgefangenen auch während des Krieges internationale Kontakte geknüpft, war Gegner des unbeschränkten U-Boot-Krieges gewesen und galt als Anhänger eines Verständigungsfriedens. Mit diesen Positionen war er dem Spektrum der linken Mitte im Reichstag vermittelbar. Erstmals in der Geschichte des Bismarck-Reiches bildete er ein parlamentarisches Kabinett mit Staatssekretären, die tatsächlich die Funktion von Ministern, also politischen Führungsfiguren in einem staatsleitenden Kollegium, hatten. Auch die noch gar nicht durchgeführten Änderungen der Reichsverfassung waren nun kein Hindernis mehr für die Betrauung von Parlamentariern mit Exekutivfunktionen: Sie übten Letztere zunächst einfach nur kommissarisch aus. Politisch zentrale Figuren wurden Staatssekretäre ohne Geschäftsbereich, insbesondere Matthias Erzberger für das Zentrum, Philipp Scheidemann für die SPD. Auch unter den Staatssekretären mit Reichsämtern befanden sich nun eindeutige Parteipolitiker wie der Sozialdemokrat Gustav Bauer an der Spitze des Reichsarbeitsamtes und der Zentrumspolitiker Karl Trimborn an der Spitze des Reichsamts des Innern. Darüber hinaus gab es jetzt eine klare Zuteilung von Opposition und Regierungsmehrheit im Parlament: Hinter dieser Regierung standen Linksliberale, Zentrum und Mehrheitssozialdemokraten; Konservative und Nationalliberale befanden sich in der Opposition, ebenso die USPD. Deutschland hatte mit einem Mal auf nationaler Ebene eine

Prinz Max von Baden

verantwortliche Regierung der linken Mitte, getragen von genau jenen Milieus, die im Bismarck-Reich solange als „Reichsfeinde“ etikettiert, instrumentalisiert und bekämpft worden waren. Damit war im Gehäuse der formal weiter bestehenden Monarchie tatsächlich ein Wandel von revolutionärer Qualität erfolgt. Noch vor seiner offiziellen Installierung als Reichskanzler ließ Max von Baden das deutsche Waffenstillstandsersuchen als Note an Präsident Wilson über die Schweiz nach Washington gehen. Darin wurden als „Grundlage für die Friedensverhandlungen“ Wilsons programmatische Mitteilungen für eine künftige internationale Ordnung akzeptiert, darunter die vierzehn Punkte vom 8. Januar. Belastend für Prinz Max von Baden wurde nun allerdings ein Artikel, den Walther Rathenau kurz darauf am 7. Oktober 1918 in der renommierten Vossischen Zeitung veröffentlichte: Darin wurde das deutsche Waffenstillstandsersuchen – und damit auch Friedensangebot – abgelehnt; es sei übereilt, die neue innenpolitische Entwicklung in Deutschland könne auch neue Reserven der inneren Mobilisierung freisetzen. Und Rathenau wies auf das sozusagen Kleingedruckte in den vierzehn Punkten hin: „Wir dürfen uns nicht wundern, wenn man die sofortige Räumung des Westens, wo nicht gar einschließlich der Reichslande verlangt. Punkt 8 wird auf Herausgabe zumindestens Lothringens, vermutlich auch des Elsass gedeutet. Als polnischer Hafen kann Danzig gemeint sein. Die Wiederherstellung Belgiens und Nordfrankreichs kann auf eine verhüllte Kriegsentschädigung in der Größenordnung von 50 Milliarden hinauslaufen. Hat man das übersehen? Wer die Nerven verloren hat, muss ersetzt werden.“[152]) Rathenau plädierte kurzfristig für eine „levée en masse“, also für ein letztes, massenhaftes deutsches Aufgebot. Der emotionale Aufschrei dieses jüdischen deutschen Patrioten, der die Niederlage nicht zu akzeptieren vermochte, hatte für wenige Tage große Wirkung auf die deutsche Öffentlichkeit und schien dazu angetan, der auf Konzessionsbereitschaft gegenüber Präsident Wilson gebauten Waffenstillstandspolitik den Boden zu entziehen. Freilich hielt die Wirkung nicht lange vor.

Die Antwortnote der Vereinigten Staaten erging fünf Tage später und enthielt im Wesentlichen drei Rückfragen, (a) „ob Deutschland zur Annahme des Wilsonschen Programms in der Weise bereit sei, dass die Friedensverhandlungen nur noch die Verständigung über die praktischen Einzelheiten seiner Anwendung zum Inhalt haben würden; (b) ob Deutschland als unerlässliche Voraussetzung die Pflicht zur Räumung der besetzten Gebiete anerkenne; (c) ob der Reichskanzler nur für diejenigen Gewalten des Reiches spreche, die bisher den Krieg geführt hätten.“[153]) Der dritte Punkt zielte bereits auf eine Änderung der Regierungsverhältnisse in Deutschland ab. Die deutsche Antwort an Wilson vom 12. Oktober 1918 betonte nochmals die volle Akzeptanz der vierzehn Punkte, die Bereitschaft zur Räumung der besetzten Gebiete und hob auf die Legitimation der neuen politischen Führung in Deutschland ab: „Die jetzige deutsche Regierung, die die Verantwortung für den Frieden (...)

[152]) Artikel Rathenaus vom 7. 10. 1918 „Ein dunkler Tag“, Vossische Zeitung, zit. nach Abdruck in: Max von Baden, Erinnerungen, S. 362 f.

[153]) Zit. nach Huber, Bd. V, S. 560 f.

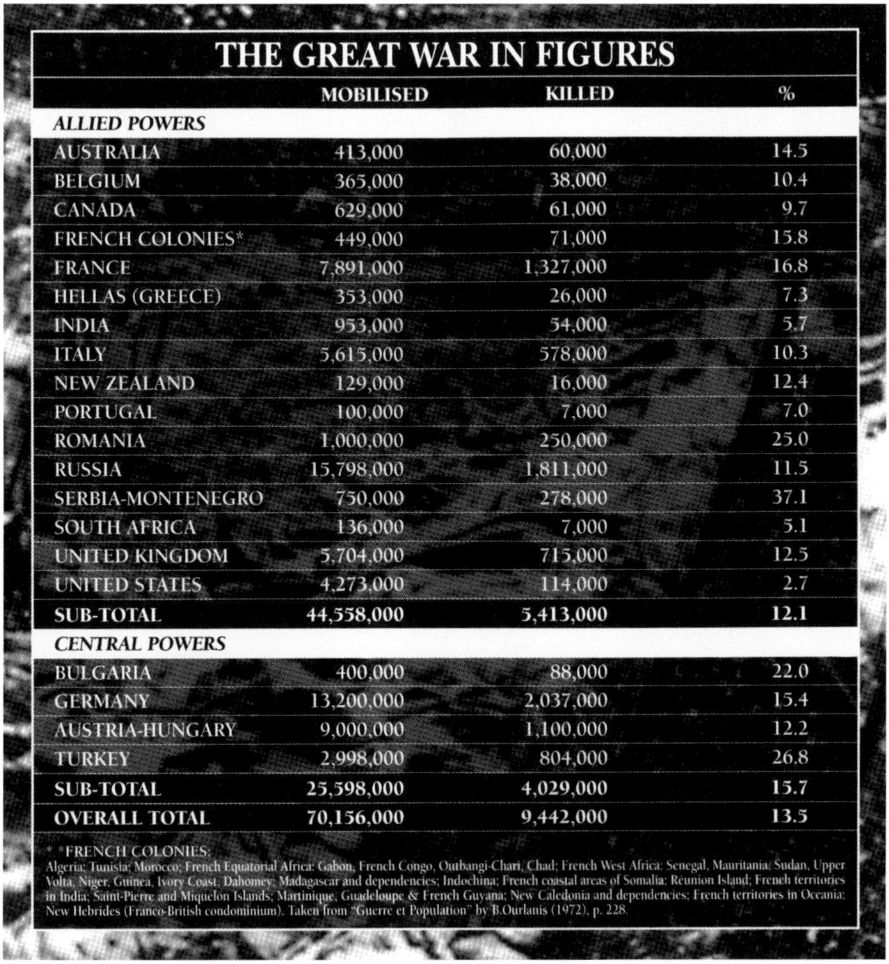

THE GREAT WAR IN FIGURES	MOBILISED	KILLED	%
ALLIED POWERS			
AUSTRALIA	413,000	60,000	14.5
BELGIUM	365,000	38,000	10.4
CANADA	629,000	61,000	9.7
FRENCH COLONIES*	449,000	71,000	15.8
FRANCE	7,891,000	1,327,000	16.8
HELLAS (GREECE)	353,000	26,000	7.3
INDIA	953,000	54,000	5.7
ITALY	5,615,000	578,000	10.3
NEW ZEALAND	129,000	16,000	12.4
PORTUGAL	100,000	7,000	7.0
ROMANIA	1,000,000	250,000	25.0
RUSSIA	15,798,000	1,811,000	11.5
SERBIA-MONTENEGRO	750,000	278,000	37.1
SOUTH AFRICA	136,000	7,000	5.1
UNITED KINGDOM	5,704,000	715,000	12.5
UNITED STATES	4,273,000	114,000	2.7
SUB-TOTAL	**44,558,000**	**5,413,000**	**12.1**
CENTRAL POWERS			
BULGARIA	400,000	88,000	22.0
GERMANY	13,200,000	2,037,000	15.4
AUSTRIA-HUNGARY	9,000,000	1,100,000	12.2
TURKEY	2,998,000	804,000	26.8
SUB-TOTAL	**25,598,000**	**4,029,000**	**15.7**
OVERALL TOTAL	**70,156,000**	**9,442,000**	**13.5**

* *FRENCH COLONIES:
Algeria; Tunisia; Morocco; French Equatorial Africa: Gabon, French Congo, Outbangi-Chari, Chad; French West Africa: Senegal, Mauritania, Sudan, Upper Volta, Niger, Guinea, Ivory Coast, Dahomey; Madagascar and dependencies; Indochina; French coastal areas of Somalia; Réunion Island; French territories in India; Saint-Pierre and Miquelon Islands; Martinique, Guadeloupe & French Guyana; New Caledonia and dependencies; French territories in Oceania; New Hebrides (Franco-British condominium). Taken from "Guerre et Population" by B.Ourlanis (1972), p. 228.

Statistik der Kriegsverluste des Ersten Weltkrieges im Museum des nordfranzösischen Peronne in englischer Sprache. Deutlich wird, dass Serbien-Montenegro die anteilig höchsten Opfer zu beklagen hatte. Danach folgten das Osmanische Reich, unter den Großmächten dann Frankreich und Deutschland.

trägt, ist gebildet durch Verhandlungen und in Übereinstimmung mit der großen Mehrheit des Reichstages. In jeder seiner Handlungen, gestützt auf den Willen dieser Mehrheit, spricht der Reichskanzler im Namen der Regierung und des deutschen Volkes."[154])

Die zweite Note Präsident Wilsons vom 16. Oktober 1918[155]) machte einen Prozess des allmählichen Übergangs zu eindeutigeren, umfassenderen und repressiveren

[154]) Abdruck in Max von Baden, Erinnerungen, S. 378 f.

[155]) Die amerikanischen Noten wurden vom Staatssekretär Lansing unterzeichnet, der Abdruck der zweiten Note in Max von Baden, Erinnerungen, S. 387–389.

Waffenstillstandsbedingungen deutlich. Dabei ging es der amerikanischen Seite naturgemäß auch darum, die europäischen Verbündeten für ein Ende der Kampfhandlungen ohne vollständigen deutschen Zusammenbruch und vor Erreichen der deutschen Grenzen zu gewinnen. Im Einzelnen wurden in der amerikanischen Note die Einstellung des deutschen U-Boot-Krieges gegen Passagierschiffe und eine Räumung der besetzten Gebiete nach den noch zu treffenden alliierten Vorgaben verlangt. Es dürfe keine Regelungen geben, die die militärische Überlegenheit der USA wie ihrer Alliierten in Frage stellten. Und deutsche Zusicherungen hinsichtlich einer inneren Struktur des Reiches, die künftige Friedensstörungen ausschlössen, müssten einen absolut vertrauenswürdigen Charakter haben. Die deutsche Antwort vom 20. Oktober 1918 teilte die Einstellung des U-Boot-Krieges gegen Passagierschiffe mit und betonte wiederum, dass die jetzt amtierende deutsche Regierung vom Vertrauen des demokratisch gewählten Reichstages – die letzten Reichstagswahlen hatten 1912 stattgefunden – getragen sei. Darauf zeigte sich die dritte amerikanische Note vom 22. Oktober 1918 nochmals um ein gutes Stück härter und eindeutiger: Ausdrücklich wurde jetzt auf die „Macht des Königs von Preußen" und die Notwendigkeit umfassender konstitutioneller Änderungen in Deutschland verwiesen; die Tatsache, dass das Kabinett Max von Baden parlamentarischen Rückhalt besaß, genügte also nicht.

Nun setzte jener Prozess in der deutschen Führung ein – der zitierte Artikel Walther Rathenaus war hier ein erster Vorläufer gewesen –, das sich immer mehr konkretisierende und zu den eigenen Ungunsten verändernde Bild des Kriegsendes doch nicht zu akzeptieren und den Weg in einen heroischen Untergang zu suchen. Diese Linie sollte wenige Tage später in das Konzept eines letzten deutschen Flottenvorstoßes, damit verbunden und dagegen gerichtet in den Matrosenaufstand und damit in das definitive Ende des Kaiserreiches münden. Auf der anderen Seite kamen jetzt die Anstrengungen zur nicht nur faktischen, sondern nunmehr konstitutiven Parlamentarisierung des Kaiserreiches konkret in Gang.[156])

Die Verfassungsänderungen am Ende des Kaiserreiches und die Entlassung General Ludendorffs

Vor allem die Forderungen auf Demokratisierung des Reiches in den amerikanischen Noten führten sehr schnell zu tief greifenden Verfassungsänderungen in Deutschland. Mit den am 28. Oktober 1918, also ganze zwölf Tage vor der Ausrufung der Republik in Berlin, erlassenen Reichsgesetzen erhielt die Verfassung des Kaiserreiches eine gänzlich neue Struktur. Kriegserklärung und Friedensschluss wurden nun zwingend an die Zustimmung von Reichstag und Bundesrat gebunden, auch dies war verklausuliert in den Wilsonschen Noten gefordert worden.

---

156) Darstellung der einzelnen Verfassungsänderungen bei Huber, Bd. V, S. 588 ff.

Nach dem neuen Art. 15 Abs. 3 der Reichsverfassung benötigte nunmehr die Amtsführung des Reichskanzlers des Vertrauens des Parlaments. Der Reichstag konnte nun durch Misstrauensvotum den Sturz des Kanzlers herbeiführen, damit waren zwei Generationen vergeblicher parlamentarischer Anläufe in Deutschland, maßgeblich auf die exekutive Spitze Einfluss zu nehmen, am Ende doch noch von einem Erfolg gekrönt. Zuletzt hatte der Reichstag 1913 im Resultat der so genannten Zabern-Krise, es ging um Übergriffe von Militärs gegenüber Zivilisten im Elsass, dem Kanzler (Bethmann Hollweg) zwar die Missbilligung ausgesprochen, aber dies musste damals naturgemäß rechtlich folgenlos bleiben.

Der neue Art. 15 Abs. 4 der Reichsverfassung beendete weitgehend die Autonomie des Militärs in Deutschland über den keiner zivilen Gewalt unterworfenen Kommandostrang, der unmittelbar zum Kaiser führte. Nun erstreckte sich die Zuständigkeit des Reichskanzlers auf „alle Handlungen von politischer Bedeutung, die der Kaiser in Ausübung der ihm nach der Reichsverfassung zustehenden Befugnisse vornimmt." Das galt nunmehr jetzt eben auch für die Ausübung der militärischen Kommandogewalt, sofern es sich dabei um Akte von auch politischer Bedeutung handelte.

Am 26. Oktober 1918 entließ Wilhelm II. den Ersten Generalquartiermeister und zentralen Akteur der deutschen Kriegführung, General Ludendorff. Damit hatte die Staatsspitze eindeutig gegen die Option der Aufnahme bzw. Wiederaufnahme eines Verzweiflungskampfes entschieden. Hier brachte aber bereits der 25. Oktober 1918 eine Grundsatzentscheidung: Hindenburg und Ludendorff waren eigenmächtig in Berlin erschienen. Dazu hatte die Oberste Heeresleitung ihre Unterschrift unter einen Armeebefehl gesetzt, der in Reaktion auf die amerikanischen Note vom 22. Oktober zum militärischen Durchhalten aufforderte: „Die Antwort Wilsons fordert die militärische Kapitulation, sie ist deshalb für uns Soldaten unannehmbar. Sie ist der Beweis, dass der Vernichtungswille unserer Feinde (…) unvermindert fortbesteht (…). Wilsons Antwort kann daher für uns Soldaten nur die Aufforderung sein, den Widerstand mit äußersten Kräften fortzusetzen. Wenn die Feinde erkennen werden, dass die deutsche Front mit allen Opfern nicht zu durchbrechen ist, werden sie zu einem Frieden bereit sein, der Deutschlands Zukunft gerade für die breiten Schichten des Volkes sichert." Dagegen erhielt der Reichskanzler am selben Tag ein bemerkenswertes Schreiben des Bayerischen Kronprinzen, Heeresgruppenbefehlshabers und Feldmarschalls Rupprecht, das hier gleichfalls ausführlich zitiert sei, da es nicht nur die entscheidenden Bruchlinien dieser Tage markiert. Es macht auch deutlich, dass sich die monarchisch-aristokratischen Spitzen des Reiches eben nicht durchweg der Alternative Sieg oder Untergang bzw. frühzeitige Kompromittierung eines heraufziehenden neuen Systems verschrieben hatten. Rupprecht, der im Übrigen Ludendorffs Operationsführung seit langem ablehnend gegenüber gestanden, auch das Konzept einer letzten großen Schlussoffensive im Westen nicht gebilligt hatte, schrieb an den Reichskanzler: „Lieber Max! Als ich heute früh beiliegendes Telegramm las, war ich auf das Tiefste empört über diese kurzsichtige Eigenmächtigkeit! Wilson hat Recht wenn (sic!) er von einer Militärdiktatur schreibt. So geht es nicht weiter! Ludendorff muss fort und er verdient auch nichts besseres denn er hat die heurigen Offensiven erbärmlich schlecht geleitet und sollte Hindenburg mit ihm gehen, der mir menschlich ja sympathisch wäre es in militärischer Hinsicht auch ein Unglück in politischer Hinsicht aber ein Glück. Er ist über die militärische Lage sich nicht im Klaren und Ludendorff spielt geflissentlich den Vogel Strauß. So schmerzlich für uns Wilsons Bedingungen, müssen wir bedenken, dass wir schon jetzt die Besiegten sind und dass je länger wir zögern dies einzugestehen, desto schlimmer unsere Lage wird, die sich täglich verschlechtert. Wir müssen ungesäumt Frieden machen, sonst haben wir das allerschlimmste zu erwarten – ich beschwöre Dich bleibe fest! ...“[157]) Nahezu gleichzeitig mit dem Brief Kronprinz Rupprechts an den Reichskanzler schrieb Letzterer an den Kaiser, verwies unter Rückgriff auf die jüngste Note der amerikanischen Seite auf die Notwendigkeit, in Deutschland eine „einheitlich parlamentarische Leitung herzustellen“ und drohte für den Fall, dass der Kaiser nicht einen Wechsel in der Obersten Heeresleitung vornehme, mit dem eigenen Rücktritt. Noch an diesem 26. Oktober 1918 erfolgte dann folgerichtig die Entlassung General Ludendorffs, am nächsten Tag die Absendung der letzten deutschen Note an die amerikanische Seite. Sie enthielt die nochmalige förmliche Bestätigung, dass die Friedensverhandlungen von einer „Volksregierung“ geführt würden, „in deren Händen die entscheidenden Machtbefugnisse tatsächlich verfassungsmäßig ruhen. Ihr sind nunmehr auch die militärischen Gewalten unterstellt.“ Darauf erfolgte in Gestalt der vierten amerikanischen Note vom 5. November die Einladung der Alliierten und Assoziierten (vor allem USA) Mächte, deutsche Bevollmächtigte zum Empfang von Bedingungen des Waffenstillstandes zu entsenden. Ganz offensichtlich war nunmehr zugleich auch, dass dies ein Waffenstillstand sein werde, der materiell zum guten Teil einer Kapitulation entsprach. Fünf Tage verstrichen zwischen der prinzipiellen Einigung der Kriegsgegner auf die Herbeiführung des Waffenstillstandes und dessen Unterzeichnung am 11. November 1918. In die knappe Woche, die beide Ereignisse trennt, drängt sich der Umsturz, die Novemberrevolution in Deutschland. Sie ist hier im Einzelnen nicht zu beschreiben. Ausgangspunkt war, dass die Flottenleitung nach der unter dem Druck Präsident Wilsons getroffenen Entscheidung, keine eindeutig erkennbaren Passagierschiffe mehr anzugreifen, den kompletten U-Boot-Krieg einstellte, damit zugleich aber für die Hochseeflotte volle Handlungsfreiheit zurückgewonnen sah. Am 22. Oktober 1918 fiel die interne Entscheidung der Flottenleitung, ihre Einheiten nochmals kompakt gegen die britische Flotte Richtung Ärmelkanal einzusetzen. Mehr als ein unmittelbar militärisches Kalkül, stand zweifellos dahinter die Absicht, dieses Instrument, das sich während des vierjährigen Krieges so wenig hatte exponieren können, nochmals als aktiv und wirkungsmächtig vorzuführen – und sei es im Untergang. Es ging hier um die Einsicht, verglichen mit dem Heer während des Krieges wenig geleistet zu haben, damit aber auch um den Anspruch, für die Nachkriegszeit eine Option auf Fortfüh-

[157]) Interpunktion und Zeichensetzung nach Vorlage; Texte in Abdruck bei Max von Baden, Erinnerungen, S. 470 f.

rung und Neuaufbau zu gewinnen. Die Konzentration der Flotte in Wilhelmshaven begann gleichfalls am 22. Oktober, der Einsatzbefehl wurde von Flottenchef Admiral Hipper am 29. Oktober erteilt, die Ausfahrt sollte ab 30. Oktober beginnen. Von nun an überstürzten sich jene Ereignisse, die schließlich zum Ende der Monarchie führten. Die Matrosenmeutereien[158]) griffen auf Kiel über, und von dort schließlich auf die Reichshauptstadt Berlin. Relativ autonom verlief zugleich die revolutionäre Entwicklung in München, wo Kurt Eisner in der Nacht vom 7. auf den 8. November den Freistaat Bayern proklamierte.

Republik und Waffenstillstand

In Berlin, wo am 9. November 1918 die Usurpation der Macht durch USPD und radikale Linke möglich schien, entschlossen sich die Sozialdemokraten, die letzte, unter Prinz Max gebildete kaiserliche Regierung zu verlassen und zusammen mit der USPD eine neue revolutionäre Führung zu bilden.

Reichskanzler Prinz Max von Baden, der den ursprünglich auch von den Sozialdemokraten dringend erwünschten Rücktritt des Kaisers nicht erreicht hatte, entschloss sich schließlich, an der noch geltenden Reichsverfassung vorbei das Reichskanzleramt an Friedrich Ebert zu übertragen. „An der Tür wandte ich mich noch einmal zurück: ‚Herr Ebert, ich lege Ihnen das Deutsche Reich ans Herz!' Er antwortete: ‚Ich habe zwei Söhne für dieses Reich verloren.'"[159]) Die Abdankung des Kaisers hatte Prinz Max zuvor noch eigenmächtig verkündet. Am selben Tag kam es zur Proklamation der Deutschen Republik durch Philipp Scheidemann, während Karl Liebknecht für den Spartakusbund, aus dem in kurzem die KPD hervorgehen sollte, die sozialistische Republik ausrief.

Ebert stand nun für rund zwei Tage in Personalunion an der Spitze zweier exekutiver Führungen in Deutschland: Einmal in seiner Eigenschaft als „Reichskanzler" und damit letzter Regierungschef in der Kontinuität des kaiserlichen Deutschlands.

---

[158]) Die Unruhe in der Marine hatte sich bereits 1917 angedeutet: Seit der Seeschlacht am Skagerrak waren die Hochseeeinheiten nur noch einmal, im Herbst 1917, bei einer amphibischen Operation gegen die baltischen Inseln Ösel und Dagö militärisch wirkungsvoll eingesetzt worden. Ansonsten lagen die Linienschiffe scheinbar beschäftigungslos in den Häfen, zugleich wurden wegen der Verlagerung auf den U-Boot-Krieg kontinuierlich die jeweils leistungsfähigsten Offiziere und Mannschaften auf die U-Boote kommandiert. Hinzu kam, dass es sich bei den Matrosen wegen der hier gegebenen hohen technischen Anforderungen vielfach um Industriearbeiter im Zivilleben handelte, die politisch links sozialisiert waren. Zur Unruhe auf den Schiffen trugen weiterhin die erheblichen sozialen Spannungen zwischen Offizieren und Mannschaften bei. Vor diesem Hintergrund hatte es bereits im Sommer 1917 Auseinandersetzungen in der Flotte gegeben, die von ihrem Oberbefehlshaber, Admiral Scheer, drakonisch niedergeschlagen wurden: Er ließ fünf so genannte Rädelsführer von Kriegsgerichten zum Tod verurteilen, von denen die beiden Matrosen Albin Köbis und Max Reichpitsch am 5. September 1917 hingerichtet wurden. Dazu kam die Verhängung zahlreicher hoher Zuchthausstrafen. In der Hochseeflotte war also seit langem der Boden für revolutionäres Aufbegehren bereitet.

[159]) Max von Baden, Erinnerungen, S. 608.

Der Kaiser auf dem Weg ins Exil. Wilhelm II. (Bildmitte) an der holländischen Grenzstation Rijsden am 9. November 1918

Dieses alte Kabinett trat am 10. November 1918 nochmals zusammen, um über die Unterzeichnung des Waffenstillstandsvertrages von Compiégne zu entscheiden. Es war also jenes Organ, das dem Staatssekretär Erzberger die Legitimation gab, das formelle Ende der Kampfhandlungen herbeizuführen.

Auf der anderen Seite ging aus den Vereinbarungen von Mehrheitssozialdemokraten und USPD jener „Rat der Volksbeauftragten" hervor, der nun das eigentliche revolutionäre Führungsorgan im Lande wurde. Unterhalb der Ebene dieses jeweils paritätisch besetzten Gremiums, mit Friedrich Ebert für die Mehrheitssozialdemokraten und Hugo Haase für die USPD an der Spitze, amtierten weiterhin Nicht-Sozialdemokraten als „Fachminister".

Während Kaiser Wilhelm II., der schließlich auch selbst abgedankt hatte, ins niederländische Exil fuhr, verständigten sich zugleich die neuen politischen und militärischen Spitzen, Friedrich Ebert und für die Oberste Heeresleitung General Groener, seit Ludendorffs Ausscheiden Erster Generalquartiermeister, auf eine pragmatische Zusammenarbeit. An ihr berühmtes Telefongespräch vom Abend des 9. November schloss sich ein Austausch von Telegrammen an, der dieses Arrangement bekräftigte. Es ging um die Sicherstellung von Verpflegung und um Stabilität, letztlich darum, Staatsapparat und Staatsganzes zu erhalten. Schon einen Tag nach der Proklamation der Republik schien die Monarchie, die doch in Deutschland seit urdenklichen Zeiten selbstverständliche Staatsform gewesen war, wie ganz ferne Vergangenheit. Damit gelangte aber auch eine Entwicklung zum Abschluss, die bereits während des Krieges eingesetzt hatte: Mit Hindenburg, der zunächst im Amt blieb, und Ebert standen zwei Symbolfiguren an der militärischen und politischen Spitze,

Die Unterzeichnung der Waffenstillstandsbedingungen am 11. November 1918 im Wald von Compiégne

die bereits im Krieg eine schleichende Republikanisierung im Sinne eines so gar nicht intendierten Beiseiteschiebens des Monarchen symbolisiert hatten. Ebert war der Mann der staatstreuen Mitte-Linkskräfte, Hindenburg der Ersatzkaiser, in der Propagandamaschinerie des Krieges jene Führungsfigur, die die Schlachten gewonnen, die Russen vertrieben und Sicherheit verkörpert hatte. Von nun an sollte sein Bild in Millionen deutscher Haushalte hängen, nicht mehr das eines Hohenzollern.

Der Waffenstillstand vom 11. November 1918, der von Matthias Erzberger unterzeichnet wurde, nahm in manchem bereits den Friedensvertrag vorweg: Auf die Frie-

Verschrottung deutscher Militärflugzeuge nach dem Waffenstillstand vom 11. November 1918

Der Volksbeauftragte Friedrich Ebert bringt am 10. Dezember 1918 ein Hoch auf die in Berlin einziehenden Fronttruppen am Brandenburger Tor aus.

densverträge von Brest-Litowsk mit Russland und Bukarest mit Rumänien musste verzichtet werden. Der größte Teil der Hochseeflotte, darunter die modernen Linienschiffe, und sämtliche U-Boote, wurde nach Großbritannien überstellt und dort interniert. Die gesamte militärische Luftfahrt war still zu legen. Es musste nicht nur ein Großteil der schweren Waffen ausgeliefert werden, sondern ebenso zahlreiche Verkehrsmittel, darunter 5.000 Lokomotiven, 150.000 Eisenbahnwagen und 5.000 Lastkraftwagen. Dies erschwerte naturgemäß die Rückführung des Millionenheeres von der Westfront über den Rhein. Die in Deutschland befindlichen Kriegsgefangenen und Zivilinternierten aus feindlichen Staaten waren sofort freizulassen. Das galt aber nicht umgekehrt für Deutsche, die sich in alliiertem Gewahrsam befanden. Schließlich – und das war vielleicht die größte Härte – blieb die alliierte Blockade bestehen; zwar wurden Zufuhren an Lebensmitteln in Aussicht gestellt, aber zunächst setzte sich das Aushungern des Landes fort. Diese Maßnahme wirkte insbesondere deshalb so hart, weil sie mit der gleichzeitig in ganz Europa herrschenden großen

Grippeepidemie zusammen fiel. Sie wurde daher auch mit gutem Grund als unbillige Zumutung empfunden, auf deutscher Seite auch propagandistisch ausgeschlachtet, und trug nicht unwesentlich zur Vergiftung der Atmosphäre bei. Umgekehrt muss man freilich feststellen, dass auf deutscher Seite z. B. die in Frankreich und Belgien angerichteten Kriegsschäden kaum wahrgenommen wurden. Man wollte einfach nicht sehen, was man selbst angerichtet hatte und dass hier ganze Landstriche zu Wüsteneien geworden waren. Sehr entgegengesetzte Wahrnehmungen auf beiden Seiten wurden so schon sehr frühzeitig zu einer Belastung für die europäische Zwischenkriegszeit.

Die einzelnen Waffenstillstandsbedingungen wurden in Deutschland eben gerade deshalb als unverdient und ungerecht empfunden, weil die Niederlage als solche weithin noch gar nicht akzeptiert und angenommen worden war. Der Krieg war für viele mit einem Mal zu Ende gegangen, ohne dass sich eine Niederlage für die Beobachter in der Heimat über längere Zeit angebahnt hätte. Es wurde nicht mehr geschossen, aber vorbei schien dieser Krieg trotzdem noch nicht zu sein.

Der Rückmarsch des deutschen Millionenheeres binnen der verlangten 15 Tage zu Fuß bis über die Rheinbrücken stellte eine erstaunliche organisatorische Leistung

Ein hessisches Regiment, offenkundig mit den schwarz-weiß-roten Fahnen des Kaiserreiches, auf dem Rückmarsch über den Rhein bei Koblenz, November 1918

dar. Mitten im revolutionären Übergang wurde hier zugleich nochmals ein Stück herkömmlichen Patriotismus', ja fast so etwas wie ein Abglanz des Augusterlebnisses von 1914 inszeniert: Die „Wacht am Rhein" wurde zwar nicht mehr gesungen, wohl aber zunehmend das Deutschlandlied. Es hatte seine Popularität im Krieg gewonnen und sollte nun sehr bald von Friedrich Ebert zur Nationalhymne erklärt werden. Unzählige Berichte aus Städten in ganz Deutschland vermitteln uns einen Eindruck davon, dass die zurückkehrenden Einheiten, wieder militärisch geschlossen und unter der Führung ihrer Offiziere, als so etwas wie quasi-Sieger empfangen wurden, teilweise sogar wieder wie 1914 mit Blumen in den Gewehrläufen. Friedrich Eberts Worte beim Empfang für heimkehrende Truppen in Berlin „kein Feind hat euch überwunden" wurden zum Signum dieser Tage und Wochen und sollten in entsprechend uminterpretierter Form in das Arsenal der „Dolchstoßlegende" (s. u.) eingehen.

9. Das Kriegsende für die anderen

Die Türkei und die Nichtakzeptanz eines Friedensvertrages

Das Osmanische Reich hatte bei Ausbruch des Ersten Weltkrieges 1914 rund 18,5 Millionen Einwohner gezählt. Es war ein multiethnischer und multireligiöser Staat, darunter die verschiedensten christlichen Konfessionen. Der Anteil der Griechen betrug rund 13,5%.[160]) Und für dieses Imperium, bei dem Agonie und Reform seit langem im Widerstreit zueinander gestanden hatten, begann die Kriegführung nicht wie für Deutschland, Frankreich oder Russland 1914. Sie hatte vielmehr bereits 1911 eingesetzt. Am 30. September dieses Jahres erklärte Italien der Hohen Pforte den Krieg. Es ging, ein klassisch imperialistischer Akt, um den Erwerb Libyens und schließlich auch des Dodekanes, der um Rhodos strukturierten Inselgruppe in der südlichen Ägäis. Fast übergangslos mündete dieser Konflikt 1912 in den ersten Balkankrieg, bei dem das Osmanische Reich schließlich einer Koalition aus Griechenland, Serbien, Bulgarien und Rumänien unterlag. 1913 folgte der zweite Balkankrieg und Ende Oktober/Anfang November 1914 schließlich der Eintritt Konstantinopels in den Ersten Weltkrieg (s. o.). Und umgekehrt gilt, dass der zwischen dem Osmanischen Reich und den Alliierten schließlich am 30. Oktober 1918 geschlossene Waffenstillstand von Mudros keineswegs das Ende der Feindseligkeiten in jener Region bedeutete, die wir heute als den „Nahen Osten“ zu bezeichnen pflegen. Für die Gesamtheit der Konflikte zwischen dem Kaspischen Meer und der arabischen Halbinsel, dem Bosporus und dem Persischen Golf, mit denen auch unsere Gegenwart seit dem Ende des Kalten Krieges 1989/90 verstärkt konfrontiert ist, sind die Ereignisse am Beginn des 20. Jahrhunderts von erheblicher und teilweise determinierender Bedeutung. Dass dies alles im deutschen Geschichtsbild nach wie vor weitgehend nur den Rang von Fußnoten einnimmt, deutet auf einen vielfach immer noch gegebenen Autismus hin, der umso prekärer wird, je außereuropäischer und globaler die Bezüge sind, in denen wir uns bewegen. Wie immer man etwa auch, um an dieser Stelle einmal durchaus tagespolitisch zu werden, das künftige Verhältnis der Türkei zur europäischen Integration beurteilen mag, ist doch in jedem Fall unabdingbar, sich ihre historische Positionierung in der ersten Hälfte des 20. Jahrhunderts zu vergegenwärtigen. Dasselbe gilt im Übrigen für die Konflikte zwischen Israel und den Palästinensern, die ein Stück weit eben auch auf die während des Ersten Weltkrieges von den Alliierten geschaffenen Konstellationen zurückzuführen sind. (s. o.)[161])

[160]) Angaben nach Reinhard Schulze: Geschichte der islamischen Welt im 20. Jahrhundert, München 1994, S. 37.

[161]) Bemerkenswert ist etwa, dass der von Gerd Krumeich in Zusammenarbeit mit Silke Fehlemann herausgegebene Sammelband: Versailles 1919. Ziele – Wirkung – Wahrnehmung, Essen 2001, zwar nicht nur die mit dem Stichwort Versailles beschriebene Konfliktsituation zwischen Deutschland und den Alliierten analysiert, sondern ebenso auch die Situation der durch weitere Friedensverträge betroffenen Länder Österreich und Ungarn wie der Nutznießer auf dem Gebiet der früheren Donaumonarchie, Tschechoslowakei und Jugoslawien; jeder Bezug zum Nahen und Mittleren Osten und zur Entwicklung der Türkei fehlt hier aber.

Das multiethnische und multireligiöse Konstantinopel der spätosmanischen Zeit

Völkerrechtlich wurde der Erste Weltkrieg durch fünf Friedensverträge beendet: Am 4. Juni 1919 in Trianon mit Ungarn, am 28. Juni in Versailles mit dem Deutschen Reich, am 10. September in Saint-Germain mit Deutsch-Österreich, das sich fortan nur noch Österreich nennen durfte, am 27. November 1919 in Neuilly mit Bulgarien und schließlich am 10. August 1920 in Sévres mit dem Osmanischen Reich. Sämtliche Verträge traten in Kraft und bestimmten einstweilen die Zwischenkriegszeit (s. u.), allerdings mit einer Ausnahme: Das Osmanische Reich machte unmittelbar im Anschluss an den Ersten Weltkrieg eine grundlegende Metamorphose durch; sein verbliebener türkischer Rest verwandelte sich in jenen türkischen Nationalstaat, wie wir ihn auch heute kennen. Die Türkei war so das einzige Land, das sich, gestützt auf eine in der politischen Geographie privilegierte Lage am Rande Europas und vom nachlassenden Engagement der westlichen Großmächte profitierend, dem System der Pariser Vorortverträge entziehen und mit den früheren Feinden eine zweite Friedensordnung vereinbaren konnte: Zunächst waren sowohl Konstantinopel als auch große Teile Anatoliens von französischen, britischen, italienischen und griechischen Kontingenten erobert worden. „Am 13. November 1918 ankerten 55 alliierte Kriegsschiffe in Istanbul, das nun zum ersten Mal seit seiner Eroberung durch osmanische Truppen 1453 wieder eine fremde Armee erdulden musste."[162]) Hatten die Alliierten es 1915 nicht vermocht, durch die Dardanellen in den Bosporus einzudringen, so fiel ihnen nun diese strategische Position in die Hände und noch dazu, ohne dass sie Russland beteiligen mussten, wie es mit dem alten zaristischen System eigentlich vereinbart worden war. Erster Nutznießer schien nun Griechenland zu werden: Griechische Truppen besetzten am 14. und 15. Mai 1919 Izmir und begannen, an der Gegenküste der Ägäis große Eroberungen zu tätigen. Beim griechischen Vordringen in Anatolien kam es zu zahlreichen Grausamkeiten, wie schockiert Arnold Toynbee als Beobachter registrierte. Das so genannte ,Türkisch-Armenien' sollte nun selbstständiger Staat werden. Der Friedensvertrag von Sévres verfügte zudem eine Art Protektoratsstatus des verbliebenen türkischen Staatswesens unter alliierter Hoheit, ob für strategische Schlüsselpositionen wie an den Meerengen, Finanzwesen oder Infrastruktur. Griechenland sollte Gallipoli und Izmir (gr.: Smyrna) erhalten. Schon zuvor hatte aber jener Prozess einer nationalen Emanzipationsbewegung eingesetzt, der am Ende zur Makulierung dieses Vertrages führen sollte. Spiritus rector ist Kemal Pascha bzw. Kemal Atatürk, politisch den Jungtürken nahe stehender hoch dekorierter Offizier und charismatische Figur bei der Verteidigung der Dardanellen 1915. Die hier eingesetzte Armee hat sich schon damals unmittelbar auf die in Anatolien vorhandenen Strukturen gestützt und Distanz zur osmanischen Regierung in Konstantinopel eingenommen.

*Atatürk Kemal, bis zum Jahre 1934 Mustafa Kemal Pascha, bis 1937 Kemal Atatürk, der Schöpfer der modernen Türkei, * Saloniki 12. 03. 1881, † Istanbul 10. 11. 1938, besuchte die Kriegsakademie, nahm als Gesinnungspartner Enver Paschas 1908/09 an der jungtürkischen Revolution teil, zeichnete sich 1911 gegen die Italiener in der Cyrenaica, 1915 bei der Abwehr der britisch-französischen Angriffe auf die Dardanellen aus.*

Nun bilden die Kongresse von Erzerum (23. Juli bis 7. August 1919) und Siwas (4. bis 11. September 1919) die Grundlage für eine neue Staatsformung. Schließlich tritt am 23. April 1920 in Ankara die Große Türkische Nationalversammlung zusammen. Noch wird der Sultan pro forma als Staatsoberhaupt akzeptiert, das befristet unter fremder Bevormundung stehe. Aber der entscheidende semantische Wandel steht bevor: In der neuen Verfassung vom 1. März 1921 wird die Staatsbezeichnung „osmanisch", abgeleitet von jener muslimischen Dynastie, die der gesamten Reichsbildung seit dem Mittelalter den Namen gegeben hatte, durch „türkisch" ersetzt.

[162]) Schulze, Islamische Welt, a. a. O., S. 69.

Am 1. November 1922 wird der Sultan als monarchisches Staatsoberhaupt abgeschafft, am 3. März 1924 schließlich beschließt die türkische Nationalversammlung ein Gesetz, in dessen Art. 1 es heißt: „Der Kalif ist abgesetzt. Das Amt des Kalifen ist abgeschafft, da das Kalifat im Sinne und Begriff von Regierung und Republik wesenhaft enthalten ist." Damit gibt es für die moderne Türkei keine übernationale Autorität mit dem Anspruch mehr, kulturelles Oberhaupt der muslimischen Gemeinschaft zu sein. Schon ein Jahr zuvor war in Lausanne zwischen der Türkei und den Alliierten der revidierte neue Friedensvertrag vereinbart worden. Voraussetzung war der schließlich eindeutige militärische Erfolg der Türkei über Griechenland vom Herbst 1922 gewesen. Die imperialistischen Hoffnungen Athens auf Landgewinn in Anatolien hatten in einem blutigen Fiasko geendet. Sein symbolhafter Höhepunkt sind die Ereignisse nach der Rückeroberung Smyrnas/Izmirs durch türkische Truppen am 9. September 1922. Vier Tage später begann die Stadt zu brennen. Panik und Verfolgungsdruck unter Griechen und Armeniern führten zur Katastrophe mit in jedem Falle – die Schätzungen divergieren bis heute stark – Tausenden von Todesopfern. 150.000 bis 200.000 Griechen wurden über das Meer evakuiert, circa 30.000 ins Innere der Türkei verschleppt, von denen viele zu Tode kamen. Humane Katastrophe und politisch-strategischer Erfolg lagen in diesen Abläufen bestürzend nahe beieinander: Die Türkei wurde nun als souveräner Nationalstaat unter Einschluss der armenischen und kurdischen Provinzen wieder hergestellt, am 13. Oktober 1923 konnten türkische Truppen in Istanbul einziehen. Die am tiefsten einschneidende Konsequenz dieser neuen Friedensordnung war freilich die brutale „ethnische Säuberung" im Ägäisraum, um den modernen Begriff aus den Konflikten im Jugoslawien der 90er Jahre zu verwenden: Griechenland und die Türkei vereinbarten Trennung und Austausch ihrer Bevölkerungen nach den nun jetzt geltenden neuen Staatsgrenzen. Mit der eingangs geschilderten multikulturellen und multiethnischen Struktur des alten Osmanischen Reiches war es nun endgültig vorbei. Jetzt erst endete in wesentlichen Teilen die religiöse, kulturelle und ökonomische Präsenz des Griechentums an der ägäischen Gegenküste und im ursprünglich griechischen Byzanz, aus dem Konstantinopel und schließlich Istanbul geworden war. Dieser Vorgang war nicht nur von einer Fülle an Morden und Grausamkeiten begleitet, er gibt auch ein Muster für die Ambivalenz geschichtlicher Entwicklung überhaupt: Der Übergang vom Osmanischen Reich zur modernen Türkei, der in Schüben bereits in der zweiten Hälfte des 19. Jahrhunderts begonnen hatte, enthüllt paradigmatisch die Ambivalenzen, die oft furchtbaren Saldierungen von Verlusten und Gewinnen, welche die Geschichte kennt. Auf der Verlustseite steht das Ende Jahrtausender alter kultureller und politischer Amalgamierungen, auf der Habenseite ein bemerkenswerter Prozess der Emanzipation und Verselbstständigung.

Vorteilhaft wirkte sich für die Türkei aus, dass die Alliierten nun nicht mehr auf einen verbündeten russischen Partner Rücksicht nehmen mussten, im Gegenteil: Da von jetzt an, verstärkt mit dem Einsetzen des Kalten Krieges 1946/47, sowjetische Ambitionen zu gewärtigen waren, ins Mittelmeer vorzudringen, wurde die Türkei wieder das, was das Osmanische Reich über lange Strecken des 19. Jahr-

Turk 79. Kleinasien, Syrien und Mesopotamien Turk

Großer Brockhaus. 19. Kartographische Anstalt F. A. Brockhaus, Leipzig

Der Nahe Osten in der Zwischenkriegszeit

hunderts, kulminierend im Krimkrieg von 1853–1856, gewesen war, nämlich bevorzugter Partner und Verbündeter der angelsächsischen Seemächte. Als 1946/47 sowjetische Forderungen laut werden, an den Meerengen vom Schwarzen Meer zum Mittelmeer strategische Positionen zu gewinnen, und Großbritannien materiell nicht mehr in der Lage ist, dagegen zu halten, formulieren die USA jene Doktrin der Eindämmung, die zu ihrer „magna charta“ des Kalten Krieges werden wird. Und nach dessen Ende wird der strategische Wert der Türkei für die USA eher sogar noch zunehmen, angesichts der Auseinandersetzungen um Öl, Erdgas und Einflusszonen im Zweistromland, im Kaukasus wie in der Region des Kaspischen Meeres.

Großdeutschland als Resultat des verlorenen Krieges?

Am 2. März 1919 unterzeichneten der deutsche Außenminister Ullrich Graf Brockdorff-Rantzau und der österreichische Außenminister Otto Bauer ein geheimes Protokoll. Sein Paragraph 1 hatte folgenden Wortlaut: „Die Deutsche Reichsregierung und die Deutsch-Österreichische Regierung sind übereingekommen, mit tunlichster Beschleunigung über den Zusammenschluss des Deutschen Reichs und Deutsch-Österreichs einen Staatsvertrag abzuschließen, der den beiderseitigen Parlamenten

Der sozialistische österreichische Außenminister Otto Bauer bei einer Ansprache Anfang 1919 unter dem Motto „Großdeutschland unsere Zukunft“

◄ Der Nahe Osten in der Zwischenkriegszeit

zur Genehmigung vorgelegt und sodann ratifiziert werden soll." Österreich sollte ein deutsches Land werden, allerdings mit mehreren Sonderbestimmungen, die gewisse Parallelen zu den für Bayern bei der Reichsgründung 1870/71 getroffenen Regelungen zeigten: So sollte Österreich eigene Gesandtschaften beim Heiligen Stuhl und bei den Nachfolgestaaten der Donaumonarchie unterhalten können; in den Bereichen von Armee, Eisenbahn, Post- und Telegrafiewesen sowie Zollverwaltung sollte die österreichische Regierung Einfluss auf die Personalentscheidungen in ihrem Bereich behalten können. Wien wird nach dieser Abmachung zweite Hauptstadt des Deutschen Reiches mit teilweiser Präsenz des Reichspräsidenten wie des Reichstages. Vorgesehen war die Übersiedlung einer Reihe von Reichsbehörden an die Donau.

Diese Vereinbarung ist nie Wirklichkeit geworden. Die Alliierten werden ihre Realisierung in den Verträgen von Versailles und Saint-Germain untersagen. Aber die dahinter stehenden Wirkfaktoren und Intentionen sind von großem historischen Interesse. Sie zeigen, wie offen die Situation ist, die der Erste Weltkrieg in ganz Europa geschaffen hat. So scheint mit einem Mal die großdeutsche Perspektive der Revolution von 1848, jedenfalls in den Augen vieler Idealisten, wieder Konturen zu gewinnen. Das Ende der Dynastien in Mitteleuropa scheint auch die Korrektur des Ergebnisses von 1866, der preußisch bestimmten Verdrängung Österreichs aus Deutschland, wieder möglich zu machen. Im Wahlprogramm der österreichischen Sozialisten von 1919 heißt es: „Unsere bürgerlichen Parteien haben das alte Deutschland geliebt: Das Deutschland der Hohenzollern, der preußischen Junker, des völkermordenden preußischen Militarismus. Dieses Deutschland haben wir Sozialdemokraten gehasst. Aber jetzt ist ein neues Deutschland entstanden: Die Hohenzollern sind verjagt, das deutsche Volk hat sich von der Herrschaft des Preußentums befreit, in der großen deutschen sozialistischen Volksrepublik ringt sich die deutsche Arbeiterklasse in gewaltigen Kämpfen zum Sozialismus empor! Dieses Deutschland gefällt unseren besitzenden Klassen nicht. Fabrikanten und Bankherren, die um ihre Profite zittern, spinnen jetzt ihre Ränke gegen den Anschluss an Deutschland – der Geldsack, der sich immer deutsch-national gebärdet hat, fühlt sich nicht mehr deutsch, seitdem Deutschland rot ist! Wir aber wollen zu dem roten Deutschland! Die deutsch-österreichische Republik soll sich als ein besonderer Bundesstaat der großen gesamtdeutschen eingliedern! Der Anschluss an Deutschland ist jetzt Anschluss an den Sozialismus!"[163])

Es geht also nicht nur um die Inanspruchnahme dessen, was damals als Selbstbestimmungsrecht definiert wird, in einem eher formalen Sinn. Die unterschiedlichen Lager und Milieus in Deutschland und Österreich bestimmen ihre Position dazu nach ganz konkreten Vorstellungen: Das klassisch großdeutsch-deutschnationale, teilweise bismarckianische Lager in seiner radikalen Form, wie es in Österreich vor allem gegen Ende des 19. Jahrhunderts mit Georg von Schönerer verbunden war,

[163]) Zit. nach Hugo Portisch: Österreich I. Die unterschätzte Republik, Wien 1989, S. 103.

dazu in diesem Segment auch mit antisemitischen Untertönen, hatte zum eigenen übernationalen Staatsverband wie zur eigenen Dynastie eine immer deutlichere Distanzierung eingenommen. „Großdeutsch“ war aber auch in den Traditionen von 1848 die demokratisch-republikanische Linke, die stolz die schwarz-rot-goldene Fahne schwenkte und zugleich, da prinzipientreu, für die außenpolitische Problematik einer deutsch-österreichischen Fusion mit ihren hegemonialen Potenzialen in der Mitte Europas relativ wenig Sensibilität zeigte. Anders verschiedene bürgerliche und aristokratische Milieus in beiden Ländern: Das protestantisch-norddeutsche Milieu in Deutschland sah in Österreich, zumal in den Zeiten des Kulturkampfes gegen die katholische Kirche in den ersten Jahren nach der Reichsgründung, naturgemäß auch die Verkörperung einer antiquierten, vormodernen katholischen Großmacht. Spiegelverkehrt galt für Aristokratie und Teile von Administration und Kulturwelt in Österreich Preußen-Deutschland als Verkörperung eines parvenühaften, lärmenden Anspruches, der das in Europa über Jahrhunderte Gewachsene und Legitime nicht zu respektieren verstehe. Und hinzu kam, dass die Konkurrenzfähigkeit der österreichischen Industrie im Rahmen einer deutschen Volkswirtschaft vielfach bezweifelt wurde. Diese Gemengelagen werden während des weiteren Verlaufs der Zwischenkriegszeit unter der Oberfläche weiter schwelen, während offiziell von beiden Seiten auch fortan der Vereinigungsgedanke beschworen werden wird. Mit der nationalsozialistischen Machtusurpation in Deutschland am 30. Januar 1933 werden sich dann die Vorzeichen nochmals umkehren und am Ende steht die definitiv auch mentale Formierung einer eigenständigen österreichischen Nation nach den Erfahrungen mit dem Anschluss von 1938.

Die Länder der Donaumonarchie und der Frieden

Offen ist freilich auch, was ein präsumtiver Beitritt „Deutsch-Österreichs“ zur Weimarer Republik territorial bedeutet hätte: „Deutsch-Österreich“ beanspruchte auch die deutsch besiedelten Randgebiete der historischen Länder der Wenzelskrone, also Böhmens und Mährens, für sich und ging dazu ganz natürlich von einem ungeteilten Tirol aus. „Am 29. Oktober 1918, einen Tag nach der Unabhängigkeitserklärung der Tschechoslowakei, proklamierten deutsche Politiker aus den böhmischen Ländern in Wien die Bildung einer Provinz Deutsch-Böhmen, am nächsten Tag einer weiteren Provinz Sudetenland aus Schlesien und Nord-Mähren und deren Anschluss an Deutsch-Österreich. Deutsch-Süd-Mähren gliederte sich an Niederösterreich, der Böhmerwald-Gau an Oberösterreich an. Die deutsch-österreichische Provisorische Nationalversammlung akzeptierte am folgenden Tag den Anschluss Deutsch-Böhmens und gab am 12. November ihrerseits bekannt, dass Deutsch-Österreich Teil der deutschen Republik werden wolle.“[164]) Die Alliierten schlossen sich freilich sehr schnell dem tschechischen Anspruch auf die ungeschmälerte Ver-

[164]) Detlef Brandes: Die Tschechoslowakei und die Pariser Vorortverträge, in: Versailles 1919, S. 174–192, hier S. 176.

An dem Tag, an dem in der Republik Österreich der erste Nationalrat gewählt wird, protestieren die Sudetendeutschen in der Tschechoslowakei gegen das tschechische Verbot, an diesen Wahlen teilzunehmen. Die Demonstrationen werden zum Teil blutig niedergeschlagen. In Wien kommt es daraufhin zu antitschechischen Kundgebungen.

fügung über die böhmischen Länder an und so blieb es bei der nicht gewaltfreien Inkorporierung der deutsch besiedelten Randgebiete in den künftigen tschechoslowakischen Staat. An den Wahlen zur neuen Wiener Nationalversammlung am 11. Februar 1919 durften sich die Deutschen in Böhmen und Mähren bereits nicht mehr beteiligen, bei einem deutschen Generalstreik am 4. März 1919 gegen den tschechischen Anspruch auf den Gesamtstaat kam es zum Einsatz tschechischen Militärs, das von der Schusswaffe Gebrauch machte, so dass es 54 Tote gab. Im sudetendeutschen Geschichtsbild entstand so ein Schlüsseldatum, das bis heute wirkungsmächtig blieb. Welchen Weg die neu gegründete Tschechoslowakei, formiert aus den alten cisleithanischen Ländern der Wenzelskrone und dem überwiegend slowakisch bewohnten transleithanischen Oberungarn, auch immer nehmen mochte, sie trat nunmehr als neuer Faktor auf die europäische Bühne und zwar nach der ganzen Logik der bisherigen Entwicklung als enger Partner Frankreichs.

Der österreichische Staatskanzler Karl Renner gibt bei seinem Eintreffen in Saint-Germain eine Erklärung vor der Presse ab.

Im Süden Österreichs geraten italienische und südslawische Interessen in enge Berührung zueinander: Südtirol muss bis zum Brenner an Italien abgetreten werden, zeitweise ist auch die Tiroler Landeshauptstadt Innsbruck von italienischen Truppen besetzt. Italienische Truppen dringen aber auch gegen Kärnten vor, wo sich zugleich Einheiten des neuen „SHS-Staates" (Serben, Kroaten, Slowenen; daraus wird 1929 Jugoslawien) aufhalten. Sie besetzen nicht nur die Untersteiermark, die an diesen neuen Staat fallen wird, sondern auch die Kärntner Landeshauptstadt Klagenfurt. Die Auseinandersetzungen, die sich hier zwischen Deutschen und Slowenen entspinnen, zunächst kulminierend in der Volksabstimmung vom 10. Oktober 1920 in Südkärnten, die diese Region bei Österreich belässt, schaffen eine spezifisch Konflikt beladene Atmosphäre. Politisch-kulturell bleibt sie mit ihren Fernwirkungen bis heute ein Unikat im deutschen Sprachraum.

Die größten territorialen Verluste aller Verlierer des Ersten Weltkrieges muss Ungarn hinnehmen. Es büßt mehr als die Hälfte des Gebietes ein, über das es in der Donaumonarchie verfügt hatte. Dazu gehören freilich auch viele Regionen, wo von Ungarn ausgehende Fremdbestimmung über andere Ethnien geherrscht hatte. Oberungarn, die Slowakei, wird Bestandteil der Tschechoslowakei (s. o.), Rumänien gewinnt Siebenbürgen, Kroatien geht im neuen SHS-Staat auf.

DIE HABSBURGER MONARCHIE
1815-1919
und ihre Auflösung nach den Friedensbestimmungen von St. Germain und Trianon
Die im Reichsrate vertretenen Königreiche und Länder (Cisleithanien)
Die Länder der ungarischen Krone (Transleithanien)
Bosnien und Herzegowina (Kondominium beider Reichsteile)
Gebiet der Militärgrenze (mit Daten der ersten Errichtung und endgültigen Auflösung)
Verlorene Gebiete sind in Randfärbung, Sekundogenituren dabei in durchbrochener Randfärbung dargestellt
Die Grenzen und Namen der neuen Staaten nach den Frieden von St. Germain und Trianon und den Abmachungen zwischen diesen Staaten sind rot eingetragen
Maßstab 1 : 5 000 000
Engel / Brunner
K. = Karwin
Ka. = Katharein
Lei. = Leipnik
T. = Tobitschau
W. F. = Wind.-Feistritz
DEUTSCHES REICH
KSRR. RUSSLAND
POLEN
SCHWEIZ
ITALIEN
RUMÄNIEN
SERBIEN
MONTENEGRO
KGR. UNGARN
ÖSTERREICH
TSCHECHOSLOWAKEI
JUGOSLAWIEN
Kgr. Böhmen
Mgft. Mähren
Kgr. Galizien und Lodomerien
Hzm. Bukowina
Ehzm. Ober- (ob der Enns) Nieder- (unter der Enns) Österreich
Hzm. Salzburg
Gft. Tirol
Vorarlberg
Hzm. Steiermark
Hzm. Kärnten
Hzm. Krain
Küstenland
Großfürstentum Siebenbürgen
(Kgr.) Kroatien
(Kgr.) Slawonien
Bosnien
Herzegowina
Kgr. Dalmatien
Sandschak Novibazar
Lombardei
Venetien
Adriatisches Meer
Ligurisches Meer

Wie immer auch am Ende der Komplex „Versailles“ für Deutschland zu interpretieren ist, muss zunächst der bis heute in Deutschland nicht recht wahrgenommene Befund konstatiert werden, dass die gesamte Ländermasse von Prag und Wien bis Jerusalem und Bagdad wesentlich tiefer greifende Änderungen als das 1871 konstituierte Deutsche Reich erfuhr: „Die europäische Ordnung, die von den Pariser Vorortverträgen geschaffen wurde, war in quantitativer Hinsicht viel stärker mit der Niederlage Österreich-Ungarns (und der Türkei) als mit der des Deutschen Reiches verbunden. Die Gebietsverluste Deutschlands trugen zur territorialen Definition eines einzigen der neuen Staaten bei – Polen. Polen wurde aber auch durch vormals österreichische, mehr noch durch vormals russische Gebiete gestaltet. Österreich-Ungarn verschwand, ganz anders als das Deutsche Reich, vollständig von der Landkarte. Drei Nachfolgestaaten (die Tschechoslowakei, Ungarn und Österreich) bildeten sich ausschließlich aus dem Territorium der Doppelmonarchie. Das Neujugoslawien bestand zu mehr als der Hälfte seines Gebietes aus vormals österreichisch-ungarischem Territorium. Rumänien hatte sich wesentlich, Italien nicht unwesentlich um vormals österreichisch-ungarische Gebiete vergrößert. Die europäische Kleinstaaterei der Zwischenkriegszeit – eben das, was unter dem unscharf polemischen Konzept der „Balkanisierung“ verstanden wird – war vor allem ein Produkt des Endes Österreich-Ungarns.“[165])

Italien: Verlierer auf der Siegerseite?

Die Erwähnung Italiens verweist darauf, dass es bei der Gestaltung der ganzen Friedensordnung 1919/20 eben nicht nur eindeutige Konflikte zwischen Kriegsgewinnern und Kriegsverlierern gab: Es standen einander auch die Interessen unter jeweiligen Kriegsgewinnern bzw. -verlierern gegenüber. Das gilt im Übrigen auch außerhalb Europas: Japan, ursprünglich an der Seite Großbritanniens, war enttäuschter Sieger, der sich viel mehr an Gewinn in Ostasien versprochen hatte, bald seinen eigenen imperialen Weg ging und am Ende an der Seite Hitler-Deutschlands stand. Zurück in die europäische Mitte: Was für Österreich und Ungarn galt, die sich um das Burgenland stritten, galt in gesteigertem Maße für Italien und den SHS-Staat. Die so weit gehenden Zusagen, die die Alliierten Rom 1915 für seinen Kriegsantritt gegeben hatten, zeigten nun ihre ungemein problematischen Wirkungen: Die, wenn auch mit dem Selbstbestimmungsrecht nicht vereinbare, Abtretung Südtirols an Italien war noch am relativ leichtesten zu bewerkstelligen. Mit Serbien, das zum Kern des künftigen Jugoslawien wurde, und Italien standen einander aber im Resultat des Krieges zwei Sieger gegenüber: Beide beanspruchten an der oberen Adria Istrien

165) Anton Pelinka: Intention und Konsequenzen der Zerschlagung Österreich-Ungarns, in: Versailles 1919, S. 202–210, hier S. 208. Schließlich nicht zu vergessen: Auch zwischen den beiden alten und nun als Kriegsverlierern dastehenden Kernländern der Donaumonarchie, Österreich und Ungarn, gab es einen Gebietswechsel: Ungarn musste das deutsch besiedelte Westungarn abtreten, das zum österreichischen Bundesland „Burgenland“ wurde. Lediglich die Hauptstadt Ödenburg verblieb nach einem problematischen Plebiszit bei Ungarn.

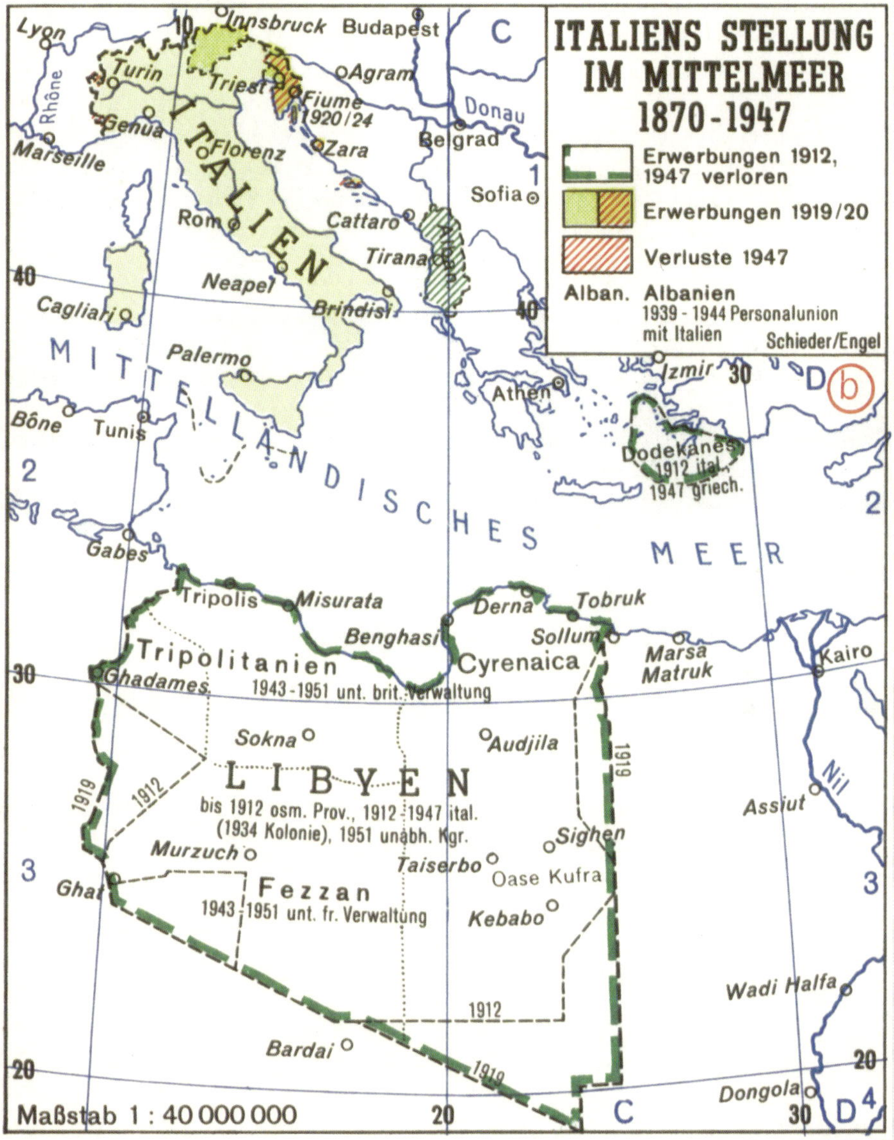
ITALIENS STELLUNG IM MITTELMEER 1870-1947
Erwerbungen 1912, 1947 verloren
Erwerbungen 1919/20
Verluste 1947
Alban. Albanien 1939 - 1944 Personalunion mit Italien
Schieder/Engel
ITALIEN
LIBYEN
bis 1912 osm. Prov., 1912-1947 ital. (1934 Kolonie), 1951 unabh. Kgr.
Tripolitanien
1943-1951 unt. brit. Verwaltung
Cyrenaica
Fezzan
1943-1951 unt. fr. Verwaltung
MITTELLÄNDISCHES MEER
Dodekanes 1912 ital., 1947 griech.
Fiume 1920/24
Lyon
Turin
Triest
Innsbruck
Budapest
Agram
Donau
Belgrad
Sofia
Rhône
Genua
Marseille
Florenz
Zara
Rom
Cattaro
Tirana
Neapel
Brindisi
Cagliari
Palermo
Athen
Izmir
Bône
Tunis
Gabes
Tripolis
Misurata
Benghasi
Derna
Tobruk
Sollum
Marsa Matruk
Kairo
Ghadames
Sokna
Audjila
Nil
Assiut
Sighen
Murzuch
Taiserbo
Oase Kufra
Ghat
Kebabo
Wadi Halfa
Bardai
Dongola
Maßstab 1 : 40 000 000

mit dem kroatischen Hafen Rijeka bzw. Fiume, beide erhoben auch Anspruch auf Dalmatien, das Italien 1915 von den Alliierten in Aussicht gestellt worden war. Der Kompromiss befriedigte wie oft im Fall von Territorialkonflikten am Ende keine Seite und mündete in jene Konstellation, die das Ende der Stabilitätsphase in der Zwischenkriegszeit bedeuten sollte: Schließlich kam Dalmatien zu Jugoslawien, Istrien zu Italien, Fiume, wo sich der exzentrische italienische Dichter D'Annunzio mit einem Freikorps im September 1919 einen Sonderstatus verschafft hatte, wurde Freistaat und schließlich 1924 von Italien annektiert. Das ganze Hin und Her um diese Territorialregelungen mit allen Kautelen und Geheimabsprachen, hat den in Paris weilenden amerikanischen Präsidenten Wilson wohl ebenso irritiert, buchstäblich aggressiv gestimmt, wie die Auseinandersetzungen um Deutschland selbst.

Italien aber, das sich stimmungsmäßig als Sieger und doch auch als Verlierer sah, dazu ökonomisch durch den Krieg in den Alpen schwer angeschlagen war und durch 500.000 Kriegstote belastet, wurde schon 1922 unter Benito Mussolini zum Vorbild der sich nun in Europa etablierenden faschistischen Diktaturen. Im Zweiten Weltkrieg erst seit September 1943 aus den Bindungen zu Hitler-Deutschland gelöst, von denen sich die Faschisten die eigentliche Erfüllung ihrer imperialen Träume versprochen hatten, stand es jetzt auch formal im Lager der Verlierer. Istrien und Rijeka/Fiume fielen nun an das neue Tito-Jugoslawien. Die Pointe der Geschichte wollte, dass Tito-Jugoslawien, das sich schon zu Beginn des Kalten Krieges von der Sowjetunion gelöst hatte, zwar seit 1948 auf keinen Rückhalt bei Stalin mehr zählen konnte, zugleich in der Logik dieser Entwicklung aber nunmehr Anspruch auf zumindest gewisse Pflege im Westen genoss. Aber auch Italien, im Kalten Krieg zum NATO-Mitglied geworden, durfte auf westliche Unterstützung hoffen. So wurde Triest, weiterer territorialer Zankapfel an der oberen Adria, schließlich definitiv (wieder) Teil Italiens.

10. Versailles und die Folgen

Der Faktor Deutschland in der Friedensfrage

Das hier nur kurz skizzierte Panorama einer Vielzahl an Regelungen im weiten Bogen vom Taurus-Gebirge bis zu den Alpen legt einerseits die Schlussfolgerung nahe, dass Deutschland und die für Deutschland zu treffenden Bestimmungen nach Ende des Ersten Weltkrieges eben nur ein Faktor unter anderen waren. Andererseits kann es aber gar keinen Zweifel daran geben, dass Deutschland doch die zentrale Größe war, um die gestritten wurde. Denn Deutschland und nur Deutschland war auf Seiten der Mittelmächte Motor und Getriebe gewesen und unter allen Staaten, um die es hier ging, war zugleich Deutschland der einzige, der als tatsächliche oder potenzielle Großmacht wirkliche große Kraftproben anzuzetteln und durchzustehen vermochte.

Im Blick auf Deutschland war für Frankreich und Großbritannien Sicherheit das große Problem – aber beide definierten Sicherheit durchaus unterschiedlich:

Die Staatsmänner der Entente in Versailles:
links im Vordergrund Frankreichs Ministerpräsident Clemenceau, gefolgt von US-Präsident Wilson.
Rechts mit Zylinder und Spazierstock der britische Premierminister Lloyd George

Im Falle Frankreichs als Ergebnis der Bewertung von messbaren Kräftepotenzialen – wobei die demographischen und ökonomischen Faktoren zu Grunde gelegt wurden –, ferner nach den als Landmacht getätigten Erfahrungen von 1870/71 mit dem offensiven militärischen Gewicht Deutschlands, in großzügiger Interpretation wurden hier auch mitunter die Invasionen der Koalitionsstreitkräfte 1814/15 gegen das napoleonische Frankreich hinzugenommen. Wie auch immer, die französische Seite ging von einem strukturellen Unterlegenheitszustand aus, der grundsätzlich zu beheben sei. Auf der britischen Seite standen hier nicht nur maritime Berechnungen gegen die von Landmächten. Immerhin hatte man nun die physische Verfügung über die ausgelieferte deutsche Flotte und damit war bereits ein erstrangiges Gefahrenpotenzial beseitigt. In einem übergreifenden Sinne ging es auch gar nicht so sehr um den Reflex auf Deutschland, sondern um die globale, dazu vor allem auch ökonomische Kräftebilanz insgesamt: Hier spielten Faktoren wie die künftige Entwicklung der USA, Japans und des bolschewistischen Russland eine erhebliche Rolle. Dazu kam die Frage, was das Empire eigentlich ökonomisch leisten könne und welche Herausforderungen es zu überfordern vermöchten. Freilich waren während der Zeit der Versailler Konferenz die Perspektiven der beiden großen europäischen Siegermächte noch nicht allzu getrennt: Beiden, auch dem britischen Premier Lloyd George, der dies seinen Wählern versprochen hatte, war an Wiedergutmachung gelegen, beide diskreditierten Deutschland und seine frühere Führung moralisch und bestanden auf Schuldeingeständnis und Bestrafung und Großbritannien wollte sich zudem keinesfalls von Frankreich abkoppeln lassen.

Auf deutscher Seite hat man das prinzipielle französische Sicherheitsproblem gewiss über lange Zeit nicht wirklich wahrgenommen bzw. es als Alibiargumentation

Die „großen Vier" der Versailler Friedenskonferenz, v. l. Ministerpräsident Orlando (Italien), Premier Lloyd George (Großbritannien), Ministerpräsident Clemenceau (Frankreich), Präsident Wilson (USA)

missinterpretiert. Frankreich wiederum ging, seinem objektiven Sicherheitsbedürfnis folgend, den Weg einer extremen Schwächung Deutschlands, in Teilen und insbesondere 1923 (s. u.) sicher auch seiner Auflösung als Nationalstaat, ein Vorhaben, das wiederum auf deutscher Seite extrem frustrierend und erbitternd wirken musste.

Die Interpretation des Versailler Vertrages hat auf deutscher Seite im Lauf der Nachkriegszeit, das heißt allerdings insbesondere erst nach dem Zweiten Weltkrieg, einen Paradigmenwechsel erfahren: Galt er zuerst als Diktat, das unter Bruch von Versprechungen bzw. Verheißungen, wie sie die Wilson-Noten (s. o.) des Oktober 1918 enthalten hätten, unmittelbar an die Wurzel der deutschen Existenz gegangen sei, so galt er in der Folge vielfach als moderat, in gewissen Teilen deutschfreundlich, die potenzielle Großmachtposition Deutschlands in Europa wahrend, den Kern des Bismarckreiches erhaltend, dazu mit dem neuen Staatengürtel zwischen Deutschland und Russland in den weiteren Friedensverträgen eine Situation herbeiführend, die Deutschland auf Dauer von russischem Druck entlasten konnte. Die Frage ist, ob es angesichts dieser interpretatorischen Kontrastierung nicht sinnvoll ist, sich um zusätzliche Gesichtspunkte zu bemühen.

Beginnen wir hier mit einem gewiss ungewöhnlichen Eingangsbefund:

„Der Friedensvertrag zwischen Deutschland und den Alliierten und Assoziierten Mächten nebst dem Schlussprotokoll und der Vereinbarung betreffend die militärische Besetzung der Rheinlande. Amtlicher Text der Entente und amtliche deutsche Übertragung", als Buchveröffentlichung vom Auswärtigen Amt 1919 herausgegeben wiegt(!) 1.140 g, umfasst 440 Artikel und 455 Seiten und lässt praktisch kein Thema aus. Es geht eben nicht nur um die bekannte Trias von deutschem Schuldeingeständnis (Artikel 231), territorialen Regelungen und Abrüstungsbestimmungen. So bestimmt z. B. Teil XII (Häfen, Wasserstraßen und Eisenbahnen) u. a. die Internationalisierung der deutschen Ströme oder – ganz skurril – die deutsche Annahme einer etwaigen Kündigung der internationalen Vereinbarungen von 1909 über die Schweizerische Gotthardbahn (Art. 374).

Bevor wir auf Genese und Bestimmungen des Vertrages weiter eingehen, sollten wir, durchaus ganz subjektiv, den Eindruck festhalten und beschreiben, den er dem Leser auch heute vermittelt, wenn dieser ihn einmal buchstäblich in die Hand genommen hat: Es ist jener verstörende, mehr oder weniger vollständig-enzyklopädisch anmutende Charakter. Mit dem Fleiß der Sammler und Jäger scheint unendlich viel zusammengetragen, was auf und für Deutschland restriktiv, beengend wirken musste und in hohem Maße wohl auch sollte. Dass sich dieses „Design" des Vertrages in Deutschland propagandistisch als „Buch der Sieger" vorzüglich instrumentalisieren ließ, liegt ganz auf der Hand. Und eben dieser anhaltend kritische Befund sollte auch heute, im Lichte einer insgesamt mehr oder weniger günstigeren Interpretation des Vertrages, bei fairen Urteilsbildungen mit bedacht werden.

Herbeiführung und Übergabe des Versailler Vertrages

Der Versailler Vertrag war im Wesentlichen von den Hauptsiegermächten bei Geheimverhandlungen ab dem 18. Januar 1919, dem Reichsgründungstag des Jahres 1871, vereinbart worden. Dabei hatte es hinter den Kulissen, insbesondere zwischen Präsident Wilson und dem britischen Premier Lloyd George auf der einen Seite und der französischen Seite, vertreten durch Ministerpräsident Clemenceau, durchaus harte Konflikte gegeben, die den Zeitgenossen aber kaum bekannt wurden. Dass Sieger und Besiegte sich jeweils getrennt voneinander abstimmten, war historisch nichts Neues. Dass es aber überhaupt keine mündlichen Verhandlungen zwischen diesen beiden Seiten gab, konnte jedenfalls für die europäische Neuzeit als weitgehende Novität gelten. Insofern leisteten auch hier die Siegermächte Vorschub, wenn man in Deutschland von einem Diktat sprach. Klassisches Gegenbeispiel war, ein Jahrhundert zuvor, der Wiener Kongress 1814/15 gewesen: Gewiss hatte man damals nicht zum Frieden nach einem industrialisierten Massenkrieg mit 10 Millionen Toten finden müssen. Und gewiss waren damals kollektive Leidenschaften nicht wie am Ende des Ersten Weltkrieges entfacht. Zugleich verhandelten die Sieger von 1814/15 allerdings gegen einen Staat, dessen frühere Führung völlig unbestreitbar massive Aggressionsakte gegen ganz Europa durchgeführt, Spanien und Italien de facto zu französischen Protektoraten erniedrigt, auf deutschem Boden vielfach Krieg geführt und 1812 Russland überfallen hatte. Und nationale Leidenschaften gab es bereits zu Beginn des 19. Jahrhunderts, wenn auch medial noch nicht so vermittelt und derart massenwirksam wie ein Jahrhundert später. Gleichwohl war die französische Gegenseite bei den Verhandlungen ernsthaft und prominent und dies mit einer Person vertreten, die zuvor zumindest zeitweise dem Imperator Napoleon als Außenminister gedient hatte: Graf Talleyrand. Ein anderes Beispiel bieten die deutsch-französischen Verhandlungen zur Beendigung des Krieges von 1870/71. Auch dies waren ernsthafte und durchaus, bei aller Härte der Abtrennung Elsass-Lothringens, zu Modifikationen führende Gespräche zwischen Bismarck und den französischen Vertretern Thiers und Favre[166]).

Die ursprüngliche Fassung des Versailler Vertrages, auf die sich die Alliierten und Assoziierten Mächte geeinigt hatten, wurde in einer Vollversammlung der Friedenskonferenz am 7. Mai 1919 der deutschen Vertretung übergeben. An ihrer Spitze stand der parteilose, aber mit der neuen Deutschen Demokratischen Partei, Nachfolgerin von Fortschrittspartei und Freisinnigen im linken Spektrum der Liberalen, sympathisierende Reichsaußenminister Graf Ulrich Brockdorff-Rantzau. Seit dem 13. Februar 1919 regierte in Deutschland ein Kabinett, das – wieder – der Konstellation um die Friedensnote des Jahres 1917 und die Oktoberregierung von 1918 unter Prinz Max von Baden glich: Mehrheitssozialdemokratie, Zentrum und damit katholisches Milieu wie Linksliberale (Deutsche Demokratische Partei – DDP) hat-

---

[166]) Vgl. Eberhard Kolb: Der Weg aus dem Krieg. Bismarcks Politik im Krieg und die Friedensanbahnung 1870/71, München 1990.

„Materialien, betreffend die Friedensverhandlungen“
Teil VII

Der Friedensvertrag

zwischen Deutschland und den Alliierten und Assoziierten Mächten

nebst dem Schlußprotokoll
und der Vereinbarung betr. die militärische Besetzung der Rheinlande

Amtlicher Text der Entente und
amtliche deutsche Übertragung

Volksausgabe in drei Sprachen

Im Auftrage des Auswärtigen Amtes

Charlottenburg 1919
Deutsche Verlagsgesellschaft für Politik und Geschichte m. b. H.

CONDITIONS DE PAIX.

SOMMAIRE.

CONDITIONS OF PEACE.

SUMMARY.

(Übersetzung.)

Friedensbedingungen.

Inhalt.

PARTIE IV.

DROITS ET INTÉRÊTS ALLEMANDS HORS DE L'ALLEMAGNE.

PART IV.

GERMAN RIGHTS AND INTERESTS OUTSIDE GERMANY.

PARTIE V.

CLAUSES MILITAIRES, NAVALES ET AÉRIENNES.

PART V.

MILITARY, NAVAL AND AERIAL CLAUSES.

PARTIE VI.

PRISONNIERS DE GUERRE ET SÉPULTURES.

PART VI.

PRISONERS OF WAR AND GRAVES.

PARTIE VII.

SANCTIONS.

PART VII.

PENALTIES.

— IV —

Teil IV.

Deutsche Rechte und Interessen außerhalb Deutschlands.

Teil V.

Bestimmungen über Landheer, Seemacht und Luftfahrt.

Teil VI.

Kriegsgefangene und Grabstätten.

Teil VII.

Strafbestimmungen.

ten die „Weimarer" Koalition gebildet. Die Zeit der revolutionären Ambitionen von links außen war zwar noch nicht vorbei; sie sollte bis zur Volksfrontregierung des Jahres 1923 in Sachsen und bis zum kommunistischen Aufstand desselben Jahres in Hamburg reichen. Aber die unmittelbare Revolutionszeit des Rates der Volksbeauftragten war in Deutschland zu Ende; 1922 würde sich der rechte Flügel der USPD wieder mit der Mutterpartei SPD vereinigen.

So wie die linke Mitte in Deutschland das Waffenstillstandsangebot an Präsident Wilson, zunächst von den Militärs aufoktroyiert, getragen hatte, so musste sie nun auch für die Annahme des Friedensvertrages gerade stehen. Der Außenminister Brockdorff-Rantzau war freilich weder versierter Parteipolitiker noch Parlamentarier. Er kultivierte eine aristokratische Erscheinung mit Monokel und stilvoll getragenen Handschuhen, kam aus dem Apparat des Auswärtigen Amtes und hatte während des Krieges lange von der deutschen Vertretung in Kopenhagen aus die Entwicklung der internationalen Beziehungen verfolgt. Nun beantwortete er die apodiktische Gesprächsverweigerung der Alliierten mit einem Konfrontationskurs eigener Art: Mit einer Fülle an Experten, darunter insbesondere Völkerrechtler und

Sitzung der Bevollmächtigten auf dem Wiener Kongress, zweiter von rechts am Tisch der französische Außenminister Graf Talleyrand

Ökonomen, die er nach Versailles mitgenommen hatte, gedachte er, den Vertragsentwurf aus den Angeln zu heben; darüber hinaus – Brockdorff-Rantzau hatte gewisse linke Neigungen und hatte zugleich die Öffentlichkeitsarbeit der Bolschewiki genau verfolgt – suchte er, die internationale, vor allem sozialistische Öffentlichkeit gegen das ganze Vertragssystem zu mobilisieren: Es setze die Tradition von Arkanpolitik der Mächte fort, nehme keine Rücksicht auf die Völker und deren Interessen und werde nur neue Konfrontation hervorrufen. Bei der Übergabe des Textes am 7. Mai 1919 provozierte Brockdorff-Rantzau die anwesenden Vertreter der Siegermächte zum einen durch seine sehr bewusst zur Schau getragene aristokratisch-distanzierte Erscheinungsweise, sodann blieb er nach den Eröffnungsworten des französischen Ministerpräsidenten Clemenceau[167]) ostentativ bei seiner Replik sitzen und sparte nicht mit harten Vorwürfen an die Gegenseite: „Verbrechen im Kriege mögen nicht zu entschuldigen sein, aber sie geschehen im Ringen um den Sieg, in der Sorge

Die deutsche Delegation bei der Friedenskonferenz von Versailles, geführt von Außenminister Brockdorff-Rantzau (vierter von links)

[167]) Clemenceau führte, u. a. im für ihn so wichtigen Reflex auf 1870/71 aus: „Um Ihnen aber meine Auffassung vollständig mitzuteilen, muss ich hinzufügen, dass dieser zweite Friede von Versailles von uns allzu teuer erkauft worden ist, als dass wir nicht entschlossen sein sollten, alle berechtigten Genugtuungen und Sicherheiten für die Dauer dieses Friedens zu erlangen."

um das nationale Dasein, in einer Leidenschaft, die das Gewissen stumpf macht. Die Hunderttausende von Nichtkämpfern, die seit dem 11. November vorigen Jahres in Folge der Hungerblockade zu Grunde gingen, wurden mit kalter Überlegung getötet, nachdem für unsere Gegner der Sieg schon verbürgt war. Daran denken Sie, wenn Sie von Schuld und Sühne sprechen." Daran knüpfte Brockdorff-Rantzau die Feststellung, die Alliierten könnten die Friedensbedingungen nicht nach Gutdünken festlegen. Sie selbst hätten mittels der letzten amerikanischen Note vom 5. November 1918 vor Abschluss des Waffenstillstandes ihrerseits wissen lassen, dass sie auch auf dem Boden der programmatischen Erklärungen der amerikanischen Seite, namentlich der vierzehn Punkte, stünden. Obwohl es weder Ton- noch Filmaufzeichnungen von dieser Szene gibt, wird schon beim Nachlesen jene aggressive Spannung greifbar, die sich bei diesen Ausführungen im Saal aufbaute. In Deutschland empfand man vor allem Genugtuung über Brockdorff-Rantzaus Replik; schwerlich allerdings war sie klug. Um auch hier den Vergleich mit dem Wiener Kongress zu ziehen: Der französische Vertreter Graf Talleyrand hätte gewiss Fürst Metternich, Zar Alexander I. und Fürst Hardenberg nicht in vergleichbarer Weise provoziert.

In Deutschland setzte nun eine massive Kampagne zur Verwerfung des ganzen Vertragswerkes ein.[168]) „Brockdorff-Rantzau wollte es strikt ablehnen, einen Frieden zu unterzeichnen, der den Wilsonschen Prinzipien, und zwar in der deutschen Interpretation, nicht entspräche. [...] Ernsthafte Überlegungen für eine Ausweichlösung – sollte dieser Taktik kein Erfolg beschieden sein – wurden kaum angestellt. Brockdorff-Rantzau war entschlossen, der Entente die Verantwortung für die dann entstehende Situation zuzuweisen. Es war eine Taktik des Alles oder Nichts, eine Politik von beeindruckender Konsequenz, aber kein wirklich ‚politisches' Verhalten. Vielleicht gerade deshalb fand dieses Konzept kaum Widerstand. Es war einfach, rhetorisch leicht zu ‚verkaufen', schmeichelte dem Ehrgefühl, entsprach wohl weitgehend der Stimmung in den deutschen Führungsschichten und wurde von ihren Vertretern – Politikern, Abgeordneten, Publizisten – in der Bevölkerung popularisiert. Als Scheidemann (erster Regierungschef der Weimarer Koalition, P. M.) nach der Vorlage des alliierten Friedensvertragsentwurfs seine leidenschaftliche Ablehnung aussprach, traf er die Stimmung des deutschen Volkes sehr genau."[169])

---

[168]) Vgl. grundsätzlich Klaus Hildebrand: Das vergangene Reich. Deutsche Außenpolitik von Bismarck bis Hitler, Stuttgart 1995. Aus einer noch deutlich konventionellen nationalen Sicht Ludwig Zimmermann: Deutsche Außenpolitik in der Ära der Weimarer Republik, Göttingen u. a. 1958, S. 41 ff. Peter Krüger: Die Außenpolitik der Republik von Weimar, Darmstadt 1985, S. 65 ff. Versailles 1919 a .a. O., hier sehr allgemein gehalten Klaus Schwabe: „Gerechtigkeit für die Großmacht Deutschland" – Die deutsche Friedensstrategie in Versailles, S. 71–86. Peter Grupp: Vom Waffenstillstand zum Versailler Vertrag. Die außen- und friedenspolitischen Zielvorstellungen der deutschen Reichsführung, in: Die Weimarer Republik 1918 bis 1933. Politik, Wirtschaft, Gesellschaft, hg. v. Karl Dietrich Bracher, Manfred Funke, Hans-Adolf Jacobsen, Bundeszentrale für politische Bildung, Schriftenreihe Bd. 251, Bonn [3]1998, S. 285–302.

[169]) Grupp, Waffenstillstand, a. a. O., S. 295 f.

Moralische Verurteilung Deutschlands?

Der Versailler Vertrag zerfällt im Grunde in zwei Teile, die, quantitativ sehr ungleichgewichtig, ganz verschiedene Materien regeln: Die Artikel 1 bis 26 enthalten die Völkerbundsatzung, mit Artikel 27 beginnen die Friedensbedingungen für Deutschland (Artikel 27 bis 30 Grenzbestimmungen). Im Lande selbst haben den emotional größten Widerspruch der Artikel 231 mit der daraus abgeleiteten Wiedergutmachungsverpflichtung sowie die in den Artikeln 227 bis 230 enthaltenen „Strafbestimmungen" hervorgerufen. Der berühmte Wortlaut von Art. 231 war: „Die alliierten und assoziierten Regierungen erklären, und Deutschland erkennt an, dass Deutschland und seine Verbündeten als Urheber für alle Verluste und Schäden verantwortlich sind, die die alliierten und assoziierten Regierungen und ihre Staatsangehörigen in Folge des Krieges, der ihnen durch den Angriff Deutschlands und seiner Verbündeten aufgezwungen wurde, erlitten haben." Die Frage, ob es sich dabei um eine moralische deutsche Verurteilung oder eher nur um die Beschreibung eines auf Schädigung gründenden juristischen Anspruches handelte, ist in Deutschland nie sachlich diskutiert worden. Vielmehr glaubte man sich aus der Völkergemeinschaft förmlich ausgespieen, als Paria gebrandmarkt. Hinzuzufügen ist allerdings,

Der amerikanische Präsident Wilson besucht nach dem Krieg die Hauptstädte der verbündeten Mächte und wirbt für die Gründung des Völkerbunds. Unser Bild zeigt Wilson im Wagen des Londoner Bürgermeisters bei seiner Fahrt zum Buckingham-Palast.

dass die Alliierten auch in der Folge ihrerseits vieles dazu taten, damit Deutschland sich tatsächlich in einen pejorativen Status versetzt sehen musste. So wurde heftig dagegen protestiert, wenn deutsche Wissenschaftler in den ersten Nachkriegsjahren Nobelpreise erhielten. Und die Fernhaltung Deutschlands von den Olympischen Spielen dauerte bis 1928, also ein volles Jahrzehnt. Hingegen nahmen nach dem Zweiten Weltkrieg deutsche Sportler bereits 1952 wieder an den Winterspielen in Oslo und den Sommerspielen in Helsinki teil – ein Indiz dafür, dass die Behandlung Deutschlands nach 1945 unter den dann gegebenen weltpolitischen Verhältnissen des Kalten Krieges in nahezu allen Lebensbereichen eine sehr viel günstigere war als die nach 1918 (s. u.).

Deutsches Schuldeingeständnis?

Man muss auch die Frage stellen, ob sich die Weimarer Republik im Hinblick auf den Artikel 231 des Versailler Vertrages und die psychologischen Konsequenzen nicht leichter getan hätte, wenn sich ihre führenden Repräsentanten sehr viel eindeutiger von der 1914 verantwortlichen politischen und militärischen Spitze des Kaiserreiches abgegrenzt, sich selbst als neue Ordnung mit neuen Exponenten und weitgehend frei von alten Verantwortlichkeiten zu profilieren versucht hätten. An sich hätte eine solche Chance bestanden. „Im November 1918 hatten die Volksbeauftragten dem Unabhängigen Sozialdemokraten Karl Kautsky, Beigeordneter im Auswärtigen Amt, und dem Mehrheitssozialdemokraten Max Quarck, der dieselbe Funktion im Reichsamt des Innern ausübte, den Auftrag erteilt, die deutschen Akten zum Kriegsausbruch zu sammeln und herauszugeben.“[170]) Der Aktenbefund, der schon nach wenigen Monaten vorlag, war eindeutig: „Die Dokumente des Auswärtigen Amtes ließen keinen Zweifel daran, dass die Reichsleitung in der Julikrise von 1914 Österreich-Ungarn zum Krieg gegen Serbien gedrängt und damit die Hauptverantwortung für die Auslösung des Weltkrieges auf sich geladen hatte.“[171]) Die „Deutschen Dokumente zum Kriegsausbruch“ erschienen dann aber erst Ende 1919 und die hinter der Weimarer Koalition stehenden Parteien hatten sich die hier liegenden Schlussfolgerungen nie wirklich zu eigen gemacht. Im Nachhinein sollte man sich freilich davor hüten, hier vorschnell zu rechten: Zwar waren die Akteure von 1919 nicht die von 1914, aber auch sie hatten die Burgfriedenspolitik des kaiserlichen Deutschland voll mitgetragen und mochten sich beim Eingeständnis großer deutscher Verantwortlichkeit in hohem Maße düpiert sehen. Hinzu kommt, dass die Alliierten selbst sich zu einer wirklichen internationalen Klärung der hier anstehenden Fragen nicht bereit fanden. Ihre während des Krieges gepflogene Geheimdiplomatie mit weitreichenden Zielen und Vereinbarungen war insbesondere durch die Publikationstätigkeit der Bolschewiki in Petrograd mindestens in wichtigen Teilen

[170]) Heinrich August Winkler: Weimar 1918–1933. Die Geschichte der Ersten deutschen Demokratie, München 1993, S. 87.

[171]) Winkler, Weimar, a. a. O., S. 88.

international bekannt geworden. Was hier zum Vorschein kam, musste naturgemäß in Deutschland und bei den anderen Kriegsverlierern vielerlei Misstrauen wachrufen. Vielleicht am wichtigsten aber ist ein anderer Gesichtspunkt: In Deutschland waren zwar die politischen Spitzen ausgetauscht worden, nicht hingegen aber der Apparat des Auswärtigen Amtes und zudem all diejenigen Kräfte, die in Hörsälen und Redaktionen meinungsbildend wirkten. Dass somit bei der Bewertung von Kriegsausbruch und Kriegspolitik Kontinuität und nicht Diskontinuität deutlich überwog, kann eigentlich nicht überraschen.

Schließlich setzte die Nationalversammlung einen Untersuchungsausschuss ein, der sich mit Kriegsursachen und Gründen der deutschen Niederlage befassen sollte. Was in diesem Gremium dann vonstatten ging, war aber im Sinne echter politisch-moralischer Aufklärung eher kontraproduktiv: Zum einen erörterte der Ausschuss, gespickt mit vielen Gutachten von Offizieren wie vor allem auch des Historikers Hans Delbrück, lang und breit die Frage, warum der Krieg militärisch nicht gewonnen wurde, insbesondere weshalb die große deutsche Westoffensive des Jahres 1918 fehlschlug. Hier ließ man sich teilweise ganz auf militärisch-handwerkliche Aspekte ein, fernab von grundsätzlichen politischen Fragen. Das andere war der spektakuläre Auftritt Feldmarschall Hindenburgs am 18. November 1919 vor dem Ausschuss. Er las eine vorbereitete, offenkundig von Dritten aufgeschriebene Erklärung vor, ein englischer General habe festgestellt, die deutsche Armee sei von hinten erdolcht worden. Damit hatte die Dolchstoßlegende ihren griffigen Namen gefunden. Von nun an begann ihre vergiftende Wirkung gegen die „Novemberverbrecher", unter die das ganze Spektrum der Parteigänger der Weimarer Republik subsummiert werden konnte.[172])

Die Reparationsfrage

Eine abschließende Reparationsregelung aufgrund der im Vertrag festgehaltenen deutschen Verantwortlichkeit enthielt der Versailler Vertrag noch nicht. Sie wurde in für Deutschland außerordentlich rigider Form während der nächsten Jahre zwischen den Alliierten verhandelt. Eine definitive Festlegung brachte erst drei Jahre später das Londoner Ultimatum vom 5. Mai 1921: Es verfügte eine Reparationssumme in Höhe von 132 Milliarden Goldmark. Dazu sollte in den Gläubigerländern eine Abgabe im Umfang von 25% auf alle Einfuhren aus Deutschland kommen. Schon

[172]) Hindenburg gebrauchte gerne, so in seinen Erinnerungen, ein Bild aus den Nibelungen: „Wie Siegfried unter dem hinterlistigen Speerwurf des grimmigen Hagen, so stürzte unsere ermattete Front," zit. nach Barth, Dolchstoßlegende, S. 326.
Die Dolchstoß-Begrifflichkeit geht auf eine Formulierung der Neuen Zürcher Zeitung vom 17. Dezember 1918 zurück: „Was die deutsche Armee betrifft, so kann die allgemeine Ansicht in das Wort zusammengefasst werden: Sie wurde von der Zivilbevölkerung von hinten erdolcht." Allerdings stammt die Formulierung „erdolcht" nicht von dem in Anspruch genommenen britischen General Maurice, der sich gegen diese Inanspruchnahme verwahrte, sondern von einem Journalisten des Blattes.

damals war freilich offensichtlich, dass es nicht so sehr um phantastisch klingende Höchstsummen ging, über deren Unerreichbarkeit sich die Zeitgenossen auch auf der alliierten Seite weitgehend im Klaren waren. Wichtiger musste sein, dass das gesamte System der durch den Ersten Weltkrieg auf ein so kritisches Niveau gebrachten Verbindlichkeiten entspannt und konsolidiert wurde und dass es gelang, rationale Finanz- und Außenhandelsbedingungen zu restituieren. Freilich sollten hier neue Wege erst nach dem Höhepunkt der deutsch-französischen Konfrontation im Zusammenhang mit der Ruhrbesetzung 1923 gefunden werden.

„Strafbestimmungen"

Wohl kaum ein Teil des Versailler Vertrages ist so wenig Realität geworden wie sein Teil VII „Strafbestimmungen". Der Artikel 227 verfügte: „Die Alliierten und Assoziierten Mächte stellen Wilhelm II. von Hohenzollern, vormaligen Kaiser von Deutschland (rechtlich korrekt hätte es heißen müssen „Deutschen Kaiser", P. M., da es sich ja nicht um eine Landesherrschaft des Monarchen, sondern nach der Bismarckverfassung um ein Präsidium mit dem Kaisertitel handelte.), wegen

Der amerikanische Präsident Woodrow Wilson beim Verlassen der Pariser Friedenskonferenz am 17. Mai 1919

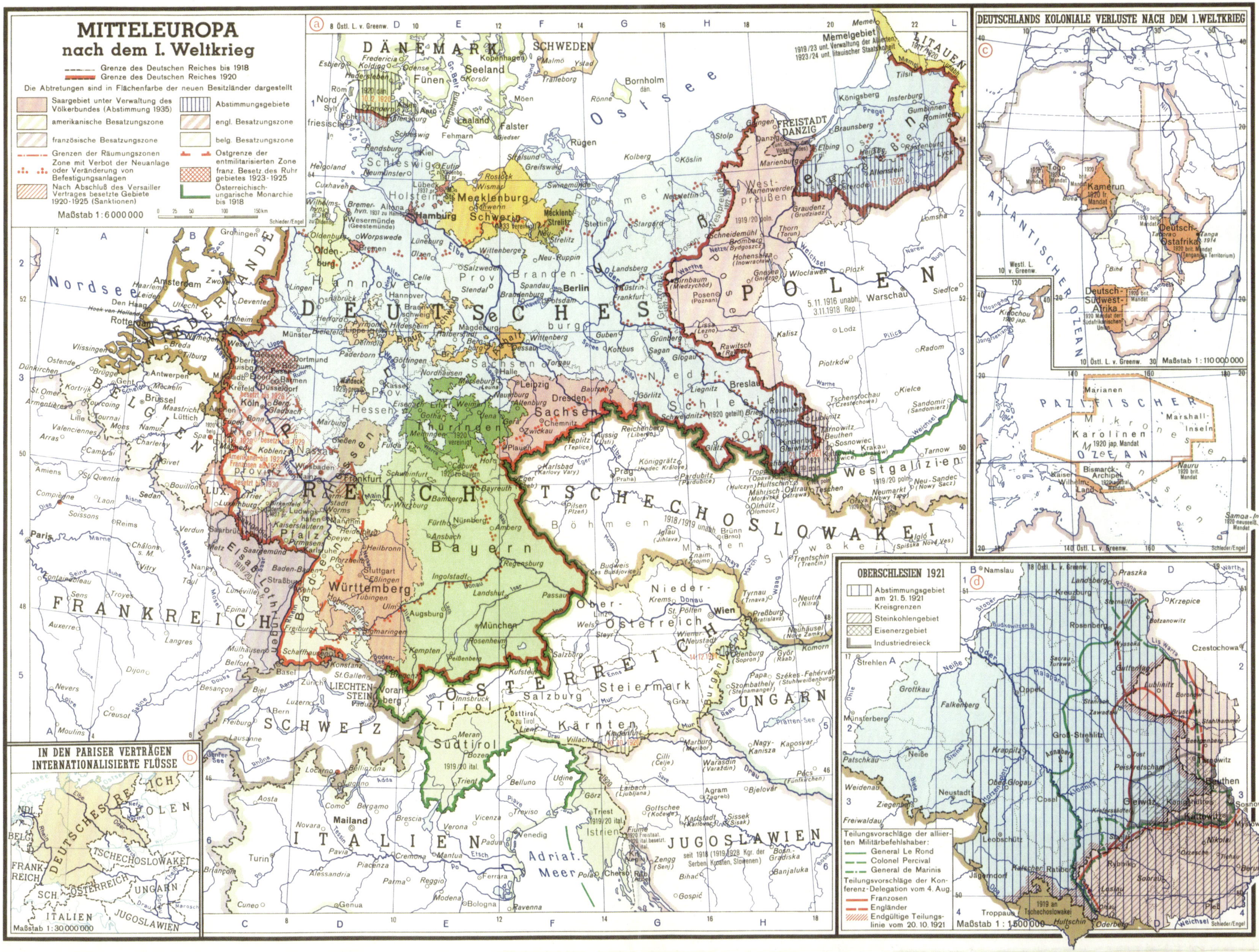
MITTELEUROPA
nach dem I. Weltkrieg
Grenze des Deutschen Reiches bis 1918
Grenze des Deutschen Reiches 1920
Die Abtretungen sind in Flächenfarbe der neuen Besitzländer dargestellt
Saargebiet unter Verwaltung des Völkerbundes (Abstimmung 1935)
Abstimmungsgebiete
amerikanische Besatzungszone
engl. Besatzungszone
französische Besatzungszone
belg. Besatzungszone
Grenzen der Räumungszonen
Ostgrenze der entmilitarisierten Zone
Zone mit Verbot der Neuanlage oder Veränderung von Befestigungsanlagen
franz. Besetz. des Ruhr gebietes 1923-1925
Nach Abschluß des Versailler Vertrages besetzte Gebiete 1920-1925 (Sanktionen)
Österreichisch-ungarische Monarchie bis 1918
Maßstab 1:6 000 000
DEUTSCHES REICH
DÄNEMARK
SCHWEDEN
Ostsee
Nordsee
NIEDERLANDE
BELGIEN
FRANKREICH
LUX.
SCHWEIZ
ITALIEN
ÖSTERREICH
TSCHECHOSLOWAKEI
POLEN
UNGARN
JUGOSLAWIEN
LITAUEN
FREISTADT DANZIG
Memelgebiet
Ostpreußen
Westgalizien
Adriat. Meer
Berlin
Wien
Südtirol
IN DEN PARISER VERTRÄGEN INTERNATIONALISIERTE FLÜSSE
Maßstab 1:30 000 000
DEUTSCHLANDS KOLONIALE VERLUSTE NACH DEM 1. WELTKRIEG
ATLANTISCHER OZEAN
Togo
Kamerun 1920 fr. Mandat
Deutsch-Ostafrika
Deutsch-Südwest-Afrika
PAZIFISCHER OZEAN
Marianen
Karolinen 1920 jap. Mandat
Marshall-Inseln
Bismarck-Archipel
Nauru 1920 brit. Mandat
Samoa-In 1920 neuseeld. Mandat
Maßstab 1:110 000 000
OBERSCHLESIEN 1921
Abstimmungsgebiet am 21.5.1921
Kreisgrenzen
Steinkohlengebiet
Eisenerzgebiet
Industriedreieck
Teilungsvorschläge der alliierten Militärbefehlshaber:
General Le Rond
Colonel Percival
General de Marinis
Teilungsvorschläge der Konferenz-Delegation vom 4. Aug.
Franzosen
Engländer
Endgültige Teilungslinie vom 20.10.1921
Maßstab 1:1 500 000
Schleder/Engel

schwerster Verletzung des internationalen Sittengesetzes und der Heiligkeit der Verträge unter öffentliche Anklage." Dazu sollte ein internationaler Gerichtshof eingesetzt werden. Diese Form der rechtlichen Ahndung der Verantwortlichkeit für einen Krieg war neu. Die fünf Richter sollten den fünf führenden Siegermächten entstammen; es war also weder eine deutsche Beteiligung noch eine von neutraler Seite vorgesehen. Die Fokussierung auf das frühere Staatsoberhaupt zeigt im Übrigen, wie sehr es Wilhelm II. gelungen war, sich auch international als Verkörperung eines persönlichen Regiments darzustellen – ein Profil, das den Realitäten in Deutschland zumal während des Krieges schwerlich entsprach. Bethmann Hollweg, Moltke und Jagow (Staatssekretär im Auswärtigen Amt bei Kriegsausbruch), um nur einige Verantwortliche der deutschen Seite zu nennen, wären wohl geeignetere Adressaten für ein solches Gerichtsverfahren gewesen. Dass es hier wohl auch schlicht um Show ging, macht im Übrigen die Festlegung auf ein reines Siegergericht deutlich. Da die Niederlande Wilhelm II. nicht auslieferten, unterblieb das ganze Gerichtsverfahren ohnehin. Größer waren wohl die Empfindlichkeiten auf deutscher Seite, die mit dem in Artikel 228 enthaltenen Anspruch wachgerufen wurden, Kriegsverbrecher vor alliierten Militärgerichten abzuurteilen. Dabei sollte es sich vor allem um die U-Boot-Kommandanten handeln, die in Deutschland vielfach absoluten Kultstatus besaßen. So weit die Alliierten mit den hier formulierten Ansprüchen gegangen waren, insbesondere, wenn man die bisherige Kriegs- und Rechtsgeschichte zum Maßstab nimmt, so überraschend schnell wichen sie bei der Durchsetzung der hier formulierten Ansprüche zurück, als es in Deutschland zu kollektiver Weigerung kam. Das einzige Surrogat waren wenige Verfahren vor dem Leipziger Reichsgericht, die zu Freisprüchen oder zu augenzwinkernden Scheinverurteilungen führten. Möglicherweise spielte auch eine Rolle, dass die Alliierten fürchteten, bei hartnäckiger Durchsetzung ihres Bestrafungsanspruches neue und für sie selbst prekäre Rechtstatbestände zu schaffen. Die Zeit der wirklich unmittelbaren staatlichen Großverbrechen und ihrer dann auch justiziellen Ahndung, wie sie die Nürnberger Prozesse 1945/46 begründen sollten, langfristig dann auch mit einer Reduzierung des nationalstaatlichen Souveränitätsanspruches bis in unsere Gegenwart hinein verbunden, war nach dem Ersten Weltkrieg eben noch nicht gekommen.

Territoriale Regelungen

Dass der ‚Anschluss' Österreichs (vgl. S. 264 ff.) untersagt wurde, enttäuschte zwar die Anhänger des Selbstbestimmungsrechts und des großdeutschen Gedankens, konnte aber eigentlich nicht überraschen, wenn man die Gesetze machtpolitischer Logik gelten ließ: Warum sollte zumal Frankreich in ein de facto vergrößertes Deutschland einwilligen? Die deutschen Schulen der Zwischenkriegszeit wurden mit Landkarten förmlich überschwemmt, die die im Versailler Vertrag festgelegten territorialen Einbußen Deutschlands plastisch werden ließen. In Deutschland hatte von vornherein kein Zweifel daran bestehen können, dass Elsass-Lothringen wieder an Frankreich und die Provinz Posen wenigstens zum größten Teil an das nun neu konstituierte Polen fielen. Im Falle Posens konnte sowohl die Anwendung des Selbstbestimmungsrechts als auch der Umstand gar keine andere Lösung zulassen, dass es sich hier historisch um ein polnisches Kernland handelte, durch die zweite polnische Teilung 1793 noch in Zeiten absolutistischen Länderschachers an Preußen gelangt und von ihm, nachdem es dem napoleonischen Großherzogtum Warschau angehört hatte, beim Wiener Kongress 1815 zurückgewonnen. Aber schon die weitgehende Abtretung der Provinz Westpreußen, die Polen den eigenen souveränen Zugang zur Ostsee sicherte, wurde in Deutschland bis zum Ende der Weimarer Republik als inakzeptabel empfunden. Nicht nur konnte man für Westpreußen, bei Zugrundelegung der Situation 1914, von einer deutschen Bevölkerungsmehrheit ausgehen. Vor allem die nun entstehende Korridorsituation für Ostpreußen, als eigentliches historisches Kernland Preußens angesehen, 1914/15 von den Russen befreit und als Ort ländlich-romantischer Sehnsüchte mit einem besonderen Nimbus behaftet, galt als nicht hinnehmbar. Etwas anderes aber kommt hinzu: Wirft man, wie die Schülerinnen und Schüler der zwanziger und dreißiger Jahre, einen vergleichenden Blick auf die Landkarte von 1914 und die von 1921, d. h. nach den endgültigen, auf eine Volksabstimmung folgenden, extrem umstrittenen Territoralregelungen für Oberschlesien, dann drängt sich in der Tat der Eindruck auf, die Alliierten hätten die Gelegenheit genutzt, systematisch an allen Seiten und Grenzen Deutschlands Veränderungen vorzunehmen und so nolens volens eine Vielzahl von Konfliktfällen zu schaffen. Belgien erhielt nach einer nicht recht ernst zu nehmenden Volksabstimmung Eupen-Malmedy, in Nordschleswig wurde gleichfalls abgestimmt und sein nördlicher Teil gelangte danach an Dänemark, das Saargebiet kam für 15 Jahre unter Völkerbundsverwaltung, allerdings gebietsmäßig deutlich kleiner als später 1945 bis 1957, im Nordosten wurde Danzig mit seinem Umland Freie Stadt, das Memelland, von Deutschland abgetrennt, wurde schließlich 1923 von Litauen annektiert, zudem musste noch im Südosten Schlesiens das kleine so genannte ‚Hultschiner Ländchen' an die Tschechoslowakei abgetreten werden. Volksabstimmungen im Süden Ostpreußens und in Randzonen Westpreußens brachten eindeutige Ergebnisse für Deutschland. Hinzu kam die alliierte Besetzung des Rheinlandes einschließlich Brückenköpfen bei Köln, Koblenz, Mainz und Kehl. Die Besetzung sollte, mit teilweisen Rückzügen nach fünf und zehn Jahren, spätestens nach 15 Jahren beendet sein. Territorial in die deutsche Hoheit griffen weiter die Internationalisierung der Ströme und das Festlegen großer Grenzstreifen ein, in denen keine militärischen Befestigungen vorgenommen werden durften.

Militärische Bestimmungen

Als besonders einschneidend wurden in Deutschland auch die militärischen Bestimmungen empfunden. Sie verfügten das Ende der Wehrpflichtarmee, den Übergang zu einem Söldnerheer von 100.000 Mann, dazu 15.000 Mann bei der Flotte, den

III. Zusammensetzung einer Kavallerie-Division.

Etatsmäßige Einheiten	Höchste zugelassene Anzahl der Einheiten einer Division	Höchstzahl des Bestandes einer jeden Einheit	
		Offiziere	Truppe
Stab einer Kav.-Division	1	15	50
Kav.-Regiment (Jedes Regiment umfaßt 4 Schwadronen)	6	40	800
Reitende Abteilung (zu 3 Battr.)	1	20	400
Gesamtbestand einer Kav.-Division		275	5 250

Übersicht 2.

Übersicht der Bewaffnung für die Ausstattung einer Höchstzahl von 7 Infanterie-Divisionen, 3 Kavallerie-Divisionen und 2 Armeekorps-Stäben.

Material	Inf.-Div.	7 Inf.-Div.	Kav.-Div.	3 Kav.-Div.	2 Armeekorps-Stäbe	Gesamtmaterial der Spalten 2, 4, 5
	1	2	3	4	5	6
Gewehre	12 000	84 000	.	.	Diese Ausrüstung ist dem Überschuß an Bewaffnung der Inf.-Div. zu entnehmen	84 000
Karabiner	.	.	6 000	18 000		18 000
Schwere M.-G.	108	756	12	36		792
Leichte M.-G.	162	1 134	.	.		1 134
Mittlere Minenwerfer	9	63	.	.		63
Leichte Minenwerfer	27	189	.	.		189
Geschütze 7,7 cm	24	168	12	36		204
Haubitzen 10,5 cm	12	84	.	.		84

Übersicht 3.

Zugelassener Höchstbestand.

Material	Höchstzahl der Waffen	Ausrüstung der einzelnen Einheiten	Höchstzahl des Gesamtmaterials
Gewehre	84 000	400 Schuß	40 800 000
Karabiner	18 000		
Schwere M.-G.	792	8 000 „	15 408 000
Leichte M.-G.	1 134		
Mittlere Minenwerfer	63	400 „	25 200
Leichte Minenwerfer	189	800 „	151 200
Feldartillerie:			
Geschütze 7,7 cm	204	1 000 „	204 000
Haubitzen 10,5 cm	84	800 „	67 200

Auszug aus dem Versailler Vertrag – Militärische Bestimmungen völligen Verzicht auf sämtliche Waffensysteme, die sich während des Ersten Weltkrieges als besonders wirkungsvoll erwiesen hatten bzw. neu eingesetzt worden waren: Schwere Artillerie, Panzer, Flugzeuge, U-Boote, selbst Maschinenpistolen, dazu auch Giftgas. Die Flotte musste auf alle schweren und modernen Einheiten verzichten und durfte langfristig nur einige Neubauten mit geringer Tonnage (Linienschiffe 10.000 Tonnen, schon vor dem Ersten Weltkrieg waren Größenordnungen von 25.000 Tonnen erreicht worden) auf Kiel legen. Das zulässige Material wurde buchhalterisch exakt vermerkt. So durften pro Gewehr 400 Schuss vorgehalten werden. Dazu kam es zu intensiven Kontrollen einer Interalliierten Militärkommission in Deutschland. Auch ein Ausweichen auf eine Zweitarmee in Polizeiuniform sollte der Vertrag verhindern. Artikel 162 bestimmte u. a.: „Die Zahl der Gendarmen sowie der Angestellten und Beamten der Polizeiverwaltung für einzelne Bezirke oder Gemeinden darf nur im Verhältnis der seit 1913 in den betreffenden Bezirken oder Gemeinden eingetretenen Bevölkerungszunahme vermehrt werden." Allerdings verhinderte diese Bestimmung nicht, dass insbesondere in Preußen und Bayern professionelle paramilitärische Polizeikräfte bestanden, die für die Aufrüstung nach 1933 unter nationalsozialistischen Vorzeichen herangezogen werden konnten. Im Übrigen macht der gesamte Bereich der Militärbestimmungen des Versailler Vertrages deutlich, dass rechtliche Regelungen allein einen politisch induzierten Wandel in andere Richtung schließlich nicht verhindern können: Die Weimarer Republik war, trotz eines Bestandes von nur 115.000 offiziellen Kombattanten, mit all ihren Parteiarmeen, dem nationalistischen „Stahlhelm", ihren kasernierten Polizeieinheiten, Grenzschutzverbänden, zackigen Jugendverbänden, Freikorps, Zeitfreiwilligenverbänden bei der Reichswehr selbst und dem gesamten Spektrum der Veteranen- und Kriegervereine ein in sich sehr viel militanterer Staat als die spätere Bundesrepublik mit, auf dem Höhepunkt in den 80er Jahren des letzten Jahrhunderts, 500.000 offiziellen Soldaten auf Wehrpflichtigenbasis. Die Reichswehrsoldaten selbst wurden auf höchstes professionelles Niveau hin ausgebildet und in die Lage versetzt, jeweils auch höhere Funktionen wahrzunehmen, so Unteroffiziere die Rolle von Offizieren. Das Verbot eines Generalstabes blieb naturgemäß Makulatur. Denn es fiel der Reichswehrführung nicht schwer, im „Truppenamt" eine Ersatzeinrichtung mit anderer Bezeichnung und gleicher Funktion zu schaffen. Zwischen Zivilbehörden und militärischen Stellen wurden, vor allem im Osten, weitreichende Mobilmachungsvorbereitungen getroffen, die Jahrgänge der jungen Männer erfasst und wenigstens teilweise fast milizartig infanteristisch ausgebildet. Auf sowjetischem Territorium eignete sich die Reichswehr die verbotenen Kompetenzen auf den Sektoren Luftfahrt, Panzereinsatz und Gaskrieg an. Die Abrüstungsbestimmungen von Versailles waren zwar gewiss nicht wirkungslos, aber sie wurden im Resulat vielfach und mit gutem ‚nationalem' Gewissen der Beteiligten unterlaufen. Schließlich blieb Deutschland tatsächlich, und darauf konnte man sich berufen, von hochgerüsteten Nachbarn umstellt. Von außen oktroyierte, einseitige Abrüstung, das zeigt das Beispiel der Weimarer Republik mit hinreichender Deutlichkeit, stellt noch keineswegs dauerhaft innere Friedlichkeit wie Friedensfähigkeit her.

Annahme des Versailler Vertrages?

Nach Überreichen des alliierten Friedensvertragsentwurfs vom 7. Mai 1919 an die deutsche Delegation setzte in Deutschland über die nun folgenden knapp zwei Monate vor dem Hintergrund größter Niedergeschlagenheit ein Prozess tief greifender Auseinandersetzungen ein. Zunächst schien sich eine Einheitsfront zur Ablehnung abzuzeichnen, die von der Deutschnationalen Volkspartei bis zur SPD reichte, also über die meisten innenpolitischen Fragmentierungen im Lande hinweg. Höhepunkt war die Rede von Reichsministerpräsident Scheidemann bei einer Protestkundgebung der Nationalversammlung am 12. Mai 1919 in der Berliner Universität: „Welche Hand müsste nicht verdorren, die sich und uns in diese Fesseln legt? [...] Dieser Vertrag ist nach Ansicht der Reichsregierung unannehmbar, so unannehmbar, dass ich noch nicht zu glauben vermag, die Erde könne solch ein Buch ertragen, ohne dass aus [...] allen Ländern ohne Unterschied der Parteien der Ruf erschallt: Weg mit diesem Mordplan! [...] Wird dieser Vertrag wirklich unterschrieben, so ist es nicht Deutschlands Leiche allein, die auf dem Schlachtfeld von Versailles liegen bleibt. Daneben werden [...] liegen das Selbstbestimmungsrecht der Völker, die Unabhän-

Besetzung des Rheinlandes
Französische Soldaten blicken auf das Deutsche Eck in Koblenz, wo die Mosel in den Rhein mündet. Nach dem Waffenstillstand vom November 1918 wurden das linke Rheinufer und die drei Brückenköpfe Köln, Koblenz und Mainz von alliierten Truppen besetzt.

gigkeit freier Nationen, der Glaube an all die schönen Ideale, unter deren Banner die Entente zu fechten vorgab, und vor allem der Glaube an die Vertragstreue! Eine Verwilderung der sittlichen [...] Begriffe ohnegleichen, das wäre die Folge eines solchen Vertrages von Versailles".[173]) Scheidemann war, das unterschied ihn auch vom früheren SPD-Vorsitzenden und jetzigen Reichspräsidenten Ebert, eine Persönlichkeit mit ungewöhnlicher Wortgewalt, die aber leicht unklug emotional wurde und sich von den gegebenen Verhältnissen wie den realen Möglichkeiten absetzte. Allerdings machte man es sich heute wiederum zu leicht, sähe man in einer so apodiktischen und von Pathos nicht freien Festlegung nur den Ausdruck eines in unserer Gegenwart glücklich überwundenen nationalistischen Zeitalters. Einmal war objektiv in Deutschland die Empörung gegen den vorgelegten Friedensvertragsentwurf einhellig und sehr tief reichend. Insofern spricht viel für die Annahme, dass die Regierung weniger anheizte, denn mit dieser Art des Protestes integrierte. Das führt zum zweiten Gesichtspunkt: Indem sich ein sozialdemokratischer Ministerpräsident an die offizielle Spitze des Protestes stellte, machte er es dem rechten Milieu in Deutschland zumindest schwerer, die alten Phobien von den vaterlandslosen Gesellen weiter zu transportieren.

Von deutscher Seite aus wurden den Alliierten zwischen dem 9. und dem 28. Mai 1919 zehn, jeweils vom französischen Ministerpräsidenten Clemenceau beantwortete Noten zugestellt. Wichtigste Verbesserung für die deutsche Seite war schließlich die Festlegung einer Volksabstimmung für Oberschlesien. Nach ihrer Durchführung 1921 (rund 60% für Deutschland) kam es zur umstrittenen Teilung des Gebietes zwischen Deutschland und Polen.

Hinter den Kulissen gab es nunmehr bei den Alliierten heftige Diskussionen, ob man der deutschen Seite nicht zuviel zugemutet habe; hier setzte bereits in ersten, in Deutschland kaum bekannt gewordenen Ansätzen, ein Prozess wenigstens partieller Neuorientierung bei den Briten ein: Zum einen wurde eine Bolschewisierung Deutschlands befürchtet, was allerdings den französischen Marschall Foch zu der Aussage veranlasste, er könne eine kommunistische Bedrohung auch mit den alliierten Kräften am Rhein stoppen. Aber jedenfalls noch sehr subtil wurde hier die voll dann nach dem Zweiten Weltkrieg wirkungsmächtig werdende Linie erkennbar, Deutschland respektive Westdeutschland im Zeichen des ideologischen Antagonismus als zentrale westliche Bastion in der europäischen Mitte zu etablieren und auszustatten. Zum anderen wusste man vielfach auch nicht recht, wie es, nicht zuletzt militärisch, weitergehen solle, wenn es nicht zur deutschen Unterschrift komme. Umgekehrt wurden auf deutscher Seite analoge Planungen für diesen Fall erstellt. Da auch die Alliierten längst demobilisiert hatten und eine erneute Mobilisierung in Frankreich und Großbritannien nicht eben populär gewesen wäre, konzentrierten sie sich schließlich auf die strategische Option, Deutschland durch eine Invasion auf der Höhe der Mainlinie zwischen Nord und Süd zu trennen und dann den Versuch

[173]) Zit. nach Huber, Verfassungsgeschichte, Bd. V, S. 1158.

zu unternehmen, mit einzelnen deutschen Staaten separate Friedensverträge zu vereinbaren. Das aber hätte zumindest für lange Zeit das Ende des bismarckschen Nationalstaates bedeutet – und exakt diese Negativperspektive sollte schließlich zur Annahme des Vertrages nach zehn Tagen intensivster Auseinandersetzungen durch Deutschland führen. Allerdings gab es auch auf deutscher Seite, vor allem in den preußischen Ostprovinzen und in Militärkreisen, ein durchaus paralleles Konzept, zunächst von einem geteilten Deutschland auszugehen: Danach sollten sich die preußischen Ostprovinzen für befristete Zeit als eigener deutscher Oststaat konstituieren, sich als nationales, schwarz-weiß-rotes Reduit verstehen und, gestützt auf das hier konzentrierte militärische Potenzial, die an Polen vorgesehenen Gebietsabtretungen verhindern.

Nach Eingang der letzten alliierten Antwortnote kehrte die deutsche Delegation in Versailles in der Nacht vom 16. zum 17. Juni 1919 nach Weimar, dem Sitz der Nationalversammlung, zurück. Reichsaußenminister Brockdorff-Rantzau, in dessen Argumentation die moralische Verurteilung Deutschlands den wichtigsten Faktor darstellte, plädierte für die Ablehnung des Vertrages bei Inkaufnahme aller Risiken. Befragt nach den Möglichkeiten eines militärischen Widerstandes gab Feldmarschall Hindenburg, der immer noch an der Spitze der Obersten Heeresleitung stand, eine für ihn kennzeichnende, ambivalente Antwort, die, wie schon bei der Herbeiführung des Waffenstillstandes, der politischen Führung die ganze Verantwortung zuschob: Widerstand habe im Westen keine Erfolgsaussichten, „als Soldat“ müsse er jedoch „den ehrenvollen Untergang einem schmählichen Frieden vorziehen.“

Das Reichskabinett spaltete sich nun in zwei gleich starke Gruppen. Die Wortführer waren auf der ablehnenden Seite Reichsaußenminister Brockdorff-Rantzau, unter den Befürwortern vor allem Matthias Erzberger. Am 20. Juni 1919 sah das in sich zerfallende Kabinett Scheidemann keinen Ausweg mehr und trat zurück. Am nächsten Tag folgte ihm unter Gustav Bauer (SPD; seit 14. August 1919 entsprechend der neuen Reichsverfassung mit dem Titel Reichskanzler) ein neues Kabinett, das parteipolitisch nur mehr von SPD und Zentrum getragen wurde. Die Deutsche Demokratische Partei lehnte den Friedensschluss ganz überwiegend ab und ging deshalb in diesem Punkt auf Distanz zur neuen Regierung.

Mit der Regierungsneubildung waren die Signale grundsätzlich bereits auf Akzeptanz gestellt. Einen letzten Zwischenschritt formulierte der neue Kanzler noch in seiner Regierungserklärung vom 22. Juni vor der Nationalversammlung: „Die Regierung der deutschen Republik ist bereit, den Friedensvertrag zu unterzeichnen, ohne jedoch damit anzuerkennen, dass das deutsche Volk der Urheber des Krieges sei und ohne eine Verpflichtung nach Art. 227 bis 230 des Friedensvertrages zu übernehmen.“[174]) Am selben Tag wurde den Alliierten mitgeteilt, Deutschland sei mit Vorbehalten hinsichtlich Fragen der Kriegsschuld und der Auslieferungsfrage zur Unterzeichnung bereit. Nachdem die Alliierten, wie zu erwarten, diese Vorbehalte

[174]) Zit. nach Huber, Verfassungsgeschichte, Bd. V, S. 1169.

zurückgewiesen hatten, entschied die Nationalversammlung am 23. Juni, ihre ursprüngliche Annahme des Vertrages mit Vorbehalten auf eine vorbehaltlose, somit vollständige Annahme des Friedensvertrages zu erstrecken. Durch diese Form einer sehr verklausulierten parlamentarischen Billigung sollte, im Nachhinein eher ein semantischer Trick, ein Votum mit ausdrücklicher und vollständiger Billigung des Vertrages vermieden werden.

Die Unterzeichnung durch Reichsaußenminister Hermann Müller fand dann am 28. Juni 1919 statt, die Abstimmung über das Ratifikationsgesetz erfolgte nur wenige Tage später, am 9. Juli 1919.

Ein Ende des Ersten Weltkrieges?

Kriege enden, jedenfalls wenn es sich um regelgerechte, zwischenstaatliche Konflikte handelt, durch das Inkrafttreten von Friedensverträgen bzw. Vereinbarungen von adäquater rechtlicher Natur. So ging der Zweite Weltkrieg in Europa im letzten formalen Sinn erst mit dem Inkrafttreten des „Vertrages über die abschließende Regelung in Bezug auf Deutschland" vom 12. September 1990 zu Ende.[175]) Dass Kriege kulturell und sozial nicht mit Urkunden beendet werden, liegt freilich auf der Hand. Nach dem Ersten Weltkrieg galt dies mehr als je zuvor. Auch ohne Räsonieren über Kontinuität und Wandel musste dies schon jedem klar sein, der mit offenen Augen durch die Straßen der europäischen Städte ging und die vielen Kriegsversehrten sah, die Krücken zu Hilfe nehmen mussten, die ein Auge verloren hatten, deren Gesicht verunstaltet war oder die unter den für den Ersten Weltkrieg so kennzeichnenden schweren psychischen Störungen litten.

Wann aber und wie ist der Krieg überhaupt politisch zu Ende gegangen, zumal wenn er nach George F. Kennan der Beginn einer großen, ein volles dreiviertel Jahrhundert, bis zum Ende des Kalten Krieges währenden ideologischen und machtpolitischen Auseinandersetzung war? Für diese Annahme einer langfristigen Prägung spricht, insbesondere im Blick auf das Schlüsseljahr 1917 mit der doppelten Revolution in Russland und dem Eintritt der USA in den Ersten Weltkrieg, viel. Damals konstituierte sich in der Tat ein bis 1990 in Europa geltendes Bedingungsgefüge, mehr aber auch nicht. Bedingungen schaffen einen Rahmen, sie sind aber noch nicht der Inhalt historischer Prozesse.

---

175) „Der Vertrag hat für Deutschland Friedensvertragsbedeutung, ohne doch dezidiert Friedensvertrag zu sein. Dies hatte für die deutsche Seite den Vorteil, dass sie in diesem Vertrag als gleichberechtigter Partner, nicht als durch das Nazi-Regime geprägter Kriegsgegner in Erscheinung trat. Zugleich spielte die Reparationsfrage hier keine Rolle mehr. Deutschland erhielt die uneingeschränkte Souveränität. Alle Vier-Mächte-Zuständigkeiten für Deutschland und Berlin erloschen." Peter März (Hg.): Dokumente zu Deutschland 1944–1994, München ^{2}2000, A 100, Bayerische Landeszentrale für politische Bildungsarbeit, S. 49.

Deutschlands Aufnahme in den Völkerbund
Reichsaußenminister Gustav Stresemann bei seiner Antrittsrede am 10. September 1926 in Genf

So spricht vieles dafür, ein politisches Ende des Ersten Weltkrieges wenigstens im Blick auf Deutschland an jenen Daten zu fixieren, die die Rekonstruktion der europäischen Mächtekonstellation unter Einschluss Deutschlands widerspiegeln. Mit im Blick haben muss man dabei freilich den Umstand, dass es eben nicht nur um Deutschland ging; die allmähliche Infragestellung von Kolonialimperien – Deutschland konnte trotz lautstarker Gegenbekundungen im Land von Glück sagen, dass es keine Kolonien mehr besaß –, die Probleme in Palästina und Arabien, der Aufstieg Japans und seine kommende Rivalität mit den USA und Großbritannien, die Frage einer Einhegung oder eben Nichteinhegung des bolschewistischen Russland – dies alles waren Vorgänge, die sich solchen Periodisierungen entziehen. Für Deutschland ergibt sich aber doch ein relativ klares Bild:

Der Abschluss des Vertrages von Locarno zur friedlichen Neuregelung der Verhältnisse zwischen der Weimarer Republik und den Westmächten 1925 sowie der deutsche Beitritt zum Völkerbund im Folgejahr schufen konsolidierte Verhältnisse in den internationalen Beziehungen auf dem europäischen Kontinent und beendeten jedenfalls zunächst die Phase fortgesetzter Konfrontation, die mit der französischen und belgischen Besetzung des Ruhrgebietes 1923 ihren Höhepunkt erreicht hatte. Locarno wie der Beitritt zum Völkerbund bedeuten dabei selbstverständlich nicht die Wiederherstellung jener „halbhegemonialen" Stellung, die für den Status Deutschlands seit 1871 in Europa kennzeichnend gewesen war. Aber sie bringen auch symbolhaft, insbesondere durch die Zuweisung eines ständigen Sitzes im Völkerbundsrat, den Status Deutschlands als gleichrangige kontinentaleuropäische Großmacht zum Ausdruck. Bis dahin, bis 1923, hatte bei allen Ansätzen zur Kooperation, insbesondere in Gestalt so genannter „Erfüllungspolitik", doch immer das konfrontative, symbolhaft überzeichnete Moment überwogen. Diese Emotionalisierung kam auf deutscher Seite schon unmittelbar bei Abschluss des Versailler Vertrages in zwei Akten zum Ausdruck, die allenfalls der patriotischen Seele gut tun mochten. Am 21. Juni 1919 versenkte sich die vor dem schottischen Hafen Scapa Flow liegende internierte deutsche Flotte selbst und zwei Tage später wurden die im Berliner Zeughaus aufbewahrten französischen Fahnen verbrannt, die im Krieg von 1870/71 erbeutet worden waren und nun zurückgegeben werden sollten. Während das Schiffe-Versenken durchaus konkrete politische Bedeutung hatte – im Ergebnis kam es vor allem Großbritannien zugute, weil die Seemacht nun der Sorge enthoben worden war, diese Beute unter ihre Verbündeten aufzuteilen, die dadurch maritim stärker geworden wären –, handelte es sich beim Verbrennen der Fahnen um einen puren Gefühlsakt, der viel über Stimmung und Phobien der Zeit verrät. Einen

Die deutschen Sachverständigen bei der Konferenz in Spa im Juli 1920: Kanzler Fehrenbach, in der Mitte mit Hut, und Hugo Stinnes, rechts hinter ihm

Höhepunkt der Konfrontation zwischen Deutschen und Alliierten, sowohl politisch als auch emotional, brachte die Konferenz von Spa Anfang Juli 1920: Die Reichsregierung, mittlerweile das bürgerliche Kabinett Fehrenbach aus Zentrum, DDP und Deutscher Volkspartei, sollte über den Stand der deutschen Vertragserfüllung Auskunft geben. Da Reichskanzler Fehrenbach und Außenminister Dr. Simons Detailfragen – der deutschfreundliche britische Botschafter in Berlin Lord d'Abernon sprach von einem „Kreuzverhör" – nicht hinreichend beantworten konnten, wurden zwei deutsche Experten einbestellt, die nun ihrerseits die Alliierten provozierten: Der Chef der Heeresleitung General von Seeckt sollte zum Stand der deutschen Abrüstung Auskunft geben, der Großindustrielle Hugo Stinnes zur Situation der deutschen Kohlelieferungen.[176]) Seeckt verkörperte schon optisch ganz jenen Typus des Monokel tragenden

Das deutsche Linienschiff Bayern, erst während des Krieges fertig gestellt, beim Untergang am 21. Juni 1919. Die in britischem Gewahrsam befindliche deutsche Schlachtflotte versenkte sich selbst.

[176]) Zum Auftreten von Seeckt und Stinnes bei der Konferenz von Spa vgl. Viscount D'Abernon: Ein Botschafter der Zeitenwende, Memoiren Bd. 1, Von Spa (1920) bis Rapallo (1922), Leipzig 1928, S. 76 (6. Juli 1920): „Heute traf Herr Geßler, der deutsche Reichswehrminister, mit dem General von Seeckt, dem Befehlshaber der deutschen Reichsarmee ein, begleitet von einem Stab, der klein an Zahl, aber riesig an Wuchs ist. [...] Ein etwas hochmütiges Benehmen und eine außerordentliche militärische Steifheit, die in auffallendem Kontrast zu der eher niedergeschlagenen Haltung der deutschen Zivildelegierten stand. Von Seeckt wirkt sehr ernst, mit seinem strengen Totenkopfgesicht und den ultrakorrekten, zeremoniellen Manieren. Er erschien von zwei Untergebenen, zwei blonden Riesen, begleitet. Alle drei trugen die schlichte Uniform des neuen deutschen Heeres mit Eisernem Kreuz und anderen Kriegsauszeichnungen." Zum Auftreten von Stinnes Gerald D. Feldman: Hugo Stinnes. Biographie eines Industriellen 1870 bis 1924, München 1998, S. 624. Ferner D'Abernon, a. a. O., S. 79 (12. Juli 1920): „Die wohl überlegte Bedachtsamkeit, mit der er sprach, verstärkte noch die beleidigende Aggressivität seiner Ausdrucksweise. Er sagte: ‚Ich stehe auf, weil ich jedem ins Auge sehen will. Herr Millerand hat gestern verkündet, dass uns Deutschen das Recht zu sprechen aus Höflichkeit zugebilligt werde. Ich nehme es nicht als Gnade, sondern als Recht in Anspruch. Wer nicht von der Siegerkrankheit angesteckt ist [...]' An diesem Punkt wurde Stinnes von dem Präsidenten unterbrochen. [...] Im weiteren Verlauf seiner Rede [...] donnerte Stinnes los und rief mit laut schallender Stimme: ‚Wenn schwarze Truppen – dieses würdige Werkzeug der alliierten Politik – zu diesem Zweck verwendet werden sollten (mögliche Ruhrbesetzung, P. M.), wird sich das Gefühl jedes weißen Mannes dagegen empören, und die Alliierten dürfen nicht glauben, dass sie auch nur ein Stück Kohle bekommen werden.' Die alliierten Delegierten waren blaß vor Wut und Überraschung ..."

preußischen Offiziers, der sich für die alliierte Kriegspropaganda so vorzüglich als idealtypischer Bösewicht geeignet hatte. Auf diesem Klavier spielte er nun durchaus und ließ sich von Wochenschauen und Fotografen mit dem Gestus des Unbewegt-Stolzen aufnehmen. Stinnes provozierte die Alliierten in einer Rede, in der er ohne Rücksicht auf diplomatische Gepflogenheiten verächtlich von farbigen Soldaten als ihren „Werkzeugen“ sprach.

Auf der anderen Seite nahm der französische Kurs, das Rheinland unter Einschluss der bayerischen Pfalz von Deutschland zu lösen, also eine Art Versailles II durchzusetzen, immer mehr Fahrt auf, je mehr sich Frankreich auf sich selbst zurückgeworfen und damit in seinen eigenen existenziellen Sorgen bestätigt sah. In den USA hatte sich sehr bald gegen Präsident Wilson und seinen universalistischen Ansatz eine isolationistische Linie durchgesetzt. Der Versailler Vertrag war in Washington nicht ratifiziert worden, die größte Wirtschaftsmacht der Erde trat dem Völkerbund, den schließlich ihr eigener Präsident kreiert hatte, nicht bei. Zwischen Deutschland und den USA musste schließlich 1921 ein separater Friedensvertrag abgeschlossen werden. Auch die britische Präsenz am Rhein wurde zusehends zurückgeführt. Gewiss, nach der Peripetie der deutsch-französischen Krise 1923 würden die USA sich zumindest ökonomisch wieder stark auf dem europäischen Kontinent engagieren, den Modifikationen der Reparationsvereinbarungen in Gestalt des Dawes-Planes von 1924 und des Young-Planes von 1929 ihren Stempel aufdrücken, Deutschland zunächst ab 1924 durch Anleihen wieder ökonomisch handlungsfähig machen und sich auch unternehmerisch im Lande stark engagieren. Aber dies alles war zu Beginn der zwanziger Jahre noch nicht absehbar. Erkennbar war vielmehr aus französischer Perspektive, dass die eigene strukturelle Unterlegenheit gegenüber Deutschland zusehends wieder an politischer und strategischer Bedeutung gewinnen musste, wenn die Koalition des Krieges sich aufzulösen begann. Dass Deutschland aktuell kaum ein zählbares militärisches Potenzial vorzuweisen hatte, änderte an solchen Schlussfolgerungen nichts. So ging Frankreich den Weg, möglichst durch Gewaltakte ökonomische Parität herzustellen und mit der Verheißung privilegierter ökonomischer Beziehungen separatistische Bewegungen im Rheinland wie in der bayerischen Pfalz zu unterstützen. In einer Zeit aufgeladener nationalistischer Phobien musste aber naturgemäß genau dieses Verhalten zur Vertiefung des Grabens auch auf deutscher Seite führen. Was die Situation verschärfte, war, dass in Deutschland vieles als Verlust gesehen wurde, was sich bei unvoreingenommener Betrachtung der neuen internationalen Szenerie zumindest teilweise als vorteilhaft hätte erweisen können: Deutschland war, jedenfalls in größeren Dimensionen, durch das Resultat des Ersten Weltkrieges auf nicht absehbare Zeit von der klassischen Zweifrontensituation, vom Eingekeilt-Sein zwischen zwei kontinentalen Großmächten, befreit worden. Ohne dass seine Eliten es wahrgenommen hätten, war es so ein gewisses Stück weit selbst zum Kriegsgewinner geworden. Denn es war klar, dass die gesamte neue Staatenwelt, die sich vom finnischen Meerbusen bis zum Balkan etabliert hatte, ökonomisch und strukturell langfristig auf Deutschland angewiesen war, wie gut oder schlecht die politischen Beziehungen zunächst auch immer sein mochten. Russland war aber nicht nur räumlich fern gerückt, es hatte sich im Ergebnis der bolschewistischen Revolution zum prinzipiellen Gegner des bürgerlichen Ordnungsmodells entwickelt, ob es nun deutscher, französischer oder britischer Provenienz sein mochte. Diese Achsendrehung aber wurde in Deutschland nie richtig nachvollzogen. Man sehnte sich letztlich in die Zeit der Heiligen Allianz, in die Zeit der privilegierten Großmächtebeziehung zwischen Berlin und Sankt Petersburg und der ideologisch konservativen, strategisch antipolnischen Zusammenarbeit zurück. So blieb in dieser Perspektive Polen jene Kreatur des verlorenen Krieges, die eigentlich keine Legitimation besaß und deren Existenz baldmöglichst zu beenden war, während man der gemeinsamen Grenze zu Russland nachtrauerte.

Ruhrbesetzung 1923
Französische Posten auf dem Gelände der Zeche „Monopol"

Als 1923 der passive Widerstand als eine Art Kalter Krieg gegen die französische Invasion des Ruhrgebietes organisiert und durchgeführt wurde, beschloss die sowjetische Führung, nochmals den Versuch eines revolutionären Umsturzes in Deutschland zu unternehmen. Dabei hatten im Jahr zuvor, 1922, das Deutsche Reich und die Russische Föderative Sowjetrepublik (RSFSR) offiziell im Vertrag von Rapallo die Aufnahme diplomatischer Beziehungen und das Ende aller etwaigen wechselseitigen Ansprüche, die aus der Kriegszeit rührten, vereinbart, dazu stillschweigend die Perspektive einer privilegierten, gegen die Siegermächte des Ersten Weltkrieges gerichteten Kooperation entwickelt. Deren Höhepunkt sollte dann schließlich die geheime Zusammenarbeit von Reichswehr und Roter Armee werden. Dieser sowjetische „Partner" aber war eben alles andere als ein beliebiger Staat, der Verbündeter oder Gegner sein konnte, aber doch jedenfalls einen Platz im gängigen Spiel der Mächte einnahm. Seit 1919 waren vom bolschewistischen Russland die verschiedensten Anstöße mit ausgegangen, in Deutschland eine kommunistische Diktatur ans Ruder zu bringen. Und eben noch im Folgejahr nach Rapallo, am 23. August 1923, beschloss das Politbüro in Moskau konkrete Vorbereitungen für einen Umsturz in Deutschland zu treffen. Das Ergebnis war das Fiasko des Hamburger Aufstandes der KPD vom Oktober 1923. „Über die Gründe für die Moskauer Entscheidung vom 23. August 1923 ist viel gerätselt worden. Wahrscheinlich kamen mehrere Überlegungen zusammen. Zum einen sahen die führenden Bolschewiki [...] die Chancen einer Revolution in Deutschland tatsächlich für günstiger an als jemals zuvor, ja sie meinten sogar, die deutsche Situation von 1923 sei durchaus der Lage Russlands im Jahr 1917 vergleichbar. Zum anderen fürchteten sie von der Regierung Stresemann eine Annäherung an England und damit die Einbeziehung Deutschlands in einen antibolschewistischen Block."[177]) Der Kontrast von scheinetatistischer Kooperation wie in Rapallo 1922 und tatsächlicher revolutionär-materieller Konfrontation macht, insbesondere im Reflex auf den Ersten Weltkrieg, eines deutlich: Die Zeit eines wertfreien, die Staatenwelt prägenden Nationalismus („right or wrong my country") würde deswegen zu Ende gehen, weil sich zunehmend das Moment des Werthaften, des Ideologischen, am Ende der Konfrontation zwischen Demokratie und Diktatur, Freiheit und Unfreiheit als wesentlich für politische Ordnungsformen und menschliche Existenzen erweisen würde. Das war den Zeitgenossen der frühen zwanziger Jahre zwar fast durchgängig noch nicht klar, aber sie hatten bereits mit Veränderungen zu tun, die diese dann neue Zeit ab 1945 prägen sollten.

---

[177]) Heinrich August Winkler: Von der Revolution zur Stabilisierung. Arbeiter und Arbeiterbewegung in der Weimarer Republik 1918 bis 1924, Berlin, Bonn [2]1985, S. 623.

11. Schlussüberlegungen

Mit Datum vom 8. Januar 1919 schreibt der Kriegsgefangene Peter Mayer, deutscher Kolonialsoldat in Südwestafrika, an seine Verwandten in der Westpfalz, unmittelbar an der Grenze zu Lothringen: „Die Zeit von der Gefangennahme (1915, P. M.) bis zum Waffenstillstande verging ja schneller als vom letztgenannten bis heute und immer noch ist keine Aussicht auf Frieden. Ich stehe vor einem großen Rätsel. Dass das Saargebiet, worunter auch sehr wahrscheinlich wir fallen, französisch wird und Südwestafrika englisch, möchte ich fast behaupten, trotzdem ich kein Pessimist bin. Dass der Frieden für uns nicht günstig werden konnte, war vorauszusehen, aber solche Zustände, wie sie heute zu Hause herrschen, hätte ich nie geglaubt (sic!). Was nun? Nach Deutschland fahren ohne Geld und Franzose werden? Hier bleiben und Engländer werden?“[178]) Gewiss wird hier aus einer spezifischen Situation, aus der Kolonialerfahrung, geschrieben, die aus unmittelbarem Erleben in Deutschland wohl nicht einmal 100.000 Menschen teilten. Trotzdem haftet diesem Brief sehr vieles an, was dem Empfinden breiter Schichten im Lande entsprach.

Spaziergang deutscher Kriegsgefangener unter lockerer Bewachung (vgl. den aufgeschossenen Soldaten in der Mitte) in Südwestafrika. Vierter von links Peter Mayer, Autor des im Text auf dieser Seite zitierten Briefes.

[178]) Brief in Privatbesitz.

Phobien gegen die Sieger und Entsetzen über die „Zustände" vermengten sich sehr bald zu einer Gesamtschau, in der Nostalgie, Trostlosigkeit und Radikalismus eine gefährliche Trias bildeten. Der hier zitierte Brief stammt von einem Verfasser aus dem katholischen Milieu, allerdings, was seine Heimat anbelangt, aus einer typischen Grenzlandperspektive. Noch viel grundsätzlicher und eindeutiger waren die Absagen an das Neue und Belastete vielfach im evangelischen, in seiner Sozialisation kaisertreuen Milieu.[179])

Man muss zudem, wenn man sich die mit Kriegsende und Kriegsdesaster verbundene Fallhöhe für die Menschen in Deutschland vergegenwärtigen will, vor allem auch einen Umstand mit bedenken, der unserer Gegenwart sehr fern gerückt ist: Die rein militärischen Leistungen während des Ersten Weltkrieges als positiver Faktor der Orientierung und Identifikation, dazu das, was damals als Opferbereitschaft so hoch rangierte. Der physische, psychische und mentale Einsatz war nicht nur enorm gewesen, er hatte auch alles übertroffen, was die eigenen militärischen Fachleute vor dem Krieg für möglich gehalten hatten. Vielleicht hätte man sich sogar, dies bleibt kontrafaktische Spekulation, auf das Hasardspiel des Schlieffen-Planes gar nicht eingelassen, hätte man auch nur geahnt, dass Deutschland über vier Jahre eine Zweifrontensituation durchstehen und am Ende der eigentlich am meisten gefürchtete Gegner, Russland, kollabieren würde. Militärische Leistungen und Erfolge, gelungene Feldzüge in einem weiten Radius, vom Baltikum über Galizien, Rumänien, das Zweistromland bis Oberitalien, sind nach den Erfahrungen des Zweiten Weltkrieges mit deutscher Hybris und deutschen Kriegsverbrechen ein nicht nur zweifelhafter, sondern vielfach anrüchiger Teil der eigenen Geschichte geworden. Die Deutschen der Zwischenkriegszeit aber lebten und dachten hier ganz überwiegend in einer kulturell völlig anderen Welt, sieht man von der sich durchaus festigenden, aber isolierte Minderheit bleibenden Gruppe der Pazifisten ab. Bis weit in die Sozialdemokratie hinein herrschten Stolz auf und Genugtuung über das in vier Jahren gegen eine „Welt von Feinden" Erreichte. Dazu kam auch insbesondere im Reflex auf die vier Jahre Stellungskrieg im Westen so etwas wie die Ikonisierung der Schützengrabengemeinschaft. Sie habe in Dreck und Maschinengewehrfeuer Volksgemeinschaft konstituiert. Von dieser, ob tatsächlichen oder angenommenen Substanz zehrte noch die Volksgemeinschafts-Ideologie der Nationalsozialisten, mit dem Kult um den ‚einfachen' Gefreiten Adolf Hitler an der Spitze, mit Eintopf-Essen und Werben um den deutschen ‚Arbeiter'. Dass von 1914 bis 1918 vielfach ganz andere Verhältnisse geherrscht hatten, dass insbesondere die Offiziere bis sehr weit nach vorne ein sehr eigenes Leben geführt hatten, tat diesem verklärenden Grundgefühl zumeist keinen Abbruch.

Die Nation hatte in den Augen vieler, wenn nicht der meisten alles gegeben, hatte erstaunliche Erfolge errungen und stand nun verarmt und gedemütigt da; dieses

[179]) Vgl. dazu Manfred Kittel: „Weimar" im evangelischen Bayern. Politische Mentalität und Parteiwesen 1918 bis 1933 mit einem Ausblick auf die Zeit nach 1945, München 2001, Bayerische Landeszentrale für politische Bildungsarbeit, A 109.

traumatisierende Resultat ging in seinen Wirkungen weit über die reine Dolchstoßlegende hinaus. Und das hier beschriebene Empfinden trug auch dazu bei, dass ein wirklich kritisch-bohrendes Fragen nach dem Warum und dem Wohin jetzt sehr weitgehend unterblieb bzw. als denunziatorisches Bemühen abgetan wurde. Die wirkliche Rechenschaftsablage über den Ersten Weltkrieg, über die Gründe für die deutsche Auskreisung vor 1914, über den eigenen Beitrag zur Herbeiführung des Krieges, über die fatalen Wirkungen der Siegfriedensambitionen, über die Intentionen der Menschenschlächterei im Stellungskrieg, all dies fand viel zu wenig statt. Vielleicht ist diese Auseinandersetzung bis in die existenziellen Fundamente der Betroffenen trotz der Fischer-Kontroverse, bei der es ja um die strategischen Absichten der politischen und der militärischen Führung ging, und der Dominanz von Sozialgeschichte in Westdeutschland seit den sechziger Jahren, bis heute noch nicht wirklich umfassend geführt worden – nicht zuletzt auch deshalb, weil der Schrecken des Zweiten Weltkrieges und die deutsche Schuld an ihm durchaus nachvollziehbar den Ersten Weltkrieg und seine ‚Welt' weithin in den Hintergrund gerückt haben. An dieser Stelle aber ergibt sich auch eine bedeutsame Diskrepanz zum Wahrnehmen und Erinnern unserer europäischen Nachbarn: Für sie ist und bleibt es der ‚Große Krieg', der letzte Reserven mobilisiert, der Landstriche verheert, Generationen teils ausgelöscht, teils geprägt und am Ende einen Sieg gebracht hat, der ein sehr bitterer war – aber eben doch noch einmal ein Sieg für Mächte, die dann nach 1945 deutlich an Gewicht in der Welt einbüßten. So ergaben sich ‚Ungleichzeitigkeiten' zwischen Deutschen einerseits, Briten und Franzosen andererseits.

Zumindest in der subjektiven Wahrnehmung der jeweiligen Erlebnisgeneration in Westdeutschland galt, durchaus plausibel, die Versailler Ordnung als viel – unverdient – härter denn die Wandlungsprozesse, die die Alliierten nach 1945 in Gang setzten. Bis auf marginale rechtsextreme Reste wurde für den Zweiten Weltkrieg in Deutschland keine Kriegsschuldfrage aufgeworfen, auch der Kriegsausgang war im militärischen Sinne hinreichend eindeutig. Und auch wenn die Dimension der nationalsozialistischen Verbrechen vielfach erst mit großer Verspätung wahr- und angenommen wurde, war doch von Anfang an klar, dass das nationalsozialistische Deutschland nicht irgendeinen, sondern einen genuin verbrecherischen Krieg geführt hatte. Hinzu kam die ganz unterschiedliche Rolle der Sowjetunion (bzw. zuerst Sowjetrusslands) nach beiden Weltkriegen: Nach dem Ersten Weltkrieg blieb sie für viele zunächst fernab hinter dem Horizont. Sie agierte zwar mit ihren Apparaten konspirativ in der Weimarer Republik, aber sie war eben kein Machtfaktor, der an der Elbe stand und als Bedrohung des restlichen Europas gesehen werden musste. Während die Alliierten nach 1919 Deutschland als Mitbollwerk gegen die Sowjetunion nur selten mit einrechneten bzw. wie nach Rapallo 1922 vor allem Sorge vor einer deutsch-sowjetischen Allianz hatten, mussten sie nach 1945 alles unternehmen, um das verbliebene deutsche Potenzial nicht in sowjetische Hände fallen zu lassen. Das bedeutete für Westdeutschland politische Aufwertung, sicherheitspolitische Einbindung, ökonomische Stärkung und schließlich Wiederaufrüstung zur, was die konventionellen Waffen anbelangt, zweitstärksten Macht in der NATO.

Die ganz unterschiedlichen Ereignisketten wie Wahrnehmungen, um die es hier geht, fanden ihre symbolhafte Krönung beim Abzug der jeweiligen Sieger aus Westdeutschland: Als die letzten Teile des Rheinlandes und die Pfalz endgültig zum 30. Juni 1930 geräumt wurden, wurde, trotz aller inneren Zerrissenheit der Weimarer Republik in ihrer beginnenden Agoniephase, ein großes national-pathetisches Fest begangen. Und als bis Mitternacht die letzten Züge mit französischen Soldaten die besetzten deutschen Kleinstädte verlassen hatten, wurden Kinder von ihren Eltern im Schlaf geweckt, um an diesem unerhörten Erlebnis Anteil haben zu können. Es erklangen das ‚Deutschlandlied' und ‚Großer Gott wir loben dich'. Der Einmarsch von ganzen 600 Mann kasernierter Bayerischer Landespolizei[180]) über die Rheinbrücke zwischen Mannheim und Ludwigshafen am 1. Juli 1930 um Null Uhr erfolgte durch ein begeistertes Spalier von Zehn-, wenn nicht Hunderttausenden, die sich nicht satt sehen konnten an wieder „deutschen" Uniformen mit geschlossenem Kragen. Der bayerische Polizeioberst Richard Peter in seiner Erinnerung: „Tausende und Abertausende von Raketen zischen sprühend in den Sternenhimmel der heißen Sommernacht. Buntes Feuerwerk an den Ufern, auf den Dächern, auf den Rheinkähnen (...). Alles aber übertönt der Jubel der Begeisterung von hunderttausend Männern, Frauen und Kindern, die der Freiheit entgegenjauchzen (...). Es war eine tolle Nacht (...). Es war ein Triumphzug durch ein Meer von Blumen und Fahnen, wie ein Marsch nach dem Siege." Ein völliger Kontrast zur Szenerie nach 1990:

Denn als sich nach dem Ende des Kalten Krieges die zu Verbündeten gewandelten amerikanischen und französischen Streitkräfte aus Westdeutschland weitgehend zurückzogen, wurde dies zwischen Mosel und Naab zumeist bedauert: Man verlor ein kaufkräftiges Potenzial – für die Weimarer Republik ein noch ganz undenkbares, kompromittierendes „Krämer"-Kriterium – und nicht wenige Feuilletonisten fürchteten darüber hinaus um kulturelle Weltläufigkeit, die sich mit der Westbindung der Bundesrepublik eingestellt habe. Der gesunkene Stellenwert des Nationalen, das wird an diesem Vergleich deutlich, trug erheblich zur ganz unterschiedlichen Verarbeitung von Kriegsausgang und Kriegsfolgen bei. Und Demokratie als die politische Lebensform der Sieger konnte vor diesem Hintergrund nach 1945, bei allen Problemen ihrer anfänglichen Implantierung, doch sehr viel schneller und sehr viel tiefer verwurzelt bzw. wiederhergestellt werden.

Die westlichen Sieger selbst begingen nach 1918, anders als nach 1945 gegenüber Westdeutschland, zweifellos den Fehler, zunächst auf einer buchhalterisch exakten Durchführung des Versailler Friedensvertrages mit allen Folgevereinbarungen zu bestehen. Das führte zu strapazierenden und quälenden Prozessen in der Abstim-

---

[180]) Die Polizeikräfte standen deshalb ganz im Mittelpunkt des Geschehens, weil im Rheinland wie in der Pfalz und in einer östlich angrenzenden Zone nach Art. 43 des Versailler Vertrages wie nach den Bestimmungen von Locarno 1925 kein deutsches Militär stationiert sein durfte, Diesen Status änderte erst das NS-Regime durch die militärische Besetzung der betroffenen Gebiete unter Vertragsbruch am 7. März 1936. Zu den hier geschilderten Umständen des bayerischen, mit der französischen Seite abgestimmten ‚Polizeieinmarsches' mit Zitat Hans Kirsch: Sicherheit und Ordnung betreffend. Geschichte der Polizei in Kaiserslautern und in der Pfalz (1276–2006), Kaiserslautern 2007, S. 277 f.

Stresemann mit den Außenministern Sir Austen Chamberlain (Großbritannien), Aristide Briand (Frankreich) und dem deutschen Staatssekretär Carl von Schubert (v. l. n. r.)

mung zwischen deutscher und alliierter Seite und trug, medial intensiv vermittelt, zum verbreiteten Eindruck der Perspektivlosigkeit bei.

Umgekehrt wurde in deutscher Binnensicht naturgemäß vielfach nicht wahrgenommen, was der Erste Weltkrieg für die übrige Mächtekulisse bedeutet hatte. Frankreich sah sich zwar in einem formalen Sinne als Sieger, war aber materiell, demographisch und psychisch schwer angeschlagen. Sein Eindämmungskonzept gegenüber Deutschland, gestützt auf Polen wie auf die Kleine Entente von Tschechoslowakei, Rumänien und Jugoslawien, mochte aus deutscher Sicht mit der Fesselung des Riesen Gulliver verglichen werden. Aus französischer Sicht war es nur ein Minimum, um gegenüber Deutschland unverzichtbare kontinentale Widerlager zu haben. Auch hier zeigt sich wieder, wie wichtig ein tatsächlicher, offener und dichter deutsch-französischer Dialog gewesen wäre. In der Ära von Stresemann und Briand mag er ansatzweise gelungen sein, aber insbesondere für die deutsche Seite fehlte die Tiefenwirkung. Schon in den letzten Jahren der Amtszeit Stresemanns als Reichsaußenminister, etwa von 1927 bis zu seinem Tod am 3. Oktober 1929, begannen sich die deutsch-französischen Beziehungen wieder zu verschlechtern.

Großbritanniens eigentliche Gegenspieler auf der weltpolitischen Bühne dieser Jahre waren Russland, das als gefährlicher ideologischer Antagonismus interpretiert wurde, und, in wie freundschaftlichen Formen dieser Wettbewerb auch immer ausgetragen werden mochte, die USA. Sie waren strukturell unbestreitbar in einer deutlich stärkeren Position, sie konnten expansiv wirtschaften und, so sie es wollten, auch extensiv aufrüsten. Anders Großbritannien, mit hohen Kriegsfolgelasten und einer sukzessive an Bedeutung einbüßenden eigenen Währung konfrontiert. So war auch das britische Verständnis von Sicherheit ganz anders als das kontinentaleuropäische: Es orientierte sich an ökonomischen Daten, an den Beziehungen zu den künftigen Flügelmächten USA und Sowjetunion und schließlich an den Interessen wie Lasten, die die Zuordnung des Empire mit sich brachte. Sein Eckpfeiler Indien mutierte immer mehr zum kostspieligen Problemfall. Nimmt man alles zusammen und England als Paradigma, dann steht der Erste Weltkrieg für das absehbar werdende Ende europäischer Welthegemonie. Noch war zwar China kein Faktor auf der Weltbühne, der die traditionellen europäischen oder doch europäisch geprägten Mächte wie heute herausforderte, aber diesen Platz nahm während der Zwischenkriegszeit in beachtlichem Maße Japan ein, wirtschaftlich im Vergleich zwar weniger potent, aber politisch und militärisch expansiv, dazu – ähnlich Italien – eine frustrierte Siegermacht des Ersten Weltkrieges. Sie entglitt nun allmählich dem Bündnispartner seit 1902, Großbritannien, überzog von 1931 an und forciert seit 1937 China mit Gewalt und Krieg, um sich ihr eigenes Imperium zu schaffen. Als die Japaner Tage nach Pearl Harbor, am 10. Dezember 1941, auf offener See die britischen Schlachtschiffe Prince of Wales und Repulse versenkten und zehn Wochen später, am 15. Februar 1942, Singapur einnahmen, hatten sie – gut zwei Jahrzehnte nach dem Ende des Ersten Weltkrieges – die britische Position in Ostasien dauerhaft zertrümmert. Das Erbe traten die USA und schließlich mit ihnen China an. So sind die Welt von 1918 und die der Gegenwart im historischen Prozess verklammert.

Soziologisch gesehen waren die Modernisierungsprozesse, die der Erste Weltkrieg mit sich brachte, beträchtlich: Schon um Arbeitslose und Kriegsopfer zu versorgen, auf welch niedrigem Niveau auch immer, waren erhebliche sozialpolitische Leistungen notwendig. Der Lebensstil hatte vielfach eine Nivellierung erfahren. Wohnungsgrößen sanken, das Dienstmädchen, das Karten entgegennahm, wurde sehr viel seltener. Die Rolle der Frau in der Arbeitswelt gewann weitere Bedeutung. Allerdings blieb ihre Entlohnung vielfach diskriminierend. Gewandelte leichte Kleidung, Sport, Wochenendvergnügungen – mit Fahrrad oder Paddelboot –, das alles nahm zu und brachte ein neues Lebensgefühl zum Ausdruck.

Insgesamt ist die Zeit nach dem Ersten Weltkrieg im Hinblick auf Deutschland aber vor allem durch eine Gemengelage von rückwärtsgewandten und neuen Entwicklungen und Blickweisen gekennzeichnet. Es blieben einstweilen sehr weitgehend die herkömmlichen konfessionellen Kulturen und sozialen Milieus, in deren Grenzen man sich traf, bildete und Sport trieb. Man erschloss sich die Natur, tat dies aber vielfach in Gleichschritt und militarisierter Form. Radio und Film wurden auch Vehikel, um nationalistische Botschaften und historisch-nostalgische Stoffe wie in Deutschland mit Otto Gebühr in der Rolle Friedrichs des Großen zu verbreiten. So wurde auch der Antisemitismus, vielfach zugleich Ausdruck einer Absage an die plurale Moderne, mit modernsten und subtilsten Instrumenten vermittelt. Der Antisemitismus der Zwischenkriegszeit, bis 1933, war keine bzw. zumindest sehr weitgehend keine Erscheinung an den marginalisierten Rändern der Gesellschaft. Ihm gaben sich jene in besonderem Maße hin, die doch den Status führender Schichten für sich in Anspruch nahmen: der akademische Nachwuchs, der Juden den Zutritt in seine Korporationen verwehrte, ansehnliche Teile der evangelischen Kirchen und vor allem der evangelisch getauften Aristokratie, Publizisten, Professoren und Studienräte in großer Zahl. So blieb die Akzeptanz der Juden in der Mitte der deutschen Gesellschaft stetig labil, ja bedroht. Das dann ab 1933 Folgende, bis hin zur Shoah, ist hier nicht zu beschreiben. Geschichte ist ambivalent. Sie kennt das Verhängnis, aber sie folgt nicht deterministischen Zwangsläufigkeiten. 1933 kam, aber es hätte nicht kommen müssen, es hätte auch verhindert werden können.

Abschließend sei noch eine persönliche Bemerkung in Anspruch genommen: Natürlich war das Deutschland der Jahre von 1914 bis 1918 in weiten Teilen auf militärischen Sieg und Erhaltung monarchisch-autoritärer Strukturen bedacht. Aber das war eben beileibe nicht das ganze Deutschland jener Jahre. Es verdient Respekt, wie Matthias Erzberger am 6. Juli 1917 Siegfriedenserwartungen abschwor, den Militärs entgegentrat und für Verständigung plädierte. Und es verdient mindestens ebenso viel Respekt, wie Friedrich Ebert am 9. November 1918 die Verantwortung für jenes Staatsganze übernahm, für das er zwei Söhne hingegeben hatte. Die Tradition dieser im Spektrum des Kaiserreiches linken Mitte aus demokratischer Arbeiterbewegung, katholischem Milieu und Liberalismus gehört, auch wenn dieses Spektrum mit dem Ende der Weimarer Republik scheinbar unterging, zu den erinnerungswürdigen Kostbarkeiten unserer Ge-

Gehhilfe und Prothese für Amputierte

schichte. Schließlich ist demokratisch-patriotische Leidenschaft unabdingbar für den Bestand jeder Demokratie. So gesehen ist der Erste Weltkrieg eben nicht nur Beginn einer Jahrhundertkatastrophe, sondern auch Beginn einer Erschließung neuer, demokratisch legitimierter, verantwortungsethisch wirksamer Potenziale.

Chronologie (Silke Richter)

19. Juli 1870

Mit der Kriegserklärung Frankreichs an den Norddeutschen Bund wird der Deutsch-Französische Krieg eröffnet

2. September 1870

Kapitulation einer französischen Armee bei Sedan und Gefangennahme Kaiser Napoleons III.

4. September 1870

Ausrufung der Republik in Frankreich, erster Staatspräsident wird Adolphe Thiers

18. Januar 1871

Proklamation des Deutschen Reiches im Spiegelsaal von Versailles

26. Februar 1871

Vorfriede von Versailles

10. Mai 1871

Friede von Frankfurt a. M. zwischen dem Deutschen Reich und Frankreich, Frankreich verliert Elsass-Lothringen

6. Mai 1873

Deutsch-russische Militärkonvention

24. Mai 1873

Nachfolger Thiers als französischer Staatspräsident wird Patrice de MacMahon

6. Juni 1873

Schönbrunner Abkommen zwischen Kaiser Franz Joseph und Zar Alexander II.

22. Oktober 1873

Dreikaiserabkommen: Kaiser Wilhelm I. tritt dem Schönbrunner Abkommen bei

20. Februar 1874

Benjamin Disraeli löst William Ewart Gladstone in Großbritannien als Premierminister ab

13. März 1875

Annahme eines Kadergesetzes in Frankreich: Vergrößerung der Armee

8. April 1875

Erscheinen des von Konstantin Rößler verfassten Artikels „Ist Krieg in Sicht?“, Bismarck bestreitet deutsche Präventivkriegsabsichten gegen Frankreich

15. Januar 1877

Im Vertrag von Budapest treffen Russland und Österreich-Ungarn Absprachen über ihre Interessen auf dem Balkan

24. April 1877

Beginn des russisch-türkischen Kriegs

3. März 1878

Der Friede von San Stefano beendet den russisch-türkischen Krieg

13. Juni – 13. Juli 1878

Berliner Kongress zur Regelung der Konflikte in Südosteuropa

18. Oktober 1878

Annahme des „Sozialistengesetzes“ durch den deutschen Reichstag, das bis 1890 immer wieder verlängert wird

30. Januar 1879

Nachfolger Mac-Mahons als französischer Staatspräsident wird Jules Grévy

7. Oktober 1879

Zweibund zwischen dem Deutschen Reich und Österreich-Ungarn

23. April 1880

Gladstone löst Disraeli als britischer Premierminister ab

13. März 1881

Ermordung Zar Alexanders II., Nachfolger wird Zar Alexander III.

18. Juni 1881

Erneuerung des Dreikaiserabkommens bis 1887

20. Mai 1882

Dreibund zwischen dem Deutschen Reich, Österreich-Ungarn und Italien

11. Juli 1882

Großbritannien besetzt Ägypten

1884/1885

Deutscher Kolonialerwerb: Deutsch-Südwestafrika, Togo, Kamerun, Deutsch-Ostafrika, Deutsch-Neuguinea, Bismarck-Archipel, Marschallinseln

6. Dezember 1884

Wahlrechtsreform in Großbritannien

15. Dezember 1884 – 26. Februar 1885

In Berlin tagt die Kongokonferenz

1885–1887

Große Doppelkrise: Bulgarienkrise und Boulangerkrise in Frankreich bergen Kriegsgefahr zwischen den Parteien Frankreich und Russland auf der einen Seite und dem Deutschen Reich und Österreich-Ungarn auf der anderen Seite

23. Juni 1885

Robert A. T. Marquess of Salisbury löst Gladstone als britischer Premierminister ab

1. Februar 1886

Gladstone löst den Marquess of Salisbury als britischer Premierminister ab

25. Juli 1886

Der Marquess of Salisbury löst Gladstone als britischer Premierminister ab

11. März 1887

Der deutsche Reichstag verabschiedet eine Heeresvorlage, die eine deutliche Heeresvermehrung vorsieht

18. Juni 1887

Rückversicherungsvertrag zwischen dem Deutschen Reich und Russland, gültig bis 1890

12. Dezember 1887

Orient-Dreibund zwischen Österreich-Ungarn, Italien und Großbritannien

9. März 1888

Tod Kaiser Wilhelms I., Nachfolger wird Kaiser Friedrich III.

15. Juni 1888

Tod Kaiser Friedrichs III., Nachfolger wird Kaiser Wilhelm II.

20. Mai 1890

Entlassung Otto von Bismarcks, neuer deutscher Reichskanzler wird Leo von Caprivi

1. Juli 1890

Helgoland-Sansibar-Vertrag zwischen dem Deutschen Reich und Großbritannien: Regelung von Kolonialfragen

15. August 1892

Gladstone löst den Marquess of Salisbury als britischer Premierminister ab

17. August 1892

Französisch-russische Militärkonvention

August 1893

Der deutsche Reichstag stimmt einer erneuten Heeresvermehrung zu

1894/1895

Chinesisch-japanischer Krieg

4. Januar 1894

Bestätigung der französisch-russischen Militärkonvention durch die Regierungen in Paris und Sankt Petersburg

5. März 1894

Archibald Philip Primrose Earl of Rosebery löst Gladstone als britischer Premierminister ab

1. Juli 1894

Gründung des Alldeutschen Verbands

26. Oktober 1894

Entlassung Caprivis aus dem Amt des Reichskanzlers, Nachfolger wird Chlodwig Fürst zu Hohenlohe-Schillingsfürst

1. November 1894

Tod Zar Alexanders III., Nachfolger wird Zar Nikolaus II.

17. April 1895

Der Präliminarfriede von Shimonoseki beendet den chinesisch-japanischen Krieg

8. Mai 1895

Teilweise Revision des Präliminarfriedens von Shimonoseki im Vertrag von Chefoo

25. Juni 1895

Der Marquess of Salisbury löst den Earl of Rosebery als britischer Premierminister ab

3. Januar 1896

Krüger-Depesche: deutsche Solidarisierung mit den Buren, in Großbritannien als Provokation gesehen

6. März 1898

Das Deutsche Reich pachtet auf 99 Jahre Kiautschou

28. März 1898

Erstes deutsches Flottengesetz

Juli 1898

Faschoda-Krise: kolonialer Konflikt zwischen Großbritannien und Frankreich

10. September 1898

Ermordung Kaiserin Elisabeths von Österreich

1899

Erweiterung des deutschen Kolonialbesitzes im Pazifik

18. Mai – 29. Juli 1899

Erste Haager Friedenskonferenz

12. Oktober 1899

Beginn des Burenkriegs

Juni 1900

Zweites deutsches Flottengesetz

29. Juli 1900

Ermordung König Humberts I. von Italien, Nachfolger wird Viktor Emanuel III.

17. Oktober 1900

Entlassung Hohenlohe-Schillingsfürsts aus dem Amt des Reichskanzlers, Nachfolger wird Bernhard von Bülow

22. Januar 1901

Tod der englischen Königin Victoria, Nachfolger wird König Eduard VII.

14. September 1901

Theodore Roosevelt löst William McKinley als Präsident der USA ab

30. Januar 1902

Britisch-japanisches Bündnis

31. Mai 1902

Ende des Burenkriegs durch den Frieden von Vereeniging

12. Juli 1902

Arthur Balfour löst den Marquess of Salisbury als britischer Premierminister ab

1. November 1902

Italienisch-französisches Neutralitätsabkommen

8. Februar 1904

Der japanische Angriff auf Port Arthur eröffnet den russisch-japanischen Krieg

8. April 1904

„Entente Cordiale“ zwischen Großbritannien und Frankreich: kolonialer Interessenausgleich, Annäherung beider Mächte

22. Januar 1905

„Blutiger Sonntag“ in St. Petersburg

8. April 1905

In Großbritannien wird ein großes Schlachtflottenprogramm beschlossen: Bau von Großkampfschiffen (Dreadnoughts)

27. Mai 1905

Seeschlacht bei Tsushima: Vernichtung der russischen Ostseeflotte durch die japanische Flotte

1905/1906

Erste Marokkokrise: Befürchtungen des Deutschen Reiches, seine Interessen in Marokko könnten beeinträchtig werden

24. Juli 1905

Vertrag von Björkö: Defensivvertrag zwischen Nikolaus II. und Wilhelm II. ausgehandelt, bleibt politisch wirkungslos

5. September 1905

Friede von Porthmouth beendet den russisch-japanischen Krieg

30. Oktober 1905

Oktobermanifest des russischen Zaren

Januar 1906 – April 1906

Konferenz von Algeciras zur Regelung des Konflikts um Marokko: das Deutsche Reich ist isoliert

6. Mai 1906

Erlassung der „Grundgesetze" in Russland durch Nikolaus II.

15. Juni – 18. Oktober 1907

Zweite Haager Friedenskonferenz

31. August 1907

Englisch-russische Konvention: Verständigung über Interessensphären in Südasien

1908

Deutsche Flottennovelle, Daily-Telegraph-Affäre; Jungtürkische Revolution

5. Oktober 1908

Bulgarien erklärt seine Unabhängigkeit vom Osmanischen Reich

6. Oktober 1908

Österreich-Ungarn annektiert Bosnien und die Herzegowina

4. März 1909

William H. Taft löst Roosevelt als Präsident der USA ab

14. Juli 1909

Entlassung Bülows aus dem Amt des Reichskanzlers, Nachfolger wird Theobald von Bethmann-Hollweg

6. Mai 1910

Tod des englischen Königs Eduard VII., Nachfolger wird König Georg V.

1. Juli 1911

Die französische Besetzung von Fès und die folgende Entsendung des deutschen Kanonenbootes „Panther“ nach Agadir lösen die Zweite Marokkokrise aus

20. Juli 1911

Französisch-russische Marinekonvention

September 1911

Annexion von Tripolis und Cyrenaica durch Italien

1912

Deutsche Flottennovelle

28. Januar 1912

Gründung des Deutschen Wehrvereins

7. Februar 1912

Haldane-Mission: Besuch des britischen Kriegsministers in Berlin, ergebnislose Verhandlungen über Begrenzungen der Flottenrüstungen und Neutralität

12. März 1912

Balkanbund zwischen Serbien und Bulgarien

10. Mai 1912

Heeresvorlage passiert den deutschen Reichstag

17. Oktober 1912

Eröffnung des Ersten Balkankriegs

18. Oktober 1912

Der Friede von Lausanne beendet den Ersten Balkankrieg

22./23. November 1912

Britisch-französischer Notenaustausch über militärische Zusammenarbeit

1913

Die große Wehrvorlage passiert den deutschen Reichstag; Frankreich führt die dreijährige Wehrpflicht ein; Russland erhöht die Friedenspräsenzstärke seines Heeres deutlich

18. Februar 1913

Raymond Poincaré löst Armand Fallières im Amt als französischer Staatspräsident ab

4. März 1913

Woodrow Wilson löst Taft als Präsident der USA ab

30. Mai 1913

Der Friede von London beendet den Ersten Balkankrieg

26. Juni 1913

Bulgarien greift Serbien und Griechenland an und eröffnet damit den Zweiten Balkankrieg

10. August 1913

Der Friede von Bukarest beendet den Zeiten Balkankrieg

1914

Geheime russisch-britische Marineabsprachen

Frühjahr 1914

Bekanntwerden der russisch-britischen Marineabsprachen durch einen deutschen Spion in der russischen Botschaft in London

28. Juni 1914

Ermordung des österreichisch-ungarischen Thronfolgerpaares in Sarajewo

6. Juli 1914

Versicherung der unbedingten deutschen Bündnistreue gegenüber Österreich-Ungarn

17. Juli 1914

Übermittlung des österreichisch-ungarischen Ultimatums an Serbien

20. Juli – 22. Juli 1914

Staatsbesuch des französischen Staatspräsidenten Poincaré in Russland

23. Juli 1914

Österreich-Ungarn stellt Ultimatum an Serbien

25. Juli 1914

Abbruch der diplomatischen Beziehungen zwischen Österreich-Ungarn und Serbien, beiderseitige Mobilmachung

28. Juli 1914

Österreich-Ungarn erklärt Serbien den Krieg

29. Juli 1914

Russische Teilmobilmachung

30. Juli 1914

Russische Generalmobilmachung

31. Juli 1914

Generalmobilmachung in Österreich-Ungarn; deutsches Ultimatum an Russland, den Befehl zur Mobilmachung binnen 24 Stunden zurückzunehmen

1. August 1914

Wilhelm II. unterzeichnet deutsche Mobilmachung; deutsche Kriegserklärung an Russland; allgemeine Mobilmachung in Frankreich

2. August 1914

Besetzung Luxemburgs durch die Deutschen

3. August 1914

Deutsche Kriegserklärung an Frankreich; deutscher Angriff auf Belgien; Italien erklärt seine Neutralität

4. August 1914

Britisches Ultimatum an das Deutsche Reich und Abbruch der diplomatischen Beziehungen; einstimmige Bewilligung der Kriegskredite durch den deutschen Reichstag („Burgfriede"); Gründung der „Gruppe International" auf Initiative von Rosa Luxemburg, später Spartakusbund genannt; Wilson erklärt die Neutralität der USA

6. August 1914

Kriegserklärung Serbiens an das Deutsche Reich und Österreich-Ungarns an Russland

7. August 1914

Kriegserklärung Montenegros an Österreich-Ungarn

11. August 1914

Kriegserklärung Frankreichs an Österreich-Ungarn und Montenegros an das Deutsche Reich

12. August 1914

Kriegserklärung Großbritanniens an Österreich-Ungarn

20. August 1914

Einmarsch deutscher Truppen in Brüssel

23. August 1914

Kriegserklärung Japans an das Deutsche Reich

26. August – 30. August 1914

Schlacht bei Tannenberg: Vernichtung einer russischen Armee in Ostpreußen

26. August – 12. September 1914

Schlachten bei Lemberg: russischer Sieg erzwingt den Rückzug österreichisch-ungarischer Truppen aus Ostgalizien

30. August – 5. September 1914

Deutsche Truppen dringen bis an die Marne vor

5. September 1914

Londoner Vertrag zwischen Großbritannien, Frankreich und Russland: Verpflichtung auf gemeinsamen Friedensschluss und Verständigung über gemeinsame Friedensbedingungen

5. September – 12. September 1914

Schlacht an der Marne: französischer Gegenangriff, der deutsche Vormarsch wird gestoppt

6. September – 15. September 1914

Schlacht an den Masurischen Seen: deutscher Sieg erzwingt russischen Rückzug aus Ostpreußen

10. September – 12. September 1914

Rückzug der deutschen Truppen in Frankreich hinter die Aisne

14. September 1914

Erich von Falkenhayn wird de facto Generalstabschef und löst damit Helmuth von Moltke ab

28. September 1914

Beginn des Vormarsches der Mittelmächte in Südpolen

28. Oktober 1914

Beginn des Seekriegs im Schwarzen Meer zwischen der Türkei und Russland

2. November 1914

Großbritannien erklärt die Nordsee zum Kriegsgebiet

2. November – 5. November 1914

Russisch-türkische Seekämpfe auf dem Schwarzen Meer; russische, französische und britische Kriegserklärung an das Osmanische Reich

7. November 1914

Kapitulation der deutschen Besatzung von Tsingtau

8. Dezember 1914

Seeschlacht bei den Falklandinseln: Untergang des deutschen Kreuzergeschwaders

2. Februar – 27. Februar 1915

Winterschlacht in den Masuren: Sieg deutscher Truppen über die 10. russische Armee

4. Februar 1915

Das Deutsche Reich erklärt die Gewässer um Großbritannien zum Kriegsgebiet

19. Februar 1915 – 6. Januar 1916

Britische und französische Streitkräfte versuchen vergeblich, die Dardanellen zu nehmen und damit die Verbindung durch das Schwarze Meer nach Russland zu öffnen

22. Februar 1915

Der uneingeschränkte U-Boot-Krieg wird befohlen

Frühjahr 1915

Osmanischer Völkermord an den Armeniern

April 1915

Geheimvertrag zwischen Italien, Großbritannien, Russland und Frankreich

22. April 1915

Erstmals Einsatz von Giftgas durch die Deutschen bei Ypern

Mai 1915 – Oktober 1915

Offensive der Mittelmächte bringt großen Raumgewinn im Osten

1. Mai – 3. Mai 1915

Schlacht von Gorlice-Tarnow: Durchbruch der Mittelmächte an der Ostfront

7. Mai 1915

Versenkung der Lusitania

13. Mai 1915

Einschränkung des U-Boot-Kriegs durch den Befehl, neutrale Schiffe und feindliche Passagierschiffe zu schonen

23. Mai 1915

Kriegserklärung Italiens an Österreich-Ungarn

Juni 1915 – März 1916

Mehrere Schlachten am Isonzo: italienischen Truppen misslingen die Einnahme von Görz und ein Durchbruch durch die österreichisch-ungarische Front

6. Oktober 1915

Beginn der Offensive der Mittelmächte gegen Serbien

9. Oktober 1915

Eroberung Belgrads durch die Mittelmächte

14. Oktober 1915

Kriegserklärung Bulgariens an Serbien

19. Oktober 1915

Japan tritt dem Vertrag von London bei

15. Oktober – 20. Oktober 1915

Russische, französische und britische Kriegserklärung an Bulgarien

Januar 1916 – Juli 1916

Russischer Vormarsch im Kaukasus und Eroberung Armeniens

3. Januar 1916

Sykes-Picot-Abkommen: Großbritannien und Frankreich verständigen sich auf die Aufteilung des Nahen Ostens

25. Januar 1916

Kapitulation Montenegros

21. Februar – 16. Dezember 1916

Schlacht um Verdun

29. Februar 1916

Erneute Verschärfung des U-Boot-Kriegs

6. März 1916

Wilhelm II. lehnt den uneingeschränkten U-Boot-Krieg ab

9. März 1916

Deutsche Kriegserklärung an Portugal

17. März 1916

Entlassungsgesuch des Großadmirals Alfred von Tirpitz wird angenommen

29. April 1916

Britische Offensive in Mesopotamien gestoppt

15. Mai 1916

General Henri Philippe Pétain wird neuer französischer Oberbefehlshaber

31. Mai 1916

Seeschlacht am Skagerrak zwischen der britischen und der deutschen Hochseeflotte: weiterhin maritimes Patt

Sommer 1916

Brussilow-Offensive der Russen: Niederlage der Österreicher

1. Juli – 18. November 1916

Schlacht an der Somme zwischen Briten und Deutschen

6. August – 9. August 1916

Bei einer erneuten Schlacht am Isonzo wird Görz von den Italienern eingenommen

27. August 1916

Kriegserklärung Rumäniens an Österreich-Ungarn

28. August 1916

Kriegserklärung Italiens an das Deutsche Reich und des Deutschen Reiches an Rumänien

29. August 1916

Entlassung Falkenhayns, Nachfolger wird Paul von Hindenburg (Erster „Generalquartiermeister“ und zentrale Figur ist Erich Ludendorff)

5. November 1916

Proklamation eines polnischen Staates

21. November 1916

Tod Kaiser Franz Josephs I., Nachfolger wird sein Großneffe Karl

25. November 1916

Kriegserklärung Griechenlands an das Deutsche Reich

5. Dezember 1916

Im Deutschen Reich tritt das Hilfsdienstgesetz in Kraft

6. Dezember 1916

Eroberung von Bukarest durch die Mittelmächte

7. Dezember 1916

David Lloyd Georg löst Herbert H. Asquith als britischer Premierminister ab

12. Dezember 1916

Friedensdeklaration der deutschen Reichsleitung

21. Dezember 1916

Friedensnote Wilsons

30. Dezember 1916

Ermordung Rasputins durch konservative russische Adelsclique

19. Januar 1917

Zimmermann-Depesche: deutsche Note, in der Mexiko ein Bündnis angeboten wird, vom britischen Geheimdienst entziffert

1. Februar 1917

Wiederaufnahme des uneingeschränkten U-Boot-Kriegs

3. Februar 1917

Abbruch der diplomatischen Beziehungen zum Deutschen Reich durch die USA

16. Februar 1917

Geheimvertrag zwischen Großbritannien und Japan regelt die Aufteilung der deutschen Südseeinseln

8. März 1917

Beginn von Unruhen und Streiks in St. Petersburg

12. März 1917

Bildung einer provisorischen Regierung in Russland unter der Leitung von Fürst Georgi Lwow

15. März 1917
Zar Nikolaus II. dankt ab

6. April 1917
Die USA erklären dem Deutschen Reich den Krieg

7. April 1917
Osterbotschaft Wilhelms II.: Aufhebung des Dreiklassenwahlrechts in Preußen wird angekündigt

9. April – 11. April 1917
Spaltung der SPD auf der Gothaer Konferenz, Gründung der USPD

16. April 1917
Rückkehr Lenins und anderer Bolschewiki nach Russland

Mai–Dezember 1917
Mehrfache britische Offensiven in Flandern, die extrem hohe Verluste erfordern

6. Juli 1917
Gründung des Interfraktionellen Ausschusses: Vorbereitung der Parlamentarisierung des Deutschen Reiches

14. Juli 1917
Entlassung Bethmann-Hollwegs aus dem Amt des Reichskanzlers, Nachfolger wird Georg Michaelis

20. Juli 1917
Rücktritt des russischen Ministerpräsidenten, Nachfolger wird Alexander Kerenski

14. August 1917
Kriegserklärung Chinas an das Deutsche Reich

2. September 1917
Gründungsaufruf der Deutschen Vaterlandspartei: Ziel Siegfrieden und Annexionen

1. September – 5. September 1917
Schlacht um Riga: die Stadt wird von den Deutschen genommen

16. September 1917
Ausrufung der Republik in Russland

12. Oktober – 20. Oktober 1917

Deutsche Truppen erobern die Inseln Ösel, Dagö und Moon im Baltikum

24. Oktober – 27. Oktober 1917

Durchbruch der Mittelmächte am Isonzo, Italien schwer angeschlagen

1. November 1917

Entlassung des Reichskanzlers Michaelis, Nachfolger wird Georg Graf Hertling

6./7. November 1917

Putsch der Bolschewiki in Petrograd

8. November 1917

Bildung einer bolschewistischen Regierung der Volkskommissare in Russland

7. Dezember 1917

Kriegserklärung der USA an Österreich-Ungarn

15. Dezember 1917

Waffenstillstand zwischen Russland und dem Deutschen Reich

8. Januar 1918

US-Präsident Wilson verkündet in einer Rede seinen 14-Punkte-Plan

9. Februar 1918

Separatfrieden des Deutschen Reiches, Österreich-Ungarn und der Türkei mit der Ukraine

18. Februar 1918

Wiederaufnahme der Kampfhandlungen der Mittelmächte gegen Russland; russisch-bolschewistische Regierung kapituliert

3. März 1918

Friede von Brest-Litowsk zwischen Russland und dem Deutschen Reich

7. März 1918

Sonderfrieden zwischen dem Deutschen Reich und Finnland

21. März – 6. April 1918

Erste deutsche Offensive in der Picardie: nach Anfangserfolgen kann die Front durch britische Truppen wieder geschlossen werden

11./12. April 1918

Deutsche Eroberung von Helsinki

7. Mai 1918

Friedensvertrag von Bukarest zwischen den Mittelmächten und Rumänien

15. Juni – 24. Juni 1918

Erfolglose Offensive der Österreicher am Piave: Rückzug aus dem Mündungsgebiet der Piave

18. Juli 1918

Beginn der alliierte Gegenoffensiven im Westen

8. August – 11. August 1918

Schlacht bei Amiens: Einbruch britischer Truppen in die deutsche Front

14. August 1918

Konferenz im deutschen Hauptquartier in Spa, OHL hält die Fortführung des Krieges für aussichtslos

September 1918

Rückverlegung der deutschen Front an die Siegfriedstellung

18./19. September 1918

Beginn der Palästinaschlachten, britischer Durchbruch bei Jaffa

15. September – 24. September 1918

Alliierte Offensive in Mazedonien; Auflösung der bulgarischen Armee

29. September 1918

Hindenburg und Ludendorff fordern ein sofortiges Waffenstillstandsangebot

30. September 1918

Entlassung des Reichskanzlers Hertling; Waffenstillstand zwischen den Alliierten und Bulgarien

3. Oktober 1918

Prinz Max von Baden wird zum Reichskanzler ernannt; erstmals können im Deutschen Reich Parlamentarier zu Staatssekretären ernannt werden

3. Oktober – 4. Oktober 1918

Deutsches Waffenstillstandsangebot an Präsident Wilson, Österreich-Ungarn schließt sich an

4. Oktober 1918

Zar Ferdinand I. von Bulgarien dankt ab, Nachfolger wird Kronprinz Boris

17. Oktober 1918

Manifest Kaiser Karls I.

24. Oktober 1918

Beginn von Angriffen der Italiener und der Alliierten am Piave

24. Oktober – 28. Oktober 1918

Reform der deutschen Verfassung von Reichstag, Bundesrat und Kaiser angenommen: Parlamentisierung des Deutschen Reiches

26. Oktober 1918

Entlassung Ludendorffs, Nachfolger wird Wilhelm Groener

28. Oktober 1918

Beginn der Meuterei auf der deutschen Hochseeflotte, um deren Auslaufen zu verhindern; Proklamation der unabhängigen Tschechoslowakei

29. Oktober 1918

Die jugoslawischen Gebiete Österreich-Ungarns erklären ihre Loslösung; Unabhängigkeitserklärungen Kroatiens und Sloweniens

30. Oktober 1918

Waffenstillstand zu Mudros zwischen den Alliierten und dem Osmanischen Reich

1. November 1918

Bildung einer selbstständigen ungarischen Regierung

2. November 1918

Waffenstillstandsabkommen zwischen Italien und Österreich-Ungarn

3. November 1918

Aufstand der Matrosen in Kiel weitet sich auf andere Städte aus; Besetzung von Triest durch italienische Truppen; Abschluss eines Waffenstillstandes zwischen den Alliierten und Österreich-Ungarn

5. November 1918

Besetzung von Fiume (Rijeka) durch italienische Truppen

7. November 1918

Revolution in München: Proklamation des bayerischen Freistaates durch Kurt Eisner (USPD)

9. November 1918

Revolution in Berlin: Max von Baden verkündet die Abdankung Kaiser Wilhelms II. und tritt zurück; Philipp Scheidemann ruft in Berlin die Republik aus

10. November 1918

Konstituierung des Rates der Volksbeauftragten in Berlin

11. November 1918

Abschluss eines Waffenstillstands zwischen dem Deutschen Reich und den Alliierten in Compiègne; Kaiser Karl I. verzichtet auf die Ausübung der Regierungsgeschäfte

10. Dezember 1918

Auflösung der Deutschen Vaterlandspartei

30. Dezember 1918

Gründungsparteitag der Revolutionären Kommunistischen Arbeiterpartei

1. Januar 1919

Gründung der Kommunistischen Partei Deutschlands, der Spartakusbund geht in ihr auf

6. Januar – 15. Januar 1919

Spartakusaufstand: Generalstreik und Unruhen in Berlin, Karl Liebknecht und Rosa Luxemburg werden durch Freikorpssoldaten ermordet

18. Januar 1919

Eröffnung der Friedenskonferenz zu Versailles

19. Januar 1919

Wahlen zur Nationalversammlung im Deutschen Reich

11. Februar 1919

Friedrich Ebert wird erster Reichspräsident

2. März – 6. März 1919

Gründungskongress der III. Internationale in Moskau

29. April 1919

Die Vollversammlung der Pariser Friedenskonferenz nimmt die Verfassung des Völkerbundes an

7. Mai 1919

Übergabe der alliierten Friedensbedingungen an die deutschen Vertreter

28. Juni 1919

Unterzeichnung des Friedensvertrages von Versailles

23. Juli 1919

Zusammentreten des türkischen Nationalkongresses unter der Führung von Mustafa Kemal

11. August 1919

Reichspräsident Ebert unterzeichnet die von der Nationalversammlung erarbeitete Reichsverfassung

10. September 1919

Unterzeichnung des Friedensvertrages zwischen Österreich und den Alliierten in Saint-Germain-en-Laye

27. November 1919

Unterzeichnung des Friedensvertrages von Neuilly durch Bulgarien

17. Februar 1920

Nachfolger Poincarés als französischer Staatspräsident wird Paul Deschanel

13. März – 17. März 1920

Kapp-Lüttwitz-Putsch

27. April 1920

Festsetzung der von dem Deutschen Reich zu zahlende Reparationssumme

5. Mai 1920

Londoner Ultimatum der Alliierten an das Deutsche Reich

11. Mai 1920

Das Deutsche Reich nimmt das Ultimatum an

24./25. Mai 1920

Friedensverträge der USA mit dem Deutschen Reich und Österreich

4. Juni 1920

Unterzeichnung des Friedensvertrages von Trianon durch Ungarn

5. Juli – 16. Juli 1920

Konferenz von Spa zur Regelung der Reperationsfrage

19. Juli – 7. August 1920

Zweiter Weltkongress der Kommunistischen Internationale

10. August 1920

Unterzeichnung des Friedensvertrages von Sèvres durch die Türkei

14. August 1920

„Kleine" Entente zwischen der Tschechoslowakei und Jugoslawien

15. November – 18. Dezember 1920

Erster Zusammentritt der Völkerbundsversammlung in Genf

24. Januar – 29. Januar 1921

Konferenz in Paris über die Höhe der vom Deutschen Reich geforderten Reparationen

21. Februar – 14. März 1921

Konferenz in London über die Reparationsfrage

4. März 1921

Warren G. Harding löst Wilson als Präsident der USA ab

8. März 1921

Besetzungen an Rhein und Ruhr

28. Februar 1922

Unabhängigkeit Ägyptens

16. April 1922

Vertrag von Rapallo zwischen dem Deutschen Reich und Sowjetrussland: Aufnahme diplomatischer Beziehungen

23. Oktober 1922

Andrew B. Law löst Lloyd Georg als britischer Premierminister ab

28. Oktober 1922

„Marsch auf Rom": Machtübernahme Benito Mussolinis in Italien

20. November 1922 – 24. Juli 1923

Friedenskonferenz in Lausanne zwischen den Alliierten und der Türkei

9. Dezember – 11. Dezember 1922

Zweite Londoner Konferenz über die Reparationsfrage

11. Januar 1923

Besetzung des Ruhrgebiets durch Frankreich und Belgien

13. Januar 1923

Reichskanzler Wilhelm Cuno ruft zum passiven Widerstand gegen die Besetzung des Ruhrgebiets auf

12. August 1923

Rücktritt des Reichskanzlers Wilhelm Cuno, Nachfolger wird Gustav Stresemann

26. September 1923

Der passive Widerstand muss aufgegeben werden

21. Oktober 1923

Separatisten rufen in Aachen die Rheinische Republik aus

24. Oktober 1923

Separatisten versuchen, die Errichtung eines autonomen Pfalzstaates durchzusetzen

8./9. November 1923

Hitler-Putsch in München

9. April 1924

Der Finanzausschuss der Reparationskommission legt den Dawesplan vor

16. April 1924

Die deutsche Regierung nimmt den Dawesplan an

16. Juli – 16. August 1924

Die Londoner Konferenz tagt erneut; das Londoner Abkommen wird gemäß dem Dawesplan abgeschlossen

26. April 1925

Hindenburg wird zum Nachfolger Eberts als Reichspräsident gewählt

Juli 1925

Räumung des Ruhrgebietes

5. Oktober – 16. Oktober 1925

Konferenz von Locarno: Sicherheitspakt zwischen dem Deutschen Reich, Belgien, Frankreich, Großbritannien und Italien garantiert die Unverletzlichkeit der Grenzen zwischen dem Deutschen Reich, Belgien und Frankreich, Schiedsverträge des Deutschen Reiches mit Polen und der Tschechoslowakei

8. September 1926

Aufnahme des Deutschen Reiches in den Völkerbund mit einem Ständigen Sitz im Völkerbundsrat

Namensverzeichnis

E

F

G

H

I

J

K

L

M

N

O

P

Q

R

S

T

V

W

Z

Orts- und Sachregister

Literaturverzeichnis

Afflerbach, Holger: Falkenhayn. Politisches Denken und Handeln im Kaiserreich, München 1996

Ders.: Der Dreibund. Europäische Großmacht- und Allianzpolitik vor dem Ersten Weltkrieg, Wien, Köln, Weimar 2002

Akçam, Taner: Armenien und der Völkermord. Die Istanbuler Prozesse und die türkische Nationalbewegung, Neuausgabe Hamburg 2004

Andriessen, J. H. J.: La Premiére guerre Mondiale. L'Histoire en Images, o. O. 2002

Angelow, Jürgen: Kalkül und Prestige. Der Zweibund am Vorabend des Ersten Weltkrieges, Köln, Weimar, Wien 2000

Baden, Max von: Erinnerungen und Dokumente, Neuausgabe Stuttgart 1968

Barth, Boris: Dolchstoßlegenden und politische Desintegration. Das Trauma der deutschen Niederlage im Ersten Weltkrieg 1914–1933, Düsseldorf 2003

Becker, Jean-Jacques: Frankreich und der gescheiterte Versuch, das Deutsche Reich zu zerstören, in: Versailles 1919. Ziel – Wirkung – Wahrnehmung, hg. von *Krumeich,* Gerd in Zusammenarbeit mit *Fehlemann,* Silke, Köln 2001

Bihl, Wolfdieter (Hg.): Deutsche Quellen zur Geschichte des Ersten Weltkrieges, Darmstadt 1991

Brook-Shepherd, Gordon: Karl I. Des Reiches letzter Kaiser. Glanz und Elend des letzten österreichischen Herrscherpaares, Wien, München 1968

Bracher, Karl Dietrich, *Funke,* Manfred, *Jacobsen,* Hans-Adolf (Hg.): Die Weimarer Republik 1918 bis 1933. Politik, Wirtschaft, Gesellschaft, Bundeszentrale für politische Bildung, Schriftenreihe Bd. 251, Bonn [3]1998

Brandes, Detlef: Die Tschechoslowakei und die Pariser Vorortverträge, in: Versailles 1919. Ziel – Wirkung – Wahrnehmung, hg. von *Krumeich,* Gerd in Zusammenarbeit mit *Fehlemann,* Silke, Köln 2001

Brüning, Heinrich: Memoiren 1918–1934, Bd. 2, TB-Ausgabe, München 1972

Bülow, Bernhard, Fürst von: Denkwürdigkeiten, Bd. 3. Weltkrieg und Zusammenbruch, Berlin 1931

Burghardt, Johannes, *Becker,* Josef, *Förster,* Stig, *Kronenbitter,* Günther (Hg.): Lange und kurze Wege in den Ersten Weltkrieg, München 1996

Canis, Konrad: Bismarcks Außenpolitik 1870–1890, Paderborn 2004

Ders.: Von Bismarck zur Weltpolitik. Deutsche Außenpolitik 1890 bis 1902, Berlin 1997

Chickering, Roger: Das Deutsche Reich und der Erste Weltkrieg, München 2002

Clark, Christopher: Wilhelm II. Die Herrschaft des letzten Deutschen Kaisers, München 2008

Clausewitz, Carl von: Vom Kriege, TB-Ausgabe, Frankfurt/Main, Berlin, Wien 1980

Clemenceau, Georges: Größe und Tragik eines Sieges, Stuttgart, Berlin, Leipzig 1930

Cooper, Duff: Haig. Ein Mann und eine Epoche, Berlin o. J.

D'Abernon, Viscount: Ein Botschafter der Zeitenwende, Memoiren Bd. 1, Von Spa (1920) bis Rapallo (1922), Leipzig 1928

Daniel, Ute: Frauen, in: *Hirschfeld,* Gerhard, *Krumeich,* Gerd, *Renz,* Irina in Verbindung mit *Pöhlmann,* Markus (Hg.): Enzyklopädie Erster Weltkrieg, Paderborn u. a. 2003

Dies.: Arbeiterfrauen in der Kriegsgesellschaft. Beruf, Familie und Politik im Ersten Weltkrieg, Göttingen 1989

Dehio, Ludwig: Gleichgewicht oder Hegemonie. Betrachtungen über ein Grundproblem der europäischen Staatengeschichte, Krefeld 1948

Der Weltkrieg 1914 bis 1918, hg. vom Reichsarchiv,
Bd. 1: Die Grenzschlachten im Westen, Berlin 1925
Bd. 2: Die Befreiung Ostpreußens, Berlin 1925
Bd. 3: Der Marne-Feldzug. Von der Sambre zur Marne, Berlin 1926
Bd. 4: Der Marne-Feldzug. Die Schlacht, Berlin 1926

Der Weltkrieg im Bild. Originalaufnahmen des Kriegs-, Bild- und Filmamtes aus der modernen Materialschlacht, Berlin, Oldenburg 1927 und Frontaufnahmen aus den Archiven der Entente, o. O., o. J.

Die Ursachen des Deutschen Zusammenbruches. Das Werk des Untersuchungsausschusses der Verfassunggebenden Deutschen Nationalversammlung und des Deutschen Reichstages 1919–1928, hg. vom Deutschen Reichstag, Bd. 1–3, Berlin 1928

Dülffer, Jost, *Krumeich,* Gerd (Hg.): Der verlorene Frieden. Politik und Kriegskultur nach 1918, Essen 2002

Eckartstein, Hermann Freiherr von: Lebenserinnerungen und politische Denkwürdigkeiten Bd. 1, Leipzig 1919

Ehlert, Hans, *Epkenhans,* Michael, *Groß,* Gerhard P. (Hg.): Der Schlieffenplan. Analysen und Dokumente, Paderborn u. a. 2006

Elias, Norbert: Studien über die Deutschen. Machtkämpfe und Habitusentwicklung im 19. und 20. Jahrhundert, Frankfurt/Main 1989

Feldman, Gerald: Die Mobilisierung der Volkswirtschaften für den Krieg, in: Der Erste Weltkrieg und das zwanzigste Jahrhundert, hg. v. *Winter,* Jay, *Parker,* Geoffrey und *Habeek,* Mary R., Hamburg 2000

Ders.: Hugo Stinnes. Biographie eines Industriellen 1870 bis 1924, München 1998

Ferguson, Niall: Der falsche Krieg. Der Erste Weltkrieg und das 20. Jahrhundert, Stuttgart 1995

Fesser, Gerd: Reichskanzler Fürst von Bülow. Architekt der deutschen Weltpolitik, Berlin 2003

Figes, Orlando: Die Tragödie eines Volkes. Die Epoche der russischen Revolution 1891–1824, Berlin 1998

Fischer, Fritz: Krieg der Illusionen. Die deutsche Politik von 1911–1914, Düsseldorf [2]1969

Ders.: Griff nach der Weltmacht. Die Kriegszielpolitik des kaiserlichen Deutschland, Düsseldorf 1967

Foch, Ferdinand: Meine Kriegserinnerungen 1914–1918, Leipzig 1931

Friese, Matthias, *Geilen,* Stefan (Hg.): Deutsche in Afghanistan. Die Abenteuer des Oskar von Niedermayer am Hindukusch`, Reprint der Originalausgabe von 1925, Köln 2002

Groß, Gerhard P. (Hg.): Die vergessene Front. Der Osten 1914/15. Ereignis, Wirkung, Nachwirkung, Paderborn u. a. 2006

Grupp, Peter: Vom Waffenstillstand zum Versailler Vertrag. Die außen- und friedenspolitischen Zielvorstellungen der deutschen Reichsführung, in: Die Weimarer Republik 1918 bis 1933. Politik, Wirtschaft, Gesellschaft, hg. v. *Bracher,* Karl Dietrich, *Funke,* Manfred, *Jacobsen,* Hans-Adolf, Bundeszentrale für politische Bildung, Schriftenreihe Bd. 251, Bonn [3]1998

Hecht, Cornelia: Deutsche Juden und Antisemitismus in der Weimarer Republik, Bonn 2003

Helfferich, Karl: Der Weltkrieg, Berlin 1919

Hering, Rainer: Konstruierte Nation. Der Alldeutsche Verband 1890 bis 1939, Hamburg 2003

Hildebrand, Klaus: Das vergangene Reich. Deutsche Außenpolitik von Bismarck bis Hitler 1871–1945, Stuttgart 1995

Hirschfeld, Gerhard, *Krumeich,* Gerd, *Renz,* Irina in Verbindung mit *Pöhlmann,* Markus (Hg.): Enzyklopädie Erster Weltkrieg, Paderborn u. a. 2003

Holzer, Anton: Das Lächeln der Henker. Der unbekannte Krieg gegen die Zivilbevölkerung 1914–1918, Darmstadt 2008

Hopmann, Albert: Das ereignisreiche Leben eines ‚Wilhelminers'. Tagebücher, Briefe, Aufzeichnungen 1901–1920, hg. v. *Epkenhans*, Michael, München 2004

Horne, John und *Kramer*, Alain: Deutsche Kriegsgräuel 1914. Die umstrittene Wahrheit, Hamburg 2004

Huber, Ernst-Rudolf: Deutsche Verfassungsgeschichte seit 1789, Bd. V. Weltkrieg, Revolution und Reichserneuerung 1914–1919, Stuttgart u. a. 1978

Jeismann, Michael: Propaganda, in: *Hirschfeld*, Gerhard, *Krumeich*, Gerd, *Renz*, Irina in Verbindung mit *Pöhlmann*, Markus (Hg.): Enzyklopädie Erster Weltkrieg, Paderborn u. a. 2003

Jünger, Ernst: In Stahlgewittern. Ein Kriegstagebuch, Berlin ^{18}1937

Keegan, John: Der Erste Weltkrieg. Eine europäische Tragödie, TB-Ausgabe, Berlin 2000

Kennan, George F.: Bismarcks Europäisches System in der Auflösung. Die französisch-russische Annäherung 1875–1890, Frankfurt am Main u. a. 1979

Ders.: Die schicksalhafte Allianz. Frankreich und Russland am Vorabend des Ersten Weltkrieges, Köln 1990

Kielmannsegg, Peter Graf: Deutschland und der Erste Weltkrieg, Stuttgart ^{2}1980

Kießling, Friedrich: Gegen den „Großen Krieg"? Entspannung in den internationalen Beziehungen 1911–1914, München 2002

Kirsch, Hans: Sicherheit und Ordnung betreffend. Geschichte der Polizei in Kaiserslautern und in der Pfalz (1276–2006), Kaiserslautern 2007

Kittel, Manfred: „Weimar" im evangelischen Bayern. Politische Mentalität und Parteiwesen 1918 bis 1933 mit einem Ausblick auf die Zeit nach 1945, München 2001, Bayerische Landeszentrale für politische Bildungsarbeit, A 109

Klein, Fritz et al: Deutschland im Ersten Weltkrieg, Bd. 1–3, Berlin (Ost) 1968–69

Kolb, Eberhard: Der Weg aus dem Krieg. Bismarcks Politik im Krieg und die Friedensanbahnung 1870/71, München 1990

Kosserts, Andreas: Masuren. Ostpreußens vergessener Süden, Berlin 2001

Kronenbitter, Günther: „Krieg im Frieden". Die Führung der k. u. k. Armee und die Großmachtpolitik Österreich-Ungarns 1906–1914, München 2003

Ders.: „Nur loslassen". Österreich-Ungarn und der Wille zum Krieg, in: Lange und kurze Wege in den Ersten Weltkrieg, hg. von *Burghardt*, Johannes, *Becker*, Josef, *Förster*, Stig, *Kronenbitter*, Günther, München 1996

Krüger, Peter: Die Außenpolitik der Republik von Weimar, Darmstadt 1985

Kruse, Wolfgang: Eine Welt von Feinden. Der Große Krieg 1914 bis 1918, Frankfurt/Main 1997

Kühlmann, Richard von: Erinnerungen, Heidelberg 1948

Landau, Peter und *Rieß,* Rolf (Hg.): Recht und Politik in Bayern zwischen Prinzregentenzeit und Nationalsozialismus. Die Erinnerungen von Philipp Loewenfeld, Ebelsbach 2004

Linke, Horst Günther: Russlands Weg in den Ersten Weltkrieg und seine Kriegsziele 1914 bis 1917, in: *Michalka,* Wolfgang (Hg.): Der Erste Weltkrieg. Wirkung, Wahrnehmung, Analyse, München 1994

Liulevicius, Vejas Gabriel: Artikel Oberost in: *Hirschfeld,* Gerhard, *Krumeich,* Gerd, *Renz,* Irina in Verbindung mit *Pöhlmann,* Markus (Hg.): Enzyklopädie Erster Weltkrieg, Paderborn u. a. 2003

Ders.: Kriegsland im Osten. Eroberung, Kolonisierung und Militärherrschaft im Ersten Weltkrieg, Hamburg 2002

Ludendorff, Erich: Der totale Krieg, München 1935

Ders.: Meine Kriegserinnerungen, Berlin 1919

Lutz, Heinrich: Österreich-Ungarn und die Gründung des Deutschen Reiches. Europäische Entscheidung 1867–1871, Frankfurt/Main u. a. 1979

Malinowski, Stephan: Vom König zum Führer. Sozialer Niedergang und politische Radikalisierung im deutschen Adel zwischen Kaiserreich und NS-Staat, Berlin 2003

Manchester, William: Winston Churchill. Der Traum vom Ruhm 1874 bis 1932, München 1989

März, Peter (Hg.): Dokumente zu Deutschland 1944–1994, München ^{2}2000, A 100, Bayerische Landeszentrale für politische Bildungsarbeit

Matthias, Erich, *Morsey,* Rudolf (hg.): Der Interfraktionelle Ausschuss 1917/18, 2 Bd. (Quellen zur Geschichte des Parlamentarismus und der politischen Parteien, 1. Reihe Bd. 1 I. und II.), Düsseldorf 1959

McPherson, James M.: Für die Freiheit sterben. Die Geschichte des amerikanischen Bürgerkrieges, München, Leipzig 1988

Meyer-Arndt, Lüder: Die Julikrise 1914: Wie Deutschland in den Ersten Weltkrieg stolperte, Köln, Weimar, Wien 2006

Michalka, Wolfgang (Hg.): Der Erste Weltkrieg. Wirkung, Wahrnehmung, Analyse, München 1994

Moltke, Helmuth von: Unter dem Halbmond. Erlebnisse in der alten Türkei 1835 bis 1839, Nachdruck der 3. Auflage von 1877, Stuttgart, Wien, Bern 1997

Müller, Martin: Vernichtungsgedanke und Koalitionskriegführung. Das Deutsche Reich und Österreich-Ungarn in der Offensive 1917/18, Graz 2003

Naimark, Norman M.: Flammender Hass. Ethnische Säuberungen im 20. Jahrhundert, TB-Ausgabe, Frankfurt/Main 2008

Neitzel, Sönke: Kriegsausbruch. Deutschlands Weg in die Katastrophe 1900–1914, München 2002

Ders.: Epochenjahr 1917 – politische und militärische Weichenstellungen, Themenheft Einsichten und Perspektiven, Bayerische Landeszentrale für politische Bildungsarbeit, München 2007

Neulen, Hans-Werner: Adler und Halbmond: Das deutsch-türkische Bündnis 1914 bis 1918, TB-Ausgabe Frankfurt/Main, Berlin 1994

Pelinka, Anton: Intention und Konsequenzen der Zerschlagung Österreich-Ungarns, in: Versailles 1919. Ziel – Wirkung – Wahrnehmung, hg. von *Krumeich,* Gerd in Zusammenarbeit mit *Fehlemann,* Silke, Köln 2001

Piekalkiewicz, Janusz: Der Erste Weltkrieg, Nachdruck Augsburg 1994

Plumpe, Gottfried: Die IG-Farbenindustrie. Wirtschaft, Technik und Politik 1904 bis 1945, Berlin 1990

Poincaré, Raymond: Memoiren, Bd. 1. Die Vorgeschichte des Weltkrieges 1912–1913, Dresden 1928

Ders.: Memoiren, Bd. 2. Der Ausbruch der Katastrophe 1913–1914, Dresden 1928

Ders.: Memoiren, Bd. 3. Der Einbruch der Deutschen in Frankreich 1914, Dresden 1929

Portisch, Hugo: Österreich I. Die unterschätzte Republik, Wien 1989

Potter, Elmar, *Nimitz,* Chester W.: Seemacht. Eine Seekriegsgeschichte von der Antike bis zur Gegenwart, Herrsching 1982

Pyta, Wolfram: Hindenburg. Herrschaft zwischen Hohenzollern und Hitler, München 2007

Raithel, Thomas: Das „Wunder" der inneren Einheit. Studien zur deutschen und französischen Öffentlichkeit bei Beginn des Ersten Weltkrieges, Bonn 1996

Rauchensteiner, Manfred: Der Tod des Doppeladlers. Österreich-Ungarn und der Erste Weltkrieg, Graz, Wien, Köln 1993

Remarque, Erich Maria: Im Westen nichts Neues, Berlin 1928

Ribhegge, Wilhelm: Frieden für Europa. Die Politik der deutschen Reichtagsmehrheit 1917/18, Essen 1988

Ritter, Gerhard: Staatskunst und Kriegshandwerk. Das Problem des „Militarismus“ in Deutschland. Bd. 2: Die Hauptmächte Europas und das Wilhelminische Reich (1890–1914), München ²1965

Ders.: Staatskunst und Kriegshandwerk. Bd. 3: Die Tragödie der Staatskunst. Belmann Hollweg als Kriegskanzler (1914–1917), München 1964

Ders.: Staatskunst und Kriegshandwerk, Bd. 4: Die Herrschaft des deutschen Militarismus und die Katastrophe von 1918, München 1968

Röhl, John C. G: Vorsätzlicher Krieg? Die Ziele der deutschen Politik im Juli 1914, in: *Michalka,* Wolfgang (Hg.): Der Erste Weltkrieg. Wirkung, Wahrnehmung, Analyse, München 1994

Ders.: Wilhelm II. Der Weg in den Abgrund 1900–1941, München 2008

Rosenthal, Jacob: „Die Ehre des jüdischen Soldaten.“ Die Judenzählung im Ersten Weltkrieg und ihre Folgen, Frankfurt/Main, New York 2007

Ruette, Susanne: Frauenarbeit, Geschlechterverhältnis und staatliche Politik, in: Eine Welt von Feinden. Der Große Krieg 1914 bis 1918, hg. v. *Kruse,* Wolfgang, Frankfurt/Main 1997

Rumpler, Helmut (Hg.): Der „Zweibund“ 1879. Das deutsch-österreichisch-ungarische Bündnis und die europäische Diplomatie, Wien 1996

Ders.: Eine Chance für Mitteleuropa. Bürgerliche Emanzipation und Staatsverfall in der Habsburgermonarchie (Österreichische Geschichte 1804–1914), Wien 1997

Schieder, Wolfgang (Hg.): Erster Weltkrieg. Ursachen, Entstehung und Kriegsziele, Köln, Berlin 1969

Schmid, Michael: Der „Eiserne Kanzler“ und die Generäle. Deutsche Rüstungspolitik in der Ära Bismarck (1871–1890), Paderborn u. a. 2003

Schneider, Benno, *Haacke,* Ulrich (Hg.): Das Buch vom Kriege 1914–1918. Briefe, Berichte, Erinnerungen, Urkunden, Ebenhausen 1933

Schöllgen, Gregor: Imperialismus und Gleichgewicht. Deutschland, England und die orientalische Frage 1871–1914, München ³2000

Ders. (Hg.): Flucht in den Krieg? Die Außenpolitik des Kaiserlichen Deutschland, Darmstadt 1991

Schröder, Stephen: Die englisch-russische Marinekonvention. Das Deutsche Reich und die Flottenverhandlungen der Tripelentente am Vorabend des Ersten Weltkriegs, Göttingen 2006

Schulze, Reinhard: Geschichte der islamischen Welt im 20. Jahrhundert, München 1994

Schwabe, Klaus: „Gerechtigkeit für die Großmacht Deutschland" – Die deutsche Friedensstrategie in Versailles, in: Versailles 1919, Ziel – Wirkung – Wahrnehmung, hg. von *Krumreich,* Gerd in Zusammenarbeit mit *Fehlemann,* Silke, Köln 2001

Sieg, Ulrich: Jüdische Intellektuelle im Ersten Weltkrieg. Kriegserfahrungen, weltanschauliche Debatten und kulturelle Neuentwürfe, Berlin 2001

Solschenizyn, Alexander: Erster Knoten. August vierzehn (23. August bis 3. September), München, Zürich 1987

Soutou, Georges-Henri: Die Kriegsziele des Deutschen Reiches, Frankreichs, Großbritanniens und der Vereinigten Staaten während des Ersten Weltkrieges: Ein Vergleich, in: *Michalka,* Wolfgang (Hg.): Der Erste Weltkrieg. Wirkung, Wahrnehmung, Analyse, München 1994

Speidel, Hans (Hg.): Ludwig Beck: Studien, Stuttgart 1955

Stein, Oliver: Die deutsche Heeresrüstungspolitik 1890–1914. Das Militär und der Primat der Politik, Paderborn u. a. 2007

Stevenson, David: 1914–1918. Der Erste Weltkrieg, Düsseldorf 2006

Storz, Dieter: Kriegsbild und Rüstung vor 1914. Europäische Landstreitkräfte vor dem Ersten Weltkrieg, Herford, Berlin, Bonn 1992

Szöllösi-Janze, Margit: Fritz Haber 1886–1934. Eine Biographie, München 1998

Thoß, Bruno, Volkmann, Hans-Erich (Hg.): Erster Weltkrieg. Zweiter Weltkrieg. Ein Vergleich. Krieg, Kriegserlebnis, Kriegserfahrung in Deutschland, Paderborn u. a. 2002

Tuchman, Barbara: August 1914. TB-Ausgabe, Frankfurt am Main ²2004

Dies.: Die Zimmermann-Depesche, Bergisch Gladbach 1982

Überegger, Oswald: „Verbrannte Erde" und „Baumelnde Gehängte". Zur europäischen Dimension militärischer Normübertretungen im Ersten Weltkrieg, in: Sönke Neitzel, Daniel Hohrath (Hg.): Die Entgrenzung der Gewalt in kriegerischen Konflikten vom Mittelalter bis ins 20. Jahrhundert, Paderborn u. a. 2008, S. 241–278

Uhle-Wettler, Franz: Erich Ludendorff in seiner Zeit. Soldat – Stratege – Revolutionär. Eine Neubewertung, Augsburg, ²1996

Ulrich, Bernd, *Ziemann,* Benjamin (Hg.): Frontalltag im Ersten Weltkrieg. Ein Historisches Lesebuch, Essen 2008

Verhey, Jeffrey: Der Geist von 1914 und die Erfindung der Volksgemeinschaft, Hamburg 2000

Wegerer, Alfred von: Der Ausbruch des Weltkrieges 1914, Bd. I./II., Hamburg ²1939

Wiederkorn, Jan (Hg.): Der „Zweibund" 1879. Das deutsch-österreichisch-ungarische Bündnis und die europäische Diplomatie, Wien 1996

Winkler, Heinrich August: Von der Revolution zur Stabilisierung. Arbeiter und Arbeiterbewegung in der Weimarer Republik 1918 bis 1924, Berlin, Bonn [2]1984

Ders.: Weimar 1918–1933. Die Geschichte der ersten deutschen Demokratie, München 1993

Winter, Jay, *Parker,* Geoffrey, *Habeck,* R. (Hg.): Der Erste Weltkrieg und das 20. Jahrhundert, Hamburg 2002

Wintzer, Joachim: Deutschland und der Völkerbund 1918–1926, Paderborn, München, Wien, Zürich 2006

Wolf, Klaus: Gallipoli 1915. Das deutsch-türkische Militärbündnis im Ersten Weltkrieg, Sulzbach/Taunus, Bonn 2008

Wolz, Nicolas: Das lange Warten. Kriegserfahrungen deutscher und britischer Seeoffiziere 1914 bis 1918, Paderborn u. a. 2008

Zimmermann, Ludwig: Deutsche Außenpolitik in der Ära der Weimarer Republik, Göttingen u. a. 1958

Bildnachweise

AKG images GmbH, Berlin: S. 90

Bayerischer Schulbuch Verlag GmbH, München. Aus: Großer Historischer Weltatlas: Dritter Teil: Neuzeit. 4. überarbeitete und erweiterte Auflage 1981: S. 30, 269, 271, 290

Bibliographisches Institut & F.A. Brockhaus AG, Mannheim: S. 263

Bildarchiv der ÖNB, Wien: S. 50, 207

Bildarchiv Preußischer Kulturbesitz, Berlin: S. 264

Bundesregierung, Berlin: S. 142

Deutsches Historisches Museum, Berlin: S. 86, 92, 94, 124, 204, 255 oben, 282, 294

Familienarchiv Hamann (Quelle): S. 66, 71, 127, 185, 220

Generallandesarchiv Karlsruhe (Vorlage und Aufnahme): S. 93 oben, 138

Hauptstaatsarchiv Stuttgart (Vorlage: M 33/2 Bü 681): S. 201

Heeresgeschichtliche Museum, Wien: S. 162

Informations- und Dokumentationszentrum Armenien, Berlin: S. 112

Interfoto, München: S. 147

Klett-Cotta, Stuttgart. Aus: Peter Graf Kielmannsegg. Deutschland und der Erste Weltkrieg, 2., durchgesehene Auflage 1980: S. 70, 73, 78

Mittler & Sohn, E. S., GmbH, Hamburg. Aus: Ludendorff. „Meine Kriegserinnerungen 1914–1918", erschienen 1919: S. 160, 240

Museum für Kommunikation Berlin: S. 63

Österreichisches Staatsarchiv – Kriegsarchiv, Wien: S. 131

PHOTOS12: S. 178

Stiftung „Neue Synagoge Berlin – Centrum Judaicum": S. 199

SV-Bilderdienst, München: S. 267

ullstein bild, Berlin: S. 33, 85, 109, 121, 177, 189, 194, 195, 215, 222, 227, 247, 261

Verlag Schöningh, Paderborn. Aus: Gerhard Hirschfeld, Gerd Krumeich und Irina Renz (Hrsg.): Enzyklopädie „Erster Weltkrieg", 2., durchgesehene Auflage 2004: S. 115, 151, 212, 232

Württembergische Landesbibliothek, Stuttgart: S. 260

Hier nicht aufgeführte Bilder und Karten entstammen dem Privatarchiv des Autors Dr. Peter März. Für einige wenige Abbildungen konnten keine Quellen ermittelt werden. Der Verlag bittet Personen oder Institutionen, welche die Urheberrechte daran besitzen, sich zwecks angemessener Vergütung zu melden.

Peter März, Dr. phil., geboren 1952 in Erlangen

1979 – 1984	Gymnasiallehrer
1984 – 1988	Bayerisches Innenministerium
1989	Referent in der Bayerischen Landeszentrale für politische Bildungsarbeit, hier seit 1997 stellvertretender Leiter; Direktor der Einrichtung seit 2004

Ausgewählte Veröffentlichungen:

Die Bundesrepublik zwischen Westintegration und Stalin-Noten. Zur deutschlandpolitischen Diskussion 1952 in der Bundesrepublik vor dem Hintergrund der westlichen und der sowjetischen Deutschlandpolitik, Frankfurt/Main, Bern 1982.

Kanzlerschaft im Wiedervereinigungsprozess. Leitbilder, Strategien, Management, Historisierungen in: Konrad Löw (Hg.): 10 Jahre deutsche Einheit. Berlin 1998, S. 30–80.

Dokumente zu Deutschland 1944–1994, mit Einführung, München ^{2}2000.

An der Spitze der Macht. Kanzlerschaften und Wettbewerber in Deutschland, erweiterte und aktualisierte Ausgabe München ^{2}2003.

Reichsgründung/Föderalismus/Bündnisse – Bayern, Deutschland und Österreich im europäischen Übergang. Beziehungsgeschichten aus dem 19. Jahrhundert, Themenheft 1/05, München 2005, Bayerische Landeszentrale für politische Bildungsarbeit.

Territorien, Nation, Föderation, Europa. Plädoyer für Ergänzungen zu einer deutschen Gesamtgeschichte, in: Günther Heydemann, Eckhard Jesse (Hg.): 15 Jahre deutsche Einheit. Deutsch-deutsche Begegnungen, deutsch-deutsche Beziehungen, Berlin 2006, S. 19–67.

Große Koalitionen. Deutsche und weitere Erfahrungen, Themenheft 1/07, München 2007, Bayerische Landeszentrale für politische Bildungsarbeit.

Der Ort der Bundesrepublik in der deutschen Geschichte, in: Hans-Peter Schwarz (Hg.): Die Bundesrepublik Deutschland. Eine Bilanz nach 60 Jahren, Köln, Weimar, Wien 2008, S. 655–691.